Allgemeines

Devons Nordküste & Exmoor

Exeter & Umgebung Süddevon

Plymouth & Umgebung Dartmoor

Cornwalls Südküste Lizard Peninsula

Penwith Peninsula Isles of Scilly

Cornwalls Nordküste Bodmin Moor

Text & Recherche:	Ralf Nestmeyer
Lektorat:	Martina Comes; Johannes Barthelt (Überarbeitung)
Redaktion & Layout:	Christiane Schütz
Fotos:	Ralf Nestmeyer; außer S. 13, 17, 28, 55, 74, 99, 114, 131, 150 (www.britainonview.com)
Karten:	C. Borrell (Coverkarten), J. Ladik, H. Gundel, M. Nitzsche
Covergestaltung:	Karl Serwotka
Coverfotos:	oben: Cheesewring – Bodmin Moor, unten: Kynance Cove

Über den Autor: Ralf Nestmeyer, Jahrgang 1964, ist Historiker und Reisejournalist. Er lebt in Nürnberg und ist Autor mehrerer Reiseführer; zudem hat er die Texte zu Bildbänden über verschiedene europäische Regionen geschrieben und literarische Reiseführer veröffentlicht (Insel Verlag). Im Michael Müller Verlag sind von ihm auch Reiseführer über Südengland, England, London, Paris, Normandie, Südfrankreich, Languedoc, die Provence und Côte d'Azur, Nürnberg sowie Franken erschienen. Weitere Informationen zum Autor: www.nestmeyer.de.

Vielen Dank für Tipps, Mails und Briefe von Christian Allgöwer, Renate Berger, Jutta Birkigt, Stephan Bormann, Karin Braumiller, Jürgen Bruchertseifer, Axel Bublitz, Inge Croé, Ingeborg Denner, Dr. Eva Diebel-Braune, Bettina Dönnebrink, Theresa Eder, Thomas Egloff, Veronika Erlenbach, Klaus und Renate Friedchen, Christoph Frieling, Elle Gawlich, Karin und Jan-Arne Gewert, Stefan Goedsche, Silke Gottschlich, Karine Hafner-Zöllner, Isabel Hast, Jörg Heinsohn, Susanne Hüttenhölscher, Sigrid Jeske-Würfel, Herbert Junk, Martina Kehmstedt, Familie Kellermann, Reinhard Klose, Adolf Klumps, Wilfried Krauth, Mathias Landwehr, Barbara Liebold, Erich Meier, Ralf Meyer, Alexandra und Klaus-Peter Müller, Ulrike Münker, Erika Mußmann, Daniela Neumann, Jörg Reising, Harald Rieß, Burkhard Rohrsen, Birgit und Olaf Schachtschneider, Margot Schaffert, Katharina Slodczyk, Robert Schmidbauer, R. Schnöde, Anne Schönwälder, Valeria Sperling, Conny Spiess, Susanne Stoelk, Olaf Storbeck, Gudrun und Rudi Straub, Ingeborg Stuckmann, Albert H. Thoma, Dr. Barbara Timmer, Uta Uffmann, Nicole Vornberger, Stefanie Vowinkel, Stefanie Wagner, Hans-Georg Walther, Dr. Peter und Elisabeth Weidisch, Wolfgang Wiora, Gert W. Wolf und den Lesern des Reiseführers Südengland.

Die in diesem Reisebuch enthaltenen Informationen wurden vom Autor nach bestem Wissen erstellt und von ihm und dem Verlag mit größtmöglicher Sorgfalt überprüft. Dennoch sind, wie wir im Sinne des Produkthaftungsrechts betonen müssen, inhaltliche Fehler nicht mit letzter Gewissheit auszuschließen. Daher erfolgen die Angaben ohne jegliche Verpflichtung oder Garantie des Autors bzw. des Verlags. Beide Parteien übernehmen keinerlei Verantwortung bzw. Haftung für mögliche Unstimmigkeiten. Wir bitten um Verständnis und sind jederzeit für Anregungen und Verbesserungsvorschläge dankbar.

ISBN 978-3-89953-604-1

© Copyright Michael Müller Verlag GmbH, Erlangen 2005–2011. Alle Rechte vorbehalten. Alle Angaben ohne Gewähr. Druck: Stürtz GmbH, Würzburg.

Aktuelle Infos zu unseren Titeln, Hintergrundgeschichten zu unseren Reisezielen sowie brandneue Tipps erhalten Sie in unserem regelmäßig erscheinenden Newsletter, den Sie im Internet unter **www.michael-mueller-verlag.de** kostenlos abonnieren können.

3. komplett überarbeitete und aktualisierte Auflage 2011

CORNWALL & DEVON

INHALT

Informationen zu Cornwall & Devon

Cornwall und Devon erleben 10
Landschaft und Geographie 13
Klima und Reisezeit.......................... 14
Flora, Fauna und Naturschutz 17
Wirtschaft und Politik..................... 20

Geschichte 23
Mystische Steinkreise und römische
  Kastelle 23
Vom römischen Britannia zum
  anglosächsischen Königreich........ 24
1066 und die Folgen 25
Schwarzer Tod und Rosenkriege 27
Die Häuser Tudor und Stuart 28
Die ersten Touristen und der
  Niedergang des Bergbaus............. 30
Das 20. Jahrhundert 31

Literatur 33

Anreise 36

Unterwegs in Cornwall und Devon 45
Mit dem eigenen Fahrzeug............... 45
Mit der Bahn..................................... 47
Mit dem Bus...................................... 48
Mit dem Fahrrad 49

Übernachten 50
Hotels 51
Bed & Breakfast (B & B)................... 52
Ferienhäuser und -wohnungen........ 53
Wohnungstausch.............................. 53
Jugendherbergen.............................. 53
Camping 55

Essen und Trinken 56

Freizeit, Sport und Strände 62
Angeln und Fischen........................... 62
Birdwatching 62
Cricket... 63
Golf.. 63
Heißluftballonfahrten....................... 63
Reiten.. 63
Sauna.. 63
Segeln und Surfen............................. 64
Strände und Baden........................... 64
Tennis 65
Wandern und Bergsteigen 66

Wissenswertes von A bis Z 67
Behinderte 67
Diplomatische Vertretungen............ 68
Dokumente 68
Feiertage 68
Geld... 68
Gesundheit.. 69
Gezeiten.. 69
Haustiere 70
Information.. 70
Internet 70
Landkarten.. 71
Maße und Gewichte.......................... 72
Museen und Sehenswürdigkeiten 72
Notruf 73
Öffnungszeiten................................. 73
Post... 73
Radio und Fernsehen 73
Rauchen.. 74
Reisegepäckversicherung 74
Sprachkurse 75
Strom.. 75
Telefonieren 76
Trinkgeld... 77
Uhrzeit.. 77
Zeitungen/Zeitschriften................... 77
Zollbestimmungen 78

Unterwegs in Devon

Devon 82

Nordküste und Exmoor 83

Lynmouth/Lynton 83	Clovelly 95
Combe Martin 86	Hartland Point 96
Ilfracombe 88	Morwenstow 96
Woolacombe 92	Lundy 97
Braunton Burrows 92	Exmoor National Park 99
Barnstaple 92	Minehead 100
Arlington Court 94	Exford 102
Bideford 94	Tarr Steps 102
Great Torrington 95	Porlock 102
Westward Ho! 95	

Exeter und Umgebung 103

Exeter 103	Budleigh Salterton 117
Östlich von Exeter 112	Exmouth 117
Topsham 112	Nördlich von Exeter 118
Ottery Saint Mary 113	Crediton 118
Honiton 113	Tiverton 119
Seaton 113	Südlich von Exeter 120
Beer 113	Powderham Castle 120
Sidmouth 115	Dawlish 120

Süddevon 120

Teignmouth 120	**Dartmouth** 130
Newton Abbot 122	East Portlemouth 133
Torquay 122	Kingsbridge 133
Paignton 125	Slapton Sands 133
Brixham 126	Salcombe 134
Greenway 127	Hope Cove 137
Totnes 127	Burgh Island 137

Plymouth und Umgebung 137

Plymouth 137	Mount Edgcumbe 148
Cotehele House 144	Rame Head 148
Buckland Abbey 144	Kingsand/Cawsand 148
The Garden House 145	Whitsand Bay 148
Saltram House 145	St Germans 148
Antony House 146	

Dartmoor 149

Moretonhampstead 153	Princetown 157
Chagford 154	Postbridge 158
Castle Drogo 155	Widecombe-in-the-Moor 158
Okehampton 155	Buckland-in-the-Moor 159
Lydford 156	Buckfast Abbey 159
Tavistock 156	

Cornwall 162

Cornwalls Südküste 163

Looe	163	**Truro**	178
Polperro	166	**Falmouth**	182
Fowey	169	Roseland Peninsula	189
Lostwithiel	172	St Just-in-Roseland	191
St Austell	173	St Mawes	191
Eden Project	173	Lamorran House Gardens	191
Tregrehan Garden	175	Trelissick Gardens	191
Lost Gardens of Heligan	175	Glendurgan Garden	192
Mevagissey	176	Trebah Garden	192
Portloe	178	Trevarno	192

Lizard Peninsula 192

Helston	193	Goonhilly Satellite Earth Station	
Porthleven	195	Experience	199
Mullion	196	Cadgwith	199
Kynance Cove	196	Coverack	199
Lizard Point	197	Von St Keverne nach Helford	200
		National Seal Sanctuary	200

Penwith Peninsula 202

Penzance	202	Land's End	210
St Michael's Mount	206	Von Land's End nach St Ives	211
Trengwainton Garden	207	St Just-in-Penwith	211
Newlyn	207	Geevor Tin Mine	212
Mousehole	207	Zennor	213
Lamorna	208	Chysauster	214
Porthcurno	208	**St Ives**	214

Isles of Scilly 222

St Mary's	224	St Agnes	227
Tresco	225	Bryher	227
St Martin's	226		

Cornwalls Nordküste 227

Von St Ives nach Newquay	227	**Newquay**	232
Hayle	228	Trerice Manor	237
Camborne	228	St Columb Minor	237
Stithians Reservoir	230	Padstow	237
Gwithian	230	Port Isaac	242
Porthtowan	230	Tintagel	245
St Agnes	230	Boscastle	249
Perranporth	230	Bude	250
Holywell Bay	231		

Bodmin Moor 251

Bodmin	251	Lanhydrock House	252
Pencarrow House	252	Bolventor	253

Dozmary Pool	253
Altarnun	253
Liskeard	254
Launceston	255
Camelford	255

Kleiner Speiseführer 256

Register 261

Verzeichnis der Wanderungen

Wanderung 1: Zu den Hangmans	87
Wanderung 2: Auf dem South West Coast Path bei Sidmouth	116
Wanderung 3: Zum Bolt Head	135
Wanderung 4: Am Plymouth Sound	146
Wanderung 5: Von Polperro nach Looe	167
Wanderung 6: Rund um Polruan	171
Wanderung 7: Von Maenporth Beach nach Falmouth	188
Wanderung 8: St Anthonys Head	189
Wanderung 9: Lizard Point	197
Wanderung 10: Rund um Helford	200
Wanderung 11: Porthcurno und Cornwalls schönste Strände	209
Wanderung 12: Rund um St Ives	220
Wanderung 13: Von Trevone nach Padstow	241
Wanderung 14: Von Tintagel nach Boscastle	247
Wanderung 15: Bodmin Moor	254

Alle Wanderungen sind mittels **GPS kartiert**. Die Waypoint-Dateien zum Downloaden finden Sie unter www.michael-mueller-verlag.de/gps/homepage.html.

Kartenverzeichnis

Cornwall Übersicht	Umschlagklappe vorne
Devon Übersicht	Umschlagklappe hinten
Cornwalls Nordküste	228/229
Cornwalls Südküste	164/165
Dartmoor National Park	149
Devons Nordküste und Exmoor	84/85
Exeter und Umgebung	104/105
Exeter	109
Falmouth	183
Ilfracombe	90/91
Isles of Scilly	223
Lizard Peninsula	193
Newquay	233
Penwith Peninsula	203
Penzance	205
Plymouth und Umgebung	139
Plymouth	141
St Ives	214/215
Süddevon	121
Torquay	122/123
Truro	178/179

Informationen zu

▲ St Ives, Porthminster Beach

Cornwall & Devon

Cornwall und Devon erleben....10	Übernachten....50
Geschichte....23	Essen und Trinken....56
Literatur....33	Freizeit, Sport und Strände....62
Anreise....36	Wissenswertes von A bis Z....67
Unterwegs in Cornwall und Devon....45	

Kaum besiedelt: Küste bei Polruan

Cornwall und Devon erleben

Cornwall und Devon gelten nicht nur für viele Engländer als Synonym für ungezwungene Ferien in einer weitgehend natürlichen Landschaft. Die sanft gewellten Hügel, windumtosten Klippen und goldgelben Sandstrände locken alljährlich Millionen von Touristen in den „wilden Westen" der Insel. Wer will, kann die gesamte Küste auf dem South West Coast Path umwandern oder durchs Dartmoor streifen und erhält so einen besonderen Eindruck von der Region. Südwestenglands Countryside bietet einen fast unüberschaubaren Reichtum an landschaftlicher Schönheit und kulturellen Sehenswürdigkeiten, gepaart mit einem Hauch von Exzentrik. Besonders für Individualreisende sind Cornwall und Devon ein lohnendes Reiseziel, begegnet man ihnen doch zwischen Exeter und Land's End mit der typisch englischen Höflichkeit.

… für Liebhaber von schönen Städten und Dörfern

Jeder Englandreisende hat seine Lieblingsstadt und sein Lieblingsfischerdorf. Der eine schwärmt für St Ives mit seiner Künstlervergangenheit, der andere ist begeistert von Exeters kathedralem Charme. Wieder andere sind von Kleinstädten wie Truro und Totnes fasziniert. An der Küste reihen sich die Küstenstädtchen wie Perlen auf einer Schnur. Und jedes besitzt ein besonderes Flair. Während sich in Padstow vorzugsweise Feinschmecker tummeln, hat sich Torquay zu einem beliebten Altersrefugium entwickelt. Wer ein Faible für kleine, verträumte Dörfer hegt, wird in Südwestengland ebenfalls nicht enttäuscht: St Just und das ruhige Widecombe-in-the-Moor wetteifern um die Touristengunst. Clovelly gar ist ein Museumsfischerdorf, für dessen Besuch Eintritt erhoben wird. Im gleichfalls touristi-

Cornwall und Devon erleben

schen Mevagissey muss man aber nur für das Parken bezahlen. Stille, verträumte Küstendörfer wie Port Isaac und Helford existieren allerdings nur noch wenige.

... für Landschafts- und Naturgenießer

Im Gegensatz zu anderen englischen Grafschaften sind Cornwall und Devon nicht für ihre grüne, kultivierte *Countryside* mit ihren arrangierten Blumenbeeten und Hecken bekannt, sondern es ist die raue, „wilde" Stimmung, die die Besucher suchen und finden. Trotz der bekannten Küstenstädte ist Südwestengland ein dünn besiedeltes Land, die unwirtlichen Hochmoore sind von menschlicher Besiedelung weitgehend verschont geblieben. Dürres Heidekraut und mächtige Granitfelsen, dazwischen ein paar Ponys und Schafe – viel mehr Attraktionen wird man neben einigen Pflanzen in den zwei südenglischen Nationalparks nicht ausmachen können. Der Dartmoor National Park in der Grafschaft Devon sowie der Exmoor National Park, der zu Devon und Somerset gehört, bieten dafür ein eindrucksvolles Landschaftserlebnis. Doch auch die raue Küste von Cornwall mit ihrem glasklaren Wasser und goldgelben Sandstränden bietet Natur pur. Über steile Felsen hinweg lässt sich nicht nur Cornwalls, sondern die gesamte südenglische Küste auf Schusters Rappen erkunden. Übrigens ist das Meer von keinem Ort Südwestenglands mehr als dreißig Kilometer entfernt. Ein Umstand, den auch die Briten zu schätzen wissen, wenn sie auf Klappstühlen sitzend ihre Meeressehnsucht stillen oder an der viel gerühmten „Englischen Riviera" ihren Lebensabend unter Palmen verbringen.

Selbst Palmen wachsen an der Küste

... für Gartenliebhaber

Cornwall und Devon sind ein Paradies für Gartenliebhaber: Rhododendren, Kamelien und Magnolien wachsen in den Himmel. Viele Engländer verbringen jede freie Minute in ihrem Garten, hegen und pflegen bunte Stauden und Rabatten. Kein Wunder also, dass Südengland einige der weltweit schönsten Gärten hervorgebracht hat, deren größte Kunst darin besteht, so auszusehen, als wären sie aus einer Laune der Natur heraus entstanden. Aufgrund des milden Golfstromklimas gedeihen selbst Palmen und andere subtropische Pflanzen. In den Lost Gardens of Heligan kann man sogar durch ein „Dschungeltal" spazieren. Der jüngste neu angelegte Garten ist das Eden

12   Cornwall und Devon erleben

Der Strand, ein einziger großer Spielplatz

Project bei St Austell mit seinen riesigen subtropischen Gewächshäusern. Einen guten Überblick bietet diese Homepage: www.gardensofcornwall.com.

... für Strandliebhaber und Badefreunde

Die große Attraktion von Cornwall und Devon ist die einzigartige Küstenlandschaft. Für einen reinen Badeurlaub ist Südwestengland angesichts der Wassertemperaturen allerdings nur bedingt geeignet. Man sollte daher durchaus ernsthaft über den Kauf eines Neoprenanzugs nachdenken, vor allem wenn man mit Kindern reist. Zu den schönsten Stränden Südwestenglands gehören die von Felsen eingerahmten Bedruthan Steps sowie Kynance Cove und Porthcurno. Mit ihrem herrlichen goldgelben Sandstrand begeistert die St Ives Bay.

... für Familien mit Kindern

Sandburgen bauen und im Meer planschen gehört für Kinder in Südengland trotz der frostigen Wassertemperaturen zu den Lieblingsbeschäftigungen. Doch Kinder sind bekanntlich sehr kritische Urlauber: Nachdem sie ein paar Tage im Sand gebuddelt haben, verlangen sie nach Abwechslung. Ein Abstecher zum Kinderspielplatz ist zwar ganz nett, die Begeisterung hält sich aber meist in Grenzen. Besser auf den kindlichen Aktionsdrang zugeschnitten ist eine Strandwanderung über Cornwalls Klippen.

Das Interessante am Meer sind neben den Badefreuden natürlich die Meeresbewohner. Da man weder vom Boot, noch vom Strand aus viele Fische zu Gesicht bekommt, darf ein Aquariumsbesuch nicht fehlen. Attraktive Aquarien gibt es beispielsweise in Newquay und Plymouth, beeindruckend ist auch ein Besuch des National Seal Sanctuary, wo verletzte oder kranke Seehunde wieder aufgepäppelt werden. Interessiert sich der Nachwuchs mehr für exotische Tiere, bietet sich ein Abstecher zum Paignton Zoo an.

Landschaft und Geographie

England liegt bekanntlich auf einer Insel, doch das war nicht immer so: Noch während der Elster-Eiszeit – 400.000 bis 160.000 Jahre vor unserer Zeitrechnung – waren die Britischen Inseln durch eine Landbrücke mit dem europäischen Kontinent verbunden, dann schufen gigantische Schmelzwasserfluten die Straße von Dover.

Der größte Teil von Südengland besteht wie das gesamte Lowland Britain aus geologisch jüngeren Gesteinsformationen. Die im äußersten Südwesten gelegenen Grafschaften Cornwall, Devon sowie Teile von Somerset sind geprägt von einer zum Plateau abgeflachten Felsformation, aus der einzelne Granitmassive wie die Quantock Hills, das Dartmoor oder das Bodmin Moor emporragen. Ganz im Südwesten ragen die Isles of Scilly als letzte Ausläufer dieser Granitformation aus dem Meer. Einzig das Exmoor unterscheidet sich unter geologischen Gesichtspunkten, Sandstein und Schiefer bilden hier den Sockel. Die höchste Erhebung Südenglands findet sich im Dartmoor: *High Willhays* weist eine Höhe von 622 Metern auf. Die südenglischen Moore sind eine unwirtliche Landschaft, in der sich nur Ponys und Schafe dauerhaft wohl zu fühlen scheinen. Wegen ihrer Einsamkeit und dem ungestörten Naturerlebnis zählen die Moore zu den beliebten englischen Wandergebieten. Cornwall besitzt viele Bodenschätze und ist seit grauen Vorzeiten als Bergbaugebiet für Zinn und Kupfer bekannt. Erst vor wenigen Jahren sind die letzten cornischen Zinnminen wegen mangelnder Rentabilität geschlossen worden. Die den Atlantikstürmen ausgesetzte Nordküste Cornwalls ist wesentlich rauer als der Süden, der mit seinen tief eingeschnittenen fjordartigen Flussmündungen ein fast mediterranes Flair ausstrahlt. Je weiter man nach Westen in Richtung Land's End fährt, desto mehr dominieren Grüntöne die Landschaft, kaum ein Felsen, der nicht von einer Moosschicht überzogen wäre. Bäume wer-

Einsames Exmoor

14   Cornwall und Devon erleben

den rar, sodass gespottet wird, im westlichen Cornwall gebe es nicht einmal genügend Holz, um einen Sarg daraus zu zimmern.

Der englische Landschaftsgarten

Der englische Landschaftsgarten entstand als eine Abgrenzung vom französischen Barockgarten, den André Le Nôtre in Versailles zu seiner höchsten Blüte führte. Im Gegensatz zu den gestutzten, geometrischen Barockgärten mit ihren zentralen, ins Unendliche weisenden Achsen als Sinnbild des kontinentalen Absolutismus galt der naturbelassene Landschaftsgarten als Symbol für die englische Demokratie. Trotz der konsequenten Abwendung vom geometrischen, axialen Entwurf mussten auch die englischen Gartenarchitekten in die Natur eingreifen; Hügel wurden abgetragen, Niederungen aufgefüllt, Seen mit geschwungenen Uferlinien aufgestaut, Bäume gefällt, nur damit das Ergebnis „natürlich" aussah. In dieser Hinsicht hatte die sich ankündigende Romantik einen großen Einfluss auf die Entfaltung der englischen Gartenkultur. Eine weitere bedeutende Neuerung war die Auflösung einer Hierarchie der Fluchtpunkte, sodass der Garten nun beliebige Rundgänge ohne einen festgelegten Ausgangspunkt oder ein bestimmtes Ziel erlaubte. Durch Einfriedungen entstand ein parkähnliches, manchmal auch als Weide genutztes Gelände, das vom eigentlichen Garten durch in Gräben versenkte Zäune getrennt wurde, sodass der Blick des Hausherren ungehindert in die Ferne schweifen konnte. Für eine räumliche Trennung sorgten Mauern, Hecken und Wege.

Klima und Reisezeit

„Die ersten vier Tage regnete es. Ich konnte kaum erkennen, wo ich war." Diese ernüchternde Erfahrung musste der in Trinidad geborene Schriftsteller und spätere Nobelpreisträger V. S. Naipaul bei seiner Ankunft in England machen. Er blieb dennoch. Und auch das englische Wetter ist besser als sein Ruf, aber immer für eine Überraschung gut.

Es ist ein weit verbreitetes Klischee, dass es in England entweder ständig regnet oder man die eigene Hand vor lauter Nebel kaum sehen kann. Durch den Golfstrom besitzt Südengland ein vergleichsweise mildes Klima, Minusgrade haben Seltenheitswert. Feucht und neblig ist es in den Wintermonaten, bis sich der Frühling zeitig zu Wort meldet. Bereits im März blühen die ersten Narzissen und Hasenglöckchen in den Tälern. Die Küstenlandstriche von Cornwall und Devon verdanken dem Golfstrom ein einzigartiges Mikroklima, in dem sich auch mediterrane Bäume und exotische Pflanzen wohl fühlen. Klimatisch besonders verwöhnt sind die Isles of Scilly, die vergleichsweise geringe Niederschläge zu verzeichnen haben. Der Sommer ist relativ trocken und warm, wenngleich das Thermometer nur sehr selten über 30 Grad Celsius anzeigt. Im Herbst wird es regnerischer, und trotzdem kann man selbst noch im Oktober kurzärmelig im Park sitzen. Bei einem Ausflug oder einer Wanderung sollte man stets für alle Fälle gewappnet sein, denn das südenglische Wetter ist unberechenbar. „Täglich einen Schauer, und sonntags zwei", weiß ein cornisches Sprichwort zu berichten, und im Radio wird ein Regentag mit

Klima und Reisezeit 15

Luke Howard, der „Erfinder der Wolken"

Das Wetter ist in England seit je her das bestimmende Thema. Da verwundert es auch nicht, dass es ein Engländer war, der die Wettervorhersage revolutionierte. Die Rede ist von dem in London geborenen Apotheker Luke Howard (1772–1864), ein überzeugter Quäker und Sonderling, der sich bereits in seiner Jugend mit meteorologischen Fragen befasst hatte, beeindruckt – wie viele seiner Zeitgenossen – durch das sogenannte Vulkanjahr 1783 mit seinem plötzlichen Klimawechsel, mit Hurrikans und Erdbeben, mit Ereignissen, die halb Europa in Panik versetzten. Hier offenbarte sich auch ein Defizit der Wettervorhersage, dem man mit Messungen und mit Ballonflügen zu begegnen versuchte.

Der Wunsch, das Wetter vorherzusagen und hierzu die Wolken zu studieren, war nicht neu – seit der Antike haben sich die Menschen mit bescheidenem Erfolg darin versucht. Vor allem die christlichen Autoritäten bremsten den Forscherdrang entschieden und führten die Aktivitäten in der Atmosphäre auf göttliche Interventionen zurück. Erst im Zeitalter der Aufklärung entwickelte sich die „Wolkenlehre" in mehreren Phasen, jeweils im Gefolge der Entdeckung der wichtigsten physikalischen Gesetze. Die Meteorologie ist keine exakte Wissenschaft. Sie sucht vielmehr nach einer ordnenden Sprache für Ereignisse, die von einer Fülle schwer durchschaubarer und erklärbarer Gesetzmäßigkeiten bestimmt werden, dazu von stochastischen und chaotischen Prozessen in der Atmosphäre. Und genau dieser Aufgabe hatte sich Luke Howard verschrieben. Mit seinen dem Lateinischen entnommenen Bezeichnungen *Cirrus* (Faser, Franse, Haar), *Stratus* (Decke oder Schicht) und *Cumulus* (Haufen bzw. aufgetürmte Masse) vermittelte Howard auf anschauliche Weise das Wesen seiner Einteilung der Wolkenformationen, sodass auch der Laie dieses Beobachtungsschema leicht anwenden und Mischformen benennen konnte. Die Grundformen der Wolken lassen auf die ihnen zugrunde liegenden physikalischen Prozesse und die in der Atmosphäre befindliche Feuchtigkeit schließen. Wenn etwa in sehr kalter Luft und großer Höhe Wassermoleküle zu Eis gefrieren, können nur hohe, faserartige Gebilde entstehen, die Howard als *Cirrus* klassifizierte.

Die Zeitgenossen erkannten schnell den bahnbrechenden Charakter von Howards Studien. Schon Goethe schrieb einen Hymnus auf den englischen Forscher: „Durch Howards glückliche Gedanken, die Wolkenbildungen zu sondern, zu charakterisieren und zu benennen, sind wir mehr als man glauben könnte, gefördert worden." Howards Wolkensystem veränderte unsere Wahrnehmung der Welt nachhaltig und hatte nicht nur einen großen Einfluss auf Wissenschaft, Kultur und Kunst; es ist bis heute ein elementarer Bestandteil der Meteorologie geblieben. Bis an sein Lebensende blieb Luke Howard vom Studium der Wolken fasziniert: „Der Ozean von Luft, in dem wir leben und uns bewegen, mit seinen Kontinenten und Inseln aus Wolken, kann für den denkenden Geist nie Objekt empfindungsloser Beobachtung sein."

16   Cornwall und Devon erleben

ein paar Sonnenstrahlen als *„liquid sunshine"* (flüssiger Sonnenschein) angekündigt. Eine wind- und regenfeste Kleidung ist daher unverzichtbar. Der Winter ist mild, Schneefall extrem selten. So waren Cornwalls Küsten letztmals im Winter 1978/79 schneebedeckt.

Als **Reisezeit** empfehlen sich vor allem die Sommermonate. Allerdings scheinen im Juli und August alle Engländer auf den Beinen zu sein. Hotels und B & Bs sind oft über Wochen hinweg ausgebucht oder vermieten die letzten freien Betten mit einem Preiszuschlag. Frühling und Herbst eignen sich hervorragend für einen Entdeckungsurlaub, aber auch für Besichtigungen der bekannten Sehenswürdigkeiten sowie für Streifzüge durch die in der Saison überlaufenen Tourismuszentren. Die viel gerühmten englischen Gärten zeigen sich im April und Mai von ihrer blühendsten Seite. Mit viel Glück lässt sich am Strand ein ausgedehntes Sonnenbad nehmen. Die niedrigen Wassertemperaturen werden allerdings selbst abgehärtete Zeitgenossen von einem Sprung in die Wellen abhalten. Selbst im August sind die Temperaturen nicht gerade verlockend. Gemeinhin kann man Familien mit Kindern empfehlen, einen Neoprenanzug zu kaufen oder vor Ort auszuleihen.

Wer sich im Urlaub am liebsten am Strand in der Sonne räkelt, sollte seine Ferien in Torquay verbringen. Das bekannte Seebad an der Küste von Devon bietet die größte Sonnengarantie von allen Städten im Südwesten Englands: Pro Jahr scheint in Torquay durchschnittlich 1889 Stunden die Sonne – das sind umgerechnet mehr als fünf Stunden pro Tag!

Klimadaten von Plymouth

	Ø Höchst-temperatur in °C	Ø Tiefst-temperatur in °C	Sonnen-stunden pro Tag	Regentage	Wasser-tempera-turen in °C
Januar	8,2	4,2	1,9	18	9
Februar	8,1	3,6	3,4	14	9
März	10,5	4,7	4,3	12	9
April	13,3	6,3	6,6	12	10
Mai	15,8	8,6	7,6	11	11
Juni	17,9	11,5	7,8	12	13
Juli	19,8	13,3	6,9	13	15
August	20,1	13,2	6,3	14	16,5
September	17,9	11,8	5,2	15	15
Oktober	14,8	9,3	3,8	16	14
November	11,5	6,7	2,3	16	12
Dezember	8,8	5,2	1,6	17	11

Hinweis: Die Temperaturen werden nur noch selten in Fahrenheit angegeben. Falls doch, so sollte man wissen, dass null Grad Celsius 32 Grad Fahrenheit entsprechen. Mit einer kleinen Formel lassen sich die Temperaturen relativ schnell umrechnen: Man zieht von der Gradzahl Fahrenheit 32 ab, multipliziert das Ergebnis mit 5 und dividiert das Produkt anschließend durch 9. Alles klar?

Ponys im Dartmoor National Park

Flora, Fauna und Naturschutz

Cornwall und Devon können zwar nicht als letztes Refugium für bedrohte Tier- und Pflanzenarten bezeichnet werden, Naturfreunde kommen aber dennoch auf ihre Kosten.

Einst war Südengland von einem dichten Wald überzogen. Über die Jahrhunderte hinweg holzten die Engländer ihre Wälder rigoros ab. Erst zu Beginn des 20. Jahrhunderts, als die Hochphasen des Schiffbaus und der Industrialisierung vorbei waren, wurden Maßnahmen zur Wiederaufforstung in Angriff genommen, doch pflanzte man damals unglücklicherweise hauptsächlich Nadelbäume. Nur wenige Waldgebiete blieben in ihrer ursprünglichen Form erhalten. Ein ungetrübtes Naturerlebnis bieten die beiden Nationalparks Dartmoor und Exmoor. In den beiden Hochmooren leben ebenfalls noch halbwilde Ponys sowie kleine Herden von Rotwild. Charakteristisch für Devon und Cornwall sind die säurehaltigen Böden, auf denen das dunkle Moorgras und die lilafarbene cornische Heide sowie Klee und Ginster besonders gut gedeihen. Auf der Lizard Peninsula gibt es eine besonders vielfältige Heideflora, manche Gewächse sind endemisch, das heißt, sie sind in ganz England nur hier zu finden.

Sieht man einmal von Kaninchen, Dachsen, Ottern, Füchsen und Eichhörnchen – das graue Eichhörnchen ist aus Nordamerika eingewandert – ab, so gibt es keine weiteren erwähnenswerten Säugetiere zu verzeichnen. Besser bestellt ist es um die Vögel. Mehr als 120 Vogelarten sind in Südengland heimisch, darunter Bussarde, Kormorane, Turmfalken, Birkhühner und Wattvögel. Das im Bristol Channel gelegene Lundy gilt als Vogelparadies und ist vor allem als Brutplatz für die putzig an-

18   Cornwall und Devon erleben

zusehenden Papageientaucher bekannt. Auf den Isles of Scilly tummeln sich Sturm-taucher sowie Eissturmvögel und mit ihnen zahllose Engländer, die dem National-sport *Birdwatching* nachgehen. Vor den Küsten lassen sich Seehunde sehen, mit viel Glück auch Delphine und Wale sowie der kleine, für den Menschen vollkom-men ungefährliche Nordseehai.

Der Ärmelkanal als atomare Müllkippe

Viele Reisende, die ein paar erholsame Tage an der Südküste Englands ver-bringen, wissen nicht, welch schaurige Zustände sich unter der Wasserober-fläche verbergen. Rund zehn Kilometer nordwestlich der englischen Kanal-insel Alderny erstreckt sich das atomare Verklappungsgebiet „Hurd Deep". Auf einer Fläche von rund 40 Quadratkilometern versenkte die britische Atomindustrie in den 1950er und 1960er Jahren rund 28.500 Fässer mit radioaktiven Abfällen; darunter kleine Mengen des hochgiftigen Plutoniums. Mit einer ferngesteuerten Unterwasserkamera gelang es Greenpeace im Juni 2000 erstmals, Bilder von den in einer Tiefe von 90 Metern liegenden Fäs-sern aufzunehmen. Das Ergebnis ist erschreckend: Viele der Fässer waren zerbrochen, sodass die radioaktiven Substanzen nach und nach ins Meer und damit in die Nahrungskette gelangten. Seit den 1990er Jahren ist es zwar verboten, radioaktive Abfälle im Meer endzulagern, doch dürfen die glei-chen Substanzen immer noch ins Meer geleitet werden. So pumpen die bei-den Wiederaufarbeitungsanlagen in La Hague (Frankreich) und Sellafield (Großbritannien) jährlich 3,5 Milliarden Liter radioaktiv belastete Abwässer in den Ärmelkanal sowie die Irische See. Von den Abwasserpipelines vertei-len sich die strahlenden Partikel entlang der gesamten Küste. Der Meeresbo-den rund um die Abwasserrohre enthält so viel Plutonium, dass er nach deutschem Recht als Kernbrennstoff eingestuft werden müsste. Die einzige Alternative wäre es, das Einleiten radioaktiver Substanzen sofort zu untersa-gen, allerdings würde dies das sofortige Aus für die beiden Wiederaufarbei-tungsanlagen von La Hague und Sellafield bedeuten. Da dies wiederum die Atomkraftwerke in vielen europäischen Ländern – allein aus Deutschland gingen bisher rund 4600 Tonnen radioaktiver Abfälle nach La Hague – vor ein riesiges Entsorgungsproblem stellen würde, ist mit einem Ende der der-zeitigen Praxis leider nicht zu rechnen.

Die Engländer lieben zwar ihre gepflegten Parks über alle Maßen, doch zum **Natur-schutz** haben sie ein sehr zwiespältiges Verhältnis. Zwar richtete die Regierung be-reits 1970 ein Umweltministerium ein, dem 1973 die Gründung von Europas erster nationaler grüner Partei folgte – sie ist gegenwärtig nahezu bedeutungslos –, doch die konservative Revolution von Margaret Thatcher machte diese Anfänge zunich-te: Umweltschutzmaßnahmen wurden als Einschränkung des freien Marktes ange-sehen und strikt abgelehnt. Die Umweltorganisation *Greenpeace* verpasste Groß-britannien daher nicht grundlos den wenig schmeichelhaften Beinamen „The Dirty Man of Europe" und spielte darauf an, dass die Briten „dem Kontinent in Ökolo-giefragen immer hinterhergehinkt sind". Kein anderes Land in Europa hat stärker ver-

Exotische Pracht: Eden Project

20 Cornwall und Devon erleben

schmutzte Küstengewässer als Großbritannien. Zu den diesbezüglichen EU-Vorschriften haben die Engländer schon aus Tradition eine reservierte Haltung; britische Abgeordnete im Europäischen Parlament unternahmen sogar den Versuch, das Königreich von der Badegewässerregelung befreien zu lassen. Auch neue Mehrheitsverhältnisse haben diesen Missstand nicht bewältigen können. Das Thema Umwelt spielte auch für die bis 2010 regierende Labour-Regierung nur eine untergeordnete Rolle. Vorbildlich für den Umweltschutz engagieren sich hingegen die mehr als eine Million Mitglieder der im Vogelschutz aktiven *Royal Society for the Protection of Birds* (www.rspb.org.uk) sowie der 1895 gegründete *National Trust* (www.nationaltrust.org.uk). Letzterer ist mit einer Fläche von mehr als 2400 Quadratkilometern – darunter Berge, Moore und Inseln – längst einer der größten Grundbesitzer des Landes.

Weitere Informationen www.cornwallwildlifetrust.org.uk; www.devonwildlifetrust.org.uk.

Wirtschaft und Politik

Cornwall und Devon gehören zu den strukturschwachen Regionen des Landes. Längst hat der Tourismus die traditionellen Erwerbszweige Schiffbau und Fischerei in ihrer wirtschaftlichen Bedeutung überholt.

Die westlichste der englischen Grafschaften unterscheidet sich in vieler Hinsicht von den anderen Regionen der Britischen Insel. Zum einen ist Cornwall – im Gegensatz zu Devon – kein *County* (Grafschaft), sondern ein *Duchy* (Herzogtum), und zwar das älteste Englands. Der Herzog von Cornwall ist seit dem Spätmittelalter traditionell der älteste Sohn des Regenten beziehungsweise der Regentin, und seit ein paar Jahrzehnten kann daher Prince Charles, der britische Thronfolger, weite Teile des Landes, darunter die Isles of Scilly, zu seinem Besitz zählen. Als Anhänger der ökologischen Landwirtschaft hat er seine Pächter dazu verpflichtet, Äcker und Felder streng nach ökologischen Prinzipien zu bewirtschaften.

Erst im Jahre 1998 wurde Cornwall eine eigene regionale Identität zugestanden. Allerdings wollte man dadurch keine separatistischen Neigungen befriedigen, sondern die strukturschwache Region – sie steht auf dem unrühmlichen letzten Platz der englischen Rangliste – in den Genuss von Fördergeldern der Europäischen Union kommen lassen. Obwohl die Arbeitslosigkeit hoch ist, liegen die Lebenshaltungskosten über dem englischen Durchschnitt, von den Immobilienpreisen ganz zu schweigen – diese haben in den beliebten Küstenorten wie Padstow längst Londoner Verhältnisse erreicht.

Cornwall und Devon gehören zu den englischen Regionen mit der geringsten Bevölkerungsdichte. Besonders spärlich besiedelt ist Cornwall, wo statistisch gesehen nur 134 Menschen auf einem Quadratkilometer leben. Die größte Stadt ist St Austell mit rund 22.000 Einwohnern. Auch Devon besitzt, bedingt durch das unwirtliche Dartmoor und das Exmoor, ebenfalls eine vergleichsweise geringe Bevölkerungsdichte. Jeder vierte Einwohner der Grafschaft wohnt in der Hafen- und Industriestadt Plymouth. Weitere größere Städte sind Exeter mit seiner in kultureller Hinsicht herausragenden Kathedrale und die vom Klima verwöhnten Badeorte Torquay und Paignton.

Das Vereinigte Königreich von Großbritannien und Nordirland ist eine parlamentarisch-demokratische **Erbmonarchie,** an deren Spitze das durch Königin Elizabeth II. vertretene Haus Windsor steht. Thronfolger ist der jeweils älteste Sohn

Wirtschaft und Politik

(Prince Charles) respektive dessen ältester Sohn (Prince William). Eine weibliche Thronfolge ist nur möglich, wenn der Souverän keinen männlichen Nachfolger vorzuweisen hat. Außerdem muss der Monarch Mitglied der Anglikanischen Kirche sein, da er gleichzeitig als deren Oberhaupt fungiert; er darf daher auch keine Katholikin ehelichen. Das im fünfjährigen Turnus gewählte **Parlament** besteht aus dem im Mehrheitswahlrecht gewählten Unterhaus *(House of Commons)* und dem politisch unbedeutenden Oberhaus *(House of Lords)*. Das wichtigste politische Amt hat der vom König ernannte Premierminister inne; er besitzt eine größere Machtfülle als der deutsche Bundeskanzler. So kann der *Prime Minister* eigenständig Minister berufen oder den Monarchen zur Auflösung des Parlamentes veranlassen. Die bedeutendsten Parteien sind die Labour Party und die Konservativen, Tories genannt. Zwar ist Großbritannien Mitglied der Europäischen Union, doch bevorzugt man nicht nur in der Währungsfrage eine Politik der *Splendid Isolation*. In politischer Hinsicht haben die Grafschaften keine Entscheidungskompetenzen, die mit den deutschen Bundesländern auch nur annähernd vergleichbar wären. Auch die übergeordneten Regionen (in diesem Fall: South West) werden nicht durch parlamentarische Vertreter repräsentiert.

Sieht man von einigen Problembereichen wie beispielsweise der Autoindustrie ab, floriert die britische **Wirtschaft** seit Ende der 1990er Jahre in ungeheurem Ausmaß. Während allerdings die Zahl der Einkommensmillionäre innerhalb von zehn Jahren von 6600 auf 48.000 gestiegen ist, klafft die Schere zwischen Arm und Reich immer weiter auseinander. Gleichwohl bedeutet ein hohes Einkommen nicht zwangsläufig ein Leben in überschwänglichem Luxus. Die südenglischen Lebenshaltungskosten liegen erheblich über dem westeuropäischen Durchschnitt. Unter einer überdurchschnittlichen Arbeitslosigkeit leiden manche abgelegenen Regionen von Cornwall, in denen jeder zehnte Einwohner ohne Arbeit und ohne Perspektive ist. Im landesweiten Vergleich liegen die Arbeitslosenzahlen von Devon und Cornwall knapp unter denen für Gesamtengland.

Die internationale Schiffbaukrise hat auch die britischen Werften erschüttert, ähnlich schlecht ist es um die Fischereiindustrie bestellt. Die Erträge sind wegen Überfischung seit Jahren rückläufig, sodass mittlerweile nur noch zwei Drittel der verspeisten Fische aus heimischen Gewässern stammen. In ver-

Im Hafen von Padstow

gleichbarer Weise hat auch die Bedeutung der Landwirtschaft abgenommen: Nur noch zwei Prozent der Menschen in Südengland verdienen damit ihr Geld. Die in Tweedjacken und Stiefel gekleideten Gutsbesitzer sind ein Stück lebendige Fassade.

> ### Ein Prinz als Trendsetter
>
> Prince Edward VII. war das Topmodell des 19. Jahrhunderts. Als der fünfjährige Prinz 1846 seine Sommerferien auf der königlichen Yacht „Victoria and Albert" verbrachte, nähte ihm der Bordschneider einen Matrosenanzug im Stil der Royal Navy, der seine Eltern über alle Maßen entzückte. Sie gaben bei dem Maler Franz Xaver Winterhalter ein Porträt in Auftrag, das Edward in seinem neuen Outfit zeigte: weite weiße Hosen, dazu ein lockeres weißes Hemd, am Rücken rechteckig geschnitten, vorne mit spitz zulaufendem dunkelblauen Kragen, und ein zum Knoten gebundenes schwarzes Halstuch; auf dem Kopf ein breitkrempiger, lässig in den Nacken geschobener Strohhut mit langen, schwarzen Bändern. Doch nicht nur Edwards Eltern, die gesamte englische High Society war von dem feschen Anzug begeistert. In den nächsten Jahren gab es kaum einen Jungen adeliger Abstammung, der sonntags nicht im Matrosenanzug umherspazierte. Ab 1860 kleideten auch die bürgerlichen Familien ihre Söhne im Matrosenoutfit. Der Triumphzug fand so bald kein Ende und schwappte auf den Kontinent über: Bis Mitte des 20. Jahrhunderts gab es in fast jedem Fotoalbum ein Bild, das den Nachwuchs im Marinelook zeigte. Auch Willy Brandt, Karl Carstens, Willy Millowitsch und Henri Nannen haben sich noch in ihrem Matrosenanzug fotografieren lassen …

„Fish, tin and copper!" heißt ein bekannter cornischer Trinkspruch, und genau genommen müsste man noch die Schmuggelei hinzufügen, um die traditionellen Haupterwerbszweige zu vervollständigen. Im letzten Jahrhundert ist dann noch der **Tourismus** hinzugekommen. Gegenwärtig sind Cornwall und Devon die beliebtesten englischen Reiseziele. Im West County, das jährlich mehr als acht Millionen Menschen besuchen, ist inzwischen jeder zehnte Arbeitsplatz von der Tourismusindustrie abhängig. Dies sichert Einnahmen, aber andererseits sind viele Dörfer inzwischen in der Hand von Ferienhausbesitzern, da die Einheimischen die hohen Immobilienpreise nicht mehr bezahlen können. An den Küsten im Norden und Süden von Cornwall und Devon liegen zahlreiche jedem Engländer bekannte Ferienorte, die schon eine Menge touristisches Eigenleben entwickelt haben – Campingplätze vollgepfropft mit Wohnwagen, in den Sommermonaten total ausgebuchte Hotels und auf den Hauptstraßen endlose Schlangen sonnenhungriger Urlauber aus den Midlands oder anderen Gegenden der Insel. Günstige Reisezeiten sind daher auf alle Fälle Frühling und Frühsommer oder Herbst. Natürlich lohnt sich die 450 Kilometer lange Anfahrt von London auch in den Sommermonaten, gerade zwischen den großen Urlaubszentren findet man noch viel ursprüngliches Cornwall.

Geschichte

Mystische Steinkreise und römische Kastelle

Die ältesten Spuren menschlichen Lebens lassen sich auf den Britischen Inseln rund 250.000 Jahre zurückverfolgen. Es waren zumeist Jäger und Sammler, die in der letzten Eiszeit über eine Landbrücke vom europäischen Kontinent nach Nordwesten vorstießen. In den Kents Cavern bei Torquay wurde ein 30.000 Jahre alter Kieferknochen eines Menschen gefunden. Aus klimatischen Gründen fand eine systematische Besiedlung Englands erst nach der letzten Eiszeit vor knapp 10.000 Jahren statt. Noch einmal 5000 Jahre mussten vergehen, bevor die Jäger und Sammler sesshaft wurden und sich auf die Viehwirtschaft und den Ackerbau konzentrierten. An diesem Wandel maßgeblich beteiligt waren Einwanderer aus Frankreich und der Iberischen Halbinsel; Letztere brachten die Technik der Bronzeherstellung mit und werden in der wissenschaftlichen Literatur als „Glockenbecherleute" bezeichnet, da man bei ihren Toten häufig Grabbeigaben in Form eines glockenförmigen Bechers fand. Im Bodmin Moor sowie rund um Land's End wurden zahlreiche Grabkammern *(quoits)* sowie primitive Waffen und Werkzeuge aus dieser Epoche gefunden.

Südengland ist reich an mythischen und prähistorischen Hinterlassenschaften. Das sicherlich herausragendste Monument ist bekanntlich das auf den Salisbury Plains gelegene Stonehenge, das wahrscheinlich als Sonnenheiligtum errichtet wurde. Aber nicht nur in Stonehenge, sondern auch im Bodmin Moor kann man drei mystische Steinzirkel, **The Hurles** genannt, bewundern, die im Bronzezeitalter errichtet wurden.

Vor rund 2500 Jahren erfolgte die Einwanderung keltischer Stämme in mehreren Wellen. Auf einer höheren kulturellen Stufe stehend, gelang es den **Kelten,** die Urbevölkerung entweder zu unterwerfen oder nach Wales zurückzudrängen. Die Kelten konnten Eisen herstellen, führten neue Getreidesorten wie Hafer ein und steigerten den Ertrag durch bessere Pflugtechniken. Im Südwesten Englands siedelte das Volk der *Dumnonii*, die aus Nordfrankreich und dem heutigen Holland übergesetzt waren. Zumeist lebten die Kel-

Cornwall: seit Urzeiten christlich

24   Geschichte

ten in kleinen familiären Verbänden auf Gehöften zusammen, wie man sie in Grimspound im Dartmoor entdeckt hat. Ein weiteres archäologisches Zeugnis für die frühgeschichtliche Besiedlung ist das Dorf Chysauster in Westcornwall. Wirtschaftlich bedeutend war vor allem die Kupfer- und Zinnproduktion in Cornwall; der Export der wertvollen Barren erfolgte bis nach Gallien.

Ein Brite ist blau und hat einen Schnurrbart

„Das Innere Britanniens wird von Ureinwohnern bewohnt, die Küste aber von denen, die in kriegerischer Absicht der Beute wegen gelandet und nach der Eroberung dort blieben und Ackerbau betrieben. Die Bevölkerungsdichte ist sehr groß. Die sehr zahlreichen Häuser stimmen fast völlig mit den gallischen überein. Der Viehbestand ist bedeutend. Als Geld benutzten sie Kupfer- oder Goldmünzen oder Eisenbarren von bestimmtem Gewicht. Im Binnenland wird Zinn gewonnen, im Küstengebiet Eisen; aber seine Ausbeute ist gering … Die meisten Binnenlandbewohner bauen kein Getreide an, sondern leben von Milch und Fleisch und sind mit Fellen bekleidet. Alle Britannier bemalen sich mit Waid, der eine blaue Farbe erzeugt und ihren Anblick im Kampf um so schrecklicher macht. Sie tragen langes Haupthaar, sind sonst rasiert, außer eben am Kopf und an der Oberlippe.“

Julius Caesar, Der Gallische Krieg

Ins Licht der europäischen Geschichtsschreibung trat England erst relativ spät. Noch gegen Ende des fünften Jahrhunderts vor unserer Zeitrechnung gestand Herodot: „Ich weiß auch von den Zinn-Inseln nichts …“ Griechische Seefahrer aus Marseille hatten zwar schon hundert Jahre zuvor die *Insel der Albionen* „entdeckt“ und von den dortigen Zinnvorkommen berichtet, doch erst mit **Caesar** fand die *Splendid Isolation* ein Ende. Als Caesar Gallien eroberte, gerieten auch die Kelten jenseits des Kanals in seinen Aktionsradius. Zweimal, in den Jahren 55 und 54 vor unserer Zeitrechnung, landete der geniale Feldherr mit seinen Truppen auf der englischen Insel; in gewohnter Weise kam, sah und siegte er, brach aber dann die Invasion ab, da sein Hauptaugenmerk der politischen Entwicklung in Rom galt. Die Insel erhielt den Namen *Britannia*, nach dem belgischen Stamm der *Britanni*, der sich im Südosten des Landes niedergelassen hatte.

Vom römischen Britannia zum anglosächsischen Königreich

Die römische Invasion Britanniens erfolgte im Jahre 43 unserer Zeitrechnung mit drei Legionen, die unter dem Kommando des Aulus Plautius standen; nur unterbrochen vom blutigen Aufstand der *Boudicca* wurde innerhalb weniger Jahre ganz Süd- und Mittelengland unterworfen. Nach bewährtem Muster schufen die **Römer** in kürzester Zeit eine neue Provinz, die den Namen *Britannia* erhielt. Militärische Vorposten und Städte wie *Londinium* (London) wurden gegründet. Zur neu errichteten Infrastruktur gehörte auch ein gut ausgebautes Straßensystem, das im Südwesten bis nach *Isca Dumnoniorum*, dem heutigen Exeter, reichte. Bis nach Cornwall drangen die Römer nicht vor, vielmehr überließen sie es den in Exeter stationierten Legionären, das Treiben der Kelten mit einem wachsamen Auge zu verfolgen. Eine bleibende Hinterlassenschaft der Römer war die Einfuhr einer langwolligen Schafrasse, die aus Kleinasien stammte und die englische Landschaft bis auf den heutigen Tag prägt.

Als im Zeitalter der Völkerwanderung die römische Vorherrschaft über Europa zu bröckeln begann, zogen sich auch die römischen Truppen aus Britannien zurück; die zivilisatorischen Errungenschaften verkümmerten, das städtische und kulturelle Leben erlahmte. Doch das Machtvakuum auf der Insel lockte potentielle Eroberer an; die aus der Nordseeregion zwischen Weser und Niederelbe stammenden Sachsen, Angeln und Jüten brandschatzten England mehrfach, bis sie sich schließlich auf der Insel ansiedelten. Rasch dehnten sie ihren Machtbereich aus, die keltischen Briten wurden unterworfen oder nach Cornwall, Wales oder Schottland zurückgedrängt. Im Gegensatz zu den Römern lebten die **Angelsachsen** bevorzugt in dörflichen Gemeinschaften, das römische Städtewesen verfiel weitgehend. Viele keltische Bewohner zogen sich in den südwestlichsten Zipfel Englands zurück, ein Teil setzte auch in die Bretagne über. Den sächsischen Eindringlingen wurde mit Erfolg erbitterter Widerstand entgegengesetzt – erst nach der normannischen Invasion konnte Cornwall dem englischen Königreich einverleibt werden. Noch heute lässt sich die keltische Vergangenheit an den Ortsnamen, die mit den Vorsilben Tre-, Pen-, Pol- oder Bos- beginnen, ablesen. Tre- steht für Heim oder Siedlung, Pol- bedeutet Teich und Pen- entweder Hügel oder Dorfältester. Ideologisch versöhnte die Artus-Legende die um ihre Eigenständigkeit besorgten Bewohner der Insel.

Gegen Ende des 8. Jahrhunderts wurde Südengland dann wiederholt von den Wikingern heimgesucht, die mit ihren wendigen Schiffen überraschend an der Küste auftauchten oder die Themse hinauffuhren. Als wohlhabende Handelsstadt war vor allem Exeter ein begehrtes Ziel, aber selbst die abgelegenen Isles of Scilly wurden 930 von den Wikingern überfallen. Ähnlich wie in der Normandie beschränkten sich die **Wikinger** seit der Mitte des 9. Jahrhunderts nicht mehr auf schnelle Beutezüge, vielmehr versuchten sie, die Angelsachsen zu unterwerfen und sich dauerhaft in England anzusiedeln. Die Königreiche Northumbrien und Mercia waren bereits im Besitz der dänischen Wikinger, als der König von Wessex, *Alfred der Große,* die nordischen Eroberer 878 bei Chippenham besiegte. Nachdem Alfred acht Jahre später schließlich London zurückerobern konnte, gelang es ihm, die angelsächsische Herrschaft zu konsolidieren. Historiker erklären die mächtige Zentralgewalt des frühen englischen Königtums mit den geographischen Gegebenheiten; die – mit Frankreich oder Deutschland verglichen – geringe territoriale Ausdehnung ermöglichte dem König, seine Anweisungen in jedem Landesteil durchzusetzen. Rechts- und verwaltungstechnisch wurde England in 37 *Shires* aufgegliedert; diese Shires wurden später *Counties* genannt (auf Deutsch heißen sie Grafschaften). Wenig später konnte der Däne *Knut der Große* die angelsächsische Vormachtstellung durchbrechen und von 1018 bis 1035 die Insel als englischer König regieren.

1066 und die Folgen

Die normannische Eroberung Englands im Jahre 1066 war nicht etwa ein willkürlicher Angriff, wie die von Napoleon geplanten Invasionen. Vielmehr begab sich **Wilhelm der Eroberer,** so jedenfalls sahen es auch viele seiner Zeitgenossen, als legitimer Erbe des englischen Throns nach England, da ihn König Eduard der Bekenner schon zu Lebzeiten zu seinem Nachfolger bestimmt hatte. Als der Erbfall im Januar

1066 eintrat und sich Harold Godwinson, ein entfernter Verwandter von Eduard, der Wilhelm den Vasalleneid geleistet hatte, bereits einen Tag später selbst zum König krönte, „musste" Wilhelm handeln, wenn er seinen Machtanspruch aufrechterhalten wollte. Wilhelm ließ eine ganze Schiffsflotte bauen und setzte mit 300 Schiffen sowie rund 7000 Mann über den Ärmelkanal. Am 28. September erreichten die normannischen Drachenschiffe bei Pevensey englischen Boden und stellten sich den aus Norden herbeieilenden Truppen Harolds erfolgreich zum Kampf. Am Weihnachtstag des Jahres 1066 wurde Wilhelm vom Erzbischof von York zum englischen König gekrönt, doch dauerte es noch weitere fünf Jahre, bis er de facto über ganz England herrschte. Exeter beispielsweise wurde 1068 nach einer längeren Belagerung eingenommen.

Die **Normannen** waren der einheimischen Bevölkerung zahlenmäßig hoffnungslos unterlegen. Um seinen Machtanspruch militärisch abzusichern, ließ Wilhelm zahlreiche Burgen als Herrschaftsmittelpunkte errichten. Mit verhältnismäßig geringem Aufwand konnten so große Territorien militärisch kontrolliert werden. Zu den damals errichteten Festungen gehörten die Burgen von Exeter, Totnes, Okehampton und Plympton in Devon sowie Restormel und Launceston in Cornwall. In Launceston sorgte mit *Robert de Mortain* sogar ein Halbbruder von Wilhelm für „Recht und Ordnung". Ein unumstrittenes Ergebnis der normannischen Eroberung war außerdem die fast vollständige Vernichtung der altenglischen Aristokratie durch Tod, Exil oder soziale Unterdrückung. An ihre Stelle traten die treuen Gefolgsleute Wilhelms und das aus Frankreich mitgebrachte System des Feudalismus. Unter den normannischen Landesherren gab es keine freien Bauern mehr, da alles Land in Lehensland verwandelt worden war. Oberster Lehensherr und zugleich alleiniger Inhaber des gesamten englischen Bodens war der König. Wilhelm ließ als eine seiner ersten Amtshandlungen das *Domesday Book* anlegen, eine Art genauen Besitzkatalog, der die Grundlage für das neue Besteuerungsverfahren werden sollte. Große Teile von Devon und Cornwall gehörten damals zur Cleeve Abbey, doch gewann die Krone schnell an Einfluss, und Wilhelms Halbbruder Roger de Mortain wurde zum „Earl of Cornwall" ernannt.

Kathedrale von Exeter

Am Hof sprach man fortan französisch; das Angelsächsische wurde zur Volkssprache degradiert. Spuren davon finden sich noch im heutigen Englisch: Während die Tiere auf der Weide angelsächsische Namen *(cow)* tragen, wird ihr Fleisch auf der Tafel noch immer in der gallischen Form *(beef)* bezeichnet. Auch die Rechtsprechung, die Mode, das Heer und der Klerus wurden normannisiert. Ebenso bedeutend war aber sicherlich, dass England durch die Vermittlung der normannischen Prälaten kulturell und intellektuell vom breiten Strom der neuen, von Nordfrankreich ausgehenden Gelehrsamkeit erfasst wurde. Auch in architektonischer Hinsicht erlebte England durch die normannische Eroberung eine Revolution. Die Normannen führten nicht nur den Burgenbau – das Hauptmerkmal einer feudalen Gesellschaft – ein, sie bauten in den Jahrzehnten nach Hastings fast jede größere Kirche aus, wodurch die Reform der englischen Kirche auch optisch zum Ausdruck kam.

Kathedralen – Ausdruck des normannischen Herrschaftsanspruchs

Eindrucksvolle Beispiele für die normannische Sakralarchitektur sind die Kathedralen von Winchester und Durham. Die normannischen Kirchen sind ein Ausdruck der Macht, Herrschaftsarchitektur mit entsprechend imposanten Ausmaßen. Die zum Kathedralklerus gehörenden Ordensleute waren so zahlreich, dass hinter dem Altar eigene geräumige Mönchschöre entstanden; Lettner und Schranken verwiesen die Laien in einen vorbestimmten Teil der Kirche. In den englischen Kathedralen herrscht ein Miteinander von Bauelementen, Seitenschiffe und Querhäuser werden nicht harmonisch einbezogen. Durchgehende Linien dominieren, die klare Struktur lässt wenig Platz für die private Andacht, konzipierten die Baumeister ihre Kathedralen doch als überdachten, öffentlichen Raum. Zumeist stehen die Kathedralen wie in Exeter isoliert auf dem Rasen; sie lassen sich umwandern, ohne dass der Wunsch entsteht, Details näher in Augenschein nehmen zu wollen. Wer dennoch genauer hinsieht, wird feststellen, dass im Gegensatz zu den Kathedralen von Amiens oder Regensburg die Fassade kaum filigrane Einzelheiten aufweist, alles ist der großen Form, dem absoluten Anspruch auf Gehorsam und Pflichterfüllung untergeordnet.

Gegen Ende des 11. Jahrhunderts erlebte England eine außerordentliche Blütephase. Der in finanziellen Dingen recht geschickte König **Richard Löwenherz** erkannte die Vorteile einer florierenden Wirtschaft, richtete neue Märkte ein und verzichtete sogar auf Steuereinnahmen, damit ausländische Kaufleute Niederlassungen gründeten. Cornwall wurde damals mit königlicher Förderung zum größten Zinnproduzenten Europas. Der Mönch Richard von Devizes wusste im Mittelalter zu berichten: „Die Menschen von Cornwall kannst du jederzeit als solche erkennen, sie werden ebenso hoch geschätzt wie die Flamen in Frankreich. Dennoch ist die Gegend besonders wohlhabend, wegen des Taus, der vom Himmel fällt, und der Fruchtbarkeit des Bodens."

Schwarzer Tod und Rosenkriege

Das 14. und das 15. Jahrhundert waren von Kriegen und schweren Katastrophen gekennzeichnet. Im August 1348 erreichte die **Pest** England; fast jeder dritte Einwohner Londons starb in den darauf folgenden Monaten am „Schwarzen Tod". Eine zweite Pestepidemie breitete sich im Winter 1361 aus, und 1369 sowie 1375 flackerte die Seuche abermals auf. Modernen Schätzungen zufolge hat sich die englische Bevölkerung innerhalb weniger Jahrzehnte halbiert.

28   Geschichte

Mächtige Festung: Dartmouth Castle

Zur gleichen Zeit bekriegten sich England und Frankreich auf dem Kontinent. Nach anfänglichen Erfolgen der Engländer trugen letztlich die Franzosen den Sieg im sogenannten *Hundertjährigen Krieg* (1337–1453) davon. Da sich das Kriegsgeschehen ausschließlich auf dem Kontinent abspielte, bekam die Bevölkerung Südenglands den Krieg nur durch höhere Steuerlasten zu spüren. Kaum herrschte Frieden, entbrannte zwischen den Häusern York und Lancaster ein gnadenloser Kampf um die Krone. Da beide mit den Plantagenets verwandten Adelsgeschlechter eine Rose im Wappen führten, gingen die von 1455 bis 1485 währenden Konflikte als **Rosenkriege** in die Geschichte ein. In einer Hinsicht waren die Rosenkriege paradox: Sie markierten das Scheitern einer traditionellen Form des Widerstands der Barone und brachten gleichzeitig immer noch die Forderung der Feudalaristokratie nach größerem Einfluss auf die Politik des Königs zum Ausdruck. Im Laufe dieses langen und erbitterten Konflikts wurde die Hocharistokratie durch Attentate und Kriegshandlungen dezimiert, während der niedere Adel und die freien Bürger um die volle Anerkennung der mittelalterlichen Rechte des Parlaments kämpften.

Die Häuser Tudor und Stuart

Mit **Heinrich VII.** saß erstmals ein Tudor auf dem Thron. Durch seine Heirat mit Elizabeth von York führte der geschickte Diplomat die verfeindeten Häuser York und Lancaster zusammen. Sein bleibendes Verdienst war es, die Stellung der Monarchie gefestigt zu haben. Diese Politik, die von seinen Nachfolgern bis hin zu Elizabeth I. fortgesetzt wurde, bildete die Grundlage für die weltweite Expansion Englands. In Cornwall und Devon kam es aufgrund hoher Steuerlasten zu einer Rebellion, die von den königlichen Truppen bei Blackheath brutal niedergeschlagen wurde.

Als **Heinrich VIII.** 1509 den englischen Thron bestieg, konnte er auf eine gut gefüllte Staatskasse zurückgreifen. Letztlich waren es aber die Ehe- bzw. Nachfolgerprob-

Die Häuser Tudor und Stuart   29

leme Heinrichs VIII., die zu einer entscheidenden Wendung im Geschick des Landes führten: Da der Papst ihm die Scheidung von Katharina von Aragón verweigert hatte, sagte sich Heinrich VIII. 1534 von Rom los und machte die englische Kirche zu einer Nationalkirche, der sogenannten anglikanischen Staatskirche mit dem König selbst als *Supreme Head*. Trotz offener Proteste ging die Monarchie gestärkt aus diesem Konflikt hervor; es gelang ihr sogar, sich die Heiligkeit der Kirche für eigene Zwecke zu Nutze zu machen. Durch Heinrichs Entscheidung, die Klöster aufzuheben und deren Güter an treue Gefolgsleute zu verteilen, schaffte er einen neuen, patriotischen Adel, der entschieden für den Protestantismus eintrat, um die Klostergüter nicht wieder herausgeben zu müssen. Teilweise wurden Ländereien zu Spottpreisen an vermögende Kaufleute veräußert, da Heinrich dringend Geld benötigte, um den Krieg gegen Frankreich zu finanzieren. Gleichzeitig mangelte es nun aber im ganzen Land an einer wirksamen Armenfürsorge; an die Stelle der Klöster und religiösen Stiftungen traten Armengesetze sowie eine Zwangsabgabe zur Unterstützung der Notleidenden. Ein schwerer Schlag für die Identität Cornwalls war

1588 – die gescheiterte Invasion

Nicht nur die Hinrichtung von Maria Stuart, auch die steten Angriffe der englischen Freibeuter vom Schlage eines Hawkins und eines Drake waren dem spanischen König Philipp II. ein Dorn im Auge. Indem die englischen Freibeuter die spanischen Galeonen kaperten, die mit Silber und Gold beladen aus der Karibik kamen, fügten sie den Spaniern einen beträchtlichen materiellen Schaden zu und forderten den mächtigsten König des 16. Jahrhunderts damit heraus. Philipp II. reagierte: Er wollte England erobern und das verhasste protestantische Königreich ein für alle Mal vernichten. Für dieses Unterfangen stellte er eine gigantische Armada zusammen; die spanische Flotte bestand aus 130 Schiffen, bestückt mit 2000 Kanonen und 20.000 Soldaten. An Bord befanden sich Nahrungsmittel und Munition, die ausreichend waren, um ohne Nachschub sechs Monate auf der Insel ausharren zu können. Die gewaltige Flotte unter dem Kommando von Admiral Sidonia galt als unbesiegbar. Francis Drake erkannte jedoch, dass die Armada aufgrund ihrer Größe schwerfällig und daher verwundbar war. Nachdem sich die beiden Flotten mehrere Tage lang ohne nennenswerte Erfolge bekämpft hatten, fiel die Entscheidung in der Nacht des 28. Juni 1588. Die Engländer verfügten über die beweglicheren Schiffe, die erfahreneren Besatzungen und die bessere Artillerie. Entscheidend wirkte sich der strategische Nachteil für die Spanier aus, sich fern der Heimat in keinen gesicherten Hafen zurückziehen zu können. So sahen sie sich gezwungen, vor Calais im offenen Gewässer zu ankern, und boten damit den Brandschiffen der Engländer ein lohnendes Ziel. Als diese deren sechs in den spanischen Flottenverband hineinmanövrierten, kappten die Spanier überstürzt die Ankertaue; die zerstreuten Schiffe waren dem englischen Angriff fast schutzlos ausgeliefert. Vier Schiffe sanken, tausende von Soldaten und Matrosen fanden den Tod. Den Rest besorgten die Stürme, denen die Armada bei ihrer Flucht um die Britischen Inseln an der Westküste ausgesetzt war: Die hochbordigen Galeonen zerschellten an den Felsküsten Schottlands, Irlands und Cornwalls. Nur die Hälfte der Schiffe kehrte Ende September wieder in einen spanischen Hafen zurück. Die Invasion war kläglich gescheitert.

Cornwall und Devon erleben

30   Geschichte

die Entscheidung, Gottesdienste ausschließlich auf Basis des in Englisch gedruck-
ten *Book of Common Prayer* abzuhalten. Trotz Protesten (ein Großteil der Bevölkerung sprach nur cornisch) wurde dieser Beschluss zur Not auch mit Waffengewalt
durchgesetzt.

In militärischer Hinsicht bedeutend war die Maßnahme Heinrichs VIII., entlang
der Küsten von Cornwall und Devon starke Festungen zu errichten, um diese vor
feindlichen Angriffen schützen zu können. Noch heute zeugen die Bastionen von
Dartmouth, Fowey, St Mawes und Falmouth von dieser vorausschauenden Vertei-
digungspolitik.

Elizabeth I., die zweitälteste Tochter Heinrichs VIII., vollendete während ihrer langen Regierungszeit (1558–1603) die religiöse Politik ihres Vaters. War bei ihrem
Regierungsantritt – bedingt durch die Rekatholisierungsmaßnahmen ihrer Halb-
schwester Maria – die überwiegende Mehrzahl der Engländer wieder in den Schoß
der alten Kirche zurückgekehrt, so dürfte die Zahl der Katholiken gegen Ende ihrer
Herrschaft unter zwei Prozent gelegen haben. Angetrieben von dem puritanischen
Geist, prosperierte die Wirtschaft. Nachdem Elizabeth 1587 die katholische Königin von Schottland, *Maria Stuart,* hatte köpfen lassen, weil sie Maria verdächtigte,
einen Mordanschlag auf sie veranlasst zu haben, schickte Philipp II. seine Armada,
um England wieder für den rechten Glauben zu gewinnen. Doch trotz der ver-
meintlichen militärischen Überlegenheit der spanischen Flotte glückte den von *Sir
Francis Drake* angeführten Engländern ein historischer Sieg, der eine jahrhunderte-
lange Vormachtstellung Englands auf allen Weltmeeren zur Folge hatte.

Erst auf dem Sterbebett liegend, bestimmte Elizabeth I. den Sohn von Maria Stuart
als **Jakob I.** zu ihrem Nachfolger. Der für seine liberale Einstellung bekannte Jakob
war zu diesem Zeitpunkt bereits König von Schottland und sollte bis zu seinem Tod
(1625) in Personalunion als König von Schottland und England herrschen. Für
Cornwall und Devon war das frühe 17. Jahrhundert vor allem durch die großen
Auswanderungswellen nach Amerika geprägt. Mehr als eine halbe Million Menschen schifften sich in Plymouth, Torquay und Bideford ein, um in der Neuen Welt
ihr Glück zu suchen. Die berühmteste Überfahrt war die der Pilgrim Fathers, die
im September 1620 von Plymouth nach Massachusetts segelten.

Die Erinnerung an das Haus Stuart, das bis 1714 über England herrschen sollte,
bleibt von zwei dramatischen Ereignissen überschattet: dem Bürgerkrieg, der 1649
in der Exekution Karls I. und der Abschaffung der Monarchie gipfelte – **Oliver
Cromwell** stand als Lord Protector an der Spitze des Staates –, sowie dem Großen
Brand von 1666, dem große Teile Londons zum Opfer fielen.

Die ersten Touristen und der Niedergang des Bergbaus

Im Laufe des 18. Jahrhunderts wurde die englische Küste zu einem Ort, an dem
man zwischen Körper und Meer eine neue ungeahnte Harmonie entdeckte, die
in wohldosierter Form verabreicht einen heilsamen Effekt gegen Melancholie
und andere Krankheiten versprach. Bis dahin standen sich der Mensch und das
Meer eher feindlich gegenüber, dann erkannte man die wohltuende Wirkung des
Meerwassers. Vor allem aus verkehrstechnischen Gründen verlief die touristische Entwicklung der Seebäder von Devon und Cornwall mit einer deutlichen
Verzögerung. Erst in der zweiten Hälfte des 19. Jahrhunderts, als die Region an
das Schienennetz angeschlossen wurde, entstand in Städten wie Seaton, Exmouth,

Künstlerkolonie St Ives

Torquay, Lynmouth und Ilfracombe eine touristische Infrastruktur. In zunehmendem Maße stellte sich die einheimische Bevölkerung als Badewärter, Fischhändler oder Zimmervermieter auf die Bedürfnisse der Kurgäste ein, die damals oft noch über mehrere Monate blieben. Ganze Villensiedlungen im viktorianischen Stil entstanden. Einen Sonderweg gingen St Ives und Newlyn, wo sich seit 1880 verstärkt Maler niederließen und Künstlerkolonien entstanden, von deren Ruf die Orte noch heute touristisch profitieren.

Während der Tourismus vordrang, erlebte der cornische Bergbau einen vollkommenen Niedergang, weil die Preise für Zinn und Kupfer eingebrochen waren. Hinzu kamen Hungersnöte, da die Braunfäule mehrere Kartoffelernten vernichtete. Infolgedessen wanderten bis zum frühen 20. Jahrhundert mehr als eine halbe Million Menschen aus Cornwall und Devon aus, der größte Teil von ihnen nach Übersee. Zurück blieben einstürzende Schlote und bröckelnde Fabrikbauten.

Das 20. Jahrhundert

Den Ersten Weltkrieg überstand die Insel ohne Schäden. Allerdings blieben Zigtausende auf den Schlachtfeldern zurück. Die Jahre zwischen den Kriegen waren vor allem die Zeit der Massenarbeitslosigkeit. Bereits 1921 betrug die Arbeitslosenquote in England 16,6 Prozent, sie ging erst leicht zurück, um 1931 und 1932 auf 21,1 beziehungsweise 21,9 Prozent hochzuschnellen. Die Hauptursache für die katastrophale wirtschaftliche Lage war die Schwäche der Exportindustrie und der Niedergang der britischen Werften. In Cornwall und Devon hatten die Fischer mit erheblichen Einbußen zu kämpfen, da die großen Schwärme ihr Wanderverhalten veränderten. Doch im Gegensatz zu Deutschland oder Amerika ist das Fehlen politischer Unruhen in England bemerkenswert. Weder der Radikalismus des amerikanischen New Deal noch der Faschismus und Antisemitismus, die in Italien und Deutschland die Politik bestimmten, konnten in Großbritannien Fuß fassen. Die von Sir Oswald Mosley angeführte *British Union of Fascists* blieb trotz Anfangserfolgen glücklicherweise eine Randgruppierung.

Von den Auswirkungen des **Zweiten Weltkriegs** blieben auch Cornwall und Devon nicht verschont. Die Kriegserfahrungen spielen bis heute im Nationalbewusstsein der Engländer eine wichtige, häufig verklärte Rolle. Ab September 1940 flog die deutsche Luftwaffe zahlreiche nächtliche Angriffe auf wichtige strategische Ziele in England. Der Marinestandort Plymouth war der am heftigsten bombardierte englische Hafen. Als Antwort auf die Angriffe der Royal Air Force, die historische deutsche Städte bombardierte, richteten sich Flugzeugattacken seit 1942 verstärkt auf kulturelle Denkmäler wie Exeter. Die Angriffe wurden auch als „Baedeker Raids" bezeichnet, da sich die Nazis bei der Zerstörung der bekanntesten historischen Sehenswürdigkeiten Englands offensichtlich an der alphabetischen Ordnung des Baedeker-Reiseführers orientierten.

Trotz seines internationalen Erfolgs durch den siegreichen Abschluss des Zweiten Weltkrieges musste Winston Churchill im Juli 1945 eine herbe Niederlage einstecken: Unter der Führung von *Clement Attlee* kam erstmals eine Labour-Regierung an die Macht, die eine parlamentarische Mehrheit hinter sich hatte. Neben der Verstaatlichung von Eisenbahnen, Fluggesellschaften und dem Bergbau wurde ein umfassendes **Sozialprogramm** verabschiedet, dessen wichtigste Pfeiler die Armenfürsorge und die Gesundheitspolitik darstellten.

Die sechziger und siebziger Jahre waren in sozialgeschichtlicher Hinsicht vor allem durch ökonomische Probleme und Arbeitslosigkeit geprägt. Ein wirtschaftlicher Aufwärtstrend machte sich erst zu Beginn der *Ära Thatcher* (1979–1990) bemerkbar. Mit Unnachgiebigkeit regierte die „Iron Lady", hob die viktorianischen Werte auf den Schild und betrieb mit Eifer den staatlichen Rückzug aus Wirtschaft und Gesellschaft. Auch die letzten noch verbliebenen cornischen Minen wurden in jenen Jahren geschlossen. In der Erinnerung vieler Engländer sind von der Ära Thatcher vor allem die politischen Unruhen und die soziale Kälte jener Jahre haften geblieben. *John Major* konnte den Ab-

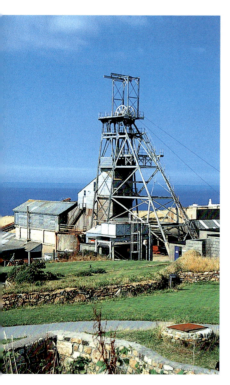

Schmelzöfen zeugen von Cornwalls Bergbautradition

Fischeridylle Polruan

wärtstrend der Konservativen noch einmal kurz aufhalten, doch am 1. Mai 1997 triumphierte New Labour mit ihrem Premier *Tony Blair*, der angetreten war, um „Cool Britannia" betont jugendlich in das dritte Jahrtausend zu führen. Im Herbst 2006 kündigte Blair seinen Rücktritt an. Nach einem kurzen, aber erfolglosen Zwischenspiel seines langjährigen politischen Weggefährtens *Gordon Brown* hat seit Mai 2010 der Konservative *David Cameron* das Amt des Regierungschefs inne.

Literatur

Wer geruhsame Strandtage oder gemütliche Stunden vor dem lodernden Kaminfeuer verbringen will, sollte sich mit der passenden Lektüre versorgen. Es muss nicht immer Rosamunde Pilcher sein …

Belletristik

Besson, Philippe: Einen Augenblick allein. dtv, München 2008. Ein Fischer kehrt aus dem Gefängnis zurück, wo er für den Tod seines Sohnes gebüßt hat, doch die Einwohner von Falmouth wollen ihm nicht verzeihen.

Doyle, Arthur Conan: Der Hund von Baskerville. Ullstein Taschenbuch 2001. Der wohl bekannteste Fall des Meisterdetektivs Sherlock Holmes spielt in der schaurigen Atmosphäre des Dartmoor.

Grimes, Martha: Die Treppe zum Meer. Goldmann Taschenbuch, München 2002. Mysteriöse Todesfälle an der Küste Cornwalls wecken den kriminalistischen Spürsinn des Aristokraten Melrose Plant.

Hildesheimer, Wolfgang: Zeiten in Cornwall. Insel Taschenbuch, Frankfurt 1998. Sehr persönliche Reiseprosa, die Cornwall zu einer fast geisterhaften Märchenwelt werden lässt.

Hobbs, Peter: Am Ende eines kurzen Tages. DVA, München 2007. Die Geschichte eines Laienpredigers, der 1870 in Cornwall mit seinem Glauben und der Liebe ringt. Stimmungsvolles Porträt der cornischen Küstenlandschaft.

Literatur

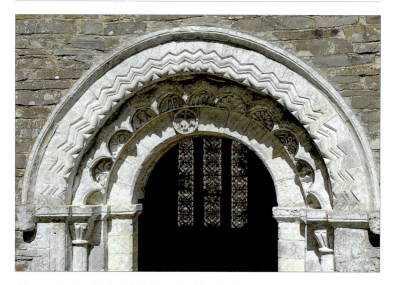

Normannisches Portal: St-Anthony-in-Roseland

Llewellyn, Caroline: Ein trügerisches Bild, btb, München 1997. Kriminalistische Spurensuche im einsamen, mysteriösen Cornwall.
Maurier, Daphne de: Mein Cornwall. Schönheit und Geheimnis. Schöffling & Co, Frankfurt 2001. Die 1989 verstorbene Schriftstellerin stellt in diesem Reisebuch Sagen und Mythen ihrer „verschwindenden" cornischen Wahlheimat vor (Originaltitel: *Vanishing Cornwall*).
Pilcher, Rosamunde: Die Muschelsucher. rororo Taschenbuch. Der wohl bekannteste in Cornwall spielende Roman der Bestsellerautorin.
Satterthwait, Walter: Eskapaden. dtv Taschenbuch, München 2000. Der typisch englische Landhauskrimi spielt im Jahre 1921 und nutzt das Schloss Maplewhite in Devon als stimmungsvollen Hintergrund.
Woolf, Virginia: Zum Leuchtturm. Fischer Taschenbuch, Frankfurt 2003. In dem Roman sind viele Erinnerungen an die Ferien eingeflossen, die Virginia mit ihrer Familie in St Ives verbracht hat.

Reiseliteratur

König, Johann-Günther: Von Pub zu Pub. Eine literarische Kneipentour durch London und Südengland. Insel Verlag, Frankfurt 2003.
Merian, Englands Süden. Eine Zeitreise mit dem Klassiker unter den Reisemagazinen. Hamburg 1977. Nur noch antiquarisch erhältlich.
Nestmeyer, Ralf: London. Stadtführer mit ausführlich kommentierten Rundgängen. Michael-Müller-Verlag, Erlangen 2011.
Nestmeyer, Ralf: England. Ein Reisehandbuch. Michael-Müller-Verlag, Erlangen 2011. Ideal für all jene, die weiter in den Norden Englands wollen.
Walter, Kerstin: Gärten in Südengland. DuMont Verlag 2000. Der ultimative Reisebegleiter für alle Gartenliebhaber.

Geschichte und andere Sachbücher

Barley, Nigel: Traurige Insulaner. dtv 1999. Der bekannte Ethnologe Barley unterzieht die Engländer einer amüsanten Feldstudie, die zu einer gänzlich anderen Sichtweise anregt.

Bryson, Bill: Reif für die Insel. Goldmann Taschenbuch, München 1999. Liebevoll-kritischer Streifzug durch England.

Corbin, Alain: Meereslust. Fischer Taschenbuch, Frankfurt 1994. Ausgezeichnetes kulturgeschichtliches Werk über die europäische Sehnsucht zum Meer und die Anfänge des Küstentourismus.

Gelfert, Hans Dieter: Kleine Kulturgeschichte Großbritanniens. C. H. Beck Verlag 1999. Informative Überblicksdarstellung der wichtigsten Strömungen in der britischen Kulturgeschichte (Taschenbuch).

Görner, Rüdiger: Streifzüge durch die englische Literatur. Insel Verlag, Frankfurt 1998. Lesenswerte Essays über zwei Dutzend englische Schriftsteller.

Klein, Stefan: Der Fuchs kann noch mal gute Nacht sagen. Picus Verlag, Wien 2002. Manchmal heitere, manchmal tiefgründige Reportagen des SZ-Korrespondenten für Großbritannien.

Macheiner, Judith: Englische Grüße. Eichborn Verlag, Frankfurt 2001. „Über die Leichtigkeit, eine fremde Sprache zu erlernen", lautet der Untertitel dieser angenehm zu lesenden Studie der Berliner Linguistin.

Maurer, Michael: Kleine Geschichte Englands. Reclam Verlag 1998. Viele historische Fakten auf über 500 Seiten.

Ohff, Heinz: Gebrauchsanweisung für England. Piper Verlag 1997. Humorvolle, verständnisvolle Annäherung an die Mentalität des Inselkönigreiches.

Sobel, Dava: Längengrad. btb Taschenbuch 1998. Sobel erzählt die spannende Geschichte des schottischen Uhrmachers John Harrison, der mit dem Bau eines exakten Chronometers das Problem der Längengradbestimmung löste.

Wende, Peter: Geschichte Englands. Kohlhammer Verlag, Stuttgart 1995. Kompetente, gut lesbare Überblicksdarstellung.

A rainy day at the beach

Stilvolle Anreise …

Anreise

Wer nach Cornwall und Devon will, hat die Qual der Wahl. Der schnellste Weg führt durch die Luft, am umweltschonendsten ist die Bahn und am billigsten der Bus. Und wer mit dem eigenen Fahrzeug anreist, muss sich zwischen Fähre und Eurotunnel entscheiden. Wie dem auch sei, letztlich wird die Wahl des Transportmittels von den eigenen Vorlieben bestimmt werden.

Aus einem Reisebericht von 1710

Eine Überfahrt nach England stellte im 18. Jahrhundert noch ein kleines Abenteuer dar. Bei günstigem Wind war man mindestens zwölf Stunden unterwegs; oft mussten Reisende aber auch Wartezeiten von mehreren Tagen oder gar Wochen in Kauf nehmen, ehe ein Schiff in See stechen konnte. Ohne Seekrankheit ging es selten ab. *Conrad Zacharias von Uffenbach* hinterließ eine dramatische Beschreibung seiner 1710 erlebten Überfahrt: „In dem Schiffe nun, wo das gemeine Volk bey einander war, sah es ärger aus als in einem Schweine-Stalle. Denn da ist es nicht allein fast ganz dunkel, und liegt alles auf dem Boden unter einander her, sondern einer bricht sich hier, der andere dorthin. Etliche heulen …, etlichen will die Seele wirklich ausgehen; fast alle seufzen und gehaben sich übel. Da kann man sich nun leicht einbilden, was hier vor ein Gestank, Eckel und Unlust ist."

Mit dem Auto oder Motorrad

Für Reisende aus West- und Norddeutschland ist die An- und Abreise nach Cornwall bequem in einem Tag zu bewältigen; wer jedoch in Süddeutschland, Österreich oder der Schweiz wohnt, sollte eventuell eine Übernachtung einplanen.

Je nach Wohn- und Zielort bieten sich mit dem eigenen Fahrzeug verschiedene Anreisemöglichkeiten. Günstig gelegen sind die Abfahrtshäfen Dunkerque, Calais und Hoek van Holland. Über Folkestone, Dover oder Harwich geht es weiter nach London. Calais ist hervorragend an das Autobahnnetz (A 10/E 5) angeschlossen. Wer über Luxemburg fährt, kann noch einmal günstig volltanken. Leicht zu erreichen sind außerdem Zeebrügge (über A 10/E 40 und N 31) und Hoek van Holland (A 15/E 31 oder A 12/E 30). Wer direkt in den Südwesten Englands fahren will oder noch einen Zwischenstopp in der Normandie einlegen möchte, kann entweder von Dieppe, Caen bzw. Le Havre, Cherbourg oder Roscoff nach Newhaven, Portsmouth, Poole oder Plymouth übersetzen.

Entfernungen bis Oostende			
Berlin	900 km	Hannover	655 km
Bern	771 km	Hamburg	772 km
Bonn	361 km	München	909 km
Düsseldorf	371 km	Nürnberg	741 km
Frankfurt	530 km	Salzburg	1047 km
Graz	1324 km	Stuttgart	686 km
Wien	1243 km	Zürich	802 km

Die Fährpreise schwanken je nach Saison stark; zumeist ist es aber unerheblich, ob zwei oder neun Personen mitfahren. Günstiger ist es fast immer, wenn Hin- und Rückfahrt innerhalb von fünf Tagen stattfinden oder die Fähre spätabends bzw. in den frühen Morgenstunden ablegt. Häufig gewähren die Fährgesellschaften bei rechtzeitiger Reservierung einen Frühbuchertarif, mit dem sich die Kosten um bis zu 50 Prozent reduzieren. Wer in der Nebensaison reist, kann ebenfalls leicht die Hälfte sparen. In der Hauptsaison empfiehlt es sich, rechtzeitig einen Platz auf der Fähre zu reservieren. Manche Fährgesellschaften, so beispielsweise P & O Ferries, bieten auch Gesamtarrangements mit Unterkünften an. Teilweise gibt es sogar Rabatte für Onlinebuchungen. Über den Daumen gepeilt, darf man mit mindestens 200 € rechnen (hin und zurück), allerdings gibt es auch Schnäppchenangebote für 2 Personen und ein Auto ab 30 € (einfach). Je weiter die Route, desto teurer wird es in der Regel. Rabatte gibt es auf „LateNight"-Abfahrten zwischen 21 Uhr und 6.30 Uhr.

Aktuelle Preise findet man im Internet unter der Homepage der jeweiligen Fährgesellschaft oder im Reisebüro:

P & O Ferries, ☏ 0180/5009437. www.poferries.com. Calais – Dover, Fahrtzeit: 1 Std. 15 Min., tgl. bis zu 30 Verbindungen.

Seafrance, ☏ 06196/940911. www.seafrance.com. Calais – Dover, Fahrtzeit: 1 Std. 30 Min., tgl. bis zu 15 Verbindungen.

Stena Line, ☏ 01805/916666. www.stenaline.

de. Hoek van Holland – Harwich, 3 Std. 42 Min., tgl. drei Verbindungen.

Speed Ferries, ☏ 0044/870/2200570. www.speedferries.com. Boulogne – Dover, Fahrtzeit 55 Min., tgl. bis zu zwölf Verbindungen.

Norfolkline, ☏ 0044/870/8701020. www.norfolkline.com. Tgl. Verbindungen von Dun-

38 Anreise

Der klassische Weg auf die Insel

kerque nach Dover, Fahrtzeit 1 Std. 45 Min.
Brittany Ferries, ✆ 0044/870/3665333. www.brittanyferries.co.uk. Tgl. Verbindungen von Caen nach Portsmouth sowie von Roscoff nach Plymouth.

LD Lines, ✆ 0033/232145209. www.ldlines.co.uk. Verbindungen von Boulogne nach Dover (4 x tgl., 1.45 Std.), Dieppe nach Newhaven (2 x tgl., 4 Std.) sowie von Le Havre nach Portsmouth (1 x tgl., 3.15 Std. oder 5.30 Std.).

Als Alternative empfiehlt sich seit 1994 die Anreise durch den **Eurotunnel** von Calais nach Folkestone. Der *Channel* ist die direkte Verbindung von der französischen Autobahn A 16 zur englischen Autobahn M 20 (folgen Sie in Calais den Hinweisschildern „Tunnel *sous la Manche*"). Die hochmodernen Pendelzüge, *Le Shuttle* genannt, unterqueren den Ärmelkanal in 35 Minuten. Sowohl Fußpassagiere als auch Pkw und Lastwagen werden befördert. Da die Züge alle 15 Minuten fahren, sind Reservierungen nicht erforderlich. Das Ticket kauft man vom Auto aus an einem Schalter und fährt dann in die doppelstöckigen Waggons. Passkontrolle und Zollformalitäten für beide Länder erfolgen vor der Auffahrt auf den Pendelzug. Mit dem Pkw oder Kleinbus mit bis zu neun Personen zahlt man je nach Tageszeit, Saison und Flexibilität bis zu 460 €.

Aktuelle Informationen **Eurotunnel Passagierservice**, Infos zu Preisen und Verbindungen. Giradetstr. 2, 45131 Essen, ✆ 0180/5000248. www.eurotunnel.com.

Allgemeine Hinweise für Autofahrer

Gleich nach der Ankunft auf englischem Boden wird man mit dem Schild „Keep left" konfrontiert. Linksfahren ist die schwierigste Hürde, die für den kontinentalen Autofahrer in England zu nehmen ist. Nach kurzer Zeit der Umgewöhnung ist aber auch das kein Hindernis mehr.

Probleme treten häufig beim Rechts- bzw. Linksabbiegen auf. Nach rechts abbiegen heißt hier eine große Kurve fahren, links herum ist dagegen nur eine kleine Kurve, und man muss nicht die Gegenfahrbahn kreuzen. Schwierigkeiten bereitet

Alkohol am Steuer: Die Promillegrenze liegt bei 0,8.

Fahrzeugpapiere: Der nationale *Führerschein* und der *Fahrzeugschein* genügen vollkommen; die internationale *Grüne Versicherungskarte* ist zwar nicht mehr Pflicht, sie kann aber bei Unfällen sehr hilfreich sein.

Gurtpflicht: Für FahrzeuglenkerInnen und alle Insassen besteht Gurtpflicht. Es droht eine Strafe von £ 50!

Karten: Für die Anreise nach England genügt in der Regel ein normaler Straßenatlas oder eine Karte mit kleinem Maßstab.

Kreisverkehr: Der im deutschsprachigen Verkehrsraum relativ seltene Kreisverkehr erfreut sich in England als Alternative zur ampelgesteuerten Kreuzung großer Beliebtheit, wobei das sich bereits im Kreisverkehr befindliche Fahrzeug fast immer Vorfahrt hat. Beim Herausfahren aus dem Kreisverkehr sollte man das Blinken nicht vergessen. Bei zweispurigen Kreisverkehren wird vom einbiegenden und außen fahrenden Fahrzeug erwartet, dass es den Kreisverkehr bei der nächsten Gelegenheit wieder verlässt.

Linksverkehr: Nach einer gewissen Eingewöhnungsphase kommt der Kontinentaleuropäer erstaunlicherweise recht schnell mit dem englischen Linksverkehr zurecht. Bei vielen Fahrzeugen kann man übrigens die Scheinwerfer von Rechts- auf Linksverkehr umstellen.

Tempolimit: Innerhalb geschlossener Ortschaften 30 mph (48 km/h), auf zweispurigen Landstraßen 60 mph (96 km/h), auf vierspurigen Landstraßen und auf der Autobahn sind 70 mph (112 km/h) erlaubt.

Pannenhilfe: Die Grüne Versicherungskarte erweist sich bei Schadensfällen als sehr nützlich, ist aber nicht Pflicht. Die beiden englischen Pannendienste *The Automobile Association (AA)* und

The Royal Automobile Club (RAC) sind Partnerclubs des ADAC. Sie können von ADAC-Mitgliedern kostenlos in Anspruch genommen werden. Neben der ADAC-Mitgliedschaft ist auch ein ADAC-Euro-Schutzbrief zu empfehlen, der zusätzlichen Service bietet. Tag und Nacht erreicht man beide Pannendienste gebührenfrei unter ✆ 0800/887766 (AA) und ✆ 0800/828282 (RAC).

Parken: Gelbe Linien am Straßenrand signalisieren Halteverbot, bei doppelt gezogenen gelben Linien herrscht absolutes Halteverbot. Bei Missachtung drohen Strafzettel oder Radsperren *(wheel-clamps)*. Kostenlose Parkplätze sind sehr selten. In den meisten Städten und Badeorten muss man sich ein Ticket am „Pay & Display"-Automaten holen.

Vorfahrt: Die Vorfahrt wird anders als auf dem Kontinent gehandhabt. Straßenkreuzungen und Einmündungen sind mit Linien gekennzeichnet, die die Vorfahrt regeln (z. B. durchgezogene Linie heißt Vorfahrt achten!). Kreuzungen mit einem gelben, diagonalen Raster *(box)* dürfen nur befahren werden, wenn sich kein anderer Wagen in der Box befindet – „Do not enter box unless clear". Gibt es keinerlei Markierungen, so gilt überraschenderweise „rechts vor links", was als „give-right-way" bezeichnet wird.

Zusatzversicherung: Für wertvolle oder neuwertige Fahrzeuge, die nur teilkaskoversichert sind, empfiehlt sich der kurzfristige Abschluss einer Vollkaskoversicherung.

Benzin: Benzin und vor allem Diesel ist erheblich teurer als in Deutschland oder Österreich. Durchschnittliche Benzinpreise im Januar 2011:

Normal bleifrei (Unleaded, 95 Octane): ca. £ 1.25

Super bleifrei (Unleaded, 98 Octane): ca. £ 1.35

Diesel (Diesel): ca. £ 1.30

aber auch das Überholen, da man im eigenen Fahrzeug links sitzt und nicht sehen kann, ob ein Wagen auf der rechten Seite entgegenkommt. Hat man keinen Beifahrer dabei, sollte man beim Überholen sehr vorsichtig sein. Wichtig und hilfreich ist ein Rückspiegel auf der rechten Seite, um den nachfolgenden oder überholenden Verkehr beobachten zu können.

Mit dem Flugzeug

Auf knapp zwei Stunden verkürzt sich die Anreise mit dem Flugzeug. Wer auf einem der fünf internationalen Flughäfen Londons gelandet ist, mietet sich entweder ein Auto oder benutzt die öffentlichen Verkehrsmittel. Falls man ausschließlich in den Südwesten will, kann man auch nach Exeter, Bournemouth, Bristol oder Newquay fliegen.

Die Fluggesellschaften *Air Berlin, Lufthansa, British Airways, Swiss, Austrian Airlines* sowie *KLM* fliegen London mehrmals täglich von verschiedenen Städten aus an. Die Lufthansa fliegt beispielsweise von Düsseldorf, Frankfurt, München, Stuttgart, Köln und Zürich nach Heathrow (Terminal 2). Chartermaschinen landen in der Regel in Gatwick. Von Düsseldorf aus bestehen mit Lufthansa auch Verbindungen nach Newquay; über London kann man zudem einmal täglich nach Bristol und Newquay (Ryanair) fliegen. Wer nach Exeter will, kann von Hannover aus mit flybe starten.

Sehr preisgünstig sind die Angebote von *Air-Berlin*. Die Fluglinie bedient Stansted von Hamburg, Stuttgart, München, Münster, Paderborn, Berlin-Tegel, Nürnberg sowie von Salzburg, Wien und Zürich.
Adresse www.airberlin.de.

Billigflieger: In den letzten Jahren bedienen zahlreiche Billigflieger den Flugverkehr zwischen Deutschland und England. Für Preise ab 10 € (einfach) landen die zumeist ohne Service auskommenden Flieger in London, vorzugsweise auf dem Flug-

London: eine Stadt, fünf Flughäfen

Mit dem Zug **41**

Anreise

hafen Stansted. Derzeit fliegt *Ryanair* von Hahn/Hunsrück, Berlin, Düsseldorf, Friedrichshafen, Linz, Klagenfurt und Salzburg; *Germanwings* von Köln, Stuttgart und Hamburg; *Easy Jet* von Berlin, Basel, Hamburg, München und Dortmund in die englische Metropole sowie von Berlin nach Bristol. Gebucht wird im Internet.
Adressen www.ryanair.com; www.easyjet.com; www.germanwings.com; www.flybe.com.

Londoner Flughäfen

London besitzt fünf Flughäfen, von denen Heathrow der mit Abstand größte ist. Ein weiterer Vorteil von Heathrow ist, dass er sich am leichtesten und günstigsten vom Zentrum aus erreichen lässt.

Heathrow: 24 Kilometer westlich der City gelegen, besitzt Heathrow die besten Verkehrsanbindungen. Der *Heathrow Express* düst in nur 15 Minuten für £ 16.50 zur Paddington Station. Wer will, kann beim Rückflug bereits am Bahnhof Paddington einchecken. Günstiger ist der *Heathrow Connect*, der in 32 Minuten zur Paddington Station fährt (£ 7.90, hin & zurück £ 15.80, www.heathrowconnect.com). Mit der *Piccadilly Line* gelangt man für £ 4 in 50 Minuten zum Piccadilly Circus. Tipp: Direkt an der Tube Station Heathrow befindet sich ein Schalter der städtischen Verkehrsbetriebe (London Transport), wo man sich bei Bedarf gleich eine Tages- bzw. Wochenkarte für die Untergrundbahn kaufen kann. www.heathrowexpress.com.

Gatwick: Der Charterflughafen liegt 45 Kilometer südlich von London. Passagiere können am Bahnhof Victoria einchecken. Der *Gatwick Express* fährt in einer halben Stunde zur Victoria Station (£ 16.90); 45 Minuten benötigen die Züge der *Southern Railway* (£ 9). Günstiger ist nur noch der stündlich verkehrende *National Express Bus,* der in 80 Minuten zur Victoria Station fährt (£ 7.50). www.gatwickexpress.com; www.southernrailway.com; www.nationalexpress.com.

Stansted: Der Flughafen mit seiner neuen, von Sir Norman Foster entworfenen Abfertigungshalle liegt 50 Kilometer nordöstlich des Zentrums. Mit dem *Stansted Express* gelangt man für £ 18 in 42 Minuten in das Zentrum. Als Alternative empfiehlt sich der Bus *Airbus A 6,* der für £ 10 in 90 Minuten zur Victoria Station fährt. Die Kosten für eine Taxifahrt von Stansted in die City können leicht £ 90 betragen. www.stanstedexpress.co.uk; www.lowcostcoach.com.

Luton: Der relativ kleine Flughafen Luton befindet sich 53 Kilometer nordwestlich von London; die Züge nach King's Cross/St Pancras Station schlagen mit £ 10.90 für die 45-minütige Fahrt zu Buche. Die Busse der *Green Line* benötigen doppelt so lange, kosten aber nur £ 11. www.london-luton.co.uk.

City Airport: Vierzehn Kilometer östlich der City gelegen, aber wenig frequentierter Flughafen. Mit der *Docklands Light Railway* gelangt man alle zehn Minuten für £ 1.80 (Oyster Card) in 22 Minuten zur Bank Station. www.londoncityairport.com.

Mit dem Zug

Die Anreise mit der Bahn ist eine bequeme, umweltschonende und traditionsreiche Alternative – aber auf keinen Fall die billigste. Nur die ermäßigten Jugendpreise der Deutschen Bahn (DB) sind etwas günstiger als die entsprechenden Flugangebote.

Generell fahren die Züge aus Deutschland und Österreich über *Oostende* oder *Hoek van Holland*. Dort steigt man auf eine Fähre und nach der Ankunft in *Dover* oder *Harwich* wieder in den Zug – eine umständliche, zeit- und kostenintensive Mög-

42　Anreise

lichkeit, nach England zu reisen. Schneller und auch nicht teurer ist die Fahrt durch den Tunnel mit dem *Thalys*- bzw. weiter mit dem *Eurostar-Zug* ab Köln. Eine Rückfahrkarte ohne Ermäßigungen kostet z. B. von Köln nach London/Waterloo je nach Angebot aber ebenso viel wie ein Flug. Wer will, kann bereits in Ashford aussteigen. Die Fahrzeit von Köln nach London St Pancras beträgt mit dem Hochgeschwindigkeitszug Eurostar 5 Stunden und 25 Minuten. Achtung: Die direkte Mitnahme eines Fahrrads bis zum Urlaubsort in Südengland ist nur über den Hamburger Hafen oder die belgischen und niederländischen Fährhäfen möglich. Genaue Infos erteilt der VCD.

Information www.eurostar.com.

Spektakuläre Wege über den Kanal

Drei Überquerungen des Ärmelkanals sind in die Geschichte eingegangen. Die erste Kanalüberquerung gelang dem Franzosen *Jean Pierre Blanchard* und dem Amerikaner *John Jeffries* 1785 in einem Heißluftballon. Fast wäre das tollkühne Unterfangen gescheitert, denn der Ballon verlor auf den letzten Metern vor der englischen Küste drastisch an Höhe. Kurzerhand entschlossen sich die beiden Ballonfahrer, allen – und zwar wirklich „allen" – überflüssigen Ballast von Bord zu werfen. Etwas fröstelnd, aber wohlbehalten landeten sie schließlich am Strand von Dover. Kalt war es sicherlich auch *Matthew Webb*, der 1875 als erster Mensch den Kanal durchschwommen hat. Eine letzte spektakuläre Überquerung gelang dem Franzosen *Louis Blériot* im Jahre 1909 mit dem Motorflugzeug.

Ermäßigungen: Der Kauf eines **InterRail Global Pass** kostet für 5 in 10 Tagen 159 €, wer älter als 25 ist, zahlt 249 €, für 10 in 22 Tagen 239 € bzw. 359 €. Mit diesem Ticket können Sie für den gewählten Zeitraum das komplette Schienennetz Großbritanniens und Irlands nutzen. Für alle Strecken im Heimatland gibt es 25 Prozent Ermäßigung auf den regulären Fahrpreis. Mit dem InterRail Global zahlt man außerdem auf den meisten Fähren nur den halben Preis. Der Kauf eines *InterRail Ein-Land-Passes* für Großbritannien rechnet sich nicht, da der *BritRail Euro England Flexi Pass* (siehe Kapitel Unterwegs in Cornwall und Devon) wesentlich günstiger ist.

Preise: Seitdem das neue Tarifsystem der Deutschen Bahn gilt, lohnt es sich, rechtzeitig zu buchen und die Vorteile der BahnCard zu nutzen. Leider lassen sich die Preise für Auslandsfahrten nicht im Internet ersehen, sodass man sich erst bei der Reiseauskunft erkundigen und dann den nächsten Schalter aufsuchen muss. Doch selbst der größte Bahnfan steigt irgendwann auf das Flugzeug um, wenn er die Erfahrung machen durfte, dass die Preisauskünfte erheblich divergieren. Die günstigsten Preise haben oft nur einen Werbeeffekt, da die Bahn auf den Thalys-Verbindungen zwischen Köln und Brüssel sowie auf dem Eurostar zwischen Brüssel und London nur über sehr geringe Kontingente zu diesen Preisen verfügt. Das derzeitige System erscheint daher als umständlich, intransparent und wenig konkurrenzfähig.

● *Auskunft* Weitere Informationen zu Verbindungen und Vergünstigungen erteilt die **Reiseauskunft der Deutschen Bahn** (bundeseinheitliche Rufnummer, ☎ 0180/5996633). Thalys-Hotline ☎ 01805/215000 (0,12 € pro Minute). **VCD**, Eifelstraße 2, 53119 Bonn, ☎ 0228/985850, ☏ 0228/9858550.

Mitfahrzentralen/Trampen 43

Endstation in St Ives

Mit dem Bus

Das preisgünstigste Verkehrsmittel für die Anreise ist der Bus! Die Eurolines verkehren regelmäßig zwischen der Bundesrepublik und Südengland.

Eurolines ist ein Konsortium verschiedener Busgesellschaften (Deutsche Touring, Continentbus, etc.) und verfügt so über ein weit verzweigtes Netz. Deshalb kann man aus vielen Städten (München, Stuttgart, Mannheim, Dresden, Leipzig, Jena, Frankfurt a. Main, Mainz, Koblenz, Kassel, Remagen, Bonn, Köln, Aachen) auch über Zubringerbusse auf die Englandstrecke umsteigen. In den komfortablen Bussen ist das Reisen relativ angenehm. Die Anreisezeiten variieren je nach Abfahrtsort zwischen 8 und 20 Stunden. Eine Fahrt von Frankfurt nach London kostet hin und zurück 150 €. Es ist ratsam, Buchungen rechtzeitig vorzunehmen. Anschlussfahrten sind ab London in alle Zielgebiete möglich.

Information Deutsche Touring, Am Römerhof 17, 60486 Frankfurt, 069/7903501. www.touring.de.

Pauschalreisen: Einige Reisebusunternehmen bieten Pauschalreisen nach Cornwall an. Höchst unterschiedliche Preise und Unterkünfte lassen es ratsam erscheinen, die Offerten sorgfältig zu vergleichen. Informationen über die Reiseveranstalter Ihrer Region erhalten Sie in den Reisebüros.

Mitfahrzentralen/Trampen

Die goldenen Tramperzeiten sind – wenn es sie jemals gegeben hat – schon lange vorbei. Das Warten kann zur harten Geduldsprobe werden. Abhilfe schaffen die preiswerten Mitfahrzentralen.

Wer die Ungewissheit und Risiken des Trampens scheut, sollte sich an die Mitfahrzentralen (MFZ) wenden. Sie sind für Fahrer und Mitfahrer gleichermaßen eine feine Sache. Ersterer bekommt einen Fahrtkostenzuschuss, Letzterer gelangt zuverlässig und günstig an das gewünschte Ziel; die Kosten liegen erheblich unter denen

44 Anreise

eines Bahntickets. Genauere Informationen zu Mitfahrgelegenheiten und Preisen können in den größeren deutschen Städten unter der **bundeseinheitlichen Rufnummer 1 94 40** erfragt werden. Frauen haben die Möglichkeit, auf Wunsch nur Frauen mitzunehmen bzw. nur bei ihnen mitzufahren.

> ### Von den Beschwerden des Reisens
>
> „Reisen im Postwagen", so vermerkte *Johann Georg Heinzmann* 1793 in seinem „Rathgeber für junge Reisende", „ermatten eben so sehr den Geist, als sie für den Körper schädlich sind. Wer nur ein paar Tage und eine Nacht im Postwagen gefahren ist, wird zu allen muntern Gesprächen nicht mehr fähig seyn, und alles was um und neben ihm vorgehet, fängt ihm an gleichgültig zu werden. Das unbequeme enge Sitzen, oft bey schwüler Luft, das langsame Fortrutschen mit phlegmatischen und schlafenden Postknechten, der oft pestilenzialische Gestanck unsauberer Reisegesellschaften, das Tobackdampfen und die zottigen schmutzigen Reden der ehrsamen bunten Reisekompagnie, lassen uns bald des Vergnügens satt werden, und verursachen schreckliche Langeweile und gänzliches Übelbefinden in allen Gliedern ... Wer acht Tage so gefahren ist, wird fast ein ganz andrer Mensch geworden seyn; wunderlich, träge, gelähmt am ganzen Körper, wachend wird er schlafen, die Augen eingefallen, das Gesicht aufgedunsen, die Füsse geschwollen; der Magen ohne Appetit, das Blut ohne Spannkraft; der Geist abwesend und zerstreut, und wie im Taumel redend."

Die Preise errechnen sich aus einer *Benzinkostenbeteiligung* und einer *Vermittlungsgebühr*. Hinzu kommen noch die Kosten für die Fähre. Um spätere Schwierigkeiten zu vermeiden, sollte man unbedingt den von der MFZ ausgestellten Beleg mitführen. Für einen Euro kann jeder Mitfahrer bei der MFZ eine *Zusatzversicherung* abschließen.

Warum nicht? Eine Grillpause am Strand

Mit der Fähre nach Fowey

Unterwegs in Cornwall und Devon

Viele abgelegene Küstenorte und Herrensitze lassen sich mit öffentlichen Verkehrsmitteln nur schwer oder gar nicht erreichen. Reisende, denen die eigene Flexibilität wichtig ist, werden Südengland daher mit dem eigenen oder einem gemieteten Fahrzeug erkunden.

Mit dem eigenen Fahrzeug

Das englische Straßennetz ist ausgezeichnet. Einzig das Autobahnnetz ist nicht so gut ausgebaut wie in Deutschland, so gibt es in Cornwall keine Autobahn, nur Exeter und Bristol verbindet die M 5 miteinander. Wichtigste Ost-West-Verbindung ist die von London nach Bristol führende M 4. Rund um London verläuft der M 25, *Orbital* genannt, ein Autobahnring mit zahlreichen Ausfahrten, der wegen der vielen Staus ironisch als „Englands größter Parkplatz" bezeichnet wird. Von Dover nach London führt die M 20, die M 3 nutzen die Pendler aus Southampton und Portsmouth, dann geht es weiter auf der Landstraße (A 303) durch East Devon und Somerset. Da keine gute Ost-West-Verbindung in Südengland existiert, muss man von Dover bis Devon mit mindestens sechs Stunden Anreisezeit rechnen. Während der Ferien und bei Berufsverkehr können es aber auch leicht zehn Stunden werden.

Die großen *A Roads,* die unseren Bundesstraßen entsprechen, sind dafür zumeist zweispurig ausgebaut *(dual carriageway)* und ermöglichen ein zügiges Vorwärts-

46   Unterwegs in Cornwall und Devon

kommen. Selbst auf den kleinsten Seitenstraßen findet man Asphaltbelag – gerade auf den *B* und *C Roads* macht das Autofahren Spaß, wenig Verkehr und richtig ländliches England. Allerdings sind besonders diese kleinen Straßen *(country lanes)* oft sehr schmal und unübersichtlich, sodass man vorsichtig fahren sollte; in Cornwall und Devon scheinen die Nebenstraßen kaum für Gegenverkehr ausgelegt zu sein. Der Linksverkehr wird fast zur Nebensache, da zwei Autos einander nur an den Haltebuchten passieren können. Wer dem anderen großzügig den Vortritt gewährt, wird mit einem freundlichen Gruß des Entgegenkommenden belohnt. Eine Erkundungsfahrt kann manchmal aber auch leicht in eine kleine Odyssee ausarten, da die Straßenbeschilderung nicht immer den Richtlinien der Kartographie folgt. Zudem erschweren endlose, oft mehrere Meter hohe Hecken die Orientierung.

Achtung: Da sich der gesamte Fernreiseverkehr nach Devon und Cornwall entweder auf der M 5 oder der A 30 bewegt, muss man sich in der Ferienzeit und rund um die Feiertage auf ein reges Verkehrsaufkommen einstellen. Besonders an Samstagen sind Staus in beide Richtungen vorprogrammiert.

Autoverleih

Wer sich bei seinem Englandaufenthalt ein Auto oder Wohnmobil mieten will, kann dies ohne Probleme bei den zahlreichen großen Firmen tun. Es besteht die Möglichkeit, schon in Ihrem Reisebüro die Buchung vorzunehmen. Einige Autoverleihfirmen und Fluggesellschaften bieten einen *Fly-&-Drive-Service* an. Dabei wird einem sofort nach der Ankunft auf einem englischen Flughafen ein Auto zur Verfügung gestellt. Bei den größeren Firmen wie *Hertz, Avis, Budget, British Car Rental, Nationwide Vehicle Rentals*, die in ganz England Filialen besitzen, kann man den Wagen bei der einen Niederlassung abholen und bei einer anderen abstellen.

Will man für zwei- bis dreitägige Ausflüge ein Auto mieten, sollte man sich an die lokalen und oft preiswerteren Autoverleihfirmen wenden. Die Tourist Offices halten ein Verzeichnis bereit. Ein Vergleich der Unternehmen ist ratsam, da auch hier starke Preisunterschiede bestehen. Die günstigsten Angebote beginnen bei £ 30 pro Tag für die kleinste Fahrzeugklasse (inkl. Versicherung und „free mileage", also kein Kilometergeld). Bei den größeren Anbietern beginnen die Preise ab £ 35. Wochen- und Monatspreise sind reduziert. Bei Vorlage einer Kreditkarte muss man keine Kaution hinterlegen. Die meisten Firmen verleihen Autos sogar nur an Kreditkartenbesitzer.

Tipp: Zumeist ist es am günstigsten, schon vorab in Deutschland ein Auto über das Reisebüro zu mieten. Einen guten Überblick über das günstigste Angebot findet man im Internet unter: www.billiger-mietwagen.de.

● *Bedingungen* Bei den meisten Autovermietungen muss der Vertragspartner, also der Kunde, mindestens 21 Jahre alt sein und seit mindestens einem Jahr einen Führerschein besitzen. Gelegentlich gibt es einen Aufpreis für Fahrer unter 25 Jahren. Bei Senioren wird gelegentlich ein Aufschlag berechnet, einige Firmen verleihen generell keine Autos an über 78-jährige Fahrer.

Achtung: Der englische Linksverkehr an sich ist für die meisten Autofahrer gewöhnungsbedürftig. Diese Unsicherheit erhöht sich mit einem gemieteten Fahrzeug: Vor allem, dass der Schalthebel links statt rechts ist, erschwert das Fahrvergnügen (die billigsten Autos besitzen keine Automatik). Hinzu kommt, dass der Fahrer, den Rückspiegel vergeblich suchend, häufig aus dem rechten Seitenfenster blickt …

Mit der Bahn

England ist bekanntlich das Mutterland der Eisenbahn. Mit ihrem dichten Schienennetz stellt die Bahn eine Alternative dar, um den Süden Englands zu erkunden. Infolge der Privatisierung des Bahnwesens existiert allerdings keine durchgehende Verbindung entlang der Südküste.

Wenn man einmal großzügig über die permanente Unpünktlichkeit der British Rail hinwegsieht, so ist die Eisenbahn auch für Touristen ein empfehlenswertes Verkehrsmittel. Allerdings ist das Reisen mit der *British Rail* (BritRail) grundsätzlich teurer als mit dem Bus. Beim Lösen von Fahrkarten ist zu beachten: *Single-Tickets* gelten für einfache Bahnfahrten, *Return-Tickets* entsprechen Rückfahrkarten. Daneben gibt es häufig noch die sogenannten *Cheap-Day-Return-Tickets (CDR)*, die manchmal sogar billiger als die Single-Tickets sind. CDR bedeutet, dass man noch am selben Tag wieder die Rückfahrt antreten muss. Da die CDR-Fahrkarte häufig das billigste Ticket ist, kann man die Rückfahrt notfalls auch ohne Gewissensbisse sausen lassen.

Ähnlich wie in Deutschland gibt es noch zahlreiche Angebote, die dem Reisenden unter den Namen *Bargain-Return, Apex-Return, Super-Advance-Return, Super-Saver-Return* begegnen. Als Faustregel gilt, je früher man sich auf einen Zug festlegt, der nicht zur Hauptverkehrszeit fährt, desto billiger ist man unterwegs. Achtung: Nicht eingelöste Tickets verfallen zumeist und werden nicht erstattet. Von London-Paddington werden von *First Great Western* täglich rund 10 Verbindungen über Exeter nach Plymouth angeboten. Die Reisezeit beträgt rund 3 Stunden und 20 Minuten. www.firstgreatwestern.co.uk. Günstige Angebote auch über: www.firstminutefares.co.uk.

Hinweise: In den Zügen ist es außerhalb der Stoßzeiten erlaubt, Fahrräder mitzuführen. Da oft nur eine bestimmte Anzahl von Rädern geduldet wird, ist es ratsam, sich vorab zu informieren. Dieser Service ist zwar häufig kostenlos, in IC-Zügen zahlt man jedoch £ 9. Aus Angst vor Anschlägen gibt es nur noch auf den großen britischen Bahnhöfen die Möglichkeit der **Gepäckaufbewahrung.** Auf den kleinen und mittleren Bahnhöfen findet man nicht einmal mehr Schließfächer vor. Wenn man als Zugreisender Zwischenstopps einlegen möchte, um Sehenswürdigkeiten entlang der Strecke zu besichtigen, muss man sein gesamtes Gepäck dorthin mitnehmen – und kann nur hoffen, dass es bei einer der Sehenswürdigkeiten eine Möglichkeit gibt, sein Gepäck loszuwerden. **Aussteigen:** Britische Züge muss man von außen öffnen, das bedeutet, man muss das Fenster herunterkurbeln und den Hebel herunterdrücken.

• *Weitere Auskunft* Weitere Informationen zu Verbindungen und Vergünstigungen erteilt die **Reiseauskunft der Deutschen Bahn** (bundeseinheitliche Rufnummer, ✆ 11861).

Hilfreich bei der Planung ist auch folgende Homepage: www.nationalrail.co.uk. Ticketverkauf auch über www.thetrainline.com.

BritRail Euro England FlexiPass: Wer England mit dem Zug bereisen will, dem empfiehlt sich der Kauf eines BritRail-Euro-England-Flexi-Passes. Mit diesem Pass kann man sich an bestimmten, vorher festgelegten Tagen auf dem gesamten Schienennetz von England bewegen. Beispiel: Man ist vier Wochen in England, will aber länger an einem oder mehreren Orten bleiben. Mit dem Flexi-Pass – er besitzt eine Gültigkeit von einem Monat – kann man nun zwei, vier, acht oder 15 Tage bestim-

48 Unterwegs in Cornwall und Devon

Dieser Oldtimer gehört zum öffentlichen Busnetz der Isles of Scilly

men, an denen dieser gültig sein soll. Man muss nur am jeweiligen Reisetag das Datum handschriftlich eintragen. Zudem erhält jeder Erwachsene einen kostenlosen Kinderpass! Weitere Kinder unter 16 zahlen den halben Preis. Achtung: Der Brit Rail-Flexi-Pass muss vor Reiseantritt in Deutschland, Österreich oder der Schweiz gekauft werden (in den Bahnhöfen und Reisebüros)!

• *BritRail Euro England Flexi Pass* 2 Tage: 95 € (Erwachsene) und 75 € (Jugendliche bis einschließlich 25 Jahren), 4 Tage: 155 €/ 125 €; 8 Tage: 225 €/179€; 15 Tage: 339€/ 275 €. Diese Preise gelten für die 2. Klasse. Tarife für die 1. Klasse liegen entsprechend höher. www.visitbritaindirect.com.

Jugend-/Studententicket: Studenten mit einem internationalen Studentenausweis und Jugendliche (16–25 Jahre) können eine *Young Person's Railcard* erstehen, mit der sie auf den meisten Strecken in England (zweiter Klasse) ein Drittel billiger fahren können. Der Pass kostet £ 26 und gilt ein Jahr. Dieselbe Vergünstigung gibt es für Senioren *(Senior Railcard)* und Familien *(Family Railcard)*.

Internet www.youngpersons-railcard.co.uk; www.senior-railcard.co.uk.

Mit dem Bus

In England wird zwischen *Coaches* und *Buses* unterschieden. Coaches sind komfortable Fernbusse, die Ziele auf der gesamten Insel ansteuern. Buses sind nur für den Nahverkehr zuständig. Allerdings verbinden die *County Buses* auch zahlreiche Städte innerhalb einer Grafschaft miteinander. Das Reisen mit den Coaches ist immer etwas preisgünstiger als mit der Bahn. *National Express* unterhält das größte Netz an Fernbuslinien. Von London-Victoria verkehren mehrmals täglich Busse nach Plymouth oder Truro (6–8 Std.). Über Tarife und Fahrpläne kann man sich im Internet informieren: www.nationalexpress.com.

Als Jugendlicher zwischen 16 und 25 Jahren oder nach Vorlage eines internationalen Studentenausweises kann man sich für 10 € eine *NX2 Card* besorgen. Sie gilt ein ganzes Jahr und macht das Benutzen von National Express Coaches um 30 Prozent billiger.

Brit Explorer Pass: Mit diesem Pass kann man 7, 14 oder 28 Tage lang alle National Express und Caledonian Express Coaches in England, Schottland und Wales benutzen.

● *Preise* 7 Tage: £ 79; 14 Tage: £ 139; 28 Tage: £ 219. Erhältlich an den National-Express-Schaltern der Busbahnhöfe in größeren Städten (z. B. London, Dover, Bourne- mouth, Chester, Cambridge, Oxford, Portsmouth, Southampton usw.) sowie im Internet: www.nationalexpress.com.

Mit dem Fahrrad

Eine der schönsten Möglichkeiten, Südengland zu bereisen, ist eine Fahrradtour. Die zahlreichen schmalen Landstraßen abseits der Autoschlangen sind ideal für Radwanderungen. Mit Hilfe staatlicher Lotteriegelder ist in den letzten Jahren das Fahrradnetz für 400 Millionen Pfund erheblich ausgebaut worden. Entlang stillgelegter Bahntrassen, auf alten Treidelpfaden und wenig befahrenen Landstraßen *(Lanes)* ist ein richtiges Fernradwanderwegnetz *(National Cycle Routes)* entstanden, das auf mehr als 10.000 Kilometer ausgebaut werden soll. Das *National Cycle Network* gibt Streckenkarten und Infopakete heraus.

Adresse **National Cycle Network Information Department Sustrans**, 35 King Street, Bristol BS1 4DZ, ✆ 0044/0117/9290888. www.sustrans.org.uk.

Empfehlenswert für die Erkundung von Cornwall und Devon sind folgende markierte Radwanderwege:

Nr. 2:   **Devon Coast to Coast**, 164 Kilometer von Plymouth nach Ilfracombe.

Nr. 13:   **Dartmoor und Süddevon**, 304 Kilometer langer Rundkurs.

Nr. 10:   **Camel Trail**, 27 Kilometer auf einer stillgelegten Bahntrasse durch Cornwall. Von Padstow nach Poley's Bridge.

Cornish Way, 289 Kilometer von Land's End nach Bude (ohne Nummerierung).

Falls Sie nicht mit dem eigenen Rad unterwegs sind, finden Sie in diesem Reisehandbuch Adressen von Unternehmen, die Fahrräder verleihen. Es empfiehlt sich, zu der entsprechenden Region eine gute Karte zu kaufen. Praktisch sind z. B. die *Outdoor Leisure Maps* von *Ordnance Survey* oder eine andere Karte, die mindestens den Maßstab 1:100.000 haben sollte. In den Tourist Offices liegen meistens auch Tourenvorschläge aus, welche die schönsten Routen der Umgebung beschreiben. Weitere Informationen sind über die größte britische Radorganisation, den *Cyclists' Touring Club*, erhältlich. Der *CTC* bietet auch geführte Radtouren von drei bis 21 Tagen an.

Adresse **CTC National Office**, Parklands, Railton Road, Guildford, Surrey GU2 9JX, ✆ 0044/ 870/8730060, ✆ 0044/870/8730064. www.ctc.org.uk.

Taxi

Eine Fahrt mit einem der zahlreichen *Black Cabs* – sie können auch rot, blau, grün oder weiß sein – gehört schon fast zum Pflichtprogramm eines Englandbesuchs. Taxistände finden sich an Bahnhöfen und zahlreichen öffentlichen Plätzen. Es ist aber jederzeit möglich, einen Wagen an der Straße anzuhalten, falls das gelbe Taxizeichen leuchtet („Taxi" oder „For Hire"). Zu Stoßzeiten und bei Regen sind die Taxis allerdings genauso rar wie in den Abendstunden, die viele Taxifahrer am liebsten zu Hause verbringen.

Atlantic Hotel in Newquay

Übernachten

Das Spektrum der Unterkünfte reicht vom modernen Designhotel bis hin zur einfachen, persönlich geführten Herberge (B & B), die einen Einblick in die englische Lebensart bietet. Wo auch immer man wohnt, das hohe englische Preisniveau lässt sich nicht umgehen.

In England ist die Zimmersuche überhaupt kein Problem. Fast jeder Ort verfügt über eine *Tourist Information* – zu erkennen an dem blauen Schild –, die über alle B & Bs, Hotels und andere Unterkunftsmöglichkeiten informiert. Meist gibt es auch eine Adressenliste mit Preisen. Der **Accomodation Service** vermittelt ein Zimmer nach Wahl. Die zu entrichtende Gebühr wird dann häufig vom Übernachtungspreis abgezogen. Allerdings sollte man beachten, dass die meisten Offices um 17 Uhr schließen, und sich daher rechtzeitig um eine Unterkunft bemühen. Außerdem können Sie über das Tourist Information Centre ein Zimmer in einer anderen Stadt vorbestellen. Dies nennt sich *Book-A-Bed-Ahead* und ist gebührenpflichtig (ab £ 1.50). Kommt man in einen kleineren Ort oder ist die Informationsstelle geschlossen, geht man einfach in ein Hotel oder ein B & B, auch wenn alles belegt ist. Meist sind die Leute recht freundlich und suchen telefonisch ein passendes Quartier. That's English! Wer auf eigene Faust auf Quartiersuche geht, muss auf das Hinweisschild *Vacancies* achten. Während der englischen Sommerferien sowie rund um die englischen Feiertage (Ostern bzw. Bank Holiday) ist es sehr ratsam, rechtzeitig zu buchen. Die Auswahl ist größer und man erspart sich eine enervierende Suche vor Ort.

Bei den **Übernachtungspreisen** trifft der Südenglandbesucher auf ein breites, vor allem nach oben offenes Spektrum. Neben persönlichen Vorlieben setzt nur der ei-

Übernachten 51

gene Geldbeutel Grenzen: Manch einer gibt für eine Nacht im Luxushotel mehr Geld aus als andere für ihre ganze Reise. Die stetig wachsende Nachfrage der letzten Jahre hat leider dazu geführt, dass einige Hoteliers in der Hochsaison auch ihre „Besenkammer" vermieten. Da bei den Hotelpreisen in der gehobenen Kategorie häufig noch 17,5 Prozent Mehrwertsteuer (VAT = Value Added Tax) hinzugerechnet werden, sollte man sich bei der Buchung erkundigen, ob diese bei dem angegebenen Preis enthalten ist. Gleiches gilt für das Frühstück, das ebenfalls häufig extra berechnet wird. Reisende mit niedrigen Ansprüchen finden in Gemeinschaftsunterkünften für rund £ 15 ein Bett mit Frühstück, in *Guesthouses* werden rund £ 30 für B & B verlangt, wobei es auch luxuriöse Unterkünfte gibt, die pro Person auch mehr als £ 50 kosten können.

Englisches Duschvergnügen

Ein besonderes Erlebnis steht dem Englandreisenden im Badezimmer bevor. Da den Engländern Mischbatterien so gut wie fremd sind, muss der Kontinentaleuropäer seine Hände unter einem eiskalten und einem heißen Wasserhahn hin und her bewegen und dabei geschickt das Risiko vermeiden, sich zu verbrühen. Das Haarewaschen im Waschbecken erweist sich als gänzlich unmöglich, es sei denn man hält seinen Kopf tapfer unter den Kaltwasserhahn. Vor dem Duschvergnügen sind ebenfalls fast immer einige Hürden zu bewältigen, denn wer nicht kalt duschen will, muss sich manchmal erst auf die Suche nach einem versteckten Schalter oder einer Schnur begeben, um den Heißwasserboiler in Betrieb zu setzten. Nach einer angemessenen Wartezeit von ein paar Minuten klettert man erwartungsvoll in die Duschkabine, doch nur in den seltensten Fällen wird man sich unter einen dauerhaft wohltemperierten Wasserstrahl stellen können.

Hotels

Die Preise für ein Doppelzimmer (DZ) in einem günstigen Hotel liegen bei £ 60, in der gehobenen Mittelklasse bei £ 120 und in der Luxuskategorie beginnen sie bei £ 180. Nach oben hin ist preislich so gut wie alles offen. Als *Double Room* wird ein Doppelzimmer mit Doppelbett *(double beds)* bezeichnet, ein *Twin Room* weist auf zwei Einzelbetten *(twin beds)* hin; wer mit Kindern unterwegs ist, sollte nach einem *Family Room* fragen. Achtung: *Double Beds* bestehen aus einem großen französischen Bett mit gemeinsamen Laken und gemeinsamer Decke. Die ungeliebten Gäste des englischen Hotelwesens sind die Alleinreisenden. Wer sich höflich nach einem freien Zimmer erkundigt, wird mit einem skeptischen *„It's only for you, then"* begrüßt. Der offerierte *Single Room* hat oft nur die Größe einer Abstellkammer, wird aber dadurch aufgewertet, dass er preislich auf einer Stufe mit einem Doppelzimmer steht …

Hinweis: Die englischen Hotelzimmer sind fast immer eine rauchfreie Zone. Wer sich unbedingt seiner Nikotinsucht hingeben will, muss sich vorher erkundigen oder vor die Tür gehen.

Aufgrund des hohen Preisniveaus der englischen Hotels kann es mitunter günstiger sein, das Hotel im heimischen Reisebüro pauschal samt Flug zu buchen. Kurzfristig entschlossene Reisende mit einem Internetzugang können unter der Adresse www.hrs.de oder www.hotel.de freie Zimmerkapazitäten der angeschlossenen englischen Hotels abfragen und bei Interesse gleich ein Zimmer online buchen.

> „Selbst in den kleinsten Orten sind englische Gasthöfe sorgfältig gehalten. Immer sind darin Reinlichkeit, große Bequemlichkeit und sogar Eleganz vorhanden, und man mutet dem Fremden nie zu, in demselben Zimmer zu essen, zu wohnen und zu schlafen, wie das in deutschen Gasthäusern, wo es eigentlich nur Tanzsäle und Schlafstuben gibt, der Fall ist."
>
> *Hermann Fürst zu Pückler-Muskau (1826)*

Bed & Breakfast (B & B)

Das Kürzel B & B steht für die Übernachtung bei einer Familie, die ein oder mehrere Zimmer an Gäste vermietet und morgens ein Frühstück serviert. Ganz ungezwungen ergeben sich so Kontakte zu den Gastgebern und Einblicke in den britischen Alltag. B & B ist eine typische englische Einrichtung, die mittlerweile auch in anderen europäischen Ländern angeboten wird. Wann es das erste B & B gegeben hat, liegt im Dunkeln, doch nimmt man an, dass sofort nachdem das erste Fachwerkhaus eines Angelsachsen fertig war, das Gästezimmer von seiner Frau an einen vorbeiziehenden normannischen Eindringling vermietet wurde. Gerade in den ländlichen Gebieten kann man mit den Gastgebern schnell Kontakt schließen und allerhand über die Gegend erfahren. Von diesem herzlichen Umgang schwärmen viele Englandreisende.

Die Zimmer sind oft einfach, haben einen Fernseher, ein Waschbecken, einen Schrank, einen Nachttisch und manchmal eine Dusche. Je nach Ausstattung müssen pro Person zwischen £ 25 und £ 45 einkalkuliert werden. Darin ist nicht nur das reichliche englische Frühstück enthalten, sondern meist auch die Benutzung des Familienbads, Fernsehzimmers oder anderer Räume. In den meisten B & Bs befinden sich auch die unvermeidlichen Teekocher *(teaboiler)*. Mit ihnen kann man sich auf die Schnelle einen Tee oder Kaffee zubereiten. Teebeutel und lösliches Kaffeepulver liegen daneben. Wer keine Dusche im Zimmer hat, findet das Bad auf dem Flur. Morgens wird zur verabredeten Zeit das herzhafte Frühstück aufgetischt. Auf Wunsch kann man häufig auch ein *vegetarisches Frühstück* oder ein *Diätfrüh-*

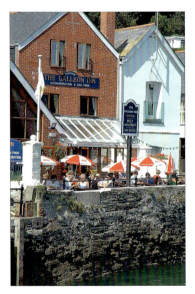

B & B mit Meerblick

Jugendherbergen **53**

stück bestellen. Die meisten Zimmer besitzen ein eigenes Bad, was die Engländer als *„en suite"* bezeichnen. Das Übernachten in Zimmern ohne Bad ist hingegen ein paar Pfund günstiger. Ein sehr schönes Angebot an landestypischen Unterkünften vermittelt die deutschsprachige Agentur **Bed & Breakfast:** ✆ 06251/702822. www. bed-breakfast.de.

Die englische Variante von „Urlaub auf dem Bauernhof" heißt *Stay on a farm* und bietet zahlreiche Unterkünfte vorzugsweise in ländlichen Regionen. Meist handelt es sich um schöne Landhäuser, die in der gehobenen Kategorie sogar einen Swimmingpool besitzen können. Häufig werden auch Ferienwohnungen mit der Möglichkeit zum *Self-Catering* angeboten.

Adressen www.farmstayuk.co.uk bzw. www.farmstaydirect.com. www.bed-breakfast. de, www.cornish-farms.co.uk.

Ferienhäuser und -wohnungen

Ferienhäuser und Ferienwohnungen ermöglichen einen freien Tagesablauf, den nicht nur Familien mit Kindern zu schätzen wissen. Hinzu kommt, dass man nicht gezwungen ist, jeden Tag in ein Restaurant zu gehen, und somit die Reisekasse schonen kann. Alle Tourist Information Centres führen in ihren Unterkunftsnachweisen auch die Möglichkeiten zum *Self Catering* auf. Die Vermietung erfolgt fast ausschließlich wochenweise. Faustregel: Ein *Apartment* kostet je nach Größe, Ausstattung und Saison zwischen £ 250 und £ 500 pro Woche.

● *Information* **Country Holidays**, Spring Mill, Earby, Barnoldswick, Lancashire BB94 0AA, ✆ 08700/781200. www.country-holidays. co.uk. **English Country Cottages**, Stoney Bank, Earby, Barnoldswick, Lancs BB94 0EF, ✆ 08700/781100. www.english-country-cottages.co.uk.

Wer seine Ferien gerne in einem historischen Gebäude mit viel Flair verbringen möchte, findet selbst alte Leuchttürme im Angebot dieser Vereinigungen:

Landmarktrust, Shottesbroke, Maidenhead, Berkshire SL6 3SW, ✆ 01628/825925, ✎ 01628/825417. www.landmarktrust.org.uk.

National Trust, Holiday Booking Office, PO Box 536, Melksham, Wiltshire SN12 8SX, ✆ 0870/4584422, ✎ 0870/4584400. www.natio naltrustcottages.org.uk.

Classic Cottages, sehr schmucke, landestypische Cottages in Cornwall, Devon, Somerset und Dorset. www.classic.co.uk.

English Country Cottages, landesweites Angebot. www.english-country-cottages. co.uk

Wohnungstausch

Wie wäre es mit einem Wohnungstausch mit einer englischen Familie? Auf diese Weise kann man seine Ferien mietfrei im jeweils anderen Land verbringen. Abgesehen von der Vermittlungsgebühr an eine Agentur entstehen keinerlei Kosten. Infos unter www.homelink.de.

Jugendherbergen

In Cornwall und Devon existiert ein relativ dichtes Jugendherbergsnetz. Jugendherbergen gibt es beispielsweise in Exeter, Ilfracombe, Penzance, Salcombe, Tintagel und Swanage.

Eine Übernachtung in einem *Youth Hostel* setzt auch jenseits des Ärmelkanals den Besitz eines internationalen Jugendherbergsausweises voraus, eine Altersbegrenzung wie z. B. in Bayern gibt es hingegen nicht. Der internationale Jugendherbergs-

54 Übernachten

Surfen macht hungrig

ausweis kann entweder beim Deutschen Jugendherbergswerk oder seinem englischen Pendant erworben werden. Nur mit einem *Jugendherbergsschlafsack* oder Bettbezug ist das Übernachten in einer Jugendherberge gestattet. Wer beides nicht besitzt, bekommt die *Sheets* in jeder Herberge (im Preis enthalten). In vielen Einrichtungen ist eine *Gemeinschaftsküche* vorhanden. Hier bereitet man sich seine Mahlzeiten am preisgünstigsten zu. In den Kantinen wird Frühstück ausgegeben, das man bereits am Tag zuvor bezahlt. Häufig kann man auch ein Abendessen bestellen. Einige Hostels erlauben (meist für den halben Preis) das *Zelten* auf ihrem Grundstück. Die Benutzung der Einrichtungen des Hauses (Duschen, Küche usw.) sind im Preis eingeschlossen. In kleineren Jugendherbergen ist es häufig tagsüber (10–17 Uhr) nicht möglich, das Zimmer zu betreten. Teilweise rigorose Sperrzeiten (23 Uhr) beschränken den Ausflug ins Nachtleben. Wer als Paar unterwegs ist, muss damit rechnen, in getrennten Schlafräumen untergebracht zu werden. Dafür sind für Familien oft spezielle *Family Rooms* vorhanden.

• *Informationen* **Deutsches Jugendherbergswerk**, Bismarckstr. 8, Postfach 1455, 32756 Detmold, ✆ 05321/99360. **Youth Hostel Association**, Trevelyan House, Dimple Road, Matlock, Derbyshire DE4 3YH, ✆ 0044/1629/592700, ✆ 0044/1629/592627. www.yha.org.uk.

• *Reservierungen* Es ist ratsam, rechtzeitig zu reservieren. Dies lässt sich entweder telefonisch oder im Internet erledigen, wenn man über eine Kreditkarte verfügt. Andernfalls empfiehlt sich eine schriftliche Buchung. Bei kurzfristigen Vorbestellungen (weniger als eine Woche) sollte man bis spätestens 18 Uhr anreisen. Denn bei großem Andrang wird um diese Zeit auch das freigehaltene Bett vergeben.

• *Preise* Es gibt in England die Alterskategorien **Under 18** (Jugendliche und Kinder bis 18 Jahre) und **Adult** (Erwachsene ab 18 Jahre). „Under 18" bezahlen pro Übernachtung ca. £ 6–15, „Adults" £ 14–20. Die Jugendherbergen in touristisch interessanten Städten sind jedoch oft wesentlich teurer (London ca. £ 25).

Eine preisgünstige Alternative zur Jugendherberge sind die sogenannten **Backpackers Hostels**, die man in vielen Städten (Newquay, Falmouth, etc.) Südenglands vorfindet. Zum einen gibt es dort auch gemischtgeschlechtliche Schlafräume (ab £ 8), zudem ist die Atmosphäre oft wesentlich lockerer. Auch die Universität Exeter bietet in den Sommermonaten preiswerte Übernachtungsmöglichkeiten an.

Information **British Universities Accommodation Consortium**, Box No 1562E, University Park, Nottingham NG7 2RD, ✆ 0115/8466444. www.buac.co.uk.

Camping

Wer seinen Urlaub gerne in den „eigenen" (Zelt-)Wänden verbringt, kann dies auch in Südengland problemlos tun. Vor allem in Küstennähe sind viele Campingplätze zu finden. Bis auf wenige Ausnahmen haben alle Campingplätze von Juni bis Ende September geöffnet, manche sogar das ganze Jahr über. Trotz des großen Angebots empfiehlt es sich im Juli und August, rechtzeitig zu reservieren, da in der Hochsaison viele Zeltplätze hoffnungslos überfüllt sind. Achtung: Auf vielen Plätzen werden nur Familien oder Paare aufgenommen. Ein interessante Alternative ist es, Cornwall mit einem gemieteten VW-Campingbus zu erkunden:

Roger Indge and Sonia Shipman, Lower Grogley Farm, Washaway Bodmin, Cornwall PL30 3AL, 0044/1208832927. www.cornwallcampers.co.uk.

Seit dem Jahr 2000 lässt das *English Tourism Council* die Campingplätze von neutralen Prüfern besuchen, die je nach Sauberkeit, Service und Lage zwischen einem und fünf Sternen vergeben. Prinzipiell gilt: Ausstattung und Preise nehmen mit der Zahl der Sterne zu. Zumeist berechnet sich der Übernachtungspreis pro Stellplatz unabhängig davon, ob man in einem Zelt oder Wohnwagen schläft. Je nach Ausstattungsstandard und Jahreszeit müssen für eine Übernachtung zwischen £ 8 und £ 25 einkalkuliert werden.

Günstiger als die kommerziellen Campingplätze, auf denen man manchmal zwischen Wohnwagen in der Masse versinkt, sind private Plätze auf *Bauernhöfen* oder anderen Wiesenflächen. Einige Farmer weisen per Schild auf diese Möglichkeiten hin. Oder fragen Sie einfach einen Bauern, ob Sie auf seiner Wiese ein Zelt aufschlagen dürfen. Tut man dies jedoch, ohne zuvor um Erlaubnis zu fragen, begeht man Landfriedensbruch, der mit einer empfindlichen Geldstrafe geahndet werden kann.

Campingplatz am River Teign

English Breakfast für Hungrige

Essen und Trinken

Der Gemeinplatz, ein Franzose lebe, um zu essen, und ein Engländer esse, um zu leben, lässt sich heute nicht mehr ohne weiteres aufrechterhalten. Vor allem Cornwall hat sich auf dem kulinarischen Sektor in den letzten beiden Jahrzehnten vom Entwicklungsland zum gastronomischen Trendsetter gemausert.

Für viele Engländer ist der Morgen die kulinarische Glanzstunde des Tages, die sie am liebsten mit einem opulenten Mahl zelebrieren. Zu jedem guten **Frühstück** gehören Orangen- oder Grapefruitsaft, Müsli *(cereals)*, Haferbrei *(porridge)*, wahlweise Spiegel- oder Rührei und zwei Scheiben knusprig gebratener Bacon. In besonders traditionellen Herbergen besteht ein *English Breakfast* zudem noch aus Würstchen – auf die man wegen ihres dubiosen Fleischgehalts besser verzichten sollte –, Grilltomaten und gegrillten Champignons sowie weißen Bohnen, manchmal auch noch aus Bratfisch oder Bückling *(kippers)*. Auf alle Fälle werden zudem Toast, gesalzene Butter und die obligatorische bittere Orangenmarmelade *(marmalade)* gereicht. *Jam* heißen übrigens alle anderen Marmeladensorten. Je nach Wunsch bekommt man noch Tee oder Kaffee serviert. Kaffeesahne ist unbekannt.

Im Gegensatz zum *English Breakfast* besteht das sogenannte *Continental Breakfast* in der Regel nur aus Brötchen, Butter und Marmelade. Da in den meisten B & Bs beide Arten von Frühstück gleich viel kosten (im Übernachtungspreis enthalten), sollte man sich die gebratenen Leckereien nicht entgehen lassen.

Nach einem derart üppigen Frühstück dauert es mehrere Stunden, bis sich wieder ein Hungergefühl einstellt. Für ein preiswertes Mittagessen *(lunch)* bieten sich die zahlreichen **Fish-&-Chips**-Restaurants oder Imbissbuden an, die in nahezu jedem

Essen und Trinken 57

Ort zu finden sind. Besonders gut schmecken die in einem Teigmantel gebackenen Fischfilets natürlich an der Küste – leider ist es um die Qualität der fetttriefenden Chips, gemeint sind Pommes frites, fast immer schlecht bestellt. Die Engländer salzen ihre Chips übrigens nicht, sondern würzen sie mit Essig *(vinegar)*. Wer seine in eine offene Papiertüte verpackten Fish & Chips in der richtigen Atmosphäre essen will, setzt sich an den Hafenkai, um gedankenverloren die Möwen zu beobachten und auf das Meer zu blicken.

> „Die Butterscheiben, welche zum Tee gegeben werden, sind so dünne wie Mohnblätter. Aber es gibt eine Art, Butterscheiben am Kamin zu rösten, welche unvergleichlich ist. Es wird nehmlich eine Scheibe nach der anderen so lange mit einer Gabel ans Feuer gesteckt, bis die Butter eingezogen ist, alsdann wird immer die folgende drauf gelegt, so daß die Butter eine ganze Lage solcher Scheiben allmählich durchzieht: man nennt dies einen *Toast.*"
>
> *Karl Philipp Moritz (1782)*

Wer gerne günstig und bodenständig isst, sollte es einmal mit **Pub Food,** auch **Pub Grub** genannt, versuchen. Je nach der Gegend, in der man sich gerade aufhält, hat auch das Pub seinen individuellen Stil. Einige Pubs, vor allem an den großen Straßen, bieten mittags auch ein kaltes *Büfett* an, bei dem man sich von allen Köstlichkeiten etwas nehmen kann. Auch die mittäglichen *Lunch Specials* sind sehr zu empfehlen und relativ preiswert (ab £ 4). Wie die Getränke, so bestellt und bezahlt man im Pub auch die Speisen direkt an der Theke.

Ein traditionelles Gericht ist der *Ploughman's Lunch:* Frisches, weißes Brot mit sauer eingelegten Zwiebeln, Butter und einem handfesten Stück *Cheddar Cheese* oder *Ham and Egg Pie.* Klassiker wie *Steak and Kidney Pie,* eine mit Nieren gefüllte Rindfleischpastete, sind sicherlich nicht jedermanns Sache. Leckerer sind der traditionelle *Shepherd's Pie* (Fleisch mit Zwiebeln und Kartoffelbrei) oder der *Devonshire Squab Pie,* eine delikate Lammfleischpastete. Gekochter Schinken wird oft als *Wiltshire Ham* angepriesen. Beim Salat ist Vorsicht angebracht, denn allzu oft wird er von einer dicken Schicht Mayonnaise *(salad cream)* erdrückt. England ist ein multikulturelles Land, so verwundert es auch nicht, dass selbst in den urigsten Pubs ein *Chicken Korma* und andere indische *Currys* auf der großen schwarzen Wandtafel stehen.

Eine weitere Spezialität sind die *Cornish Pasties,* welche auch in Bäckereien zum Mitnehmen verkauft werden. Die sowohl mit Gemüse und Fleisch als auch mit Süßem gefüllten Teigtaschen besitzen einen knusprigen Rand, sodass sich die Fischer und Minenarbeiter stärken konnten, ohne sich die Hände waschen zu müssen: Der Rand des praktischen „Eintopfs" wurde nämlich nicht mitgegessen.

Wer nur einen Happen essen will, kann sich mit einem Sandwich begnügen. Als Alternative empfehlen sich die Lebensmittelabteilung eines Kaufhauses (Marks & Spencer) oder ein Supermarkt (Tesco), die Salate, leckere Sandwiches oder belegte Baguettes sowie exotische Spezialitäten in appetitlich zurechtgemachten Portionen feilbieten. Wer Wert auf biologische Kost legt, sollte auf den Hinweis *Organic Food* achten.

Tee ist nicht nur das obligatorische Frühstücksgetränk – seit der kleine gallische Held die ersten Teeblätter auf die Insel brachte (laut jüngeren, bildlichen Überliefe-

58 Essen und Trinken

Der Klassiker: Fish & Chips

rungen!), ist der Genuss einer „cuppa tea" kaum noch aus irgendeiner Situation wegzudenken. Die Verbundenheit, die zwischen den Menschen und ihrem milchig verdünnten, süßen Getränk besteht, brachte der viktorianische Premierminister Gladstone so zum Ausdruck: „Wenn Dir kalt ist, wird Dich Tee wärmen, wenn Du erhitzt bist, wird er Dich abkühlen; bist Du deprimiert, wird er Dich aufrichten, bist Du aufgeregt, wird er Dich beruhigen!" Wegen dieser Allround-Medizin wurden Kriege ausgefochten und parlamentarische Debatten geführt. Für die Teepause stehen in allen Fabriken die Maschinen still. Seit 1960 hat jeder englische Arbeiter das Recht auf zwei Teepausen pro Tag. Getrunken werden vorzugsweise Earl Grey oder Darjeeling.

Zur nachmittäglichen *Tea Time* gehören Unmengen an Süßigkeiten, Kuchen, eingelegten Früchten und Sahne *(cream)* – sehr empfehlenswert ist die Devonshire *Clotted Cream*. Überall im Südwesten wird am Nachmittag *Cream Tea* serviert – ein Kännchen Tee mit süßen, noch warmen Brötchen *(scones),* Clotted Cream und Erdbeermarmelade. Während man in Devon erst die Cream und dann die Marmelade auf die Scones streicht, handhaben es die Einwohner Cornwalls genau umgekehrt. Außerdem ist Devon berühmt für seinen *Fudge*, Zuckerwerk, das es in verschiedenen Geschmacksrichtungen gibt. Wenn es frisch ist, zergeht es auf der Zunge und ersetzt vom Nährwert her ein ganzes Mittagessen! Das Abendessen *(dinner)* wird in der Regel zwischen 19.00 und 19.30 Uhr eingenommen und besteht in einem Restaurant zumeist aus drei oder vier Gängen. Manchmal wird man zunächst in die *Lounge* oder an die *Bar* gebeten, um einen Aperitif zu sich zu nehmen und die Speisekarte *(menu)* zu studieren. Erst kurz bevor das Essen serviert wird, wird man dann zu Tisch gebeten. Der Unterschied zwischen einem guten und einem schlechten Restaurant zeigt sich nicht zuletzt beim Gemüse. Findet man auf seinem Teller eine Ansammlung von Erbsen oder Karotten vor, die weder Geschmack noch Biss aufweisen und samt ihren Farbstoffen den direkten Weg aus der Kühltruhe genommen

Modern British

„The same procedure as every year, James", instruiert die greise Miss Sophie ihren Butler zum x-ten Mal in „Dinner for one". Getreu diesem Motto wurde in britischen Restaurants jahraus, jahrein aufgetischt, was sich schon seit langer Zeit bewährt hatte. Wer einmal die Vokabeln „kidney pie", „sausage", „cod", „chips", „cabbage" und „peas" gelernt hatte, stieß bei der Lektüre der Speisekarte vor Ort auf keinerlei Schwierigkeiten. Doch seit einiger Zeit wird in London die altehrwürdige englische Küche mehr und mehr von der sogenannten „Modern British Cuisine" verdrängt. Was aber verbirgt sich hinter diesem Schlemmertrend?

Erfrischende Obstsalate, zartes Fleisch und knackige Gemüse hatten in der englischen Küche nichts zu suchen. „Fish & Chips" waren der Ausdruck britischer Esskultur. Seit den späten 1960er Jahren entwickelte sich jedoch eine Konkurrenz zu fettigem Heilbutt und Pommes mit Essig, denn zahlreiche Commonwealth-Mitbürger ließen sich im Mutterland nieder und führten dort ihre Traditionen und Kochkünste weiter. Afrikanische, fern- und nahöstliche Restaurants öffneten überall in der Hauptstadt ihre Pforten. Tandooris und Taj Mahals boomten, was dazu führte, dass London sich in dem Ruf sonnen durfte, die beste und authentischste indische Küche außerhalb von Indien zu besitzen. Pikante Currygerichte mit Geflügel, Hack- und Rindfleisch sowie eine riesige Auswahl an feurigen Saucen, bunten Salaten und milden Joghurt-Dressings lockten Gäste aus nah und fern. Gewohnt gelassen reagierten alteingesessene Londoner Gastronomen auf diese Herausforderung mit Plumpudding, gekochten Erbsen und fetttriefenden Gammon Steaks. Die erhoffte Kundschaft aber blieb nun aus.

Innerhalb weniger Jahre verwandelte sich die gesamte Gastroszene, und auch in den traditionellen Lokalen wird seither Neues ausprobiert. Damit auch Laien auf diese Entwicklung aufmerksam werden, nennt man den jüngsten Gourmet-Trend „Modern British". Haute Cuisine und die abwechslungsreiche Küche der entlegensten Länder werden dabei zu einem multikulinarischen Gaumenschmaus vermengt. Oberstes Gebot ist die hohe Qualität der Zutaten. Möhren, Tomaten, Bohnen, Paprika, Auberginen und Spargel werden deshalb täglich frisch geliefert. Vitamine sind mittlerweile auch auf der Insel begehrt. Wo die Zutaten früher geduldig zerkocht wurden, wird heute blanchiert, mariniert und gedünstet. Ebenso bekommt der Geschmack plötzlich einen ungewohnt hohen Stellenwert. In den Gewürzregalen, wo jahrzehntelang Salz- und Pfefferstreuer vereinsamten, stehen nun Dutzende von Gläsern mit Aufschriften wie Kurkuma, Nelken, Koriander und Safran. Ende des 20. Jahrhunderts feierte die britische Kochbegeisterung ihren Siegeszug durch sämtliche Medien. Und *Jamie Oliver,* Englands bekanntester Fernsehkoch – er betreibt auch ein Restaurant in Newquay –, hat sich auch bei uns als Markenzeichen für einfallsreiche Küchenfreuden etabliert.

haben, so ist man im falschen Restaurant gelandet. Wer die Reisekasse schonen will, geht am besten in ein Pub, das für seine gute Küche bekannt ist. Klassiker der englischen Küche sind Lammbraten *(roast lamb)* mit Pfefferminzsauce *(mint sauce)* und das sonntägliche *Roast Beef.* Die Restaurants legen längst Wert auf eine

60 Essen und Trinken

ambitionierte Küche. Statt *Gammon Steak* (Schinkensteak) mit Pommes frites werden Köstlichkeiten wie *Somerset Hare with Walnuts* (in Cider gegarter Hase mit Walnüssen) aufgetischt. Positiv zu vermerken ist die wachsende Zahl vegetarischer Restaurants, die mittlerweile in allen größeren Städten vorzufinden sind. Zumeist finden **Vegetarier** auch in den indischen Restaurants mehrere fleischlose Gerichte auf der Speisekarte.

Das **Preisniveau** der englischen Restaurants ist ausgesprochen hoch. Für ein dreigängiges Menü muss man mindestens £ 15 bezahlen, besitzt das Restaurant ein gewisses Renommee, so sollte man ohne Getränke zwischen £ 20 und £ 40 pro Person veranschlagen. Lohnend ist es daher, in einem guten Restaurant nach einem Set-Price-Menu Ausschau zu halten, das oft nur halb so teuer ist wie das abendliche Dinner. In vornehmen Restaurants wird zumeist Wert auf eine entsprechende Kleidung gelegt.

Abschließend noch einige Anmerkungen: An der Eingangstür jedes Restaurants hängt eine Speisekarte. Darauf sind die aktuellen Preise inklusive Mehrwertsteuer (VAT) verzeichnet. In manchen Lokalen wird automatisch zu den angegebenen Preisen eine *Service Charge* von 10 bis 15 Prozent hinzugerechnet. Ist dies nicht der Fall, erwartet das Personal ein **Trinkgeld** *(tip)* in gleicher Höhe. Andere wiederum berechnen eine *Cover Charge* von £ 1 oder £ 2, man bezahlt also für Tischdecke, Brot, Butter usw. Wichtig zu wissen ist, dass es Restaurants gibt, die keine Lizenz für alkoholische Getränke besitzen. Für Kontinentaleuropäer kurios sind die BYO-

"Modischer" Erker in St Ives

Gaststätten (BYO für Bring Your Own Bottles), in die man seine Getränke selbst mitbringen darf. In beliebten Restaurants ist es ratsam, sich rechtzeitig einen Tisch reservieren zu lassen.

Pubs

Die Public Houses (Pubs) sind Treffpunkte für Jung und Alt. Nachdem die Öffnungszeiten jahrzehntelang rigoros bis 23 Uhr begrenzt waren, erlaubt ein von der letzten Labour-Regierung verabschiedetes Gesetz, dass Gaststätten außerhalb von Wohngebieten rund um die Uhr ausschenken dürfen.

In manchen Pubs sind die Klassenunterschiede bis heute zu erkennen – an der rustikalen Public Bar trinken die einfacheren Leute ihr Bier, die „bessere" bis vornehme Kundschaft sitzt in der Saloon Bar auf Plüschsofas. Pubs sind eine Lebenseinstellung und mit kontinentalen Kneipen, Bistros oder italienischen Bars keinesfalls vergleichbar. Viele Engländer betrachten das Pub um die Ecke als ihr erweitertes

Wohnzimmer, in dem sie zwanglos mit ihren Nachbarn und Freunden ins Gespräch kommen können. Und auch der Kontinentaleuropäer merkt schnell: Wenn an kalten Wintertagen das Kaminfeuer prasselt, gibt es keinen schöneren Ort als ein Pub. Achtung: Kindern und Jugendlichen unter 18 Jahren wird in vielen Pubs der Zugang verwehrt.

Normalerweise bestellt man sein Bier an der Bar, bekommt sein 1/2 Pint (ausgesprochen: Paint) oder 1 Pint (0,568 Liter) gezapftes Bier (Draught Beer, Ale, Stout, Bitter oder Lager) und muss gleich bezahlen; eine Bedienung am Tisch ist nicht vorgesehen, Trinkgeld wird nicht erwartet. Das gezapfte Bier ist weniger kalt als auf dem Kontinent und hat fast

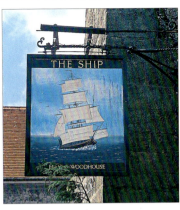

Mit dem Schiff zum Pub?

keinen Schaum. Die starren Öffnungszeiten, die durch uralte Gesetze geregelt waren – einst sollten sie im Ersten Weltkrieg die Arbeiter davon abhalten, betrunken in die Fabriken zu kommen –, sind unlängst etwas gelockert worden. Die meisten Pubs sind werktags in der Regel von 11 bis 23 Uhr sowie sonntags von 12 bis 15 und von 19 bis 22.30 Uhr geöffnet. Pünktlich zehn Minuten vor Feierabend wird eine Glocke geläutet: *„Last orders, please!"* Eine Viertelstunde später wird man mit einem trocken *„Drink up"* zum Austrinken gedrängt. Weitere Informationen zum Thema britisches Bier finden sich im Internet: www.greatbritishbeer.co/uk.

Man muss im Pub natürlich nicht zwangsweise Bier trinken. Diejenigen, die keinen Gerstensaft mögen, können *Cider* probieren. Cider ist ein moussierender Apfelwein, der je nach Region anders schmeckt. Einen hervorragenden Ruf genießt der Cider aus Somerset. Bevor man zu tief ins Glas schaut, sollte man bedenken, dass der englische Cider einen höheren Alkoholgehalt als der deutsche Apfelmost aufweist. Die meisten Pubs bieten auch mehrere gute Weine an (französische, italienische und spanische). Zwar wird auch in Südengland Wein angebaut, aber um ihn zu lieben, ist ein gehöriges Maß an Lokalpatriotismus notwendig. Außerdem gibt es natürlich alle gängigen Marken von *Softdrinks*. Besonders beliebt sind Ginger Ale und Tonic Water.

Die gängigsten Biersorten

Bitter	dunkles Fassbier (draught), bitterer Geschmack
Lager	helles Bier
Stout	Starkbier – Guinness, bitter; Mackeson, süß
Barley Wine	extra starkes Bier
Brown Ale	kräftig, dunkel und süß
Light Ale	hell, schäumend
Mild	dunkel, geschmackvoll
Real Ale	Fassbier ohne Kohlensäure, bis 8 Prozent Alkoholgehalt
Newcastle Brown	Starkbier

Bei Ebbe ist der Strand von Newquay mehr als hundert Meter breit

Freizeit, Sport und Strände

Die Möglichkeiten, sich sportlich zu betätigen, sind beinahe grenzenlos. Geradezu klassisch ist ein Tennismatch auf Rasen oder eine Runde Golf, um die eigenen Leistungen zu verbessern. Wassersport genießt an der Küste selbstverständlich einen besonders hohen Stellenwert.

Angeln und Fischen

Cornwall und Devon mit ihren zahlreichen Flüssen und Seen sind ideal zum Fischen. Wer seine Angel nach Brassen, Forellen, Flussbarschen, Hechten oder Plötzen auswerfen will, muss aber unbedingt einen Angelschein besitzen und über die Schonzeiten informiert sein. *National Rod Fishing Licences* (Angelscheine) sind in den örtlichen Postämtern erhältlich. Das Fischen im Meer erfreut sich großer Beliebtheit. Am besten beißen die Fische bei beginnender Ebbe. An der Küste steht das Hochseeangeln nach Haien, Dorschen, Meerbarsch, Seehecht etc. hoch im Kurs.
Information www.gethooked.co.uk, www.sharkanglingclubofgreatbritain.org.uk, www.swlakestrust.org.

Birdwatching

Birdwatching ist eines der beliebtesten Freizeitvergnügen der Engländer. Bei nahezu jeder Witterung sitzen die Vogelfreunde mit Khakihosen, Ferngläsern und Teleobjektiven zwischen den Hecken und richten ihr Teleskop auf seltene Arten, nebenbei blättern sie in Vogelkundebüchern, Technikfreaks haben sogar einen iPod dabei und gleichen den Ruf der Wildnis mit der Tonkonserve ab. Vor allem in Cornwall und auf den Scilly-Inseln ist Birdwatching sehr beliebt. Die Begeisterung geht dabei quer durch alle Gesellschaftsschichten und reicht vom Briefträger bis zum Adeligen: Die Royal Society for the Protection of Birds (RSPB) hat mehr als eine Million Mitglieder. Insgesamt 573 Vogelarten soll es in Großbritannien geben, angefangen bei Rotkehlchen und Eisvogel über Papageientaucher und Wanderfalke bis hin zu seltenen Exemplaren wie dem Goldflügelwaldsänger.

Information www.rspb.org.uk.

Cricket

Der englische Nationalsport, der im gesamten Commonwealth verbreitet ist, lässt sich bis ins 13. Jahrhundert zurückverfolgen. Das Schlagballspiel wird von zwei Mannschaften mit jeweils elf Spielern auf einem mindestens 80 x 60 Meter großen Rasenplatz ausgetragen. Die Spielregeln sind sehr komplex und mit dem amerikanischen Baseball vergleichbar. Allerdings kann sich das Spiel wesentlich länger hinziehen: Ein Vergleichskampf zwischen zwei Grafschaften erstreckt sich manchmal sogar über fünf Tage.

Wer sich in Cornwall oder Devon ein Cricketspiel ansehen möchte, kann sich vorab im Internet darüber informieren, wann und wo Spiele stattfinden: www.devoncricket.co.uk, www.cornwall-cricket.org.uk.

Golf

Der in deutschsprachigen Ländern als elitär geltende Golfsport hat in England den Charakter eines Volkssports. Auf mehr als 1500 Plätzen können auch Urlauber versuchen, das eigene Handicap zu verbessern. Als besonders schöne Anlagen gelten die Golfplätze von Saunton in Devon sowie von St Enodoc und St Mellion in Cornwall. Relativ günstig sind die öffentlichen Golfplätze mit rund £ 10 pro Runde, auf den privaten Golfplätzen ist der Preis zwei- bis fünfmal so hoch. Im Internet kann man sich unter folgenden Adressen über sämtliche Golfplätze der Region informieren: www.golfeurope.com/clubs/england.htm, www.golfincornwall.co.uk.

Heißluftballonfahrten

Für Kenner und Liebhaber gehört es zu den größten Erlebnissen, mit einem Heißluftballon lautlos über Wälder, Felder und Buchten zu schweben. Die Firma *Aerosaurus Balloons* veranstaltet zwischen März und Oktober an mehreren Standorten in Cornwall und Devon Ballonfahrten. Preise je nach Verfügbarkeit ab £ 99.

Information www.ballooning.co.uk.

Reiten

Südwestengland hoch zu Ross zu erkunden, ist eine überaus reizvolle Alternative zum Wandern und Fahrradfahren. Vor allem in den Nationalparks und im New Forest werden Reiterferien für Anfänger und Fortgeschrittene angeboten. Beliebt ist auch das Pony-Trekking. Informationen erteilt die *British Horse Society*, ✆ 0044/01936/707795, www.bhs.org.uk.

Sauna

Wer in einem Hotel mit Sauna übernachtet, sollte von den heimischen Gewohnheiten Abstand nehmen, alle Hüllen fallen zu lassen: Die Engländer schwitzen in öffentlichen Saunen fast ausschließlich in Badehose respektive Badeanzug oder Bikini.

Segeln und Surfen

Der Segelsport an der englischen Küste kann auf eine lange Tradition zurückblicken: Bereits 1812 wurde auf der Isle of Wight der *Royal Yacht Club* gegründet, und 1826 fanden die ersten Rennen vor *Cowes* statt. Attraktive Segelhäfen finden sich beispielsweise in Falmouth und St Ives. Häufig werden Segeltörns entlang der Küste und zu den vorgelagerten Inseln angeboten; Yachten in allen Größen kann man übrigens mit und ohne Skipper chartern. Zahlreiche Segelschulen bilden Anfänger zu standfesten Seglern aus.

Als südenglisches Surferparadies gelten die Strände an der Nordküste Cornwalls, da sich dort bei Flut die höchsten Wellen auftürmen. Vor allem Newquay gibt sich als die Surf City im UK. Am Fistral Beach finden fast alle bedeutenden britischen Surfwettbewerbe statt. Wichtigstes Ausrüstungsstück ist ein Neoprenanzug. Wer seine Ausrüstung zu Hause gelassen hat, wird ohne größere Probleme ein Brett oder einen Neoprenanzug ausleihen können.

Information www.britsurf.co.uk, ✆ 01736/360250; www.fistralbeachsurfschool.co.uk, ✆ 01637/850737; www.rya.org.uk, ✆ 02380/604100.

Strände und Baden

Um es gleich vorwegzunehmen: Um die Wasserqualität ist es an Englands Küsten alles andere als gut bestellt. Wer sich von den niedrigen Wassertemperaturen nicht abschrecken lässt, kämpft weniger mit der Brandung als mit den in der Gischt lauernden Kolibakterien. Die britische Organisation *Surfers Against Sewage* (SAS) analysierte 800 dokumentierte Krankheitsfälle in den Badeorten und kam zu dem traurigen Ergebnis, dass 72 Prozent davon auf das Baden in verschmutztem Meerwasser zurückzuführen sind! Auch wer die inzwischen vollkommen veralteten Badewasser-

Stilleben in Cawsand

Tennis 65

Durch das Bodmin Moor führen herrliche Wanderwege

Richtlinien der Europäischen Union von 1975 zum Maßstab nimmt, kommt zu dem Ergebnis: Nirgendwo ist das Wasser stärker verschmutzt als an Großbritanniens Stränden. Aktuelle Informationen über die Qualität und Sauberkeit der Strände bietet der *Good Beach Guide* von der *Marine Conservation Society:* www.goodbeachguide.co.uk.

Erfrischung verspricht das Meer im wahrsten Sinne des Wortes, selbst im Hochsommer klettern die Wassertemperaturen kaum über 17 Grad Celsius hinaus. Wer sich nicht überwinden kann, muss mit einem beheizten Schwimmbad vorliebnehmen. Wegen der stellenweise starken Strömungen sowie durch die Gezeiten bedingten unterschiedlich hohen Wasserstandes sollte man sich nur mit Vorsicht in die Fluten stürzen. Hinweisschilder und Warnungen sind unbedingt zu beachten. Bei einer roten Flagge sollte man unter keinen Umständen baden.

Für glasklares, türkisfarbenes Wasser und einen goldgelben Sandstrand muss man nicht in die Karibik fahren: Die englische Südküste hat mehrere Traumstrände zu bieten. Zu den schönsten zählen Porthcurno Beach und Kynance Cove in Cornwall. Allgemein lässt sich behaupten, dass die Strände attraktiver werden und die Wasserqualität besser ist, je weiter man nach Westen fährt, doch auch die Kieselsteinstrände *(pebble beaches)* haben ihren Reiz. Wer in einer abgeschiedenen Bucht baden will, sollte sich vorab über die Gezeiten informieren, denn viele Strände werden bei Flut überschwemmt. Fast alle populären Strände werden in den Sommermonaten von Lifeguards überwacht. Übrigens: Engländer bauen keine Strandburgen.

Tennis

Die Freunde des „weißen Sports" finden in jedem größeren Küstenort Tennisplätze vor. Nicht nur in Wimbledon, dem Mekka der Tennisfans, bietet sich die Möglichkeit, auf einem Rasenplatz zu spielen. Zahlreiche Hotels der gehobenen Mittelklas-

66   Freizeit, Sport und Strände

se sowie komfortable Campingplätze halten ebenfalls Spielmöglichkeiten für Urlauber bereit. In der Saison ist eine Reservierung dringend zu empfehlen. Die Preise sind von der Tageszeit und der Exklusivität der Anlage abhängig.

Wandern und Bergsteigen

Engländer scheinen – neben anderen Eigenheiten – auch ein Faible fürs Wandern zu haben. Wanderwege findet man überall, und zu jeder Jahreszeit sind unermüdliche Wanderfreunde unterwegs. Wer das Land auf Schusters Rappen erkunden will, dem steht in England und Wales ein Wanderwegenetz von fast 200.000 Kilometern zur Verfügung. Das uralte, unverbriefte „Right of Way" erlaubt dem Wanderer, dass er sich auch auf privatem Grund und Boden frei bewegen darf, sofern er sich an die ausgeschilderten Fußpfade *(public footpath)* hält. Besonders beliebt sind Fernwanderwege wie beispielsweise der *Cornwall* und der *Devon Coast Path*, auf denen man die südwestlichste Ecke Englands umrunden kann. Die *South West Coast Path Association* vertreibt einen jährlich neu aufgelegten Wanderführer (£ 7), der neben Karten auch über die aktuellen Gezeiten informiert. Er ist direkt bei der Association oder im Buchhandel erhältlich. Wert sollte auf die richtige Ausrüstung gelegt werden, hierzu zählen feste Wanderschuhe mit griffigem Profil genauso wie Regen- und Sonnenschutz. Bei Wanderungen durch das Marschland können sich *Wellington Boots* (Gummistiefel) als nützlich erweisen. Für mehrtägige Touren empfiehlt sich ein gutes Kartenmaterial, insbesondere die *Ordanance Survey Maps*. Die *Landranger-Serie* im Maßstab 1:50.000 leistet ebenfalls gute Dienste, in schwierigem Gelände erweist sich jedoch eine Karte der *Explorer-Serie* oder *Outdoor-Leisure-Serie* (Maßstab jeweils 1:25.000) als praktischer.

● *Informationen* **South West Coast Path Association**, Windlestraw, Penquit, Ermington, Devon PL21 0LU, ✆ 01752/896237. www.swcp.org.uk; **Rambler's Association**, Camelford House, Albert Embankment, London SE1 7TW, ✆ 020/73398500, ✆ 020/73398501. www.ramblers.org.uk. Als Alternative empfiehlt sich im Internet: www.visitbritain.com/outdoor.

In diesem Reiseführer finden Sie neben Kurztipps zu Wanderungen auch 15 ausführlich beschriebene Touren sowie das entsprechende Kartenmaterial. Fast alle Wanderungen sind als Rundkurs gedacht und enden daher immer wieder am Ausgangsort.

Wanderung 1: Zu den Hangmans
Wanderung 2: Auf dem South West Coast Path bei Sidmouth
Wanderung 3: Zum Bolt Head
Wanderung 4: Am Plymouth Sound
Wanderung 5: Von Polperro nach Looe
Wanderung 6: Rund um Polruan
Wanderung 7: Von Maenporth Beach nach Falmouth

Wanderung 8: St Anthonys Head
Wanderung 9: Lizard Point
Wanderung 10: Rund um Helford
Wanderung 11: Porthcurno und Cornwalls schönste Strände
Wanderung 12: Rund um St Ives
Wanderung 13: Von Trevone nach Padstow
Wanderung 14: Von Tintagel nach Boscastle
Wanderung 15: Bodmin Moor

Sehenswert: National Maritime Museum in Falmouth

Wissenswertes von A bis Z

Behinderte	67
Diplomatische Vertretungen	68
Dokumente	68
Feiertage	68
Geld	68
Gesundheit	69
Gezeiten	69
Haustiere	70
Information	70
Internet	70
Landkarten	71
Maße und Gewichte	72
Museen und Sehenswürdigkeiten (Vergünstigungen)	72
Notruf	73
Öffnungszeiten	73
Post	73
Radio und Fernsehen	73
Rauchen	74
Reisegepäckversicherung	74
Sprachkurse	75
Strom	75
Telefonieren	76
Trinkgeld	77
Uhrzeit	77
Zeitungen/Zeitschriften	77
Zollbestimmungen	78

Behinderte

Wer mit einem Handicap unterwegs ist, kann bei Visit Britain Direct ein kostenloses Faltblatt „Großbritannien für behinderte Besucher" bestellen. Weitere nützliche Hinweise sind bei folgender Organisation erhältlich:

Holiday Care Service, Enham Place, Enham Alamein, Andover SP11 6JS, ✆ 0845/1249974. www.holidaycare.org.uk.

Diplomatische Vertretungen

- *Ausländische Vertretungen in England* (ohne Landesvorwahl)

Deutschland: German Embassy, 23 Belgrave Square, London SW 1, ✆ 020/78241300, ✆ 020/78241435. www.london.diplo.de. Ⓤ Hyde Park Corner.

Österreich: Austrian Embassy, 18 Belgrave Mews West, London SW 1X 8HU, ✆ 020/7343250, ✆ 020/73440292. www.austria.org.uk. www.bmaa.gv.at/london. Ⓤ Hyde Park Corner.

Schweiz: Swiss Embassy, 16–18 Montague Place, London W1 H2BQ, ✆ 020/76166000, ✆ 020/77247001. www.swissembassy.org.uk. Ⓤ Baker Street.

- *Britische Vertretungen im Ausland*

Deutschland: Britische Botschaft, Wilhelmstr. 70–71, 10117 Berlin, ✆ 030/204570. www.britischebotschaft.de.

Schweiz: Britische Botschaft, Thunstr. 50, 3005 Bern, ✆ 031/3597700, ✆ 031/3597701. www.britain-in-switzerland.ch.

Österreich: Britische Botschaft, Jauresgasse 10, 1030 Wien, ✆ 01/716130, ✆ 01/716135900. www.britishembassy.at.

Dokumente

Für Bürger aus der Bundesrepublik Deutschland und Österreich genügt ein gültiger Personalausweis, Schweizer benötigen einen Reisepass beziehungsweise eine gültige Identitätskarte. In der Praxis hat sich die zusätzliche Mitnahme des Reisepasses bewährt: Der Ausweis bleibt an der Rezeption, mit dem Reisepass wechselt man Geld oder mietet ein Auto. Für Kinder unter 16 Jahren ist ein Kinderpass beziehungsweise der Eintrag im elterlichen Pass ausreichend. Mit dem internationalen Studentenausweis erhalten Berechtigte diverse Vergünstigungen.

Feiertage

Banken, Büros und Geschäfte, aber auch die meisten Museen und Sehenswürdigkeiten haben an den beweglichen Feiertagen wie beispielsweise **Karfreitag** *(Good Friday)* und **Ostermontag** *(Easter Monday)* sowie an folgenden Tagen geschlossen:

1. Januar	New Year's Day	**Letzter Montag im August**	Summer Bank Holiday
1. Montag im Mai	May Day	**25. Dezember**	Christmas Day
Letzter Montag im Mai	Spring Bank Holiday	**26. Dezember**	Boxing Day

Geld

Da Großbritannien bis dato nicht der Europäischen Währungsunion beigetreten ist, bleibt das **Pfund** (£) das einzige akzeptierte Zahlungsmittel im Königreich; ein **Pound Sterling** ist in 100 Pence (p) unterteilt. Es gibt Münzen zu 1 p, 2 p, 5 p, 10 p, 20 p und 50 p sowie zu £ 1 und £ 2, Scheine sind im Wert von £ 5, £ 10, £ 20 und £ 50 im Umlauf.

In den letzten Jahren blieb der **Wechselkurs** des Britischen Pfunds relativ konstant. Im November 2010 musste man für 1 Pfund nur 1,14 € bezahlen. Wegen der relativ hohen Umtauschgebühren für Bargeld lohnt ein Vergleich zwischen den verschiedenen Banken. Am sinnvollsten ist es, sich schon zu Hause mit den für die ersten Tage nötigen Pfund einzudecken und nur eine kleine Barreserve in Euro mitzuführen; in England helfen dann Reiseschecks sowie ec- oder Kreditkarten weiter. Pfundbanknoten, ausländische Banknoten und Reiseschecks dürfen übrigens in beliebiger Höhe ein- und ausgeführt werden. Über den aktuellen Stand des Britischen Pfundes kann man sich im Internet informieren: www.knowledgepoint.de/rechner. htm. Obgleich das Pfund günstiger als in früheren Jahren ist, muss man sich darauf einstellen, dass die Lebenshaltungskosten in England etwa zwanzig Prozent höher liegen als in Deutschland. Bei Hotels und Restaurants kann man leider mit bis zu fünfzig Prozent höheren Preisen als in Deutschland rechnen.

Kreditkarten sind weit verbreitet; sie werden von den meisten, jedoch nicht von allen Tankstellen, Hotels und Restaurants akzeptiert. Wegen der umständlichen Prozeduren am Bankschalter erweist sich eine **ec-Karte** mit Geheimzahl oder eine Kreditkarte als sehr hilfreich, denn Geldautomaten sind mittlerweile weit verbreitet. Von der heimischen Bank werden pro Abhebung mit ec-Karte 2,50 € berechnet, unabhängig von der Höhe des Betrags. Wer Geld mit seiner Kreditkarte abhebt, dessen Konto wird in der Regel mit 2 Prozent des Betrags bzw. mindestens 5 € belastet. Inhaber von Postsparbüchern können mit der Postbank SparCard 3000plus zehnmal jährlich kostenlos im Ausland Geld abheben. Die Banken haben in der Regel von Mo–Fr von 9.30 bis 15.30 Uhr, gelegentlich auch bis 17.30 Uhr geöffnet. Beim Bargeldumtausch wird je nach Höhe eine Gebühr von £ 1 bis £ 4 erhoben. Bleiben noch die immer seltener werdenden **Reiseschecks;** bei ihnen beträgt die Tauschgebühr zumeist 1 Prozent.

Sperrnummer für Bank- und Kreditkarten ✆ 0049/116116. Diese einheitliche Sperrnummer gilt mittlerweile für eine Reihe deutscher Banken, ausgenommen der HypoVereinsbank, der Postbank und der Deutschen Bank. www.sperr-notruf.de.

Gesundheit

Für Besucher aus den EU-Mitgliedsländern ist die *Notfallbehandlung* in den Ambulanz-Abteilungen der Krankenhäuser und bei Ärzten, die dem staatlichen Gesundheitswesen *(NHS = National Health Service)* angeschlossen sind, kostenlos. Wer die Sucherei umgehen will, geht in eines der *Health Centres*, von denen es in fast jedem Stadtteil eines gibt. Ebenso verhält es sich mit einer Notbehandlung beim Zahnarzt. Bei Folgebehandlungen muss man oft das Geld vorstrecken, bekommt dieses aber gegen Vorlage der Quittung von seiner Versicherung zurückerstattet. Da ein Rücktransport von keiner Krankenversicherung finanziert wird, ist eine Auslandskrankenversicherung sehr ratsam. Sie garantiert freie Arzt- und Krankenhauswahl und übernimmt die Kosten für Behandlung, Medikamente, einen ärztlich verordneten Rücktransport und die Überführung im Todesfall. Die Versicherungen bieten Jahrespolicen für Einzelpersonen (ab 5 €) und Familien (ab 15 €).

Gezeiten

Das Spiel von Ebbe *(low tide)* und Flut *(high tide)* ist an der cornischen Küste besonders eindrucksvoll. Alle 12 Stunden und 25 Minuten wiederholt sich das Schauspiel. Mancherorts beträgt der Tidenhub (Höhenunterschied zwischen Hoch- und Niedrigwasser) über zehn Meter; daher ist beim Baden und Surfen auf spitze Felsen im Wasser zu achten. Ebenso sollte man bei Strandwanderungen bedenken, ob einem nicht der Rückweg durch die Flut abgeschnitten wird. Viele Halbinseln, Strände und Höhlen sind nur bei Ebbe zu erreichen. Teilweise können kleine Personenfähren, so beispielsweise beim Helford River, bei Niedrigwasser nicht anlegen. Es lohnt daher, sich vor Ort einen Gezeitenkalender zu besorgen.

70   Wissenswertes von A bis Z

Haustiere

Seit dem 28. Februar 2000 sind die neuen Quarantäne-Bestimmungen für Haustiere in Kraft. Tiere dürfen nun mit einer tierärztlichen Bescheinigung über Impfung und Entwurmung einreisen, zudem muss ihr Blut mindestens sechs Monate zuvor von einem Tierarzt untersucht worden sein. Achtung: Jedem illegal eingeführten Tier droht die Todesstrafe!

Das Pet Travel Scheme (PETS) ist ein System von Bestimmungen, nach denen Sie mit Ihrem Haustier – Hund oder Katze – aus bestimmten Ländern nach Großbritannien einreisen dürfen, ohne es in Quarantäne geben zu müssen, wenn bestimmte Bedingungen erfüllt sind. Gleichzeitig lässt PETS zu, dass Haustierhalter aus Großbritannien, die mit ihrem Haustier in eines der für PETS zugelassenen Länder gereist sind, ihre Haustiere ohne Quarantäne wieder nach Großbritannien zurückbringen dürfen.

Die Haustier-Reiseverkehrsregelung (PETS) erstreckt sich nur auf Hunde and Katzen. Andere tollwutgefährdete Säugetiere, u. a. Chinchillas, Rennmäuse, Meerschweinchen, Hamster, Mäuse und Ratten, müssen auch weiterhin einer sechsmonatigen Quarantäne unterstellt werden. Weitere Informationen über die Quarantänebestimmungen in Großbritannien erhalten Sie bei der Botschaft (www.britischebotschaft.de).

Information

Die **Britischen Fremdenverkehrsämter** (Visit Britain) im europäischen Ausland erteilen keine persönlichen Auskünfte mehr. Alle Informationen gibt es seit 2009 nur noch im Internet unter den Adressen:

www.visitbritain.de
www.visitbritain.at
www.visitbritain.ch/de

Hier kann man sich kostenlose Broschüren herunterladen oder sich über Reiseziele, Unterkünfte oder Transportmöglichkeiten informieren.

In **London**: Visit Britain, Thames Tower, Black's Road, London W6 9EL, ☎ 0044/20/88469000, 🖷 0044/20/85630302. bzw. London Tourist Board, Glen House, Stag Place, London SW1E 5LT, ☎ 0044/20/79322000, 🖷 0044/20/79320222. www.visitlondon.com.
In **Cornwall** und **Devon**: Informationen über das gesamte West Country (Cornwall bis Wiltshire) erhält man beim South West Tourism Ltd, Woodwater Park, Exeter, EX2 5WT. www.visitsouthwest.co.uk; www.swtourism.co.uk. Infos über das nördliche Devon erteilt: The North Devon Marketing Bu-

reau, Rolle Quay House, Rolle Quay Barnstaple, North Devon EX31 1JE, ☎ 0845/2412043. www.northdevon.co.uk.
Cornwall Tourist Board, Pydar House, Pydar Street, Truro, Cornwall TR1 1EA, ☎ 01872/322908, 🖷 01872/322919. www.cornwalltourist board.co.uk sowie www.theguide-cornwall.com.
Weitere Internetadressen:
www.cornwall-devon.de;
www.northcornwall-live.com.

Internet

Inzwischen verfügen die meisten Hotels in Cornwall und Devon über einen drahtlosen, doch leider nicht immer kostenlosen Zugang zum Internet. In England spricht man dabei nicht von WLAN, sondern von Wi-Fi (Wireless Fidelity). Einige Cafés locken inzwischen ihre Gäste mit einem kostenlosen Zugang ins world wide web.

Landkarten

Bei Ebbe lässt sich herrlich spielen

Wer sich bereits vorab beim Surfen im Internet über sein Urlaubsziel informieren möchte, kann dies unter folgenden Adressen tun:

www.visitbritain.com, die attraktive Homepage des Vereinigten Königreiches umfasst mehr als 40.000 Seiten; die Sprache ist frei wählbar. Auf der interaktiven Karte kann man sich bis in das kleinste Dorf hinunterklicken und nach Unterkünften und Veranstaltungen suchen. Nützlich ist die Suche nach Sehenswürdigkeiten per Datenbank. Ganz England lässt sich so nach Schlössern durchforsten.

www.royal.gov.uk, das ultimative Angebot für überzeugte Monarchisten.

www.artsfestivals.co.uk, Hinweise zu aktuellen Ausstellungen und Konzerten.

www.insidecornwall.co.uk, aktuelle Infos über Lebensmittel, Events, Top-Restaurants.

www.cornwall-devon.de

www.nationaltrust.org.uk

www.english-heritage.org.uk

www.discoverdartmoor.co.uk, Infos rund ums Dartmoor.

www.itsadventuresouthwest.co.uk, für alle Liebhaber von Erlebnissportarten.

www.streetmap.co.uk, Detailstadtpläne zur ersten Orientierung.

Landkarten

Eine Landkarte, die von Kent bis Cornwall den gesamten Süden Englands abdeckt, gibt es leider nur in einem kleinen Maßstab (mind. 1:500.000), doch reicht sie für die Anreise vollkommen. In der Region ist die Road Map South West England von Ordnance Survey (1:250.000) sehr nützlich. Wer sich hauptsächlich in einer Grafschaft aufhält, der sollte auch den Ordnance Survey Travel Map in Betracht ziehen: Cornwall (1:100.000) sowie Devon (1:130.000).

Zum Wandern und Radfahren eignen sich die Landranger Maps von Ordnance Survey (1:50.000), noch besser sind die Explorer Maps (1:25.000).

Für alle Karten englischen Ursprungs gilt: Sie sind im Urlaubsland günstiger als im heimischen Buchhandel.

Auch Buckland Abbey gehört dem National Trust

Maße und Gewichte

Obwohl in Großbritannien offiziell im metrischen und dezimalen System gemessen wird, begegnet man im Alltag noch oft den sogenannten „Imperial Standards":

Längenmaße: 1 Inch (in) = 2,54 cm; 1 Foot (ft) = 30,48 cm; 1 Yard (yd) = 91,44 cm; 1 Mile = 1,609 km.

Hohlmaße: 1 Pint (pt) = 0,5683 l; 1 Gallon (gall) = 4,5459 l.

Gewichte: 1 Stone = 6,36 kg; 1 Pound (lb) = 453,59 g; 1 Ounce (oz) = 28,35 g.

Museen und Sehenswürdigkeiten (Vergünstigungen)

Südengland besitzt zahlreiche attraktive Museen und historische Monumente; um das Reisebudget trotzdem zu schonen, gibt es diverse Sparmöglichkeiten. Besonders empfiehlt sich der Kauf des **Great British Heritage Pass,** der freien Eintritt zu rund 600 Sehenswürdigkeiten in ganz Großbritannien bietet, die dem National Trust oder English Heritage gehören. Kosten: für vier Tage 52 €, für sieben Tage 75 €, für 15 Tage 99 € und für einen Monat 133 €. Erhältlich ist der Great British Heritage Pass beim Britain Visitor Centre oder in Deutschland bei der Britain Direct GmbH:

- *In Deutschland* **Visit Britain Direct**, Drotheenstr. 54, 10117 Berlin, 030/31571974, 030/31571910, gb-info@visitbritain.org. www.visitbritaindirect.com.
- *In Österreich* 0800/150170 (kostenfrei), 0049/30/31571910, a-info@visitbritain.org. www.visitbritaindirect.com.
- *In der Schweiz* 0844/007007 (Ortstarif), 0049/30/31571910, ch-info@visitbritain.org. www.visitbritaindirect.com.

Da die meisten Sehenswürdigkeiten entweder dem *National Trust* (NT) oder *English Heritage* (EH) gehören, empfiehlt es sich auch, einer oder beiden Gesellschaften beizutreten. Die Mitgliedschaft berechtigt zum kostenlosen oder stark reduzierten Eintritt.

● *English Heritage Membership* Kostenloser Eintritt zu über 350 Sehenswürdigkeiten (Stonehenge, Dover Castle, Rievaulx Abbey, Hadrian's Wall usw.) für ein Jahr. Erwachsene bezahlen £ 44, Paare £ 77, Senioren ab 60 Jahre £ 32, Jugendliche unter 19 Jahren und Studenten £ 33. Zu erstehen in den Eintrittshäuschen der English-Heritage-Besitztümer oder bei English Heritage, Freepost WD 214, PO Box 570, Swindon, SN2 2UR, www.english-heritage.org.uk.

● *National Trust Membership* Kostenloser oder ermäßigter Eintritt zu den Einrichtungen des NT (z. T. auch für English Heritage) für ein Jahr. Die Mitgliedschaft kostet für einen Erwachsenen £ 48.50, für Jugendliche unter 25 Jahren £ 22, für Familien £ 84.50. Erhältlich beim National Trust Membership Department, PO Box 39, Warrington WA5 7WD, ✆ 0870/4584000, ✆ 020/84666824. www.nationaltrust.org.uk. Alternativ empfiehlt sich der *National Trust Touring Pass*, der für 7 Tage £ 21, für 14 Tage £ 26 und für eine Familie £ 42 bzw. £ 52 kostet. Die Pässe sind auch erhältlich über: www.visitbritaindirect.com.

Studenten sollten ihren **Internationalen Studentenausweis** nicht vergessen, da sie damit fast alle Sehenswürdigkeiten zu einem ermäßigten Eintrittspreis besichtigen können.

Notruf

Polizei, Feuerwehr und Rettungsdienst erreicht man unter der Rufnummer 999. Der Anruf ist kostenlos, auch von allen Telefonzellen aus.

Öffnungszeiten

In England gibt es keine gesetzlichen Ladenöffnungszeiten. In der Regel sind die Geschäfte werktags von 9 bis 17.30 Uhr geöffnet, aber wie bei anderen Dingen macht man auch hier Ausnahmen. So gibt es in den Randbezirken einmal in der Woche einen *Early Closing Day*, an dem die Geschäfte bereits um 13 Uhr schließen. Im Großraum London wurden in den letzten Jahren viele riesige „Superstores" gebaut, die während der Woche mindestens bis 20 Uhr (oft bis 22 Uhr) und sogar sonntags bis 16 Uhr geöffnet haben. Zahlreiche Filialen der Supermarktkette Tesco haben werktags einen 24-Stunden-Betrieb. Der Donnerstag gilt gemeinhin als Late-Night-Shopping-Day, alle Läden sind bis 20 Uhr geöffnet.

Achtung: Bei den angegebenen Öffnungszeiten der Museen und Sehenswürdigkeiten gilt es zu beachten, dass der letzte Einlass zumeist 30 oder 45 Minuten vor Ende der Öffnungszeiten ist.

Post

Ähnlich wie in Deutschland sind die englischen Postämter Mo–Fr von 9 bis17 Uhr sowie samstags von 9 bis 12.30 Uhr geöffnet. Das Porto für Postkarten sowie Briefe bis 20 Gramm beträgt innerhalb Europas 60 p. Innerhalb des Vereinten Königreiches kosten Briefe bis 100 Gramm, die als „First Class Mail" innerhalb von 24 Stunden ausgeliefert werden, 41 p, als „Second Class Mail" 32 p (Auslieferung innerhalb von 72 Stunden). www.royalmail.com.

Radio und Fernsehen

Radio und Fernsehen müssen innerhalb eines gesetzlich festgelegten Rahmens senden. Zunächst gibt es die in der ganzen Welt bekannte *British Broadcasting Corpo-*

ration (BBC), die zwei Fernseh- und vier Radioprogramme sowie 20 lokale Rundfunksender betreibt. Außerdem sendet BBC in 36 verschiedenen Sprachen nach Übersee (www.bbc.co.uk). Daneben existieren private Fernsehstationen (z. B. ITV oder Channel 5) und Radiosender, die von der *Independent Broadcasting Authority* kontrolliert werden. Das britische Innenministerium bestellt die Mitglieder dieser Kommission, die selbst keine Sendungen ausstrahlt, sondern nur Lizenzen an private Gesellschaften vergibt. Finanziert werden diese privaten Sender durch Werbeeinnahmen, die BBC vorwiegend aus Gebühren. Nur mit viel Glück wird man ein Hotelzimmer finden, dessen Fernseher auf den Empfang deutschsprachiger Sender eingestellt ist.

Großbritannien hat die größte Hörfunknutzung in Europa, wobei die meisten Engländer einen der fünf BBC-Sender hören. *BBC Radio 1* (Popmusik), *BBC Radio 2* (leichte Unterhaltung) und *BBC Radio 4* (Nachrichten, Hörspiele und allgemeine Informationen) haben den größten Höreranteil, während *BBC Radio 3* (Klassik) und *BBC Radio 5* (Sport und Nachrichten) über eine deutlich geringere Reichweite verfügen. Hinzu kommen die landesweit zu empfangenden, stark werbefinanzierten Privatradios *Classic FM* und *Virgin Radio* sowie mehr als 200 Lokalsender, darunter auch *Radio Cornwall*, *Radio Devon* und der bei jüngeren Hörern beliebte Sender *Pirate FM*.

Altes Postamt in Tintagel

Rauchen

In den englischen Pubs gilt seit dem 1. Juli 2007 ein weitgehendes Rauchverbot. Dann wurden auch Behörden, öffentliche Verkehrsmittel, Kinos und Theater zu rauchfreien Zonen erklärt. Bei Verstößen droht eine Geldstrafe von mindestens £ 50 (knapp 75 €). Aber daran ist der Englandreisende gewöhnt, schließlich ist es schon seit Jahren in fast allen B & Bs und in den meisten Hotels verboten, im Zimmer zu rauchen.

Reisegepäckversicherung

Sicherheitsbewusste fahren nur mit Reisegepäckversicherung ins Ausland, andere halten dies für einen übertriebenen Luxus. Wie auch immer man es persönlich hält, Tatsache ist, dass Autoaufbrüche leider auch in Cornwall und Devon vorkommen.

Hier ein Preisbeispiel: Wer sein Gepäck im Wert von 1500 € für 24 Tage versichern will, muss mit etwa 30 € rechnen. Kaum teurer ist allerdings die Kombination mit einer Reiseunfall- und Reisekrankenversicherung. Achtung: Tritt ein Schadensfall ein, muss dieser polizeilich dokumentiert werden, da sonst keine Schadensregulierung erfolgen kann.

Sprachkurse

Es ist nach wie vor sehr beliebt, in Südengland an einem Englischkurs teilzunehmen. Dabei sollte beachtet werden, dass verschiedene Sprachniveaus zur Auswahl stehen und der Unterricht in Kleingruppen von höchstens zehn Personen stattfindet.

Eltern, die es sich leisten können, schicken ihre vom Englischunterricht geplagten Kinder für einen längeren Zeitraum auf eine private Sprachschule in Großbritannien. Oft hilft das nicht viel, denn Orte wie Penzance oder Torquay sind in den Sommerferien von Englisch lernenden deutschen Schülergruppen bevölkert – und außerhalb des Unterrichts wird eben Deutsch gesprochen. Weitaus empfehlenswerter ist es, als Paying Guest in einer englischen Familie zu wohnen. Oft behält man hier durch Hören und Sprechen mehr als im täglichen Unterricht an der Sprachschule. Schließlich kann man die Alltagssprache mit ein paar Jahren Schulenglisch als Hintergrund relativ schnell in den Griff bekommen. Englisch lernt man durch tagtägliche Gespräche und „Eintauchen" in die fremde Sprache. Deutschen Mitschülern oder Freunden sollte man während des Englandaufenthalts möglichst aus dem Weg gehen.

Private Sprachschulen: Privatschulen zu empfehlen, ist eine heikle Angelegenheit. Schwarze Schafe gibt es auch hier. Als Orientierungshilfe: Sämtliche Institute, deren Kurse vom Erziehungs- und Wissenschaftsministerium anerkannt sind, haben sich zu *English UK* zusammengeschlossen. *English UK* gibt jährlich einen umfangreichen Katalog heraus, in dem die verschiedenen Schulen aufgelistet und kommentiert sind. Viele dieser Schulen haben sich auf besondere Kurse spezialisiert, etwa für Techniker oder Manager, aber alle bieten Sprachkurse der verschiedenen Lernstufen an. Sie reichen von „complete beginners" bis „very advanced students". Man kann den Katalog bei *English UK* anfordern. Es ist nicht gerade billig, einen solchen Sprachkurs zu belegen. Daher sollte man sich zuvor umfassend informieren.

English UK: 56 Buckingham Gate, London SW1E 6AG, ✆ 0044/20/78029200. www.englishuk.com.
British Council: www.britishcouncil.org. Sehr informativ ist auch die Homepage

www.sprachkurse-weltweit.de/englisch/sued.htm, auf der kommentierte Links zu zahlreichen Sprachschulen in Südengland ausführlich vorgestellt werden.

Strom

Normalerweise 230 Volt Wechselstrom. Da die englischen Steckdosen einer anderen Norm unterliegen – sie sind dreipolig und flach –, wird für die kontinentalen Zweistiftstecker ein Adapter benötigt, der vor Ort in Supermärkten oder im Fachhandel erhältlich ist. Elektrische Rasierer lassen sich in den Hotels zumeist problemlos ohne Adapter verwenden. Achtung: Wenn die Nachttischlampe oder andere elektrische Geräte nicht funktionieren, sollte man zuerst einen Blick auf die Steckdose werfen. Dort befindet sich ein kleiner Schalter, der so gestellt sein muss, dass ein winziger roter Punkt erscheint.

Telefonieren

In England existiert ein dichtes Netz öffentlicher Telefonzellen. Die öffentlichen Fernsprecher, die berühmten fotogenen roten Häuschen, sind mittlerweile alle frisch gestrichen und mit modernen Münz- bzw. Kartenapparaten ausgestattet, die wie auf dem Kontinent benutzt werden. Von den neuen Telefonhäuschen stehen meist zwei nebeneinander. Eines mit der Aufschrift *Telefone*, in dem man mit Münzen telefonieren kann, und ein anderes mit der Aufschrift *Phonecard* oder *Coins & Cards,* das (auch) mit Telefonkarten funktioniert. Für das Münztelefon beträgt die Mindestgebühr 10 Pence. Es werden 10-p-, 20-p-, 50-p- und 1-£-Münzen angenommen. Ertönt während des Gesprächs ein Signal, müssen neue Münzen eingeworfen werden, sonst wird man schnell unterbrochen. Telefonkarten zu verschiedenen Werten sind bei Postämtern und Geschäften, die das BT-Symbol tragen, erhältlich: Die Phonecards kosten zwischen £ 2 und £ 20. Vor allem das Telefonieren ins Ausland ist mit diesen Phonecards viel einfacher. Einige Apparate akzeptieren auch Kreditkarten (z. B. Mastercard) mit Magnetstreifen, die Mindestgebühr beträgt allerdings 50 p. In jeder Telefonzelle Englands kann man sich anrufen lassen, z. B. dann, wenn das Kleingeld ausgegangen ist. Die Nummer ist am Apparat angegeben.

Achtung: Hochgewachsene sollten sich in den alten roten Häuschen etwas bücken, damit ihnen nicht das ölige Türscharnier an den Kopf schlägt.

> **Vorwahlen aus England:** nach Deutschland: 0049, nach Österreich: 0043, in die Schweiz: 0041.
> Achtung: Die Null der Ortskennzahl entfällt.
> **Vorwahl nach England:** von D, A, CH: jeweils 0044, die Null der Ortsvorwahl entfällt.
> **Auskunft:** Auskunft für Großbritannien: 192; Auslandsauskunft: 153; Operator: 100; Auslandsoperator: 155.

Trinkgeld

Obwohl fast alle Hotelrechnungen ein Bedienungsgeld *(service charge)* beinhalten, freuen sich das Servicepersonal und die Zimmermädchen über ein Trinkgeld *(tip)*. In den meisten Restaurants ist das Bedienungsgeld ebenfalls bereits in der Rechnung enthalten; dennoch sollten auf den Rechnungsbetrag noch einmal rund zehn Prozent hinzugeschlagen werden – je nachdem, ob und wie sehr man zufrieden war. Ein ähnlicher prozentualer Betrag gilt auch bei einer Taxifahrt als angemessen. Bei Kurzfahrten bis zu £ 3 erwartet der Fahrer ein Trinkgeld von mindestens 30 p. In den Pubs wird hingegen an der Theke ohne Trinkgeld bezahlt.

Uhrzeit

Die Uhren orientieren sich an der GMT *(Greenwich Mean Time)*, die eine Stunde hinter der MEZ (Mitteleuropäischen Zeit) zurückliegt. Die Uhrzeiten sind immer mit den Zusätzen „am" (0–12 Uhr) bzw. „pm" (12–24 Uhr) angegeben. Wer also um 9 pm verabredet ist, muss sich um 21 Uhr am Treffpunkt einfinden.

Hafenkonzert in Port Isaac

Zeitungen/Zeitschriften

Die überregionalen deutschsprachigen Tages- und Wochenzeitungen (*Süddeutsche Zeitung, Frankfurter Allgemeine Zeitung, Spiegel, ZEIT,* selten auch die *Welt*) sind nur in London noch am Erscheinungstag in den gut sortierten Zeitungsgeschäften erhältlich. In der Provinz ist es am aussichtsreichsten in einer Filiale von W. H. Smith oder einem gut sortierten News Agent nach deutschen Zeitungen zu suchen. Doch je weiter man nach Südwesten vordringt, desto schwieriger wird es; fast immer stammen die Zeitungen vom Vortag.

Wer sich jenseits der Boulevardpresse mit der englischen Politik und Kultur beschäftigen möchte, hat die Wahl zwischen der traditionsreichen und auflagestarken *Times,* dem liberalen *Independent,* dem links angesiedelten *Guardian* oder dem konservativen, ebenfalls auflagenstarken *Daily Telegraph.* Am Sonntag kann man zusätzlich den linken *Observer* oder die seriöse *Sunday Times* lesen. Zudem gibt es einige Regionalzeitungen, die über aktuelle Veranstaltungen informieren und – abgesehen von der *Western Morning News* – wöchentlich erscheinen: *North Devon Journal, Mid-Devon Gazette, The Cornishman, Cornish Guardian.* Hinzu kommen noch monatlich erscheinende Magazine, so *Inside Cornwall, Cornwall Today* oder *Devon Today.*

78   Wissenswertes von A bis Z

Wer sich schon einmal vorab im Internet über die englische Presselandschaft informieren will, kann dies unter folgenden Adressen tun:

www.thetimes.co.uk
www.independent.co.uk
www.dailytelegraph.co.uk
www.guardianunlimited.co.uk

www.sunday-times.co.uk
www.insidecornwall.co.uk
www.cornwalltoday.co.uk

> „Diejenigen, die das Land regieren, schauen in die *Times*. Der *Mirror* wird von den Leuten gelesen, die denken, dass sie das Land regieren. Der *Guardian* wird von denjenigen gelesen, die denken, dass sie das Land regieren sollten. Den *Independent* lesen diejenigen, die das Land regieren möchten. In der *Financial Times* blättern diejenigen, denen das Land gehört. Die *Mail* wird von den Frauen der Männer gelesen, die das Land regieren. Der *Express* wird von den Leuten gelesen, die denken, das Land sollte so regiert werden, wie es früher regiert wurde. Aus dem *Daily Telegraph* informieren sich diejenigen, die glauben, dass das Land regiert wird, wie es früher regiert wurde. Der *Morning Star* wird von denjenigen gelesen, die denken, das Land sollte von einem anderen Land regiert werden. Und die *Sun* wird von denjenigen gelesen, denen es völlig egal ist, wer das Land regiert, solange das Mädchen auf der Seite Drei große Brüste hat."
>
> *Ryan Chandler*

Zollbestimmungen

Seit dem 1. Januar 1993 existieren an den Binnengrenzen der Europäischen Union keine mengenmäßigen Ein- und Ausfuhrbeschränkungen mehr. Tabak, Alkohol und andere Waren können problemlos eingeführt werden, soweit erkennbar ist, dass sie ausschließlich für den Privatgebrauch bestimmt sind. Als Richtmenge gelten 800 Zigaretten bzw. 400 Zigarillos, 200 Zigarren oder 1 Kilo Tabak, 10 Liter Spirituosen sowie 90 Liter Wein und 110 Liter Bier. Für Schweizer gelten die üblichen Mengenbeschränkungen: 50 Milliliter Parfüm oder 0,25 Liter Eau de Toilette, 1 Liter Spirituosen oder 2 Liter Wein, 200 Zigaretten oder 100 Zigarillos oder 50 Zigarren oder 250 Gramm Tabak.

Was haben Sie entdeckt?

Haben Sie ein empfehlenswertes Restaurant gefunden, ein nettes Pub, ein gemütliches Hotel oder einen schönen Wanderweg? Wenn Sie Tipps, Anregungen oder Verbesserungsvorschläge zum Buch haben, lassen Sie es uns bitte wissen. Schreiben Sie an:

Ralf Nestmeyer
Stichwort „Cornwall & Devon"
c/o Michael Müller Verlag
Gerberei 19
91054 Erlangen
ralf.nestmeyer@michael-mueller-verlag.de

▲ Mullion Cove

Unterwegs in Devon

Devon.. 82	Süddevon... 120
Nordküste und Exmoor................... 83	Plymouth und Umgebung.............. 137
Exeter und Umgebung................... 103	Dartmoor... 149

Am Hartland Point brodelt die Gischt

Devon

Zwei Küsten, zwei Moore – Devon ist eine äußerst kontrastreiche Region. Mit den kleinen, sich über Hügel und satte Wiesen schlängelnden Landstraßen belebt Devon die Träume von einem authentischen, noch unberührten England.

Devon, die flächenmäßig größte Grafschaft Südenglands, hat viele Gesichter. Wenn an der Südküste strahlender Sonnenschein herrscht, kann es im Dartmoor oder im Exmoor völlig anders aussehen. Hier ist das Wetter launisch, schnell braut sich eine dicke Wolkendecke zusammen, und alles verschwindet im Nebel. Die Badeorte an der „English Riviera" hingegen sind wegen ihres für englische Verhältnisse überdurchschnittlich milden Klimas gerade bei älteren Leuten beliebte Orte zum Überwintern. Im Gegensatz zur Küste am British Channel ist die am Bristol Channel nicht ganz so sonnenverwöhnt. Man sollte sich jedoch dadurch nicht den Norden verleiden lassen, scheint doch gerade das wechselhafte Wetter viel besser zu der rauen Landschaft der Steilküste und der Moore zu passen. Mit dem Clovelly befindet sich eines der schönsten Fischerdörfer Englands an diesem Küstenabschnitt.

Mit alljährlich mehr als neun Millionen Touristen gehört Devon zu den beliebtesten englischen Urlaubsregionen. Kein Wunder, eignet sich die Grafschaft doch hervorragend für einen Aktivurlaub, egal ob nun Wandern, Fahrradfahren, Reiten oder Schwimmen auf dem Programm steht. Gut ausgebaute Wanderwege führen sowohl an der Nord- wie auch an der Südküste entlang. In den weitläufigen Gebieten des *Dartmoor* und des *Exmoor* kann man ungehindert von Hecken und Zäunen einfach querfeldein wandern. Auch eine Fahrradfahrt über die schmalen Landstraßen von Dorf zu Dorf kann viel Spaß machen, denn nur wenige Autos sind hier unterwegs.

Radfahrer sollten bei der Planung ihrer Route das ständige Auf und Ab der Straßen und Wege berücksichtigen. Weil viele Nebenstraßen kaum breiter als ein Lastwagen sind, sollte man entsprechend vorsichtig sein. Pferde kann man vor allem in den Dörfern rings um das Dartmoor mieten. Wer ungeübt ist, sollte sich einige Reitstunden gönnen, bevor er allein mit seinem Pony loszieht. Auch auf einigen Farmen kann man an Reitkursen teilnehmen.

Nordküste und Exmoor

Die Nordküste Devons und das Exmoor stehen in der Touristengunst hinter der bekannten englischen Riviera zurück, doch gibt es auch hier schmucke Seebäder wie Ilfracombe oder das Museumsdorf Clovelly zu entdecken. Der Exmoor National Park ist ein Muss für alle Naturliebhaber, vor allem die Küste zwischen Minehead und Lynton bietet ein faszinierendes Landschaftsszenario mit steil abfallenden Klippen.

Lynmouth/Lynton

Romantische Naturen gaben den beiden Zwillingsorten – der eine am Meer, der andere an den Berg geschmiegt – im 19. Jahrhundert den Beinamen „Little Switzerland of England". Noch heute gelten die beiden Dörfer als vornehmste Adresse für einen Aufenthalt an Devons Nordküste.

Lynmouth mit seinen eng in das schmale Tal des River Lyn gezwängten Häusern ist an stürmischen Tagen kein angenehmer Aufenthaltsort. Im Jahre 1952 trat der River Lyn nach tagelangen heftigen Regenfällen über die Ufer und riss alles, was sich ihm in den Weg stellte, mit sich. Insgesamt wurden 98 Häuser zerstört, ein nur einen Kilometer von Lynmouth entferntes Dorf versank mit seinen zehn Häusern komplett im Meer; 34 Menschen kamen damals zu Tode. Eine Vorstellung von der damaligen Katastrophe vermittelt eine Dauerausstellung in Lynmouth (Lyn and Exmoor Museum).

Geruhsam geht es in Lynmouth nicht zu. An sonnigen Tagen drängen sich die Touristen auf den schmalen Straßen, die zum Meer führen. Interessant ist eine Fahrt mit der 1870 in Betrieb genommenen Standseilbahn in das ruhigere Lynton hinauf. Die beiden in Gegenrichtung laufenden Wagen werden energiesparend mit Hilfe von Wassertanks im steilen Winkel knapp 150 Meter hinaufgezogen. Oben angekommen, bietet sich ein herrlicher Panoramablick über die Küste. In Lynton befinden sich auch verschiedene öffentliche Einrichtungen sowie die meisten Unterkünfte.

• *Information* **Tourist Information Centre**, The Town Hall in der Lee Road, Lynton, Devon EX35 6BT, ✆ 01598/752225, 📠 01598/752755. www.lyntourism.co.uk. Eine brauchbare Broschüre zu beiden Orten und ihrer Umgebung sowie eine Hotelliste und Informationsblätter (gegen Gebühr) für Touren in die Umgebung sind hier erhältlich.

• *Einwohner* 2100

• *Verbindungen* **Bus:** Nahverkehrsbusse fahren nach Barnstaple (Linie 311) und Ilfracombe. Nach Exeter nimmt man den Bus 295 bis Dulverton und von dort die Linie 290.

Zweimal täglich gibt es auch Busverbindungen nach Minehead und Taunton.

Zug: Ab Barnstaple besteht Anschluss mit British Rail.

• *Bootsausflüge* Von April bis Oktober entlang der Exmoor-Küste. Je nach Dauer zwischen £ 10 und £ 15.

• *Woody Bay Station* Seit 2004 hat die alte Schmalspureisenbahn wieder ihren Betrieb aufgenommen und veranstaltet Zugfahrten durch das Heddon Valley. Die Woody Bay Station liegt auf der A 39 in der Mitte zwischen Blackmoor Gate und

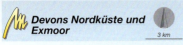
Devons Nordküste und Exmoor

Lynton (1,5 Kilometer von Parracombe entfernt). Fahrpreis: £ 6 erm. £ 4 bzw. 3 (Hin- und Rückfahrt). www.lynton-rail.co.uk.
• *Cliff Railway* Die Wasserballastbahn ohne elektrischen Antrieb verkehrt zu folgenden Zeiten: Mo–Sa 10–18 Uhr, in der Hochsaison bis 21 Uhr; £ 2, Hin- und Rückfahrt £ 3. www.cliffrailwaylynton.co.uk.
• *Übernachten/Essen/Trinken* Zahlreiche Hotels stehen direkt am Hang und bieten eine herrliche Sicht über das Meer und die Küste. Dafür muss man aber tiefer in die Tasche greifen.
The Turret, schönes, stattliches viktorianisches Nichtraucherhotel in Lynton. Kinder unter 14 Jahren sowie Haustiere sind nicht erwünscht. B & B je nach Zimmer und Ausstattung £ 28–32, etwas günstiger bei längerem Aufenthalt. 33 Lee Road, Lynton, ☎ 01598/753284. info@turrethotel.co.uk, www.turrethotel.co.uk.
Seawood Hotel, rosafarbenes Haus mit gepflegter Einrichtung, zwölf individuelle Räume. Abends mit Restaurantbetrieb. B & B ab £ 50 pro Person. North Walk, Lynton, ☎ 01598/752272. seawoodhotel@aol.com, www.seawoodhotel.co.uk.
South View Guest House, ab £ 28 gibt es eine Übernachtung in einem der fünf Mehrbettzimmer mit eigener Dusche, EZ £ 34. 23

Lee Road, Lynton, ✆ 01598/752289. maureen roper@hotmail.com, www.southview-lynton.co.uk.

North Cliff Hotel, Hotel mit Restaurant (Dinner £ 22) in herrlicher Einzellage. B & B £ 44, je nach Aufenthaltsdauer ab £ 36. North Walk, Lynton, ✆ 01598/752357. holidays@northcliffhotel.co.uk, www.northcliffhotel.co.uk.

Tors Hotel, die Hotels unten in Lynmouth wie auch das Tors Hotel auf dem östlichen Hügel gehören zu den teuersten Unterkünften mit Preisen zwischen £ 60 und £ 100 pro Person (die teureren mit Meerblick). Zu den Extras des im Schweizer Stil errichteten viktorianischen Gästehauses gehören auch ein beheizter Pool (Ostern bis Ende Sept.) und WLAN. Tors Park, ✆ 01598/753236, ✆ 01598/752544. www.torshotellynmouth.co.uk

Bath Hotel, hübsches Hotel am Hafen von Lynmouth. Alle 24 Zimmer haben ein eigenes Bad. Der Frühstücksraum gefällt mit seiner schönen Fensterfront. B & B ab £ 37.50 pro Person, Dinner und B & B ab £ 56. Harbourside, Lynmouth, ✆ 01598/752238. www.bathhotellynmouth.co.uk

Rising Sun Hotel, wem das nötige Kleingeld für eine Übernachtung fehlt, sollte dennoch einen Blick in das Pub werfen. Das direkt am Hafen gelegene Haus aus

86   Devon

dem 14. Jahrhundert besitzt noch ein reetgedecktes Dach, und auch im Inneren ist
alles recht traditionell mit viel Eiche eingerichtet (von Lesern gelobt). Ausgezeichnetes Restaurant, viele Meeresfrüchte – Hauptgerichte £ 15–18. Geschmackvoll eingerichtete Zimmer mit einem romantischen Touch,
teilweise mit freistehender Badewanne.
B & B £ 60–£ 80. Harbourside, Lynmouth,
℡ 01598/753223, ℻ 01598/753480. reception@
risingsunlynmouth.co.uk,   www.risingsun
lynmouth.co.uk.
Riverside Cottage, kleine Herberge direkt
am Hafen, von den acht Zimmern haben
sechs einen direkten Blick auf das Meer
und zudem einen kleinen Balkon. B & B je
nach Dauer und Zimmer £ 35–40 im DZ. Riverside Road, ℡ 01598/752390. www.river
sidecottage.co.uk.
The Esplanade Fish Bar, das Fish & Chips
Restaurant am Hafen wurde 2009 und 2010
zum beliebtesten von North Devon gewählt. Fish & Chips rund £ 5. ℡ 01598/
753798.
● *Camping* **Sunny Lyn Holiday Park**, netter Campingplatz in einem engen Tal oberhalb der Küste. WLAN vorhanden. Lynton.
℡ 01598/753384. www.caravandevon.co.uk.

Combe Martin

Combe Martin – acht Kilometer östlich von Ilfracombe gelegen – ist ein attraktives
Straßendorf, das sich über mehrere Kilometer das schmale Umber-Flusstal fast bis
zum kleinen, aber schönen Strand hinunter erstreckt. Die schmale Hauptstraße gilt
als längste Englands. Mehrere Hotels und B & Bs haben sich auf Feriengäste eingestellt, während sich die Landwirte vor allem dem Anbau von Erdbeeren widmen.
Der Ortsname geht auf die Bezeichnung für ein bewaldetes Tal (*combe*) und den
normannischen Adeligen Martin de Touron zurück, der die Gegend als Lehen von
Wilhelm dem Eroberer erhielt.

Eine landschaftlich reizvolle Strecke führt von Combe Martin weiter nach Osten
durch das Exmoor. Wer die 20 Kilometer nach Lynton und Lynmouth zu Fuß zurücklegen will, kann auf dem *North Devon Coast Path* durch die wilde Klippenlandschaft wandern. Empfehlenswert ist besonders die zweite Hälfte der Tour ab *Trentishoe*. Durch das Felsental, das *Valley of Rocks*, sollte man den *North Walk* (Richtung Meer) nehmen. Hier besticht der Blick über das Tal inmitten pittoresker Felsformationen.

● *Information* **Tourist Information Centre**,
Cross Street, Combe Martin, Devon EX34 0DH,
℡ 01271/883319. www.visitcombemartin.com.
● *Einwohner* 2500
● *Wildlife and Dinosaur Park* Vor allem Kinder und Jugendliche fühlen sich von dem
Tierpark mit Wölfen, Pinguinen, Seelöwen,
Ottern, Reptilien etc. und weiteren Attraktionen angesprochen. Tgl. 10–17 Uhr. Eintritt:
£ 14, erm. £ 8.50. www.dinosaur-park.com.
● *Watermouth Park* Freizeit- und Familien-
park unweit der Küste neben einer Pseudo-
burg. Tgl. 10–17 Uhr. Eintritt: £ 12.75, erm.
£ 10.75. www.watermouthcastle.com.
● *Übernachten* **Big Meadow Camping
Park**, schön gelegener Campingplatz westlich von Combe Martin. Stellplatz £ 12–14.
℡ 01271/862282.   enquiries@watermouth
park.co.uk, www.bigmeadow.co.uk.
Pack O'Cards, das Pub gehört zu den un-
gewöhnlichsten von ganz England. Der Legende nach wurde es von den Gewinnen
eines Kartenspiels errichtet. Seine bizarre
Form soll an ein Kartenhaus erinnern. Den
vier Farben, dreizehn Symbolen und 52 Karten entsprechend besitzt das Haus vier
Stockwerke mit dreizehn Türen und 52
Fenstern. Schöner Garten und Kinderspielplatz vorhanden. Komfortable Zimmer.
B & B ab £ 27.50. King Street, ℡ 01271/
882300. www.packocards.co.uk.

Saffron House Hotel, schönes, kleines Hotel (nur 9 Zimmer) mitten im Ort und nur
wenige Fußminuten vom Strand entfernt.
Es gibt eine schöne Terrasse und einen beheizten Swimmingpool, der allerdings nicht
viel größer als ein Planschbecken ist. B & B
£ 27–30 im DZ, £ 37–40 im EZ, günstiger in
der Nebensaison und bei längeren Aufenthalten. King Street, ℡ 01271/883521. stay@
saffronhousehotel.co.uk, www.saffronhouse
hotel.co.uk.

Wanderung 1: Zu den Hangmans

Küstenwanderung mit steilem Anstieg zu den Hangmans, anschließend geht es in einem weiten Bogen zurück nach Combe Martin, wo es auch Einkehrmöglichkeiten gibt.

> **Ausgangspunkt:** Kiln Car Park in Combe Martin (kostenpflichtig).
> **Wegstrecke:** 8 km.
> **Dauer:** 2:30 Std.

Der Kiln Car Park (**WP 1**) liegt etwas erhöht nur wenige Meter vom Strand entfernt. Zuerst queren wir den Parkplatz und folgen den Nationalparkzeichen sowie den Schildern „Coastal Path" zwischen den Häusern hindurch bergauf in Richtung Norden. Oben treffen wir auf eine Unterstellhütte (**WP 2**), dort wenden wir uns nach Osten und wandern auf dem Coastal Path über das Lester Cliff. Fortan geht es stetig und schweißtreibend bergan. Zur Beruhigung: Nach einer halben Stunde wird die Wanderung wieder leichter. Wir klettern über ein Gatter (**WP 3**), wo uns das Hinweisschild „Coastal Path Hangman Hills" den Weg weist. Schließlich gelangen wir zu einer Abzweigung (**WP 4**), an der man einen Abstecher zum „Gipfel" des Little Hangman unternehmen kann. Oberhalb der Klippen geht es mit kleinen Aufs und Abs weiter nach Osten zum 328 Meter hohen Great Hangman (**WP 5**), der weite Blicke ins Landesinnere ermöglicht. An der Küste stürzen die Klippen über 260 Meter tief zum Meer hinab. Wir bleiben noch ein paar Minuten auf dem Coastal Path, um ihn an der Ecke eines mit hohen Steinen abgegrenzten Feldes zu verlassen (**WP 6**). Jetzt folgen wir dem Wegweiser „Public Road", überqueren ein Gatter und öffnen anschließend zwei weitere Tore. Der Feldweg ist teilweise gelb markiert und bringt uns zur Girt Down Farm (**WP 7**), wo wir einen asphaltierten Weg erreichen, der kurz darauf leicht ansteigt. An einer Straßenkreuzung (**WP 8**) gehen wir 50 Meter nach links, biegen dann wieder rechts ab und folgen kurz dem Wegweiser „Knap

Down Farm" (**WP 9**), bevor wir uns an der nächsten Weggabelung (**WP 10**) wieder nach rechts wenden und einen steilen Feldweg bergab gehen, der sich später zu einem Hohlweg verengt. Durch einen Felsdurchbruch (**WP 11**) hindurch, folgen wir rechter Hand einem schmalen Pfad, einer sogenannten „Sunken Lane" (von solchen tief eingesunkenen Wegen sind mehrere rund um Combe Martin zu finden). Wenige Minuten später kommt ein betonierter Weg (**WP 12**). Wir gehen sofort die nächste Straße links hinunter, zwischen Wohnhäusern hindurch und an einem Sportplatz vorbei, bis wir direkt beim Post Office auf die Hauptstraße von Combe Martin stoßen (**WP 13**), der wir fast 20 Minuten bis zum Ausgangspunkt folgen. Wer will, kann ein paar Kleinigkeiten einkaufen und am Strand ein verdientes Picknick machen.

Ilfracombe

Ilfracombe, das älteste und bekannteste Seebad von North Devon, zieht sich einen steilen Hügel hinauf. Vor allem in den Sommermonaten ist das ehemalige Fischerdorf fest in der Hand von Erholungsuchenden, obwohl man an den viktorianischen Glanz nicht mehr anknüpfen kann.

Die Strände von Ilfracombe liegen hinter den Klippen und sind durch künstliche, im frühen 19. Jahrhundert gegrabene Tunnel zu erreichen; sogenannte *Rock Pools* laden auch bei Ebbe zum Baden ein – falls man sich angesichts der kühlen Wassertemperaturen überwinden kann. Apropos Temperaturen: Ilfracombe ist die englische Stadt mit den zweithöchsten Jahresdurchschnittswerten.

Neben einer von Fish-&-Chips-Duft begleiteten Hafenbesichtigung bietet sich ein Ausflug zur kleinen *St Nicholas Chapel* (aus dem 14. Jahrhundert) an. Den Schiffen diente sie als Orientierungspunkt bei der Einfahrt in den Hafen. Man hat von hier eine gute Aussicht; außerdem gibt es in der Kapelle alte Stiche der Stadt zu sehen. Etwas deplaziert wirkt allerdings die Betonarchitektur des Kulturzentrums, das an die Kühltürme eines Kernkraftwerkes erinnert. Vogelfreunden empfiehlt sich ein Ausflug zur Insel Lundy. Lohnenswert sind Wanderungen über die Klippen nach Westen, beispielsweise nach *Lee*, einem Dorf in einer kleinen Bucht mit teils noch reetgedeckten Häusern. Ein schmaler, unebener Pfad führt weiter über *Bull Point* nach *Morte Point*.

• *Information* **Tourist Information Centre**, The Landmark, Sea Front, Ilfracombe, Devon EX34 9BX, ✆ 01271/863001, ✉ 01271/862586. www.visitilfracombe.co.uk.

• *Einwohner* 10.500

• *Verbindungen* **Bus:** Busbahnhof in der Broad Street. Red Bus und Devon Bus fahren regelmäßig nach Barnstaple und über

Ilfracombe

Croyde nach Woolacombe, weitere Busse nach Taunton und Exeter. National Express verbindet mit London (tgl.) und Nordengland über Bristol und Birmingham. www.nationalexpress.com.

Zug: Der nächste Bahnhof befindet sich in Barnstaple.

Fähre: Im Sommer (April bis Okt.) bestehen Fährverbindungen nach Wales und zur Insel Lundy ab Pier oder Hafen.

• *Tunnels Beaches and Rock Pools* Das viktorianische Felsenschwimmbad hat Ostern bis Okt. 10–18 Uhr, im August ab 9 Uhr geöffnet. Eintritt: £ 1.95, erm. £ 1.50. www.tunnelsbeaches.co.uk.

• *Aquarium* Die Unterwasserwelt der Flüsse und Küsten von Devon. Tgl. 10–16.30 Uhr, im Juli und Aug. bis 17.30 Uhr. Eintritt: £ 3.95, erm. £ 3.50 bzw. £ 2.95. Adresse: The Pier. www.ilfracombeaquarium.co.uk.

• *Ilfracombe Museum* Nettes Heimatmuseum. April–Okt. tgl. 10–17 Uhr, Nov.–März Di–Fr 10–13 Uhr. Adresse: Wilder Road. Eintritt: £ 2.50, erm. £ 2.

• *Kino* High Street, ✆ 01271/863484.

• *Veranstaltungen* Mitte Juni führt die **Victorian Celebration** zurück ins 19. Jahrhundert. Die Einwohner verkleiden sich mit historischen Kostümen. www.ilfracombevictoriancelebration.org.uk.

• *Übernachten (siehe Karte S. 90/91)* **Epchris Hotel (10)**, dieses Nichtraucherhotel bietet mehrere komfortable Zimmer und eine schöne Terrasse. Kinder erst ab 10 Jahren erwünscht. B & B £ 30–45. Torrs Park, ✆ 01271/862751. info@epchrishotel.com, www.epchrishotel.co.uk.

Acorn Lodge (1), nettes Hotel unweit des Hafens mit Terrasse vor dem Haus. Einfache Zimmer. B & B ab £ 23 (Etagendusche), sonst £ 26–29 pro Person. 4 St James Place, ✆ 01271/862505, ✉ 01271/879574. relax@theacornlodge.co.uk, www.theacornlodge.co.uk.

Arlington Hotel (6), das passable Hotel in leicht erhöhter Lage lockt mit einem beheizten Swimmingpool. B & B im DZ £ 38, mit Seaview £ 44. Sommers Crescent, ✆ 01271/862002, ✉ 01271/862803. www.devoniahotels.co.uk/arlington.htm.

Harleigh House Hotel (7), schmuckes viktorianisches Eckhaus mit ansprechenden Zimmern, die durchaus geschmackvoll eingerichtet sind. Schön ist beispielsweise das Erkerzimmer Nr. 5. Freundliche Besitzer, kostenloses WLAN. B & B im DZ je nach Ausstattung £ 30–35. Wilder Road, ✆ 01271/862733. www.harleighhouehotel.co.uk.

Blick von der Fore Street zum Hafen

The Avalon (3), näher am Meer kann man in Ilfracombe nicht wohnen. Kleine, aber ordentliche Zimmer. B & B £ 27.50, mit Meerblick £ 32.50. 6 Capstone Crescent, ✆ 01271/863325, ✉ 01271/866543. www.avalon-ilfracombe.co.uk.

The Towers (9), diese Herberge ist ein Lesertipp von Ulrike Münker, die den Komfort ebenso wie die Wirtin lobte. Keine Hunde. B & B je nach Saison £ 28–34 pro Person. Chambercombe Park, ✆ 01271/862809. www.thetowers.co.uk.

Wentworth House (11), günstiges Nichtraucher-B & B mit geräumigen Zimmern, 15 Fußminuten zum Hafen. Die Zimmer sind altertümlich eingerichtet, aber sehr sauber. Fernseher vorhanden. Parkmöglichkeiten im Hof. B & B ab £ 26 (Winter), im Sommer ab £ 29.50, im EZ sowie bei nur einer Übernachtung £ 26.50. Für £ 12.50 gibt es ab 18 Uhr ein dreigängiges Abendmenü. 2 Belmont Road, ✆ 01271/863048. www.hotelilfracombe.co.uk.

Ocean Backpackers (4), wer die lockere Travelleratmosphäre liebt, ist hier am Hafen sicher richtig aufgehoben. Im Sommer treffen sich vor allem die Surffreaks. Kostenloses WLAN. Im Gemeinschaftsschlafraum £ 10–14, Wochenpreis £ 70. Im DZ etwas

teurer (£ 17.50 pro Person). Im EG befindet sich ein passables Restaurant, das Hauptgerichte ab £ 6.50 bietet. 29 St James Place, ✆/📧 01271/867835. www.oceanbackpackers.co.uk.

• *Camping (siehe Karte oben)* Ein Campingplatz in der Hele Bay östlich der Stadt: **Hele Valley Caravan Park (8)**, auch Vermietung von Cottages und Caravans, für Zelte: ab £ 12 pro Stellplatz. ✆ 01271/862460, 📧 867 926. holidays@helevalley.co.uk, www.helevalley.co.uk.

• *Essen/Trinken* **11 The Quay (2)**, als Englands derzeit wohl bekanntester wie umstrittenster Künstler Damien Hirst (Stichwort: Haie in Formaldehyd) im Sommer

2004 in Ilfracombe ein neues Restaurant eröffnete, war das mediale Echo groß – verdientermaßen, wie sich schnell herausstellen sollte. Weder am Design noch an der Leistung des Küchenchefs gibt es etwas zu bemängeln. In der „White Hart Bar" im Erdgeschoss (ab 10 Uhr) werden Tapas und Mezze serviert, die Gourmetträume werden einen Stock weiter oben im „Atlantic Room" befriedigt (Sonntagabend, Mo und Di Ruhetag). Gekocht wird Modern British, Hauptgerichte rund £ 18, die Menüpreise beginnen bei £ 35. 11 Quay, ☎ 01271/868090. www.11thequay.co.uk.

La Gendarmerie (5), modernes Restaurant mit Brasserieflair in der ehemaligen Polizeistation an der Straße vom Hafen zur High Street. Blanke Holztische, schöner Parkettboden und ein ansprechendes Angebot, das auch auf Ökogerichte (wie beim Lachs) zurückgreift. Gekocht wird Modern British, Hauptgerichte £ 12–15. Nur abends geöffnet, Montag Ruhetag, im Winter auch Dienstag. 22 Fore Street, ✆ 01271/865984.

Woolacombe

Woolacombe ist ein beliebter – allerdings langweiliger – Ferienort, dessen großer touristischer Pluspunkt ein lang gestreckter Sandstrand ist, der immer wieder für seine Sauberkeit und Strandsicherheit ausgezeichnet wurde. Obwohl Woolacombe bei Surfern und Familien gleichermaßen hoch im Kurs steht, findet sich auch im Hochsommer noch ein freies Plätzchen auf dem Strand, wenngleich im Ortsbereich akute Parkplatznot herrscht. Weiter südlich, am Ende der *Morte Bay*, erheben sich die steilen Klippen des *Baggy Point*. Im Herbst wimmelt es hier von Möwen, Kormoranen und Sturmtauchern. Beliebt bei Surfern ist die *Croyde Bay* südlich des Baggy Point.

• *Camping* **Woolacombe Sands Holiday Park**, beliebter, wenn auch nicht ruhiger Campingplatz, der sich in Terrassen hinunterzieht. Etwa eine knappe Meile bis zum Meer. Beheizter Outdoor- und Indoorpool. Es werden auch Cottages und Caravans vermietet. ✆ 01271/870569. www.woolacombe-sands.co.uk.

Braunton Burrows

Die Dünenlandschaft der Braunton Burrows liegt wenige Kilometer westlich von Braunton. Auf zwei Naturlehrpfaden kann man das 400 Hektar große Naturreservat durchstreifen und dabei Schmetterlinge und Seevögel beobachten.

Barnstaple

Das nahe der Mündung des Taw-Flusses gelegene Barnstaple ist die größte Stadt und das traditionelle Verwaltungszentrum von Norddevon. Die Straßen weisen auffallend viel Blumenschmuck auf, weshalb Barnstaple bereits mehrfach ausgezeichnet wurde, so beispielsweise 1996 als „Prettiest Floral Town in Europe".

Von den Sachsen an einer Furt gegründet, entwickelte sich Barnstaple schnell zu einem der bedeutendsten Orte der Region. Im Jahre 930 von King Athelstan zur königlichen Stadt *(borough)* erhoben, wurden hier noch vor der Jahrtausendwende Münzen geprägt. Letztlich hatten die Bürger ihren Wohlstand im Mittelalter vor allem dem Woll- und Tuchhandel, aber auch dem Schiffbau zu verdanken. In dieser Zeit entstand auch der schmucke Queen Anne's Walk am alten Kai. Erst als der River Taw im 19. Jahrhundert zunehmend verlandete, erinnerte man sich verstärkt an das agrarisch genutzte Hinterland.

Das ursprüngliche Zentrum von Barnstaple lag etwa zwischen der *St Peter's Church* und der *Long Bridge*, die beide im Spätmittelalter errichtet wurden (die Brücke musste allerdings schon mehrmals erneuert werden). Töpfereien findet man in der Litchdon Street und der Newport Road. Im Pannier Market ist fast jeden Tag etwas los. Seit 1855 wird in dieser Halle mit kunstvollen Holzverstrebungen der Markt abgehalten. Sehenswert ist auch die nahe Butchers Row, eine Geschäftsstraße, in deren 33 Arkaden zumeist Metzger ihre Produkte durch offene Ladenfenster feilbieten.

Barnstaple 93

- *Information* **Tourist Information Centre**, Boutport Street, Barnstaple, Devon EX31 1RX, ✆ 01271/375000, ✉ 01271/374037. www.staynorthdevon.co.uk.
- *Einwohner* 24.500
- *Verbindungen* **Bus:** Bahnhof an der Castle Street; Verbindungen nach Exeter, Ilfracombe und Westward Ho. National Express fährt nach London. Regionalbusse nach Bideford und Exeter.
Zug: Eine Stichbahn führt von Exeter nach Barnstaple.
- *Fahrradverleih* **Tarka Trail Cycle Hire**, ✆ 01271/324202. Mountainbike £ 10.50 pro Tag, sonst £ 8 pro Tag. Von Ostern bis Okt. geöffnet. www.tarkatrail.co.uk.
- *Markt* Mo–Sa im Pannier Market (Mi: Antiquitäten, Mo und Do: Craft Market).
- *Museum of Barnstaple and North Devon* Im Mittelpunkt stehen die Landschaft, die Natur und die Menschen von North Devon. Di–Sa 9.30–17 Uhr. Eintritt: frei! The Square. www.devonmuseums.net.
- *Theater* **The Queen's Theatre**, Boutport Street, ✆ 01271/324242. www.northdevontheatres.org.uk.
- *Kino* **Central Cinema**, Boutport Street, ✆ 0871/2303200. www.scottcinemas.co.uk.
- *Veranstaltungen* **Jazz Festival**, Ende Mai, Anfang Juni.
- *Sport* **North Devon Leisure Centre**, Swimmingpool, Squash und Fitness. Seven Brethren Bank, ✆ 01271/373361.
- *Übernachten/Essen/Trinken* **Royal & Fortescue Hotel**, traditionell das erste Haus am Platz. Allein die Eingangshalle samt Restaurant und Bar ist ein stimmungsvoller Auftakt. Die Zimmer variieren allerdings deutlich in Ausstattung und Preisniveau. WLAN. Dinnermenü £ 22 (2 Gänge), B & B ab £ 40, ohne Frühstück ab £ 30. Boutport Street, ✆ 01271/342289. reservations@royalfortescue.co.uk, www.royalfortescue.co.uk.

Bromhill Art Hotel, das Kunst-Hotel mit angeschlossenem Skulpturengarten (tgl. 11-16 Uhr, Eintritt £ 4.50, erm. £ 3.50) liegt rund drei Kilometer nördlich von Barnstaple hinter dem N.D.D.Hospital. B & B £ 50 im EZ, £ 37.50 im DZ, am Wochenende nur mit Halbpension, glücklicherweise ist auch das Restaurant (Biokost, Slow food, Mi–Sa auch mittags geöffnet) sehr zu empfehlen. Muddiford Road, ✆ 01598/850262. www.broomhillart.co.uk.

Barnstaple ist eine lebendige Kleinstadt

The Olive Branch, beliebtes Pub mit eher mordernem Touch in einem Eckhaus im Zentrum. Geboten wird eine traditionelle Küche mit leichtem mediterranem Einschlag. Es werden auch einige ordentliche Zimmer vermietet, die je nach Ausstattung und Reisezeit £ 25–35 kosten (B & B pro Person). 40 Boutport Street, ✆ 01271/370784. www.olivebranchdevon.co.uk.

Zena's, direkt neben dem Panier Market findet sich dieses Café-Restaurant mit seiner herrlichen Straßenterrasse. Eine Adresse mit Flair und guter internationaler Küche. Hauptgerichte abends £ 15. 1 Market Street, ✆ 01271/378844. www.zenasrestaurant.com.

Giovannis, günstiges italienisches Restaurant. Nudelgerichte und Pizza ab £ 5.95. Sonntag Ruhetag. 5 Boutport Street, ✆ 01271/321274. www.giovannisdevon.co.uk.

94   Devon

Auf dem Tarka Trail

Eine der schönsten Möglichkeiten, North Devon zu erkunden, ist eine Wanderung oder Fahrradtour (nur teilweise möglich) auf dem Tarka Trail. Der Rundwanderweg beginnt am Alten Bahnhof von Barnstaple und führt über rund 280 Kilometer hinweg bis zum Dartmoor. Benannt ist der Fernwanderweg nach einem 1927 erschienenen Buch von *Henry Williamson*. Da große Teile des Romans „Tarka the Otter" im Taw Valley spielen, nutzten Devons Tourismusämter den Bekanntheitsgrad des tierischen Helden, um einen Wanderpfad anzulegen. „Tarka" ist übrigens ein altes keltisches Wort, das Wasserläufer bedeutet. Die lokalen Tourismusämter informieren über den genauen Wegverlauf. www.devon.gov.uk/tarkatrail.

Umgebung

Arlington Court

Der rund zehn Kilometer nordöstlich von Barnstaple gelegene Herrensitz samt schönem Park ist eng mit der Sammelleidenschaft einer Frau verbunden. Rosalie Chichester lebte bis zu ihrem Tod im Jahre 1949 insgesamt 84 Jahre in Arlington. Auf ihren ausgedehnten Reisen sammelte sie Kutschen, Modellschiffe, Kostüme, exotische Muscheln und vieles mehr. Testamentarisch vermachte sie das Anwesen dem National Trust, der sich seither mit Hilfe von zwei Gärtnern und freiwilligen Helfern um die Hinterlassenschaft kümmert. Wer will, kann nach der Besichtigung des Herrensitzes in dem zwölf Hektar großen Park mit seinen großen Rhododendren auch ausgiebig picknicken oder eine Kutschfahrt machen.

Mitte März bis Okt. tgl. 10.30–17 Uhr, Mitte Feb. bis Mitte März und Nov. bis Mitte Dez. nur Sa und So 12–16 Uhr. Eintritt: £ 7.45, erm. £ 3.70, Familien £ 18.60, nur Garten: £ 5.35, erm. £ 2.65 (NT). www.nationaltrust.org.uk/arlington.

Bideford

Bideford – ausgesprochen „Biddiford" – ist eine Markt- und Hafenstadt an der Mündung des Torridge-Flusses. Ursprünglich wurden in dem noch immer geschäftigen Hafen Wolle und Holz umgeschlagen, wovon auch noch eine alte Markthalle zeugt. Seit dem späten 16. Jahrhundert wurden die Handelsbeziehungen mit Virginia (vor allem Tabakhandel) jedoch weitaus profitabler, sodass sich schnell ein gewisser Wohlstand bemerkbar machte (Bideford war zeitweise der drittgrößte Hafen von Großbritannien). Der aus Bideford stammende *Richard Grenville* war der verantwortliche Kapitän der Schiffe, welche die ersten Siedler nach Virginia brachten, im Jahre 1588 hatte er zudem entscheidend zum Sieg über die Spanische Armada beigetragen. Von dieser Zeit künden noch das alte Tabaklagerhaus in der Bridgeland Street und das Grab des ersten von den Engländern aus Amerika nach Europa mitgebrachten Indianers. Er hieß Raleigh und liegt auf dem Friedhof an der Parish Church begraben. Am nördlichen Ende des Hafenkais steht ein Denkmal von *Charles Kingsley* (1819–1875). Der sozialkritische Dichter aus Bideford beschäftigte sich in seinem Roman „Westward Ho!" mit den Erfahrungen der ersten Auswanderer nach Amerika. Sehenswert ist auch eine 1535 errichtete Steinbrücke mit 24 Bögen, die alle eine unterschiedliche Spannweite aufweisen.

Clovelly   95

- *Information* **Tourist Information Centre**, The Quay, Kingsley Road, Bideford, Devon EX39 2QQ, ☎ 01237/477676, 📠 01237/421853. www.torridge.gov.uk. Das Personal hilft bei der Suche nach einer Unterkunft. Hier gibt es auch die Tickets für die Überfahrt nach Lundy sowie für Ausflugsboote.

- *Einwohner* 14.000

- *Verbindungen* **Bus:** Regelmäßige Verbindungen nach Barnstaple.

- *Fahrradvermietung* **Bideford Bicycle Hire**, Mountainbike ca. £ 11 pro Tag. Auch Kajakverleih. Torrington Street, ☎ 01237/424123. www.bidefordbicyclehire.co.uk.

- *Übernachten* **Tantons Hotel**, größeres, gut geführtes Hotel direkt am Hafenkai bei der großen Steinbrücke. 50 große Zimmer. B & B ab £ 40, je nach Reisezeit ist längerem Aufenthalt bis zu 35 Prozent günstiger. New Road, ☎ 01237/473317, 📠 01237/473387. info@tantonshotel.co.uk, www.tantonshotel.co.uk.

The Mount at Bideford, dieses nette B & B wurde von Lesern für das gute Frühstück und das Ambiente gelobt. Schöne Lounge mit offenem Feuer im Winter. B & B £ 40 pro Person. Northdown Road, ☎ 01237/473748. info@themountbideford.co.uk, www.themountbideford.co.uk.

Great Torrington

Great Torrington liegt nur elf Kilometer südöstlich von Bideford. Die Aussicht, die das normannische Castle bietet, lohnt sich. Besonders im Frühjahr sollte man auf einen Besuch der östlich der Stadt gelegenen *Rosemoor Gardens* nicht verzichten. Eine Touristenattraktion ist auch die *Glasbläserei Dartington Glass* an der A 386. Gegen Eintritt können die Glasbläser hier bei der Arbeit beobachtet werden.

Westward Ho!

Der kleine, leider wenig attraktive Ort mit dem Ausrufezeichen verdankt seinen ungewöhnlichen Namen einem 1855 erschienenen Roman von Charles Kingsley. Mit dem Ausruf „Westward Ho!" stießen jahrhundertelang alle Schiffe in See, deren Ziel die Neue Welt war. Übrigens besuchte *Rudyard Kipling*, der spätere Literaturnobelpreisträger hier das College. Die meisten Gäste lockt der Sandstrand an der Bideford Bay zum Surfen und Schwimmen. Von Westward Ho! aus kann man an einem der schönsten Küstenabschnitte den *North Devon Coast Path*, der in den *Cornwall Coast Path* übergeht, entlang bis zum Land's End wandern. Von den Höhen der Kliffs begeistert die Aussicht über die Bideford Bay.

Clovelly

Clovelly ist eigentlich kein Fischerdorf, sondern ein Museumsdorf, das in der Hochsaison täglich den Ansturm von mehreren hundert Besuchern über sich ergehen lassen muss. Wer sich ein geruhsames Dorfleben erhofft, wird schon am gigantischen Parkplatz enttäuscht. Alle Besucher werden durch das Visitor Centre mit seinen Einkaufsgelegenheiten geschleust, bevor sie auf einer gewundenen, von dicht gedrängten Häusern gesäumten Kopfsteinpflastergasse zum Miniaturhafen hinunterspazieren können. Da die Gasse mit ihren Treppchen für Autos ungeeignet ist, werden noch heute flache Holzschlitten und Esel zum Tragen der Lasten eingesetzt. Ein weiteres Kuriosum: Das gesamte Dorf befindet sich seit mehr als 200 Jahren im Privatbesitz der Familie Rous. Von den Eintrittsgeldern wird die Erhaltung des unter Denkmalschutz stehenden Ortes finanziert. Keine Angst: Die Bewohner sind keine Leibeigenen, alle Häuser sind vermietet, wobei die Mieter sich verpflichten müssen, mindestens 200 Tage im Jahr in Clovelly zu verbringen und nichts an dem Gebäude ohne Erlaubnis zu verändern. Interessant ist der (kostenlose) Besuch eines musealen Fisherman's Cottage. Angeschlossen an das Cottage ist das

Devons Nordküste und Exmoor

Karte Seite 84/85

96 Devon

Charles Kingsley Museum, in dem man unter anderem das Arbeitszimmer des Schriftstellers *(Kingsley's Study)* besichtigen kann.

Ein schöner Spaziergang am *Hobby Drive* (Abzweigung von der A 39, oberhalb der Stadt) führt fünf Kilometer weit in Richtung Meer zum *Windbury Point*; der Blick von dem bewaldeten Klippenweg ist grandios.

- *Information* **Tourist Information Centre**, Clovelly, Devon EX39 5 TF, ✆ 01237/431781. www.clovelly.co.uk.
- *Eintritt zum Dorf* £ 5.95, erm. £ 3.95, Familien £ 15.90.
- *Einwohner* 400
- *Verbindungen* **Bus:** Verbindungen nach Bideford und Barnstaple (Western National Nr. 319).
- *Übernachten/Essen/Trinken* Falls noch Betten frei sind, kann man z. B. im **Red Lion Hotel** unten am Hafen übernachten.

B & B in einem der stimmungsvollen Zimmer je nach Saison £ 65–68 pro Person. Im Hotelrestaurant gibt es oft frisch gefangenen Hummer. Dreigängiges Menü £ 25. ✆ 01237/431237, 🖂 01237/431044. redlion@ clovelly.co.uk.

Donkey Shoe Cottage, reizendes B & B mit nur vier Zimmern (Gemeinschaftsbad und -WC), Lynda Simms kümmert sich liebevoll um ihre Gäste. In der Hochsaison schnell ausgebucht. £ 27 pro Person (B & B). ✆ 01237/ 431601. www.donkeyshoecottage.co.uk.

Hartland Point

Über kleine Straßen geht es von Clovelly knapp 15 Kilometer nach Westen zum Hartland Point. Sehr viel attraktiver ist jedoch der Küstenwanderweg dorthin. Kurz vor der Landspitze führt er an einem schönen Sandstrand, *Shipload Bay*, vorbei. Hartland Point selbst besteht aus senkrecht abfallenden Granitklippen, gegen die das Meer unaufhörlich ankämpft. So manches Schiff ist hier auf Grund gelaufen. Mahnend ruht am Strand das Wrack des Frachters Johanna, der 1982 vor der Küste zerschellte. Etwas weiter südlich liegt *Hartland Quay*, ein einst geschäftiger Hafen, der von so berühmten Seefahrern wie Raleigh und Drake finanziert wurde. Heute lieben vor allem Surfer und Wanderer die wilde Szenerie mit ihrer weißen Gischt.

Touristisch interessant ist auch noch ein Besuch der in der Nähe des Dörfchens Stoke gelegenen **Hartland Abbey.** Das schmucke, neugotische Herrenhaus ist aus einem 1539 aufgelösten Augustinerkloster hervorgegangen und besitzt einen attraktiven Garten, der sich mit seinen Rhododendren, Fuchsien, Magnolien und Azaleen weitläufig um das Haus erstreckt. Heinrich VIII schenkte das Haus seinem Kellermeister, dessen Nachfahren Sir Hugh Stucley und Lady Angela sich mit Liebe um das Anwesen kümmern. Wer will, kann eine Wildblumenwanderung durch die Wälder bis ans Meer unternehmen.

Juni bis Sept. Mo–Do und So, im April und Mai Mi, Do und So, jeweils 14–17 Uhr, der Garten ist von 12 bis 17 Uhr zugänglich. Eintritt: £ 9.50, erm. £ 3.50 oder £ 2.50, nur Garten £ 5, erm. £ 1.50. www.hartlandabbey.com.

- *Übernachten* **Hartland Quay Hotel**, ideal, um das einsame Küstenflair zu erleben. Grüner Teppichboden führt zu den 17 zumeist geräumigen Zimmern (viele mit Meerblick, herrliches Panorama von Nr. 4).

Mit Restaurant. B & B ab £ 40 pro Person. ✆ 01237/441218, 🖂 01237/441371. info@hart landquayhotel.com, www.hartlandquay hotel.com.

Morwenstow

Noch einmal rund 15 Kilometer südlich von Hartland Point – und damit genau genommen schon in Cornwall – liegt der verträumte Weiler Morwenstow, der mit der sehenswerten Kirche St Morwenna samt Pfarrhaus mit Meerblick zu glänzen versteht. Nicht nur weil auf dem Friedhof zahlreiche Schiffbrüchige beerdigt wur-

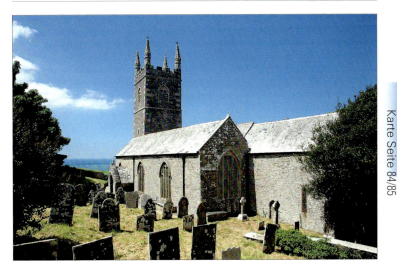

Morwenstow: einer der schönsten Friedhöfe Cornwalls

den, liegt eine melancholische Stimmung über dem vollkommen abgeschiedenen Ort. Die Kirche besitzt ein schmuckes Holztonnengewölbe und steinerne Arkaden. Bekannt wurde Morwenstow durch Robert Stephen Hawker, der der Pfarrei von 1834 bis 1875 vorstand. Der dichtende Vikar rauchte so manche Opiumpfeife und hatte einen nicht zu leugnenden Hang zur Spiritualität. Ein kurzer Spaziergang in Richtung Meer führt zu Hawker's Hut, einem winzigen Unterschlupf über dem Atlantik, der dem National Trust gehört.

• *Übernachten* **Old Vicarage**, das alte Pfarrhaus ist in Privatbesitz und beherbergt ein stilvolles B & B. Liebevoll verspielte Zimmer! Ab £ 40, keine Kreditkarten. ✆ 01288/331369, ✉ 01288/356077. jillwellby@hotmail.com, www.rshawker.co.uk.

• *Essen/Trinken* **Rectory Farm Tea Rooms**, in einem historischen Farmhaus aus dem 13. Jahrhundert befindet sich dieser einladende Tea Room mit guter Küche (ein Lesertipp von Brigitte Schäfer). Von der ursprünglichen Bausubstanz ist allerdings nicht mehr viel vorhanden, dafür begeistert die heimelig-verspielte Atmosphäre und der schöne sonnige Garten vor dem Haus. Zum Essen gibt es leckere Snacks wie Baguettes und *Jacket Potatoe*. Viele Ökoprodukte, *Cream Tea* für £ 6.95. ✆ 01288/331251. www.rectory-tearooms.co.uk.

Lundy

Als „haven of tranquillity" wird die im Bristol Channel gelegene Insel von der Tourismusindustrie vermarktet. Wer ein paar Tage in relativer Einsamkeit verbringen will, wird sich in dem unter Naturschutz stehenden Vogelparadies sicherlich wohl fühlen.

An klaren Tagen sind vom Festland aus die Umrisse von Lundy im Bristolkanal zu erkennen. Auf der felsigen, gerade mal fünf Kilometer langen und 4,22 Quadratkilometer großen Insel steht das Naturerlebnis im Vordergrund. Die Insel erhielt ihren Namen von den Wikingern: Aus „Lunde" (Papageientaucher) und „ey" (Insel)

98   Devon

wurde „Lundy". Im 12. Jahrhundert kam die Insel in den Besitz der berüchtigten Marisco-Familie. Sie machte die Schifffahrt im Bristol Channel unsicher. Von ihrer Beute konnte sie wohl ganz gut leben, wovon die Ruine des Marisco Castle heute noch zeugt. Doch als sich ein Mitglied des Clans 1242 an einem Komplott gegen den König beteiligte und daraufhin in London gehängt und geviertelt wurde, war es aus mit dem Reichtum der Mariscos. Im Jahre 1834 erwarb dann William Hudson Heaven die Insel, um hier sein „Kingdom of Heaven" zu errichten. Unter Philatelisten gilt das Eiland als das Territorium mit den wenigsten Einwohnern, das je eine Briefmarke herausgebracht hat. Die beiden ersten Marken von 1929 kosteten einen halben und einen ganzen „Puffin". Seit 1969 gehört die Insel dem National Trust. Die meisten Besucher kommen hierher, um auszuspannen und spazieren zu gehen. Oder man setzt sich in das Pub und genießt ein Glas „Old Light Bitter", das es nur auf Lundy gibt. Das touristische Angebot beschränkt sich auf ein Hotel, einen Laden, zahlreiche Ferienwohnungen (alle recht teuer), zwei Kirchen, drei Leuchttürme und eine alte Ruine (wo gibt's in England keine?). Hinzu kommen mehr als 400 verschiedene Vogelarten, 32 Einwohner und eine von Autoabgasen freie Natur.

Die Insel der Papageientaucher

Birdwatching gilt als englischer Nationalsport. Im Frühjahr pilgern zahllose Vogelfreunde mit ihren Ferngläsern nach Lundy, um die bis zu 35 Zentimeter großen, schwarz-weiß gefiederten Papageientaucher (engl. *puffins*, lat. *Fratercula arctica)* zu beobachten, die nur während der Brutzeit (April und Mai) auf der Insel anzutreffen sind. Sie leben in Brutgemeinschaften und nisten hauptsächlich in selbst gebauten Gängen unter der Grasnarbe, die mit dem papageienartigen Schnabel und den Krallen der Schwimmfüße gegraben werden. Die Vögel mit ihren auffallend roten Füßen sind hervorragende Schwimmer, die bis zu 50 Meter tief tauchen können und sich von kleinen Fischen ernähren. Beim Fliegen wirken die Vögel mit ihren kurzen Stummelflügeln etwas tollpatschig. Mehr als 300 Flügelschläge pro Minute sind nötig, um den stämmigen Körper in der Luft zu halten. Außerhalb der Brutzeit leben die Tiere auf dem offenen Meer.

● *Informationen* **The Lundy Shore Offices**, The Quay, Bideford, North Devon, EX39 2LY, ✆ 01271/863636, 🖷 01237/477779. www.lundyisland.co.uk.

● *Verbindungen* Mit **Dampfbooten** oder **Segelschiffen** setzt man von Ilfracombe Pier und Clovelly (mit Segelbooten nur im Sommer) oder Bideford Quay (ganzjährig) über. Tickets sind auf dem Schiff erhältlich. Die Überfahrt dauert etwa 2 Std. 15 Min. Der Preis für ein Day-Return-Ticket beläuft sich auf £ 32. Während der Hochsaison ist es ratsam, mindestens einen Tag im Voraus zu buchen. Auskünfte zum Fahrplan bei den Tourist Offices in Ilfracombe, Bideford oder über ✆ 01237/863636 (24-Std.-Service). www.lundyisland.co.uk.

Eine schnellere und teurere Art überzusetzen, ist ein Flug mit dem **Helikopter** (10 Minuten) ab Bideford: Hin- und Rückflug £ 95; ✆ 01237/421054. www.lomashelicopters.co.uk.

● *Übernachten* Die wenigen Unterkünfte (B & B ab £ 25) sind für die Hochsaison meist schon monatelang im Voraus ausgebucht. Prospektmaterial zu Ferienwohnungen kann man sich zusenden lassen. Da Kurzaufenthalte maximal zwei Wochen vorher gebucht werden dürfen, hat man in der Vor- und Nachsaison gute Chancen, eine Unterkunft zu ergattern. Buchungen über Landmark Trust, ✆ 01237/470422. Fragen Sie, ob der Leuchtturm (*lighthouse*) noch frei ist. Zudem steht ein Zeltplatz zur Verfügung. www.landmarktrust.org.uk bzw. www.lundyisland.co.uk.

Lundy: ein Paradies für Vögel und Naturliebhaber

Exmoor National Park

Der Exmoor National Park erstreckt sich über die Grafschaften Devon und Somerset. Im Süden des Nationalparks ist das Land noch flach, ehe es langsam nach Norden hin hügeliger wird und am Bristolkanal schließlich steile Klippen abrupt ins Meer stürzen.

Auf einer Fläche von annähernd 700 Quadratkilometern umfasst der kleinste Nationalpark Englands das Gebiet von Combe Martin bis Minehead, im Süden reicht er bis Dulverton. Seinen Namen erhielt das Exmoor-Moor durch das Flüsschen

Lorna Doone – die schöne Räubertochter

Der Name Lorna Doone ist aufs Engste mit dem Exmoor verbunden: Richard Doderidge Blackmores 1869 erschienener Roman um die vermeintliche Räubertochter Lorna machte die legendäre Bande der Doone, die im 17. Jahrhundert das Exmoor verunsicherte, auch überregional bekannt. Lorna Doone, die als Kind gekidnappt wurde, verliebt sich in den aufrichtigen Bauernburschen John Ridd. Dies führt unweigerlich zu Konflikten mit ihrer Räuberfamilie, doch das Gute obsiegt: Lorna wird zwar vor dem Traualtar niedergeschossen, überlebt aber trotz ihrer Verletzungen, während der tapfere John an den Attentätern Vergeltung übt. Seit der Roman als Fernsehfilm die englische Nation erreichte, gehört das sogenannte Doone Valley, das Blackmore als Handlungsort und dem Film als Kulisse diente, zu einem der meistbesuchten Gebiete des Exmoors. Zahlreiche Wanderwege führen durch das Tal und die hügelige Landschaft. Ausgangspunkt ist der Weiler Malmsmead südlich der A 39.

100 Devon

Exe, das bei Exeter in den Ärmelkanal mündet. Jahrhundertelang war hier ein königliches Jagdrevier, doch nach der Hinrichtung Charles I. (1649) wurde das Land verkauft. Nur wenige Teile sind heute noch von Wald bedeckt. Der größte Teil des fruchtbaren Bodens wurde im Lauf der Zeit in Weide- und Ackerland umgewandelt, lediglich das Hochmoor behielt seine ursprüngliche Form. Auf den gut ausgeschilderten Wanderwegen quer durch den Nationalpark begegnet man mit viel Glück dem frei lebenden Rotwild sowie den halbwilden Exmoor-Ponys; hinzu kommen noch rund 30.000 Schafe und mehr als 200 Vogelarten, darunter Bussarde, Wanderfalken und Eisvögel. Ausgesprochen schön ist die Gegend um den *Dunkery Beacon,* den mit 570 Metern höchsten Berg des Nationalparks. Besonders bei gutem Wetter lohnt sich der leichte Aufstieg, für den der „Kletterer" mit einer herrlichen Sicht belohnt wird. Doch sollte man sich nicht zu früh freuen: Im dichten Nebel reicht der Blick allzu oft nur ein paar hundert Meter weit. Der schönste Wanderweg ist wahrscheinlich der *Somerset and North Devon Coastal Path,* der sich über rund 50 Kilometer entlang der Küste erstreckt und bei guter Sicht immer wieder den Blick bis auf Wales freigibt. Rund zwölf Kilometer südlich von Exford führen die Tarr Steps, eine 55 Meter lange Clapper Bridge, über den River Barle.

● *Information* **Exmoor National Park**, Exmoor House, Dulverton, Somerset TA22 9HL, ✆ 01398/323841. www.exmoor-national park.gov.uk.

● *Verbindungen* **Bus:** National Express fährt nach Bristol, Plymouth und Exeter. Im Moor ist der Busverkehr sehr unregelmäßig. Es ist daher ratsam, sich aktuelle Fahrpläne bei den Informationsbüros zu besorgen.

Zug: Intercity-Züge verbinden Taunton und Exeter mit London. Um von hier in das Exmoor zu gelangen, muss man auf Busse umsteigen. Vom östlich gelegenen Taunton fährt die West Somerset Railway auch nach Minehead (Informationen unter ✆ 01643/704996).

● *Geführte Wanderungen* Ein Verzeichnis der geführten Wanderungen ist in der Zeitung Exmoor Visitor zu finden. Ausflüge, die von Mitarbeitern des **National Park** durchgeführt werden, kosten je nach Dauer

ab £ 1. Wanderungen des **National Trust** sind kostenlos (allerdings wird eine Spende erwartet).

● *Reiten* Auf dem Rücken eines Pferdes kann man das Exmoor ausgezeichnet erkunden. Im Exmoor Visitor sind die Farmen verzeichnet, die Tiere „verleihen" und geführte Ausritte unternehmen.

● *Übernachten* Eine ausführliche Liste mit Hotels, B & Bs (ab £ 25 pro Person und Nacht) und Farmen enthält die Zeitung Exmoor Visitor. Bei der Zimmersuche helfen außerdem die lokalen Informationsbüros.

● *Jugendherberge* In Exford sowie in Ilfracombe und Minehead.

● *Camping* Zelten im Exmoor bereitet keine Schwierigkeiten. Der Exmoor Visitor hilft auch in diesem Fall weiter. Viele Farmbesitzer erlauben das Zelten auf ihrem Anwesen. Am besten vor Ort nachfragen!

Minehead

Minehead gehört zwar zur Grafschaft Somerset, doch eignet es sich gut als Ausgangspunkt für Touren durch das Exmoor. Wanderwege führen durch die bewaldete Küstenlandschaft. Abgesehen von seinem viktorianischen Flair besitzt Minehead eine nette, winkelige Altstadt.

Vom kleinen Hafen, in dem ehemals Schmuggler Zuflucht fanden, fahren heute, 350 Jahre später, Ausflugsboote zum Küsten-Sightseeing nach Westen (Ilfracombe), Osten (Bristol) und nach Wales (Cardiff). Mit seinem milden Klima, einem Ferienzentrum mit typisch englischen Vergnügungen (Modellstadt und Mini-Eisenbahn) und dem Strand ist Minehead ein beliebter Ferienort für Familien. Lohnenswert ist ein Gang durch die engen, verwinkelten Gassen der Oberstadt zur spätgotischen St Michael's Church aus dem 14. Jahrhundert. Im Spätmittelalter war Minehead noch

Minehead 101

Der Hafen von Minehead

eine wichtige Handelsstadt, in der Wolle, Wein und Kohle umgeschlagen wurden. Dann verschlickte der Hafen und die Heringsschwärme blieben aus, sodass Minehead zum Provinzort herabsank, der erst durch den Tourismus eine zweite Blüte erfuhr. Auffällig groß ist das bei Engländern beliebte *Butlins Holiday Camp* mit seinen zahlreichen Freizeitattraktionen, das sich am östlichen Ende des Strandes befindet.

• *Information* **Tourist Information Centre**, 17 Friday Street, Minehead, Somerset TA24 5UB, ✆ 01643/702624, ✉ 01643/707166. www.minehead.co.uk; www.stayinminehead.co.uk oder www.visit-exmoor.info. Hier gibt es Informationen zum Exmoor National Park und zum South West Peninsula Coast Path, auf dem man die Küste von Devon und Cornwall erwandern kann.

• *Einwohner* 8500

• *Verbindungen* **Bus:** Verbindungen nach Lynton, Exford, Dunster, Tiverton, Porlock und Bridgwater. www.firstbus.co.uk. Der nächste Bahnhof befindet sich in Taunton.

• *Markt* Dienstag und Donnerstag.

• *Übernachten* In der Tregonwell Road konkurrieren viele B & Bs um den günstigsten Preis.

Tregonwell House, empfehlenswert. Acht nett eingerichtete Zimmer mit TV und Teekocher. B & B ab £ 24 im DZ, Family Room ab £ 65. Tregonwell Road, ✆ 01643/709287. info@tregonwellhouse.co.uk, www.tregonwellhouse.co.uk.

Old Ship Aground, allein wegen seiner Lage direkt am Hafen zu empfehlen. Das Unterkunftsangebot ist allerdings nicht spektakulär, das Bar Food akzeptabel. Im Sommer sitzt man auf der Straßenterrasse. Zwei Zimmer haben Zugang zu einem kleinen Balkon. B & B ab £ 25. Quay Street, ✆ 01643/702087. www.theoldshipaground.co.uk.

Northfield Hotel, komfortables Best Western Hotel mit geräumigen Zimmern, Entspannung findet man im Hallenbad. B & B im Sommer ab £ 72.50. Northfield Road, ✆ 01643/705155, ✉ 01643/707715. enquiries@northfield-hotel.co.uk, www.northfield-hotel.co.uk.

Hindon Organic Farm, in einem viktorianischen Bauernhaus, das dem National Trust gehört (westlich von Minedead im Exmoor bei Selworthy, Anfahrt über die Bratton Lane) werden drei Zimmer und ein Cottage vermietet, wie uns Leser begeistert schrieben: „Das Full English Breakfast besteht nur aus Bio-Produkten, das Fleisch kommt direkt von der Farm und ist hausgemacht. Die Atmosphäre ist familiär, und auf der Hindon Farm schmecken sogar die englischen Frühstücks-Würstchen!" B & B je nach Aufenthaltsdauer £ 35–48. ✆ 01643/705244. www.hindonfarm.com.

• *Jugendherberge* **Alcombe Combe**, eine kleine Herberge (35 Betten), die westlich der Stadt (A 39), etwa zwei Kilometer außerhalb von Alcombe liegt. Ganzjährig geöffnet. Erwachsene ab £ 14, Jugendliche ab £ 10.50. ✆ 0845/3719033, ✉ 01643/703016.

102   Devon

Umgebung

Exford

Das kleine Dörfchen Exford am River Exe liegt tief im Inneren des Exmoor National Park. Es eignet sich als Ausgangspunkt für eine Wanderung auf den 570 Meter hohen Dunkery Beacon (fünf Kilometer nordöstlich) oder für einen Abstecher zu den Tarr Steps (sieben Kilometer südlich).

Jugendherberge **Exe Mead**, in einem viktorianischen Haus im Ortszentrum. Ganzjährig geöffnet. Erwachsene ab £ 10, Jugendliche ab £ 7.50. ✆ 0845/3719634, ✆ 0163/831650.

Exmoor-Ponys – prähistorische Relikte?

Schon lange bevor in Britannien erste Siedler der Abschlag- und Faustkeilkulturen (Altsteinzeit) auftauchten, gab es die Exmoor-Ponys. Ihr dunkelbraunes, zotteliges Fell, an dem kein Haar weiß sein darf, und ihre beigen Stellen um Maul und Augen sind seit Jahrtausenden unverändert geblieben. Und so sieht man auch heute noch ihre Nachkömmlinge im Exmoor friedlich weiden. Freilich handelt es sich bei dieser Ponyart nicht um reine Wildponys. Vielmehr werden sie auf ausgewählten Farmen gezüchtet. So wird gewährleistet, dass sie sich nicht mit anderen Arten paaren. Zudem gibt es mittlerweile nur noch 600 Exemplare dieser ältesten und ursprünglichsten Ponyrasse. Eine Zucht ist daher zur Arterhaltung sinnvoll. Fast das ganze Jahr über tummeln sich die Vierbeiner in kleinen Herden auf dem Wiesen- und Weideland des Exmoors. Selbst die rauesten Winterstürme können ihnen nichts anhaben.

Tarr Steps

Die etwa acht Kilometer südlich von Exford gelegenen Tarr Steps sind ein beliebtes Ausflugsziel, was schon an dem großen Parkplatz zu erkennen ist. Nur 500 Meter sind es zu Fuß zu der *Clapper Bridge,* die über den River Barle führt. Mächtige flache Granitsteine wurden so aufeinander geschichtet, dass sie über siebzehn Bögen bis zum anderen Ufer führen. Eine beeindruckende Leistung, wenn man bedenkt, dass die Steine bis zu zwei Tonnen wiegen und nur durch ihr eigenes Gewicht der Konstruktion Halt verleihen. Über die Entstehungszeit der Tarr Steps wurde viel gerätselt, feststeht, dass sie erstmals in der Tudor Epoche schriftlich erwähnt wurden. Wahrscheinlich stammt die Brücke aus keltischer, vielleicht sogar aus der Bronzezeit. So, und jetzt eine kleine „Enttäuschung": Die Brücke befindet sich nicht mehr in ihrem Originalzustand. Eine riesige Flutwelle hat sie 1952 fortgerissen. Anschließend wurden die Steine wieder zusammengefügt und nummeriert, damit die Arbeit im Falle eines Falles leichter geht. Lohnend ist eine Einkehr in der benachbarten, aus dem 17. Jahrhundert stammenden Tarr Farm. Hier gibt es gutes Essen und ein paar nette Bänke im Freien.

Porlock

Der knapp zehn Kilometer westlich von Minehead gelegene Ort mit seinen schmucken Cottages schirmt die gleichnamige Porlock Bay zum Hinterland hin ab (regelmäßig Pendelbusse von/nach Minehead). Der beschauliche Hafen **Porlock Weir** war einst ein wichtiger Stützpunkt für den Handel mit Wales. Heute kommen vor allem die Ausflügler an den steinigen Strand. Besonders schöne Ausblicke auf das Meer gewährt eine gebührenpflichtige Straße (£ 1.50), die von Porlock Weir in westlicher Richtung auf den steil abfallenden Klippen entlang der Küste verläuft.

● *Information* **Visitor Centre**, The Old School, West End, High Street, TA24 8QD Polock, ✆ 01643/863150. www.porlock.co.uk.

● *Einwohner* 1350

● *Verbindungen* Tgl. 4 Busse nach Lynmouth.

● *Übernachten/Essen/Trinken* **Miller's at the Anchor**, ein herrlicher Gasthof direkt am Meer in Porlock Weir, dessen Wurzeln bis ins 15. Jahrhundert zurückreichen. Die Räumlichkeiten sind mit Antiquitäten und viel Nippes eingerichtet, die Wände sind teilweise in kräftigen Farben gestrichen. Im Restaurant (Mo und Di Ruhetag) gibt es abends Menüs ab £ 22. B & B im EZ ab £ 65, DZ ab £ 85. ✆ 01643/862753. www.millersattheanchor.co.uk.

Lorna Doone Hotel, die beste Adresse im Zentrum von Porlock. Komfortable Zimmer, WLAN. B & B je nach Größe und Ausstattung £ 24–32.50. High Street, ✆ 01643/862404. info@lornadoonehotel.co.uk, www.lornadoonehotel.co.uk.

Andrews on the Weir, exquisites Feinschmeckerrestaurant in Porlock Weir, das sich genauso auf die Zubereitung von Fisch- wie Lammgerichten versteht. Verspieltes Dekor. Mittagsmenüs ab £ 12.50 (Mi–Sa), abends ab £ 31.50, vegetarisches Menü £ 35. Es werden auch fünf, etwas schwülstig-plüschig eingerichtete Zimmer (geräumig!) vermietet. Das Restaurant ist Mo und Di geschl. B & B ab £ 50. ✆ 01643/863300. info@andrewsontheweir.co.uk, www.andrewsontheweir.co.uk.

Sparkhayes Farmhouse, das ältertümliche Farmhouse aus dem 17. Jahrhundert ist ein Lesertipp von Kerstin Gehrmann, die sich wie in einen Jane-Austen-Roman (Stofftapete, Kamin im Gästewohnzimmer und Möbel mit Schnörkeln) versetzt fühlte. „Jackie und David (und Hund Chess) sind wirklich lieb, haben uns mit Infomaterial versorgt und uns zu einer zweiten Nacht „überredet‘. Mit etwas Glück bekommt man das Full English Breakfast sogar in Form eines Gesichtes angerichtet (ist aber auch anders lecker)“. Außerdem sehr sauber und mit £ 27.50–30 pro Person (en suite) echt günstig. Porlock, Sparkhayes Lane, ✆ 01643/862765.

Exeter und Umgebung

Die Universitäts- und Bischofsstadt Exeter ist das geistige Zentrum der Region. An der sich nach Osten bis zur Grafschaft Dorset erstreckenden Küste reihen sich traditionsreiche Seebäder wie Sidmouth und Exmouth, die einen Besuch lohnen.

Exeter

Exeter, die Hauptstadt von Devonshire, fungiert gleichzeitig als Einkaufs-, Verwaltungs-, Industrie- und Kulturzentrum der Grafschaft. Geistiger Mittelpunkt der Stadt ist die altehrwürdige Kathedrale, ein eindrucksvolles Beispiel für den Formenreichtum der englischen Hochgotik.

Die Zentrumsfunktion hat auch einen Nachteil: Zur Hauptverkehrszeit kommen die Busse und Autos nur im Schritttempo voran. Ist das Zentrum erreicht, so zeigt sich Exeter von seiner freundlicheren Seite. Die breite High Street – heute eine belebte Einkaufsstraße – ist seit jeher die wichtigste Achse, die die Stadt durchquert. Hier steht auch die Guildhall, eines der ältesten Zunft- und Rathäuser Englands. Unverkennbar haben die Bomben des Zweiten Weltkrieges schwere Lücken in die historische Bausubstanz gerissen, die mittlerweile durch diverse Shoppingcenter geschlossen wurden. Von seiner stimmungsvollsten Seite zeigt sich Exeter immer noch am Cathedral Close rund um die Kathedrale. Als Universitätsstadt besitzt

104 Devon

Exeter aber auch viel jugendliches Flair und nette Pubs mit Livemusik. Die Universität von Exeter gehört übrigens zu den renommiertesten Lehranstalten Englands und wird vor allem von Mitgliedern der *Upper Class* besucht. Wirtschaftlich bedeutend ist die Textilindustrie, in der ein großer Teil der Bevölkerung beschäftigt ist.

Geschichte

Exeter geht auf eine Gründung der Römer zurück, die den am schiffbaren River Exe gelegenen Ort um das Jahr 55 unserer Zeitrechnung zum Verwaltungszentrum für den Westen der eroberten Insel auserkoren. Eine Legion mit 5000 Mann wurde stationiert, und sofort begannen die Römer ihr Lager mit einer Mauer zu befestigen, deren Reste noch in der Bartholomew Street und nahe der Paris Street sowie auch an den Northernhay Gardens zu sehen sind. Noch heute ist am Grundriss deutlich die römische Stadt auszumachen: Die High und Fort Street markieren den *Cardo* (Querachse), die North und South Street den *Decumanus* (Längsachse). Das römische *Isca Dumnoniorum* wurde später zum sächsischen *Escancestre*. Im Jahre 876 erstürmten die Dänen die Stadt, und knapp zweihundert Jahre später zog Wilhelm der Eroberer nach einer 18-tägigen Belagerung ein – bis 1068 hatte Exeter gegen die normannischen Invasoren aufbegehrt. Noch vor den Normannen wurde Exeter im Jahre 1050 zum Bischofssitz erhoben und blieb bis 1877 der einzige Bischofssitz von Devon und Cornwall. Im Spätmittelalter war Exeter eine reiche Handelsstadt, in der die Merchant Adventures, eine Kaufmannsgilde, und die Zunft der Schneider den Ton angaben. Selbst als die Gräfin von Devon den Fluss durch ein Wehr abriegeln ließ, konnte dies dem Wohlstand der Stadt nur wenig an-

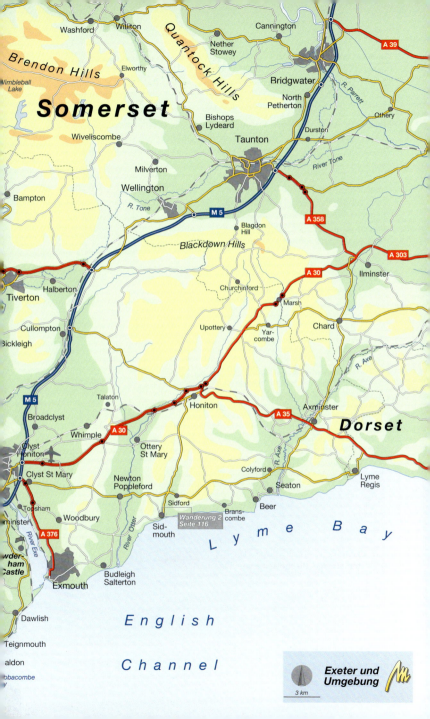

106   Devon

haben. Da der River Exe infolge dieser „Maßnahme" versandete, wurde 1563 der erste schiffbare Kanal Großbritanniens angelegt. „Die Schiffe kommen nun ganz in die Stadt herein, wo sie ihre Fracht bequem löschen und laden können", begeisterte sich Daniel Defoe bei seinem Besuch in Exeter. Um Lagerkosten zu sparen, errichtete man die Webstuhle direkt in den Docks.

Das letzte einschneidende Datum, das die Stadtchronik verzeichnet, ist der 5. Mai 1942: Bei einem Bombenangriff der deutschen Luftwaffe wurde die Altstadt weitgehend zerstört, auch die Kathedrale musste schwere Treffer hinnehmen. Da sich die Wahl der Angriffsziele hauptsächlich an der kulturhistorischen Bedeutung derselben orientierte, gingen die deutschen Bombardements als „Baedeker Raids" in die englische Geschichte ein. Verständlich, dass die Nachkriegsjahre in Exeter vor allem durch den Wiederaufbau geprägt waren. Leider konnten die Schäden an der historischen Bausubstanz nur in begrenztem Maße behoben werden. In den letzten Jahren ist es durch das ansprechende Einkaufszentrum Princesshay gelungen, die Innenstadt mit moderner Architektur wieder zu beleben.

*I*nformation/*V*erbindungen/*D*iverses

• *Information* **Tourist Information Centre**, Civic Centre, Dix's Field, Exeter, Devon EX1 1DF, ℰ 01392/665700, ℰ 01392/265260. www.exeter.gov.uk/visiting.

• *Einwohner* 110.000

• *Verbindungen* **Bus:** Der Busbahnhof befindet sich in der Paris Street, ℰ 01392/427711. Verbindungen in alle Richtungen. Express-Busse nach Plymouth über die A 38. Täglich etwa acht Busse nach London-Victoria-Coach-Station (4.30 Std.), weitere Busse nach Bath, Bristol, Dorchester und Portsmouth. www.nationalexpress.com. Weitere Busse in die Umgebung nach Teignmouth, Exmouth oder Sidmouth.
Zug: Der Hauptbahnhof, Exeter St David's Station, liegt am St David's Hill im Norden der Stadt; CDR Tickets u. a. nach Torquay, Exmouth, Plymouth, Penzance, Salisbury und London (stdl. nach Waterloo oder Paddington). Züge nach Barnstaple, Exmouth und Paignton halten außerdem an der zentrumsnahen Central Station (Queen Street), ℰ 08457/7000125, www.firstgreatwestern.co.uk.
Flugzeug: Flüge vom Exeter Airport (zwölf Kilometer östlich, ℰ 01392/367433) nach Hannover, Salzburg, Irland, Birmingham und auf die Isles of Scilly. www.exeter-airport.co.uk.

• *Fahrradvermietung* **Saddles & Paddles**, 4 Kings Wharf, The Quay, ℰ 01392/424241, www.sadpad.com; Mountainbike- und Kanuvermietung.

• *Markt* Jeden Donnerstag findet 9–14 Uhr ein Farmers Market an der Ecke South Street/Fore Street statt.

• *Stadtführungen* Ganzjährig werden von den Red Coat Guides mehrere (meist um 10.30, 11, 14 und 14.30 Uhr) kostenlose Stadtführungen angeboten. www.exeter.gov.uk/guidedtours. Weitere Infos unter ℰ 01392/265203. Treffpunkt ist vor dem Abode Royal Clarence Hotel im Cathedral Yard.

• *Theater* Regelmäßige Theatervorstellungen präsentiert das **Northcott Theatre** (an der Universität). Box Office, Stocker Road, ℰ 01392/493493. www.exeternorthcott.co.uk.

• *Kino* **Odeon Cinema**, Sidwell Street, ℰ 0871/2244007. www.odeon.co.uk.

• *Veranstaltungen* Im Juli wird drei Wochen lang das **Exeter Festival** veranstaltet. Hauptschauplatz ist dabei die Kathedrale, in der Konzerte stattfinden. Im Cathedral Close wird getanzt und gefeiert, während gleichzeitig Trödelmärkte abgehalten und verschiedene Ausstellungen präsentiert werden. Nähere Hinweise hält das Tourist Office bereit. www.exeter.gov.uk/summerfestival. Ein weiteres Volksfest ist die **Devon County Show** im Mai (in Westpoint, 15 Min. von Exeter, Busverbindung). Geboten werden Theater, Paraden, Hunde-/Pferdeshows und allerlei Gerät für den Bauernhof.

• *Zeitschriften* Deutsche Zeitungen gibt es beim Newsagent in der Queen Street, Hausnummer 85.

• *Post* Bedford Street.

• *Stadtbibliothek* **Central Library**, Castle Street. Tgl. außer So 9.30–19 Uhr, Mi nur bis 17 Uhr, Sa nur bis 16 Uhr.

Exeter 107

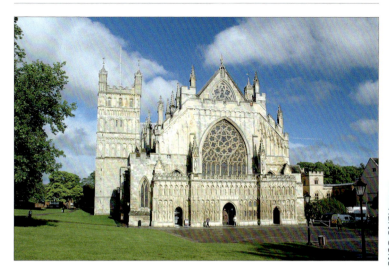

Glanzvolle Gotik: Exeter Cathedral

Übernachten (siehe Karte S. 109)

Abode Exeter (Royal Clarence Hotel) (17), das traditionsreichste Hotel von Exeter, in unmittelbarer Nachbarschaft zur Kathedrale. Als es im Jahre 1769 eröffnet wurde, galt es als die erste Herberge Englands, die als „Hotel" beschrieben wurde. Zu den Gästen, die in dem georgianischen Bau abgestiegen sind, zählten schon Lord Nelson, Zar Nikolas I und Bill Bryson. Die unlängst vollkommen renovierten Zimmer sind sicherlich ihr Geld wert. Fitness-Raum vorhanden. Ausgezeichnetes Restaurant. Cathedral Yard. B & B ab £ 64.50 pro Person im DZ (im EZ ab £ 99), die Zimmer mit Blick auf die Kathedrale sind etwas teurer. Sonderangebote im Internet. ✆ 01392/319955, ✉ 01392/439423. reservationsexeter@abodehotels.co.uk, www.abodehotels.co.uk/exeter.

St Olaves Hotel (19), das in einem georgianischen Stadthaus untergebrachte Hotel befindet sich direkt im historischen Zentrum von Exeter. Die 15 Zimmer lassen weder Geschmack noch Komfort vermissen und besitzen eine angenehme Größe. Das zugehörige Treasury Restaurant bietet ein zweigängiges Mittagsmenü für ansprechende £ 14.95 (Parken bis 16 Uhr inkl.), abends kostet das kulinarische Abenteuer schon £ 27.50 bzw. £ 31.95 für drei Gänge. Apropos Preise: Die Doppelzimmer inkl. Frühstück kosten je nach Ausstattung £ 115–155. Mary Arches Street, ✆ 01392/217736, ✉ 01392/413054. info@olaves.co.uk, www.olaves.co.uk.

Queens Court Hotel (4), sehr geschmackvoll eingerichtetes Hotel, in den individuellen Zimmern mit den einladenden Bädern fühlt man sich schnell wohl. Gutes Restaurant (The Olive Tree). WLAN. B & B £ 55–60. Bystock Terrace, ✆ 01392/272709, ✉ 01392/491390. www.queenscourt-hotel.co.uk.

Bendene Hotel (9), unweit des Bahnhofs gelegen, begeistert dieses B & B nicht nur durch seinen beheizten Swimmingpool im Garten hinter dem Haus. Der Flur macht bereits deutlich, dass die Zimmer alle sehr gepflegt sind. Von den nach hinten gehenden Räumen blickt man auf die abends erleuchteten Türme der Kathedrale. Extras: Fernseher, kostenloses WLAN. B & B ab £ 25 (ohne WC), sonst ab £ 32.50. 15–16 Richmond Road, ✆ 01392/213526, ✉ 01392/254162. reservations@bendene.co.uk, www.bendene.co.uk.

Silver Springs (6), ein Haus daneben befindet sich ein weiteres ebenfalls sehr ge-

108   Devon

pflegtes Guesthouse mit Stil. Kein Pool, dafür komfortablere Zimmer und Bäder. WLAN. B & B im EZ ab £ 57.50, im DZ ab £ 37.50. 12 Richmond Road, ✆/✆ 01392/494040. reservations@silversprings.co.uk, www.silversprings.co.uk.

White Hart Hotel (21), alte Postkutschenstation mit Flair, angeblich hat hier schon Oliver Cromwell sein Pferd „abgestellt". Verwinkelte Räume mit Bibliothek und einem wunderschönen Kamin. Besonders hübsch sind die Tab Bar und der Innenhof im Sommer. Stilvolle Zimmer, im modernen Anbau haben die Zimmer leider nicht so viel Flair. Parkplätze im Hof. 66 South Street. Zimmer ab £ 60 (Wochenende, 2 Pers. inkl. Frühstück). ✆ 01392/279897, ✆ 013 92/250159. whitehart.exeter@marstons.co.uk, www.whitehartpubexeter.co.uk.

Town House (7), zeitgenössisches B & B in einem edwadinischen Haus unweit des Zentrums. Die farbenfrohen Zimmer sind nach literarischen Figuren benannt. Zum Frühstück gibt es Fair-Trade-Kaffee. WLAN. B & B £ 35. 54 St David's Hill, ✆ 01392/494994. www.townhouseexeter.co.uk.

Clock Tower Hotel (2), unlängst teilrenoviertes B & B mit toller Terrasse vor dem Haus. Hervorragendes Preis-Leistungs-Verhältnis. Die 16 komfortablen Zimmer sind alle mit TV und Teekocher sowie WLAN ausgerüstet. Übernachtung mit Frühstück ab £ 35, im EZ £ 50. 16 New North Road, ✆ 01392/424545, ✆ 01392/218445. reservations@clocktowerhotel.co.uk, www.clocktowerhotel.co.uk.

The Georgian Lodge (5), ein weiteres angenehmes B & B, zudem zentral gelegen. Nichtraucherhotel, WLAN. B & B ab £ 35, £ 50 im EZ. 5 Bystock Terrace, ✆ 01392/213079, ✆ 01392/218445. reservations@geor-

gianlodge.com, www.georgianlodge.com.

Park View Hotel (1), hübsches georgianisches Gebäude, nur wenige Fußminuten von der St David's Station entfernt. Der namensgebende Park liegt gleich schräg gegenüber. 15 Zimmer mit Telefon, TV und Teekocher, die von einem Leser als zu klein und unpersönlich beschrieben wurden und sich nicht mehr auf dem neuesten Stand befinden. Gutes Frühstück. B & B ab £ 29. 8 Howell Road, ✆ 01392/271772, ✆ 01392/253047. enquiries@parkviewexeter.co.uk, www.parkviewexeter.co.uk.

Telstar Hotel (3), nettes kleines B & B in der Nähe von Bahnhof und Innenstadt. Übernachtung und Frühstück ab £ 30, mit Bad/WC ab £ 35. 77 St David's Hill, ✆/✆ 01392/272466. reception@telstar-hotel.co.uk, www.telstar-hotel.co.uk.

Globe Backpackers Hostel (22), gut geführte, viel besuchte Unterkunft für Rucksackreisende aus aller Welt. Zentrale Lage, fünf Fußminuten südlich der Kathedrale. Kostenloses WLAN. Im Schlafraum nächtigt man ab £ 16.50, aber das DZ ist mit £ 42 sicher auch noch erschwinglich. 71 Halloway Street, ✆ 01392/215521, ✆ 01392/215531. info@exeterbackpackers.co.uk, www.exeterbackpackers.co.uk.

Jugendherberge (24), etwa drei Kilometer südöstlich der Stadt, fast am Fluss, befindet sich die Jugendherberge in einem Haus aus dem 17. Jahrhundert Mit Bus (K oder T) Richtung Topsham, beim Postamt Countess Wear aussteigen; von dort noch 400 Meter zu Fuß. Erwachsene ab £ 16, Jugendliche ab £ 12 (Zelten möglich). 47–49 Countess Wear Road, Topsham, ✆ 0845/3719516, ✆ 01392/876939. Exeter@yha.org.uk. • *Camping* Mehrere Plätze in der Umgebung von Exeter; Liste im Tourist Office.

Essen/Trinken/Nachtleben

Michael Caines (17), das zum Abode Exeter Hotel gehörende Restaurant (im ersten Stock) ist der unbestrittene Gourmettempel von Exeter. Serviert wird anspruchsvolle europäische Küche zu angemessenen, wenngleich nicht gerade niedrigen Preisen (Hauptgerichte £ 20). Vergleichsweise günstig sind die Mittagsmenüs und das Early Evening Dining (2-Gänge £ 14.95), ✆ 01392/223618. Im gleichen Gebäude an der Ecke ist auch die preisgünstige Café-Bar untergebracht. Mittagsmenü mit beispielsweise einem *Coq au vin* als Hauptgericht zu

£ 9.95. Sonntag Ruhetag. Cathedral Yard, ✆ 01392/223626. www.michaelcaines.com.

Wagamama (14), auch in Exeter gibt es seit 2007 eine Filiale der derzeit populärsten englischen Noodle-Bar-Kette. Im kühl designten Ambiente sitzt man an langgestreckten Holztischen und erfreut sich an absolut frisch zubereiteten japanischen Nudelgerichten. Egal, ob als Suppe *(Ramen)* oder in anderen Variationen zubereitet. An anderen Worten: unsere Lieblingsadresse in Exeter! Hauptgerichte um die £ 8–10. Leckere Fruchtsäfte. Von der Terrasse hat

Exeter 109

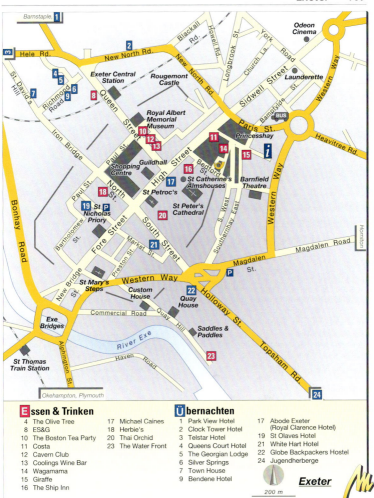

Essen & Trinken
- 4 The Olive Tree
- 8 ES&G
- 10 The Boston Tea Party
- 11 Costa
- 12 Cavern Club
- 13 Coolings Wine Bar
- 14 Wagamama
- 15 Giraffe
- 16 The Ship Inn
- 17 Michael Caines
- 18 Herbie's
- 20 Thai Orchid
- 23 The Water Front

Übernachten
- 1 Park View Hotel
- 2 Clock Tower Hotel
- 3 Telstar Hotel
- 4 Queens Court Hotel
- 5 The Georgian Lodge
- 6 Silver Springs
- 7 Town House
- 9 Bendene Hotel
- 17 Abode Exeter (Royal Clarence Hotel)
- 19 St Olaves Hotel
- 21 White Hart Hotel
- 22 Globe Backpackers Hostel
- 24 Jugendherberge

Exeter
200 m

Exeter und Umgebung
Karte Seite 104/105

man im Sommer einen Blick auf die Türme der Kathedrale. Kein Ruhetag, durchgehend warme Küche. Princesshay, ☏ 01392/274810. www.wagamama.com.

Giraffe (15), interessant designtes „Ethno-Restaurant" mit vielen Orangetönen am Rande des Einkaufszentrums neben der Stadtmauer. Passend zur musikalischen Berieselung mit World Music werden an den lang gestreckten Tischen Delikatessen aus der ganzen Welt serviert. Auf der kleinen, netten Straßenterrasse kann man aber auch einfach nur einen Cappuccino genießen. Zu loben sind die Salate, das ausgezeichnete Brunchangebot (bis 16 Uhr), der zuvorkommende Service und die nicht überteuerten Preise. 1–2 Princesshay, ☏ 01392/494222. www.giraffe.net.

Thai Orchid (20), anspruchsvolle thailändische Küche mit Blick auf die Kathedrale. Was will man mehr? Hauptgerichte ab £ 9. Samstagmittag und Sonntag geschlossen. 5 Cathedral Yard, ☏ 01392/214215.

Herbie's (18), seit mehr als 20 Jahren der

Denkmal für Richard Hooker, einen anglikanischen Theologen

Treffpunkt für Vegetarier mit alternativem, leicht schummeligen Flair. Hauptgerichte zwischen £ 7 und £ 9. Lecker schmeckt die Lasagne mit Champignons und Spinat. Ausgeschenkt werden Ökoweine. So und Montagabend geschlossen. 14 North Street, ✆ 01392/258473.

The Ship Inn (16), zwischen Kathedrale und High Street, uriges Pub mit Fachwerkfassade; Sir Francis Drakes Lieblingspub in Exeter, über das er schrieb: „Next to mine own shippe, I do must love that old ‚Shippe' in Exon, a tavern in Fyssh Street, as the people call it, or as the clergie will have it, St Martin's Lane." Hauptmahlzeiten (meist große Portionen) ab £ 4. Restaurant im ersten Stock. 1–3 St Martin's Lane, ✆ 01392/272040.

Olive Tree (4), das im Queens Court Hotel untergebrachte Restaurant gefällt durch sein nüchternes modernes Ambiente und die Leistungen von Küchenchef Darren Knockton, der seine Gäste mit einer modernen britischen Küche mit mediterranem Einschlag verwöhnt, so bei einer Seebrasse auf mediterranem Gemüse für £ 18.25. Bystock Terrace, ✆ 01392/272709. www.queenscourt-hotel.co.uk.

ES&G (Exeter Sausage & Grill) (8), keine Würstchengrillbude, sondern ein zeitgenössisches Restaurant, das sich der gegrillten Wurst auf hohem Niveau verpflichtet fühlt. Das Fleisch stammt nur aus regionalen Betrieben mit Freilandhaltung. An blanken Holztischen werden aber auch gegrillte Steaks serviert. Dreigängiges Mittagsmenü £ 7.95. 44 Queen Street, ✆ 01392/4042299. www.exetersausageandgrill.com.

Coolings Wine Bar (13), in einer kleinen Gasse in der Innenstadt befindet sich diese nette Weinbar. Es werden Fassbier und mehr als 20 Weine glasweise ausgeschenkt. Zu Essen gibt es Pasta wie auch englische Küche: *Cumberland Sausage Swirl* in Weißweinsoße. Kostenloses WLAN. 11 Gandy Street, ✆ 01392/434184. www.coolingsbar.co.uk.

The Water Front (23), direkt am alten Hafen von Exeter. Serviert werden Grillgerichte und leckere Pizzen (ab £ 6.90). Schöne sonnige Terrasse, kostenloses WLAN. Tgl. 11–23 Uhr geöffnet. The Quay, ✆ 01392/210590. www.waterfrontexeter.co.uk.

Costa (11), hier wird definitiv der beste Kaffee der Stadt ausgeschenkt. Zu essen gibt es italienisches Gebäck und Sandwiches. Zwei Filialen in der High Street.

The Boston Tea Party (10), kurz vor dem Royal Albert Museum, modernes Bistro-Café mit erlesenen Tee- und Kaffeesorten (Fair Trade). Außerdem gibt es auch leckere Salate und Sandwiches. 84 Queen Street.

Cavern Club (12), in dem beliebten Kellerclub treten fast jeden Abend Bands auf. Geringe Eintrittsgebühr. 83–84 Queen Street, ✆ 01392/495370. www.cavernclub.callo.uk. Weitere Nachtclubs finden sich in der Fore Street (X$ und Eden Lounge) sowie an der Old Quayside am River Exe.

Sehenswertes

St Peter's Cathedral: Die Kathedrale von Exeter ist der bedeutendste Kirchenbau der Grafschaft Devon. Der Kathedrale gingen mehrere Sakralbauten voraus, darunter ein um 690 errichtetes Kloster, aus dem der heilige Bonifatius hervorging; die heutige St Peter's Cathedral wurde weitgehend im 13. und 14. Jahrhundert erbaut. Nur die Türme stammen noch aus normannischer Zeit, ansonsten verkörpert die dreischiffige Kathedrale den Stil der englischen Hochgotik (Decorated Style). Die hell leuchtende Sandsteinfassade dominiert die verhältnismäßig kleine Domfreiheit, die das Gotteshaus umfasst und im Westen von gut erhaltenen historischen Häusern abgegrenzt wird. Sie ist ein wunderschönes Beispiel formvollendeter Ornamentik, welche die horizontale und vertikale Linienführung gleichzeitig hervorhebt. Die drei übereinander angeordneten Skulpturenreihen an der Westfassade – sie waren ursprünglich bemalt – zeugen von der Kunst der gotischen Steinmetze. In der untersten Reihe sind Engel dargestellt, darüber thronen die Könige und Richter, die wiederum von den Aposteln und Propheten überragt werden.

Faszinierend ist aber auch der Innenraum: Ein filigranes Rippengewölbe überspannt das Mittelschiff, das mit einer Länge von 105 Metern das längste gotische Gewölbe der Welt ist. Im *Chor* stechen die *Miserikordien* (um 1260) hervor, die mit mythologischen Figuren verziert sind. Miserikordien nennt man die meist aus Holz geschnitzten Vorsprünge an den Sitzen des Chorgestühls, die beim Stehen als Stütze dienen. In unmittelbarer Nähe steht der 18 Meter hohe Bischofsthron, der 1316 für den Bischof Stapledon angefertigt wurde und ebenfalls mit beeindruckenden Schnitzereien verziert ist. Er ist ohne einen einzigen Nagel gearbeitet! Nur Zapfen und Nuten halten ihn zusammen. Im Zweiten Weltkrieg wurde der Bischofsstuhl aus Angst vor Bombenangriffen abgebaut und später wieder in seinem ursprünglichen Zustand zusammengesetzt. Ein weiteres Prunkstück ist die nicht öffentlich zugängliche Dombibliothek im *Bishop's Palace*. Sie beherbergt unter anderem das *Exeter Book* aus dem Jahr 950, eine der wenigen großen Sammlungen altenglischer Versdichtung.

Exeter ist eine junge Stadt

Tgl. 7–18.30 Uhr, Sa nur bis 17 Uhr. „Spende": £ 5, erm. £ 3 Chorprobe: Mo–Fr 18.30 Uhr, Sa/So 15 Uhr. www.exeter-cathedral.org.uk.

Underground Passages: Mitten im Zentrum von Exeter befindet sich Großbritanniens einziges unterirdisches Aquädukt. Um Exeter mit Trinkwasser zu versorgen, legte man im Mittelalter mühsam ein unterirdisches Gangsystem an. Im Rahmen einer 45-minütigen Führung kann man das mehr als 600 Jahre

112 Devon

alte Wassersystem erkunden. Klaustrophob Veranlagten ist der Rundgang nicht zu empfehlen, denn ab und zu wird es ganz schön eng.

Juni bis Sept. tgl. 9.30–17.30 Uhr, So 10.30–16 Uhr, Okt. bis Mai Di–Fr 11.30–17.30 Uhr, Sa 9.30–17.30 Uhr, So 10.30–16 Uhr. Eintritt: £ 5 , erm. £ 3.50. Romangate Passage, Off High Street.

Royal Albert Memorial Museum: Das Museum in der Queen Street widmet sich der Geschichte von Exeter und Devon und ist unbedingt einen Besuch wert – nicht nur weil es keinen Eintritt kostet. Das Spektrum der Dauerausstellung reicht von archäologischen Funden über Kunsthandwerk und Aquarelle bis hin zu einer Sammlung exotischer Schmetterlinge. Vor allem die römische Geschichte wird sehr ausführlich dargestellt. Bei Grabungen gefundene Mosaike sowie eine Rekonstruktion eines antiken Badehauses geben einen plastischen Eindruck von dieser Epoche. Selbstverständlich wird auch das mittelalterliche Exeter ausführlich vorgestellt. Angegliedert ist noch eine naturhistorische Galerie, in der zahlreiche heimische Tiere im ausgestopften Zustand sowie exotische in einer maßstabsgetreuen Nachbildung (Tiger, Elefant, Giraffe, Eisbär, etc.) zu bewundern sind.

Tgl. außer So 10–17 Uhr. Eintritt: frei! www.rammuseum.org.uk.

Rougemont Castle & Gardens: Die Bezeichnung „Castle" erscheint angesichts der kargen Ruine etwas übertrieben. Rougemont Castle wurde 1068 im Auftrag von Wilhelm dem Eroberer auf dem höchsten Punkt von Exeter errichtet, erhalten sind nur noch die Burgmauer und ein Torhaus. Links an das Burggelände grenzen die Rougemont Gardens an, ein hübscher Park mit bunten Blumenbeeten. Ein weiterer Park, Northernhay Gardens, breitet sich gleich dahinter aus. Hier kann man auch Teile der römischen Stadtmauer bewundern. Im Sommer finden Freiluftaufführungen von Shakespeares Werken statt.

St Catherine's Almshouses: Die Ruinen dieses Armenhauses aus dem 15. Jahrhundert stehen mitten in der Innenstadt. Der Eintritt ist frei, abends wird die Anlage schön eingeleuchtet.

St Nicholas Priory: Der rund 900 Jahre alte Gästeflügel einer ehemaligen Benediktinerabtei wurde im Tudor-Stil eingerichtet. Eindrucksvoll hohe Räume mit Küche, Schlafzimmer und getäfeltem Speisezimmer.

In den Schulferien tgl. außer So 10–17 Uhr. Eintritt: £ 2.50, erm. £ 1. The Mint, Off Fore Street.

Old Quayside: Exeter war einst eine bedeutende Hafenstadt, allerdings ist davon im Stadtzentrum nichts zu spüren. Die alten Hafenanlagen liegen im Südwesten der Altstadt am River Exe. Das denkmalgeschützte *Customs House* (1681), mehrere Lagerhäuser und Pubs *(Prospect Inn)* sorgen noch heute für ein stimmungsvolles Ambiente. Wer dem Fährmann ein paar Pence gibt, wird zum anderen Flussufer gezogen.

Umgebung

Östlich von Exeter

Topsham

Das fünf Kilometer südöstlich von Exeter gelegene Topsham ist ein altertümlicher Hafen mit historischen Lagerhallen. Bereits im 13. Jahrhundert war Topsham zur königlichen Marktstadt erhoben worden. Alles andere als spektakulär, doch haben der Hafenkai, die schmalen Gassen, die zünftigen Pubs und die traditionsreichen Geschäfte viel Flair.

Ottery Saint Mary

Die geruhsame Kleinstadt – der Geburtsort des Dichters *Samuel Taylor Coleridge* – lohnt in erster Linie wegen der schmucken Kirche einen Abstecher. Das aus dem 14. Jahrhundert stammende Gotteshaus wurde wiederholt mit der Kathedrale von Exeter verglichen, die auch fraglos als Vorbild gedient hat. Dem Beispiel Exeters folgend, besitzt die im Auftrag von Bischof John de Grandisson errichtete Kirche eine astronomische Uhr, auf deren Gehäuse Sonne, Mond und Sterne um die Erde kreisen.

The Tar Barrels of Ottery

Jedes Jahr findet am 5. November in Ottery Saint Mary zur Erinnerung an den Gunpowder Day, also den Tag, an dem Guy Fawkes im Jahre 1605 mit einer Gruppe von Verschwörern das Londoner Parlament in die Luft jagen wollte, ein riesiges Spektakel im Ort statt. Rund 30.000 Zuschauer sind anwesend, wenn bei Einbruch der Dunkelheit zuerst Kinder, dann Jugendliche, Frauen und Männer mit brennenden, geteerten Fässern auf den Schultern durch die Straßen von Ottery rennen, wobei die Fässer wie überdimensionale Fackeln von einem zum nächsten weitergegeben werden. Abgeschlossen wird das Spektakel mit einem Freudenfeuer, für das leibliche Wohl sorgen Imbissbuden und Getränkestände.

Honiton

Honiton ist einer der größten Marktorte Ostdevons mit einer Vielzahl von teuren Antiquitäten- und Kunstgewerbeläden (Spitzenklöppelei). Die Webertradition reicht bis in das Spätmittelalter zurück, als sich hier flämische Weberfamilien niederließen. Überregional bekannt sind die Produkte der Honiton Pottery in der High Street. Schon seit über 200 Jahren wird hier getöpfert und gebrannt. Im Sommer öffnet auch das *Allhallows Museum* neben der St-Paul's-Kirche seine Pforten. Ein schönes Dorf mit reetgedeckten Häusern ist *Gittisham*, südwestlich von Honiton.

• *Information* **Tourist Information Centre,** Lace Walk, Honiton, Devon EX14 1LT, ✆ 01404/43716. www.eastdevon.gov.uk. • *Markt* Di und Sa in der High Street.

Seaton

Direkt über eine steile Klippe am Meer – *The Landslip* genannt – führt der Coastal Path von Lyme Regis nach Seaton. Der 5000-Seelen-Ort liegt an der Mündung der Axe. Die Promenade ist eher langweilig, einladender wirkt die Altstadt. Bei Spaziergängen am Kieselstrand kann man mit viel Glück Halbedelsteine finden. Mit der *Seaton Tramway*, einer alten Zahnradbahn, kann man in den Sommermonaten die sechs Kilometer lange Strecke nach Colyton zurücklegen.

• *Information* Tourist Information Centre, The Underfleet, Seaton, Devon EX12 2TB, ✆ 01297/21660, 🖷 01297/21689. www.eastdevon.net/tourism/seaton. • *Seaton Tramway* Von Ostern bis Okt. tgl. 10–17 Uhr. Verbindungen alle 20 Minuten. Tagesticket: £ 12.50, erm. £ 11.25 oder £ 8.75. www.tram.co.uk.

Beer

Kurz hinter Seaton schließt sich der Ort mit dem wohlklingenden Namen Beer an. Die kleine Badebucht von Beer liegt gut geschützt. In dieser Gegend hatten die

114   Devon

Beer – nicht nur bei den Jüngeren beliebt …

Schmuggler keinerlei Probleme, einsame Buchten und Fischerdörfer zu finden, wo sie ihr Schmuggelgut entladen konnten. In der Zeit des Massentourismus und der EU erinnern nur noch einige Souvenirs in den alten Pubs an das illegale Treiben vergangener Zeiten. Bei den hohen Weinpreisen in England wäre es allerdings nicht verwunderlich, wenn es eine moderne Variante der alten Schmuggler gäbe – wo doch Frankreich vor der Tür liegt. Bekannt ist Beer auch für seine Steinbrüche. Bereits die Römer schätzten den Beer Stone, im Mittelalter wurden zahlreiche Kirchen in Devon, darunter auch die Kathedrale von Exeter, mit dem schönen Kalkstein errichtet.

Der Ort selbst scheint sich bis auf seine zahlreichen Besucher seit Jahrhunderten nicht verändert zu haben. Ein kleiner in Stein gefasster Bach rauscht dem Meer entgegen, am Kieselstrand warten ein paar Dutzend Liegestühle. Nur im August während der Beer Regatta kommt etwas Trubel in die Gassen.

Eine herrliche Klippenwanderung führt von Beer ins benachbarte *Branscombe*, in dem noch viele reetgedeckte Cottages stehen und wo unten am Meer ein schöner Strand lockt. Aber auch nach Osten hin lockt eine tolle Küstenwanderung ins drei Kilometer entfernte *Easton*.

- *Einwohner* 1.400
- *Verbindungen* Im Sommer fahren Busse nach Exeter und Lyme Regis.
- *Übernachten/Essen/Trinken* **The Mansons Arms**, das efeubewachsene Pub in Branscombe ist ein Lesertipp von Brigitte Schäfer, die die schöne Terrasse und die gemütliche Atmosphäre mit dem brennenden Kamin lobte. Der Gasthof stammt aus dem 14. Jahrhundert. Serviert wird englische Küche mit französischem Einschlag. In der Bar Hauptgerichte ab £ 10, im Restaurant 3-Gänge-Menü £ 25. Auch Zimmervermietung. DZ £ 40–85. ✆ 01297/680300. www.masonsarms.co.uk.

The Dolphin, der traditionsreiche Gasthof unweit des Meeres bietet neben einfachen Mahlzeiten auch B & B ab £ 42 (im Winter £ 36), wobei einige Gästeräume im Anbau sind. Leser lobten die großen Portionen im Restaurant. Die Zimmer sind recht klein, aber hell und einladend. Parkplatz hinter dem Haus. Fore Street, ✆ 01297/20068. dolphinhotelbeer@aol.com, www.dolphinhotelbeer.co.uk.

Anchor Inn, ein zünftiger Gasthof, dessen

große Attraktion der Cliff Top Garden ist, der von den Klippen einen herrlichen Blick aufs Meer bietet. Serviert werden Steaks oder auch ein gegrillter Schwertfisch (£ 10.95). Kostenloses WLAN. Es werden auch sechs Zimmer vermietet, B & B ab £ 42.50, ohne Bad und WC £ 25. Fore Street, ✆ 01297/20386. www.anchorinn-beer.co.uk.

● *Jugendherberge* **Youth Hostel**, in Beer befindet sich das einzige Youth Hostel, auf der Strecke zwischen Lyme Regis und Torbay. Ansprechende Lage, gutes Flair. Erwachsene ab £ 12, Jugendliche ab £ 9. Bovey Combe, Townsend, Beer, ✆ 0845/3719502, 📧 01297/23690. beer@yha.org.uk.

Sidmouth

Bereits im Mittelalter war Sidmouth *(Sedemuda)* ein bekannter Fischerort. Seinen Aufstieg zum bedeutenden Seebad verdankt der Ort einem Besuch von Queen Victoria, die mit ihren Eltern im Jahre 1819 hier die Weihnachtsferien verbrachte. Auch der Herzog von Kent wählte Sidmouth als seinen Alterssitz. Im Stadtinneren prägen noch heute Gebäude im Regency-Stil das Ambiente. Links und rechts, überall Architektur im Zuckerbäckerstil: Schön anzusehen sind die schmiedeeisernen Balkone, die säulenumrahmten Holzterrassen sowie die verspielten Gärten. An der Strandpromenade treffen sich vorwiegend ältere Semester, nur Anfang August während des Sidmouth Festival strömt eine Woche lang ein gänzlich anderes Publikum in den Ort. Straßenkünstler ziehen durch die Gassen, und zu Hauptveranstaltungen drängen bis zu 5000 Zuschauer in eine Freiluftarena. Der große Zuspruch verwundert nicht, schließlich gilt das 1954 gegründete Sidmouth Festival als eines der renommiertesten Folkfestivals von ganz England.

Ein großes Plus stellen die Strände dar, die in Sidmouth schöner sind als in den umliegenden Orten. Das trifft insbesondere auf *Jacob's Ladder* zu, ein von der Steilküste eingerahmter Sandstrand westlich des Ortes. Dort in der Nähe sind auch die farbenprächtigen Connaught Gardens, die nach dem Duke of Connaught, dem dritten Sohn von Queen Victoria, benannt sind. Zudem eignet sich die Umgebung bestens für kurze Wanderungen und kleine Klettertouren. Nicht nur Kinder begeistert ein Besuch des nahen *Donkey Sanctuary*. Rund 500 alte, kranke oder nicht mehr „gebrauchte" Esel werden dort gepflegt und liebevoll betreut.

● *Information* **Tourist Information Centre**, Ham Lane, Sidmouth, Devon EX10 8XR, ✆ 01395/516441, 📧 01395/519333. www.visit sidmouth.co.uk.
● *Einwohner* 11.000
● *Verbindungen* Werktags fahren stdl. zwei **Busse** nach Exeter sowie nach Exmouth.
● *Sidmouth Museum* Zahlreiche Gemälde und eine Darstellung der Lokalgeschichte. Ostern bis Okt. tgl. 10–12.30 Uhr und 14–16.30 Uhr. Montagvormittag geschlossen. Church Street.
● *Donkey Sanctuary* Vier Kilometer östlich von Sidmouth kümmert sich eine gemeinnützige Stiftung um das Wohl alter und kranker Esel. Tgl. von 9 Uhr bis zum Einbruch der Dämmerung geöffnet. Eintritt: frei! www.thedonkeysanctuary.org.uk.
● *Veranstaltungen* Das **Sidmouth International Festival of Folk Arts** bietet in der ersten Augustwoche traditionelle Musik, Tanz

und Konzerte. Kartenvorbestellung ist ratsam. Auf einer Wiese können Festivalbesucher campen. www.sidmouthfestival.com.
● *Übernachten* **Riviera**, traditionsreiches Hotel im Regency-Stil. Traumhafter Meerblick, Komfort und Service lassen keine Wünsche offen. Viel älteres Publikum, gutes Restaurant. Kostenloses WLAN. Im Winter B & B £ 109 pro Person, im Sommer Halbpension erwünscht (ab £ 135). The Esplanade, ✆ 01395/515201, 📧 01395/577775. enquiries@hotelriviera.co.uk, www.hotel riviera.co.uk.

Elizabeth Hotel, günstigere Alternative in vergleichbarer Lage direkt am Meer. Übernachtung mit Halbpension pro Person je nach Saison und Zimmerausstattung £ 59–82, günstigere Wochenangebote. The Esplanade, ✆ 01395/516367, 📧 578000. Elizabeth @hotels-sidmouth.co.uk, www.kingswood-hotel.co.uk.

Exeter und Umgebung
Karte Seite 104/105

116   Devon

Salty Monk, das von Gourmetführern gelobte Restaurant liegt drei Kilometer landeinwärts mitten in Sidford. Abwechslungsreiche Küche, die großteils auf regionale Produkte zurückgreift. Abendmenü £ 39.50. Es werden auch sechs schmucke Zimmer vermietet und ein Mini-Spa gibt es auch, B & B £ 55–100 pro Person. Church Street, ☎ 01395/513174. www.saltymonk.co.uk.

The Old Farmhouse, reetgedecktes Farmhouse aus dem 16. Jahrhundert mit viel Atmosphäre. Leider werden die *scrambled eggs* aus Fertigpulver zusammengerührt. B & B ab £ 30 pro Person. Von März bis Okt. geöffnet. Hillside Road, ☎ 01395/512284.

• *Camping* ****** Salcombe Regis Camping and Caravan Park**, der Platz befindet sich zwei Kilometer östlich von Sidmouth (aus-geschildert). Gut ausgestatteter Campingplatz mit Waschmöglichkeit und kleinem Geschäft; 100 Stellplätze für Zelte, ebenso viele für Caravans. April bis Okt. geöffnet. Zweimannzelt ab £ 12. Salcombe Regis, ☎ 01395/514303.   contact@salcombe-regis. co.uk, www.salcombe-regis.co.uk.

• *Essen/Trinken* **Mocha**, direkt hinter der Promenade sitzt man recht nett auf der kleinen Straßenterrasse. Serviert wird viel Seafood, aber auch einfache Gerichte zu passablen Preisen. The Esplanade.

Zur zünftigen Einkehr empfehlen sich hingegen der **Anchor Inn** und das **Old Ship**. Letzteres ist das älteste Pub der Stadt und stammt aus dem Jahre 1350. Beide im Ortszentrum in der Old Fore Street gelegen.

Wanderung 2: Auf dem South West Coast Path bei Sidmouth

Schöne Rundwanderung (→ Karte S. 118/119) , die zuerst zu einem Eselpark im Hinterland führt, bevor man auf dem aussichtsreichen South West Coast Path zurück nach Sidmouth gelangt, wo sich zahlreiche Einkehrmöglichkeiten befinden.

Ausgangspunkt: Hafenpromenade in Sidmouth. Mehrere kostenpflichtige Parkplätze im Ort.
Wegstrecke: 11,3 km.
Dauer: 3:30 Std.

Die Wanderung beginnt direkt an der Promenade von Sidmouth gegenüber dem Royal York and Faulkner Hotel (**WP 1**). Wir gehen auf der Hauptstraße mit ihren zahlreichen Geschäften in Richtung Norden durch den Ort bis zum Radway Cinema, wo wir rechts in die Salcombe Road einbiegen (**WP 2**). Wenige Minuten später überqueren wir auf einer Brücke den River Sid (**WP 3**) und laufen durch einen lauschigen Park am linken Flussufer nach Norden, bis wir nach einem Kilometer wieder auf eine asphaltierte Straße stoßen und dort dem Wegweiser „Salcombe Hill via Milltown Lane" (**WP 4**) folgen. An der nächsten Kreuzung halten wir uns links, um nach 200 Metern rechts in die besagte Milltown Lane einzubiegen (**WP 5**). Am Ende der von Hecken eingerahmten Sackgasse gehen wir weiter geradeaus auf einem kleinen Pfad, der als „Public Bridleway" bezeichnet wird. Der Anstieg wird steiler, schließlich sind einige Stufen zu meistern, dann wenden wir uns nach links und wandern durch einen schönen, schattigen Laubwald. Der Weg beschreibt eine Rechtskurve und führt uns durch ein Metallgatter zu einer Straße (**WP 6**). Schon bald kommen wir zu einer Kreuzung mit Kriegsdenkmal (**WP 7**), dort halten wir uns rechts und gelangen nach wenigen Minuten zur mittelalterlichen Kirche von Salcombe Regis (**WP 8**). Wir durchqueren das Dorf, die Straße führt den Berg hinauf und 100 Meter nachdem wir den Wald verlassen haben (**WP 9**), folgen wir einem Public Footpath nach links quer über eine Kuhweide, wenden uns nach rechts und laufen mehrere Minuten in östlicher

Exmouth

Richtung an einem Feld entlang, dann stoßen wir auf ein paar Wegweiser **(WP 10)**, die uns darüber informieren, dass es noch 1,5 Meilen zum Weston Mouth sind. Kurz darauf ist man am Donkey Sanctuary, wo in Ställen und auf Koppeln mehrere Hundert Esel gehalten werden. Interessant ist ein Spaziergang durch das Areal (Eintritt frei!). Wer will, kann im zugehörigen Hayloft Restaurant einkehren. Vom Parkplatz des Donkey Sanctuary geht es quer durch das Areal und dann nach rechts über ein paar Wiesen hinunter zur Küste **(WP 11,** Wegweiser „Weston Mouth 1 Mile"). An der Küste **(WP 12)** folgen wir fortan dem South West Coast Path bis nach Sidmouth. Anfangs ist ein steiler Anstieg zu bewältigen, dann geht es oberhalb des Lower Dunscombe Cliff an großen Schafweiden entlang nach Westen. Nach einem kurzen Abstieg und einem kleinen Schlenker landeinwärts überquert der Coast Path ein Holzbrücke **(WP 13)**. Der Wegweiser „Sidmouth 1,5 Miles" zeigt an, dass das Ziel nah ist, aber zuvor steht noch ein heftiger und schweißtreibender Anstieg bevor. Ein weiterer Wegweiser „Coast Path to Sidmouth 2/3 Miles" **(WP 14)** folgt, wenig später machen wir noch einen Schlenker ins Landesinnere, da der alte Küstenpfad aufgrund der fortschreitenden Erosion nicht mehr zugänglich ist. Schließlich geht es die Laskeys Lane zwischen Häusern hindurch zur Küste hinunter. Entlang der Promenade gelangen wir zum Ausgangspunkt zurück.

South West Coast Path

Budleigh Salterton

Budleigh Salterton ist ein ausgesprochen ruhiger Ferienort, der im Westen von über 150 Meter hoch aufragenden roten Klippen begrenzt wird. Im Zentrum sind noch einige Häuser aus dem frühen 19. Jahrhundert (Fore Street) erhalten. Bei klarem Wetter empfiehlt es sich, den Berg *West Down Beacon* hinaufzusteigen. Fünf Kilometer weiter östlich stößt man auf die von Klippen geschützte *Ladram Bay* mit ihrem netten Kieselstrand, und in *East Budleigh* erblickte der berühmte Seefahrer Sir Walter Raleigh das Licht der Welt.

Information **Tourist Information Centre**, Fore Street, Budleigh Salterton, Devon EX9 6NG, ✆ 01395/445275. www.visitbudleigh.com.

Exmouth

Bereits die Römer nutzten Exmouth als Hafenort, im Jahre 1001 landeten hier dann eine Hand voll Wikingerschiffe, um die Küste Devons zu verwüsten. Später nutzten die Schmuggler den Ort, doch alles änderte sich schlagartig, als im 18. Jahrhundert der Badeurlaub in Mode kam. Seither ist Exmouth ein Erholungszentrum, vor allem

118 Devon

für die Bevölkerung von Exeter. An sommerlichen Wochenenden strömen die Familien mit Kind und Kegel hierher, entsprechend viele Vergnügungseinrichtungen für Kinder wurden die Esplanade entlang aufgebaut. Ein netter, zwei Kilometer langer Sandstrand und ein geschäftiges Zentrum ergänzen das Angebot. In der Straße The Beacon logierten einst die Gattinnen von Nelson und Byron (Plaketten an den entsprechenden Häusern). Am Ortsausgang Richtung Exeter erhebt sich *A La Ronde*, ein ungewöhnliches, im späten 18. Jahrhundert errichtetes Haus mit sechzehneckigem Grundriss. Die Erbauer, Jane und Mary Parminter, ließen sich von einer byzantinischen Basilika inspirieren und sorgten für eine sehr exaltierte Einrichtung.

Mitte März bis Okt. Sa–Mi 11–17 Uhr, Juli und Aug. auch Fr 11–17 Uhr. Eintritt: £ 6.70, erm. £ 3.40 (NT).

- *Information* **Tourist Information Centre**, Alexandra Terrace, Exmouth, Devon EX8 1NZ, ✆ 01395/222299 (ganzjährig geöffnet, im Winter nur vormittags). www.exmouth guide.co.uk.
- *Übernachten* **Royal Beacon Hotel**, das in einem weißen Eckgebäude gelegene Hotel gilt als das beste der Stadt, wenngleich die Zimmer keinen außergewöhnlichen Reiz besitzen. Zum Essen hat man die Wahl zwischen dem italienischen Restaurant **Donato's** oder dem klassischen **Fenneis**. B & B £ 52.50–72.50. The Beacon, ✆ 01395/26486, ✆ 01395/268890. www.royalbeaconhotel.co.uk.

Manor Hotel, das älteste Hotel der Stadt ist nicht die schlechteste Wahl. Schließlich gehörte schon Franz Liszt zu den Gästen. B & B je nach Reisezeit £ 37–47 (Meerblick). The Beacon, ✆ 01395/272549. post@mano rexmouth.co.uk. www.manorexmouth.co.uk.

Nördlich von Exeter

Crediton

Crediton, zwölf Kilometer nordwestlich von Exeter, ist ein durchschnittliches südenglisches Landstädtchen, das sich eines großen Sohnes rühmen kann: Auf nicht zu übersehenden Schildern wird auf den berühmten Missionar *Bonifatius* hingewiesen, der im Jahre 680 in Crediton geboren wurde und vor allem in Deutschland und den Niederlanden missionierte. Während der sächsischen Zeit war die Stadt Bischofssitz und religiöses Zentrum von Südwestengland, wovon aber nur noch die Statue im Park, die an Bonifatius erinnert, und die spätmittelalterliche *Holy Cross Church*, welche von ihren Dimensionen fast an eine Kathedrale heranreicht, zeugen.

Wanderung 2:
Auf dem South West Coast Path bei Sidmouth

Tiverton

Bereits in sächsischer Zeit gegründet, ist die zwischen Dartmoor und Exmoor gelegene Stadt – von den Einheimischen liebevoll „Tivvi" genannt – ein traditionelles Zentrum der Wollverarbeitung. Das Wasser, das kraftvoll die Flüsse Exe und Lowman hinabströmt, trieb die Mühlen der Weber an. Von dem normannischen Castle, das über Jahrhunderte Sitz der Earls of Devon war, zeugen heute nur noch zwei Türme, der Rest ging im Bürgerkrieg zu Bruch. Ein Magnat der Wollindustrie ließ 1604 für die Jungen (!) des Ortes die Blundell's School erbauen. Die Schule wurde als Handlungsort von Blackmores „Lorna Doone" bekannt und wird heute vom National Trust verwaltet. Das *Tiverton Museum* in der St Andrew Street besitzt eine gute Sammlung an Werkzeugen vergangener Jahrhunderte, die einen Eindruck von den damaligen Arbeitsbedingungen vermitteln. Wochentags ist in der Newport Street eine aus dem 17. Jahrhundert stammende Bäckerei geöffnet. Wer gerne in voll gestopften Antiquitätenläden wühlt, sollte sich den *Wychware Antiques Market* in der Barrington Street nicht entgehen lassen.

Information **Tourist Information Centre**, Phoenix Lane, Exmouth, Devon EX16 6LU, 01884/255827.

Südlich von Exeter

Powderham Castle

Powderham Castle ist der Stammsitz der Courtenays, einer aus Frankreich im 12. Jahrhundert eingewanderten Adelsfamilie. Am Ufer des Exe gelegen, besitzt das im 14. Jahrhundert errichtete und später wiederholt umgebaute Landschloss ein weitgehend aus georgianischer Zeit stammendes Interieur. Kinder erfreuen sich an einem alten viktorianischen Garten mit Kaninchen, Meerschweinchen, Pfauen, Fasanen und Ziegen.

Von April bis Okt. tgl. außer Sa 10–16.30 Uhr, Mitte Juli und Aug. bis 17.30 Uhr. Eintritt: £ 9.50, erm. £ 7.50, Familien £ 26. www.powderham.co.uk.

Dawlish

Literaturfreunden ist Dawlish vor allem als Geburtsort von Nicholas Nickleby bekannt, den Charles Dickens in seinem gleichnamigen Roman hier das Licht der Welt erblicken ließ. Als Seebad hat Dawlish für Touristen wenig zu bieten, der Strand ist durch ein Eisenbahnviadukt vom Ort getrennt. Schöner sind die Badebuchten entlang der Küste: Am *Boat Cove* (Boote zu mieten), *Coryton Cove* und *Shell Cove* südlich der Stadt Dawlish tummeln sich an sonnigen Tagen vor allem englische Familien. Nördlich davon stehen die Chalets und Caravans wie Reihenhaussiedlungen am Meer.

● *Information* **Tourist Information Centre**, The Lawn, Dawlish, Devon EX7 9PW, ✆ 01626/863589. www.dawlish.gov.uk.

● *Camping* In Starcross: ****** Cofton Holiday Park**, Luxus-Campingplatz mit Swimmingpool. 450 Stellplätze für Zelte; Zweimannzelt und Caravan ab £ 14. Es werden auch zahlreiche Cottages vermietet. März bis Okt. geöffnet. ✆ 0800/0858649. www.

coftonholidays.co.uk.

**** Peppermint Park, ein weiterer gut ausgestatteter Campingplatz bei Dawlish, Warren Road (ausgeschildert). Ebenfalls mit beheiztem Pool, 48 Stellplätze für Zelte. Ab £ 12. Warren Road (ausgeschildert), ✆ 01626/863436, 📠 01626/866482. info@peppermint park.co.uk. www.peppermintpark.co.uk.

Süddevon

Der vom Klima verwöhnte Süden von Devon ist auch als englische Riviera bekannt, obwohl der Begriff streng genommen nur den Küstenabschnitt von Torquay bis Brixham bezeichnet. Weitere attraktive Küstenorte sind Teignmouth, Salcombe und das von einer mächtigen Festung beschützte Dartmouth. Nicht ohne Reiz ist das Hinterland, beispielsweise das als alternative Hochburg bekannte Städtchen Totnes.

Teignmouth

Teignmouth – ausgesprochen „Tinmouth" – ist ein typisch englischer Badeort an der Mündung des Flusses Teign. Früher war der Hafen nicht nur für die Fischerei, sondern auch für die Verbindung nach Frankreich von Bedeutung. Waren die Beziehungen zwischen den beiden Ländern – wie so oft – allerdings nicht die besten, bekam es die Hafenstadt manches Mal zu spüren: 1340 und 1690 wurde sie von den Franzosen niedergebrannt. Bereits im 18. Jahrhundert wurde Teignmouth ein beliebtes Seebad, in dem beispielsweise auch John Keats, Fanny Burney und Jane

Austen ihre Ferien verbrachten. Selbstverständlich darf auch ein Pier nicht fehlen. Die Außenbezirke wirken nicht gerade einladend, aber das historische Zentrum ist allemal einen Abstecher wert. Wer will, kann mit der Fähre zum historischen Fischerdorf *Shaldon* oder zum Strand von *Ness Cove* fahren.

● *Information* **Tourist Information Centre**, Sea Front, Teignmouth, Devon TQ14 8BE, ✆ 01626/779769. www.teignmouth-town.co.uk bzw. www.southdevon.org.uk.

● *Übernachten* **Thomas Luny House**, schmuckes Stadthaus aus dem späten 18. Jahrhundert. Individuell eingerichtete Zimmer. Nichtraucherhotel. B & B ab £ 37.50 pro Person (bei einer Woche Aufenthalt, sonst bis zu £ 49, jeweils inkl. Afternoon Tea). Teign Street, ✆ 01626/772976. alisonandjohn@thomas-luny-house.co.uk, www.thomas-luny-house.co.uk.

Teign Crest, ein Lesertipp von Carmen Fellner: „Diese Unterkunft befindet sich in einem antiken Strandhaus in Shaldon nur 20 Meter vom Strand entfernt. Die geschmackvoll eingerichteten Zimmer besitzen einen Blick aufs Meer sowie auf Teignmouth." Diesem Urteil kann man nur beipflichten: Eines der schönsten B & B's in Devon mit einer herrlichen Aussicht! Obwohl sich die Vermieter schon im Ruhestand befinden, lässt sich nur hoffen, dass sie ihr Guesthouse noch lange betreiben. B & B £ 37.50 pro Person. ✆ 01626/873212. www.teigncrest.co.uk.

• *Camping* *** **Leadstone Camping**, dieser fünf Kilometer nördlich in Dawlish Warren gelegene Platz gehört zu den schönsten der Region und ist einen knappen Kilometer vom Meer entfernt. Von Mitte Juni bis Mitte Sept. geöffnet. 01626/864411. www.leadstonecamping.co.uk.

Newton Abbot

Newton Abbot liegt verkehrsgünstig zwischen Torbay, Exeter und dem Dartmoor und ist Standort für Industriebetriebe, die landwirtschaftliche Erzeugnisse weiterverarbeiten. Gleichzeitig fungiert die Stadt als Marktzentrum für das Umland (mittwochs und samstags Markt neben dem großen Parkhaus). Wer sehen bzw. probieren will, was in der Region hergestellt wird, kann die Töpferei (Abbot Pottery, Hopkins Lane), die Mälzerei (Teign Road) oder die Cider-Bar (East Street) besuchen.

• *Camping* ***** **Dornafield**, Dornafield Farm; sehr gut ausgestatteter Campingplatz. Anfahrt: Von Newton Abbot auf die A 381 (Richtung Totnes), nach knapp vier Kilometern am Two Mile Oak Inn rechts, nach etwa 800 Metern die erste links, jetzt noch ca. 150 Meter (ausgeschildert). März bis Okt. geöffnet. Two Mile Oak, 01803/812732, 01803/812032. enquiries@dornafield.com, www.dornafield.com.

Übernachten
2 Ascot House
3 The Garlieston Hotel
4 Torquay Backpackers
5 Mulberry House
7 Hotel Cimon
8 Chesterfield Hotel
9 Red House Hotel
14 Osborne Hotel
15 Livermead Cliff Hotel
16 JH Maypool House

Torquay

Zusammen mit den Nachbarorten Paignton und Brixham bildet Torquay die berühmte English Riviera. Mildes Klima und eine palmengesäumte Uferpromenade sorgen für das richtige Urlaubsflair.

Torquay, die „Königin der englischen Riviera", erstreckt sich über sieben Hügel am nördlichen Rand der Torbay. Der Dichter Alfred Tennyson schwärmte von Torquay als „the loveliest sea-village in England". Die einst so mondäne Atmosphäre des Seebads blitzt heute nur noch gelegentlich auf, hauptsächlich jüngere Besucher und Sprachschüler verbringen in Torquay – sprich „Toorkih" – ihre Ferientage, um zu schwimmen, um sich am Sandstrand zu aalen, um zu sehen und gesehen zu werden, und sie verspielen ihr Taschengeld an den überaus zahlreich vorhandenen Spielautomaten. Wer wissen möchte, wie Torquay vor drei Jahrhunderten ausgesehen hat, sollte das vor den Toren der Stadt gelegene, noch gut erhaltene „Märchendorf" *Cockington Village* aufsuchen. Die bekannteste Tochter der Stadt ist übrigens die Krimiautorin *Agatha Christie* (1890–1976), die mit Miss Marple und Hercule Poirot zwei der bekanntesten Detektive der Literaturgeschichte erfunden hat.

Torquay

Essen & Trinken
1. Hanbury's
6. Ocean Brasserie
10. Spice Club
11. Park Lane
12. Hole in the Wall
13. Elephant

Süddevon Karte Seite 121

- *Information* **Tourist Board**, English Riviera, Guide Research, Vaughan Parade, Torquay, Devon, TQ2 5JG, ℡ 01803/2112111, ℡ 01803/214885. www.TheEnglishRiviera.co.uk. Ein kleineres Büro auch in Paignton (Festival Hall, The Esplanade, ℡ 01803/558383, ℡ 01803/551959) sowie in Brixham (The Old Market House, The Quay, ℡ 01803/852861).
- *Einwohner* 60.000
- *Verbindungen* **Zug:** Bahnhof an der Rathmore Road, zumeist ist das Umsteigen in Newton Abbot erforderlich, um einen Anschluss nach Bristol, Cardiff, Exeter oder London Paddington zu erhalten. www.nationalrail.co.uk.
Bus: Vom Pavilion häufige lokale Busverbindungen nach Paignton und Brixham sowie nach Totnes und Plymouth sowie mehrmals tgl. nach London/Victoria, ℡ 0871/7818181. www.nationalexpress.com.

- *Babbacombe Cliff Railway*, historische Zahnradbahn, die auf die 73 Meter hohen Klippen von Babbacombe führt. Return-Ticket £ 1.80. www.cliffrailway.com.
- *Hiflyer*, eine andere Möglichkeit ist es, mit dem Fesselballon nahe der Torre Abbey rund 130 Meter hoch in die Lüfte zu steigen. Kosten: £ 14, erm. £ 11.50 bzw. £ 8. www.thehiflyer.com.
- *Bootstouren* Vom Hafen sind Ausflüge nach Brixham oder Dartmouth möglich.
- *Golf* **Torquay Golf Club**, 18-Loch-Anlage in der Petitor Road, ℡ 01803/528728. www.torquaygolfclub.com.
- *Reiten* In Torquay und Paignton gibt es mehrere Reitschulen. Auskünfte und Tarife hält das Tourist Office bereit.
- *Post* Fleet Street.
- *Internet* **Net Zone**, 6 Newton Road.

124   Devon

● *Übernachten* **Osborne Hotel (14)**, ein nahezu feudales Anwesen mit einem parkähnlichen Garten samt Palmen im Osten der Stadt. Selbstverständlich fehlt auch ein Hallen- sowie ein Freibad nicht. DZ ab £ 110 inkl. Frühstück. Hesketh Cresent. ☎ 01803/213311. www.osborne-torquay.co.uk.

Livermead Cliff Hotel (15), das einzige Hotel (Best Western) von Torquay, das nicht durch eine Straße vom Meer getrennt ist (direkter Zugang zum Strand). Schöne geräumige Zimmer (plüschig), einige mit direktem Zugang zur Terrasse. Wem das Meer zu kalt ist, der kann sich im beheizten Swimmingpool tummeln. Je nach Saison und Aufenthaltsdauer B & B ab £ 65 pro Person, die Zimmer mit Meerblick sind naturgemäß teurer. Sea Front, an der Straße nach Paignton, ☎ 01803/299666, ☏ 01803/294496. info@livermeadcliff.co.uk, www.livermeadcliff.co.uk.

Chesterfield Hotel (8), in Bahnhof- und Yachthafennähe. Eines der zahlreichen Hotels an der Belgrave Road. Zwölf moderne ansprechende Nichtraucher-Zimmer, alle mit eigenem Bad. Gutes Preis-Leistungs-Verhältnis! B & B £ 25–28. 62 Belgrave Road. ☎ 01803/292318, ☏ 01803/293676. enquiries@chesterfieldhoteltorquay.co.uk, www.chesterfieldhoteltorquay.co.uk.

Hotel Cimon (7), geschmackvolles Hotel mit ansprechenden Zimmern, die in verschiedenen Farbtönen gehalten sind. Im Sommer locken die schöne Terrasse und der beheizte Swimmingpool. WLAN vorhanden. B & B je nach Ausstattung und Reisezeit £ 35–49. 82 Abbey Road, ☎/☏ 01803/294454. enquiries@hotelcimon.co.uk, www.hotelcimon.co.uk.

Ascot House (2), schmucke viktorianische Villa, die viel Geschmack und Liebe ins Detail verrät. Die Zimmer im ersten Stock haben einen kleinen Balkon. B & B je nach Saison £ 30–65, EZ ab £ 45, günstiger bei längeren Aufenthalten. The Church Road, ☎ 01803/295142. www.ascothousetorquay.co.uk.

Mulberry House (5), angenehmes Guesthouse in einem Eckhaus, die Zimmer gefallen mit ihren Tapeten an der Stirnseite des Bettes. B & B £ 28–30. 1 Scarborough Road, ☎ 01803/213639. www.mulberryguesthousetorquay.co.uk.

Red House Hotel (9), angenehmes Hotel mit Garten und beheiztem Pool. Hallenbad, Sauna und Fitnessraum ebenfalls vorhanden. B & B je nach Reisezeit und Aufenthaltsdauer £ 36–45. Rousdown Road, ☎ 01803/607811, ☏ 01803/200592. stay@redhouse-hotel.co.uk. www.redhouse-hotel.co.uk.

The Garlieston Hotel (3), drei nett eingerichtete DZ mit Dusche, ein EZ und ein Mehrbettzimmer; Kostenloses WLAN. B & B £ 23–27, im Winter und bei längerem Aufenthalt günstiger. 5 Bridge Road, ☎/☏ 01803/294050. enquiries@thegarlieston.com, www.thegarlieston.com.

Torquay Backpackers (4), eine gute Alternative, wenn die Jugendherberge einmal voll ist. Unterbringung in Mehrbettzimmern, legere Atmosphäre und Selbstverpflegung; keine Sperrstunde, Terrasse vor dem Haus. WLAN. Preise: ab £ 15 pro Nacht im Mehrbettzimmer, im Winter und bei längeren Aufenthalten günstiger. Doppelzimmer £ 16 pro Person. Zehn Fußminuten vom Bahnhof entfernt. 119 Abbey Road, Torquay, ☎ 01803/299924, ☏ 213479. jane@torquaybackpackers.co.uk, www.torquaybackpackers.co.uk.

● *Jugendherberge* **Maypool House (16)**, Herberge in einem viktorianischen Anwesen, Nov. bis Feb. meistens geschlossen. Erwachsene zahlen ab £ 14, Jugendliche ab £ 10.50. Sie findet man in Galmpton, östlich von Brixham, ☎ 0845/3719531, ☏ 01803/845939.

● *Essen/Trinken/Nachtleben* **Elephant (13)**, jahrzehntelang war Torquay ein kulinarisches Niemandsland, doch das unlängst von Chefkoch Simon Hulstone eröffnete Restaurant war sogar den Michelin-Testessern einen Stern wert! Lecker ist das Risotto mit Blumenkohl und Haselnüssen oder ein in Zitronengrassoße gerösteter Heilbut. Während in der Brasserie im Erdgeschoss eine ansprechende, aber erschwingliche Küche geboten wird (Menüs ab £ 25), öffnet sich im The Room der Gourmethimmel bei Menüpreisen von £ 45 und £ 55. Sonntag und Montag Ruhetag. 3–4 Beacon Terrace, ☎ 01803/200044. www.elephantrestaurant.co.uk.

Ocean Brasserie (6), das ansprechendes Restaurant mit der ausgezeichneten Fischküche ist ein Lesertipp von Karin Braumiller. Die Besitzer arbeiteten schon in Rick Stein's berühmten "Seafood Restaurant". Hauptgerichte ab £ 6.95. 3 Croft Road, Tel, 01803/292359. www.oceanbrasserie.co.uk.

Spice Club (10), günstiges indisches Restaurant im modernen Ambiente. Wo gibt es schon ein Chicken Korma für £ 5.95? 39 Torwood Street, ☎ 01803/295556. www.spiceclubdevon.com.

Hole in the Wall (12), das älteste Pub der Stadt serviert auch ein akzeptables Pub Grub Menu (auch für Vegetarier). 6 Park Lane, ℰ 01803/200755.
Park Lane (11), beliebter abendlicher Treff-punkt unweit des Meers. Torwood Street.
Hanbury's (1), das mehrfach preisgekrönte Fish & Chips ist ein Lesertipp von Christian Allgöwer. Sonntag geschlossen. Babba-combe, Princes Street, ℰ 01803/314616.

Sehenswertes

Torre Abbey: Die Ursprünge Torquays gehen auf eine *Prämonstratenserabtei* aus dem Jahre 1196 zurück. Nachdem unter Heinrich VIII. die Klöster aufgelöst worden waren, zerfiel dieses Gebäude. Heute ist es zum Teil wiederaufgebaut und wird von einer Kunstgalerie genutzt. Umgeben von einem großen Garten samt Gewächshaus befindet sich die Abbey direkt hinter den Tennisplätzen des Abbey Parks.

März bis Okt. tgl. 10–18 Uhr, im Feb., Nov. und Dez. tgl. außer Mo 10–17 Uhr. Eintritt: £ 5.90, erm. £ 4.90 bzw. £ 2.50. www.torre-abbey.org.uk.

Torquay Museum: Neben archäologischen und anderen naturhistorischen Funden aus Kent's Cavern darf eine Dauerausstellung über Agatha Christie natürlich nicht fehlen. Interessant ist auch der Einblick in das ländliche Leben von Devon, das anhand einer historischen Bauernküche vorgestellt wird.

Ostern bis Okt. Mo–Sa 10–16.45 Uhr, So 13.30–16.45 Uhr. Nov. bis Ostern Mo–Fr 10–16.45 Uhr. Eintritt: £ 3, erm. £ 1.50. 529 Babbacombe Road. www.torquaymuseum.org.

Kent's Cavern: Die zwei Kilometer außerhalb der Stadt gelegene Tropfsteinhöhle war bereits in prähistorischen Zeiten bewohnt und auch den Römern bekannt. Mit den Darstellungen von prähistorischen Szenen am Lagerfeuer sowie einer anschaulichen Einführung in die ersten wissenschaftlichen Entdeckungen der Höhle ist sie nicht nur für Kinder ein lohnendes Besuchsziel.

Tgl. 10.30–16 Uhr, Juli/Aug. bis 16.30 Uhr. Eintritt: £ 8.50, erm. £ 7, Familienticket: £ 29. Ilsham Road. www.kents-cavern.co.uk.

Paignton

Paignton kann nicht auf die gleiche glanzvolle touristische Tradition wie sein Nachbarort Torquay zurückblicken. Erst im Zweiten Weltkrieg „entdeckt", ist Paignton ein volkstümlicher Badeort geblieben. Den einzigen architektonischen Glanzpunkt setzt das Oldway Mansion (Eintritt: frei!), das ehemalige Wohnhaus des amerikanischen Nähmaschinenfabrikanten Isaac M. Singer.

Protest gegen die Popkultur

Das Weihnachtsfest 2001 wird in Paignton noch lange in Erinnerung bleiben – allerdings nicht wegen der tollen Geschenke, sondern als Weihnachten ohne Chorgesang. Der zwölfköpfige Chor mit SängerInnen im Alter von 60 bis 87 trat geschlossen zurück, um gegen die Popkultur des Pfarrers zu protestieren. Die Chorsprecherin verkündete, alle Mitglieder hätten die Nase voll, zu Schlagzeug und Gitarre fröhlich in die Hände zu klatschen. Der Pfarrer der Gemeinde Johannes des Täufers verteidigte seine Notmaßnahme mit dem Hinweis, dass der schlechte Gesang regelmäßig die Gemeinde zum Kichern gebracht hatte ...

Sehenswertes

Paignton Zoo: Der erst unlängst für mehr als sechs Millionen Pfund renovierte Zoo (30 Hektar) besitzt einen ausgezeichneten Ruf. BBC drehte hier die erfolgreiche Serie „The Zookeepers". Im Zoo leben neben Elefanten, Nashörnern, Löwen und Tigern auch zahlreiche Menschenaffen (Gorillas, etc.), die zu klimatischen Einheiten (Wüste, Regenwald, etc.) zusammengefasst sind.

Tgl. 10–18 Uhr, im Winter nur bis zum Einbruch der Dämmerung. Eintritt: £ 13.10, erm. £ 9.25, Familien £ 41.25. www.paigntonzoo.org.uk.

Brixham

Brixham ist sicherlich die Stadt an der Torbay, die den attraktivsten Hafen besitzt. Über Jahrhunderte hinweg war Brixham einer der wichtigsten Fischereihäfen Devons. Trotz eines nicht abreißen wollenden Touristenstroms bietet der Hafen noch viel Atmosphäre. Wer Lust hat, kann vom Hafen zur in Richtung Westen gelegenen Steilküste von *Berry Head* hinaufsteigen, wobei man auch an einem Meerwasserschwimmbad vorbeikommt. Für die kurze Mühe entschädigt ein toller Ausblick über die Torbay. Als Naturschutzgebiet ist Berry Head eine begehrte Brutstätte für Seevögel.

- *Information* Tourist Information, Brixham Harbourside, ℡ 01803/211211. www.englishriviera.co.uk.
- *Einwohner* 20.000
- *Markt* Di und Fr in der Scala Hall.
- *Schwimmen* Shoalstone Swimming Pool, großer Meerwasserpool an der Küste südwestlich des Hafens. Eintritt: frei!
- *Übernachten* **Quayside Hotel**, vornehmes Hotel mit einem tollen Blick auf den Hafen. Anerkannt gutes Restaurant. B & B je nach Zimmer und Saison ab £ 48 pro Person, mit Meerblick ab £ 56. 71 King Street, ℡ 01803/855751, Fax 01803/882733. reservations@quaysidehotel.co.uk, www.quaysidehotel.co.uk.

Harbour View, ein paar Häuser weiter, in einem Gebäude aus dem 18. Jahrhundert WLAN vorhanden. B & B je nach Saison und Ausstattung £ 30–37.50 pro Person. 65 King Street. ℡/Fax 01803/853052. www.harbourviewbrixhambandb.co.uk.

Sampford House, ein ehemaliges Fischerhäuschen in der gleichen Straße, mit vergleichbarer Ausstattung. B & B je nach Saison und Aufenthaltsdauer £ 29–35 pro Person. 57 King Street, ℡ 01803/857761. info@sampfordhouse.co.uk, www.sampfordhouse.com.

Maritime, ein Pub am Ende des Hafens, dessen Einrichtung hart an der Grenze zum Kitsch liegt. Der Gastraum ist mit zahllosen Krügen und Töpfen verziert. Auch Zimmervermietung. 79 King Street, ℡ 01803/853535. www.themaritimeinn.moonfruit.com.

Golden Hind im Hafen von Brixham

Sehenswertes

Golden Hind: Originalgetreuer Nachbau des Schiffes, mit dem Sir Francis Drake von 1577 bis 1580 die Welt umsegelte und als erfolgreichster Freibeuter der englischen Geschichte zurückkehrte. Die Lebensbedingungen müssen katastrophal gewesen sein und nur mit eiserner Disziplin ließ sich eine Besatzung von 60 Mann über Jahre hinweg auf einem Schiff wie der Golden Hind zusammenhalten.

Tgl. 10–16 Uhr. Eintritt: £ 4, erm. £ 3. www.goldenhind.co.uk.

Greenway

Die unweit der Ortschaft Galmpton gelegenen Greenway Gardens und das zugehörige Herrenhaus (Greenway House) sind untrennbar mit dem Namen von Englands berühmtester Kriminalautorin verbunden: *Agatha Christie* hat das Anwesen 1938 erworben und hier immer die Weihnachtstage sowie den größten Teil des Sommers verbracht. Im Jahre 2000 gelangte Greenway in den Besitz des National Trust, der es nach jahrelangen Renovierungsarbeiten schließlich im Sommer 2009 für das interessierte Publikum öffnete. Das Haus verströmt noch den Geist der fünfziger Jahre des 20. Jahrhunderts, zu besichtigen sind unter anderem die Lobby, der Drawing Room, das Schlafzimmer und die Bibliothek, wo die berühmte Schriftstellerin zu frühstücken pflegte. Umgeben ist das Anwesen von einem 30 Hektar großen Park mit verschlungenen Wegen, die zu einem Bootshaus hinunterführen.

März bis Okt. Mi–So 10.30–17 Uhr, vom 20. Juli bis Ende Aug. auch Di 10.30–17 Uhr. Eintritt: £ 8, erm. £ 4 (NT). Anreise: Der National Trust empfiehlt die Anreise mit der Fähre von Darmouth, Totnes oder Brixham, die

Parkplätze sind begrenzt und müssen mindestens am Vortag telefonisch reserviert werden: ℡ 01803/842382. www.nationaltrust.org.uk/greenway.

Totnes

Im Gegensatz zu Paignton oder Torquay ist Totnes ein sehr geschichtsträchtiger Ort, der noch immer von den Ruinen einer normannischen Burg überragt wird. Das historische Flair der „alternativen Hauptstadt Großbritanniens" wird durch zwei gut restaurierte Stadttore, das East Gate und das North Gate, vervollständigt.

Glaubt man der Sage, so wurde Totnes von Brutus, dem Sohn oder Enkel des Aeneas, gegründet. Die Stadtväter sind jedenfalls davon überzeugt und erinnern mit einem Gedenkstein in der Fore Street an den antiken Helden. Bereits in angelsächsischer Zeit besaß Totnes das Recht, Münzen zu prägen. Doch auch in normannischer Zeit prosperierte das Gemeinwesen. Als das Goldene Zeitalter der Stadt am River Dart gilt das 16. Jahrhundert, als die Kaufleute Wolle nach Frankreich exportierten und im Gegenzug Wein für den englischen Markt einkauften sowie im Zinnhandel aktiv waren. Als letztes Großereignis vermerkt die Stadtchronik für das Jahr 1962 den Besuch der Queen, weswegen im Rathaus vorsorglich eine Damentoilette eingebaut wurde.

Wer nach Totnes reist, trifft auf eine Stadt, in der die Moderne kaum Spuren hinterlassen hat. Die Altstadt, die sich von der Fore Street bis zur High Street den Berg hinauf zieht, hat Charme. Malerisch wirkt der elisabethanische Butterwalk, unter dessen Arkaden früher die Bauern aus der Umgebung ihre Produkte verkauften. Auffällig ist zudem die lebendige alternative Szene mit vegetarischen Restaurants

128   Devon

und Töpfereien, die sicherlich auch von dem nahen Dartington College profitiert. In den Cafés proben Althippies und Freaks mit verfilzten Dreadlocks ein friedliches Miteinander, Punks werfen einen Blick auf die Auslagen einer esoterischen Buchhandlung, und wer will, kann sich an den Markttagen sein persönliches Horoskop erstellen lassen.

Transition Town Totnes

Totnes hat sich der Revolution verschrieben. Allerdings muss kein Tourist um seine Sicherheit fürchten, denn in der südenglischen Kleinstadt ist eine sanfte ökologische Revolution im Gange. Bis zum Jahr 2030, so das hehre Ziel, will man den Übergang ins postfossile Zeitalter geschafft haben. In langsamen Schritten soll dieser Verzicht auf Öl und Kohle geschehen, hierzu wird nicht nur auf erneuerbare Energien gesetzt, sondern auch versucht, den eigenen Konsum auf Produkte zu beschränken, die in der Umgebung produziert werden. Sogar eine eigene Währung, das Totnes Pound, wurde ins Leben gerufen, um die lokalen Wirtschaftskreisläufe zu verbessern. Inzwischen unterstützen mehr als die Hälfte der Einwohner die Transition Bewegung, zu der rund 200 aktive Mitstreiter gehören. Infos: www.totnes.transition network.org.

• *Information* **Tourist Information Centre**, Town Mill, Coronation Road, Totnes, Devon TQ9 5DF, ☎ 01803/863168, 📠 01803/865771. www.totnesinformation.co.uk.

• *Einwohner* 7800

• *Markt* Freitags findet ein Flohmarkt in der Civic Hall statt.

• *Veranstaltungen* Totnes Festival in der 2. Septemberwoche. www.totnesfestival.com, www.dartingtonorg/arts.

• *Verbindungen* **Zug:** Verbindungen mit Exeter sowie Plymouth und Penzance; der Bahnhof liegt an der Station Road im Osten des Zentrums, ☎ 08457/484950.

Bus: Häufige Verbindungen mit Paignton und Torquay sowie nach Bristol. Die Busse halten an der Coronation Road im Zentrum des Ortes. www.nationalexpress.com, www.traveline.org.uk.

Schiff: Auf dem River Dart fahren von Ostern bis Oktober Boote nach Dartmouth. Im Sommer ab 8.30 Uhr. www.riverlink.co.uk.

• *Übernachten* **Royal Seven Stars Hotel**, seit 1660 eine Postkutschenstation und noch immer das erste Haus am Platz. Eindrucksvoller Innenhof mit einer Treppe zum Ballroom. Hinzu kommen eine stilvolle Bar und ein gutes Restaurant (TQ7), eine zeitgenössische Cafébar und eine große Straßenterrasse. Kostenloses WLAN. Keine Kritik gibt es an den ansprechenden

modernen Gästezimmern, EZ ab £ 85, DZ ab £ 119 (inkl. Frühstück), 10 Prozent Ermäßigung bei Internetbuchung! Spezialtarife im Internet. The Plains, ☎ 01803/862125, 📠 01803/867925. enquiry@royalsevenstars. co.uk, www.royalsevenstars.co.uk.

The Watermans Arms, direkt am Ufer des River Harbourne gelegen, besitzt dieser historische Landgasthof viel Flair (südwestlich von Totnes). Gutes Restaurant mit gepflegter Atmosphäre und herrlicher Terrasse, die Zimmer sind etwas altbacken. Kostenloses WLAN. EZ £ 50, DZ ab £ 70 (inkl. Frühstück). Bow Bridge, Ashprington, rund drei Kilometer von Totnes entfernt, ☎ 01803/732214, 📠 01803/723314. info@thewatermansarms. net, www.thewatermansarms.net.

The Old Forge, angenehmes Guesthouse in einem 600 Jahre alten Gebäude mit Garten unweit der High Street. Kostenloses WLAN. B & B je nach Zimmer und Saison £ 34.50–42.50. Seymor Place, ☎ 01803/862174. www.oldforgetotnes.com.

• *Essen/Trinken* **Bistro 67**, nettes Bistro mit einfachen Holztischen. Internationale Gerichte wie *Chicken Satay* für £ 5.50. Sonntag Ruhetag. 67 Fore Street, ☎ 01803/862604. www.bistro67.co.uk.

Rumour, ansprechende Kneipe mit langem Tresen. Ideal für ein abendliches Pint. Serviert werden kleine Gerichte. Sonntag nur abends geöffnet. 30 High Street, ☎ 01803/864682.

Totnes 129

Pompös. Der Weg zum Ballroom im Royal Seven Stars Hotel

The White Hart, das traditionsreiche Restaurant in der Dartington Hall wurde originalgetreu renoviert. Ansprechende englische Küche, aber auch vegetarische Kost wie ein *Mushroom Burger.* Hauptgerichte um die £ 12. ✆ 01803/847100. www.dartingtonhall.com.

Willow, empfehlenswertes vegetarisches Restaurant mit Garten. Größtenteils verwendet der Koch sogar Biokost. Hauptgerichte zwischen £ 5 und £ 8. Mo–Sa tagsüber geöffnet, Mi, Fr und Sa auch abends. 87 High Street, ✆ 01803/862605.

Waterside Bistro, nur wenige Meter vom River Dart entfernt, hier gibt es internationale Kost und viel frischen Fisch. The Plaines, ✆ 01803/864069. www.watersidebistro.com.

Sehenswertes

Castle: Die normannische Burg wurde auf einem aufgeschütteten Hügel, einer sogenannten Motte, errichtet. Die Ruinen sind zwar nicht sonderlich beeindruckend, doch bietet sich ein schöner Panoramablick über Totnes.

April bis Sept. tgl. 10–17 Uhr, im Juli und Aug. bis 18 Uhr, im Okt. bis 16 Uhr. Eintritt: £ 3.20, erm. £ 2.70 bzw. £ 1.60 (EH).

Elizabethan Museum: Das Stadtmuseum ist in einem elisabethanischen Haus untergebracht. Hier kann man sich anschauen, wie reiche Kaufleute in den vergangenen Jahrhunderten gelebt haben. Interessant ist auch der originalgetreu nachgestellte Kaufladen aus viktorianischer Zeit.

April bis Okt. Mo–Fr 10.30–17 Uhr. Eintritt: £ 2, erm. £ 1. Adresse: 70 Fore Street.

Guildhall: Das Rathaus von Totnes diente ursprünglich als Speiseraum und Küche eines im 11. Jahrhundert gegründeten Benediktinerklosters. Sowohl die Council Chamber als auch das ehemalige Gefängnis und der Gerichtsraum (bis 1974 als solcher genutzt) sind für Besucher zugänglich.

Ostern bis Okt. Mo–Fr 10.30–16.30 Uhr. Eintritt: £ 1.25, erm. £ 0.25. www.totnestowncouncil.gov.uk.

Umgebung

Dartington Hall

Dartington Hall – drei Kilometer nordwestlich von Totnes gelegen – ist ein spätmittelalterliches Herrenhaus mit herrlichem Garten und beherbergt das 1925 von der amerikanischen Millionärin Dorothy Elmhirst gegründete Dartington College of Arts. Mit seinen Konzerten, Ausstellungen und Vorträgen stellt die Kunstschule eine erhebliche Bereicherung für das Kulturangebot Devons dar. Sehenswert ist auch das High Cross House, ein von William Lescaze im Bauhausstil errichtetes Gebäude, das sich auf einem Hügel unterhalb der Dartington Hall befindet. Zu den berühmtesten Schülern gehörte Lucien Freud, ein Enkel von Sigmund Freud, der längst einer der bestbezahlten Künstler Englands ist.

Im Jahr 2009 wurde das Dartington College of Arts mit dem University College Falmouth zusammengeschlossen und der Sitz trotz Protesten nach Falmouth verlegt. Neben zahlreichen Veranstaltungen und Kursen beherbergt Dartington Hall auch ein Restaurant, zudem werden Zimmer vermietet. www.dartingtonhall.org.uk.

Dartmouth

Dartmouth wird als schönste Hafenstadt von Devon gehandelt. Das Zentrum ist ein kleines Hafenbassin, The Quay genannt, in dem ein paar kleine Boote in den Wellen schaukeln.

Stolz verweisen die Bürger auf Dartmouths ruhmreiche Vergangenheit als Seehafen: Richard Löwenherz ging 1190 hier an Bord eines Schiffes, um zum dritten Kreuzzug ins Heilige Land aufzubrechen; 1347 sammelte Eduard III. in Dartmouth die englische Flotte zur Belagerung von Calais, 1588 trafen sich die englischen Schiffe zum Kampf gegen die Spanische Armada. Den Schlusspunkt setzten 400 amerikanische Schiffe, die 1944 im Warfleet Creek ankerten, um sich auf die Invasion der Normandie vorzubereiten. Angesichts dieser Vergangenheit verwundert es auch nicht, dass die Kriegsmarine in Dartmouth seit 1905 ihre Offiziere ausbildet. Oberhalb der Stadt thront gut sichtbar der riesige Gebäudekomplex des *Royal Naval College*, in dem die männlichen Mitglieder der Royal Family traditionell ihren Dienst in der Kriegsmarine absolvieren. Das eigentliche Stadtzentrum mit einigen schönen Fachwerkhäusern wurde auf einem zugeschütteten Bachbett errichtet. Eine besonders malerische Häuserzeile mit Kolonnaden aus dem 17. Jahrhundert ist *The Butterwalk*, dessen reich verzierte Obergeschosse auf Granitsäulen ruhen. Im Süden der Stadt, wo sich der Fluss zum Meer hin wieder verengt, steht das Dartmouth Castle, von dem aus die Hafeneinfahrt bewacht wurde. Die kleine *St Petroc's Church*, die kurz vor dem Castle liegt, ist im normannischen Stil errichtet. Ihr Ursprung soll jedoch bis ins 6. Jahrhundert zurückreichen. Steigt man den steilen Pfad auf der anderen Seite des Castle hinab, erreicht man zwei kleine Badebuchten. Noch bessere Bedingungen herrschen in der Bucht von *Blackpool Sands*, wo das Schwimmen sicherer ist als an der Flussmündung des Dart.

● *Information* **Dartmouth Tourism Services**, Mayor's Avenue, The Engine House, Dartmouth, Devon TQ6 9YY, ✆ 01803/834224, ✆ 01803/835631. www.discover dartmouth.com.

● *Einwohner* 5400

● *Verbindungen* **Bus:** Western National Local Bus verbindet Dartmouth regelmäßig mit der Umgebung, beispielsweise mit Plymouth, Kingsbridge oder Totnes (stündlich). www.stagecoachbus.com.

Zug: Der nächste Bahnhof befindet sich in

Dartmouth 131

Totnes bzw. Kingswear (mit der Fähre zu erreichen).

Schiff: Zwei Fähren, die auch Pkws transportieren, stellen die regelmäßige Verbindung zum nördlichen Ufer des breiten Flusses, nach Kingswear, her (£ 4.50). Zudem bestehen regelmäßige Bootsverbindungen nach Totnes (im Sommer ab 8.30 Uhr).

• *Veranstaltungen* Jeden Sommer (Ende August) findet die traditionelle **Segelregatta** statt. Schön anzusehen sind dann die bunten Segelschiffe im Hafen von Dartmouth. Informationen über die genauen Termine sind beim Tourist Office erhältlich. www.dartmouthregatta.co.uk.

Beliebt ist auch das Mitte Mai stattfindende **Dartmouth Music Festival**, dessen Spektrum von Jazz, Folk, Rock bis zur klassischen Musik reicht. www.dartmouth-music-festival.org.uk.

Achtung: Während dieser Veranstaltungen sind die Hotels in Dartmouth ausgebucht! Zudem ist das Preisniveau in Dartmouth recht hoch.

• *Übernachten* **Royal Castle Hotel**, traditionsreiches Hotel aus dem 17. Jahrhundert, direkt am inneren Hafenbecken gelegen. Zu den Gästen gehörten schon Francis Drake und Queen Victoria. Gutes Restaurant und nette Bar. WLAN. B & B ab £ 72.50 pro Person im Standardzimmer oder ab £ 99.50 in den individuell eingerichteten Komforträumen mit Flussblick, EZ £ 105, bei Internetbuchungen gibt es 10 Prozent Rabatt. The Quay, ✆ 01803/833033, ✆ 01803/835445. enquiry@royalcastle.co.uk, www.royalcastle.co.uk.

Browns Hotel, Übernachten mit Stil – das ehemalige Victoria Hotel bietet zehn geschmackvolle Zimmer (jedes mit eigenem Bad und viel Liebe zum Detail eingerichtet) in zentraler Lage. Ansprechendes Foyer. Abends isst man im zugehörigen Restaurant leckere Tapas für £ 4.50–8.50. B & B im DZ ab £ 35 pro Person (So–Do) bis zu £ 80 pro Person in den großen Zimmern am Wochenende. 27 Victoria Road, ✆ 01803/832572, ✆ 01803/835815. enquiries@brownshoteldartmouth.co.uk, www.brownshoteldartmouth.co.uk.

Avondale, kleines elegantes B & B, nur fünf Fußminuten vom Fluss entfernt. B & B je nach Reisezeit und Zimmer £ 60–85 (DZ) bzw. £ 45–60 (EZ). 5 Vicarage Hill, ✆ 01803/835831. www.avondaledartmouth.co.uk.

Townstal Farm House, ein altes Haus mit Flair, einen knappen Kilometer vom Zent-

Lohnend: ein Spaziergang an der Hafenpromenade von Dartmouth

rum entfernt. Zimmer mit TV, Radio und Teekocher. B & B ab £ 35. Townstal Road, ✆ 01803/832300, ✆ 01803/835428. www.townstalfarmhouse.com.

Hill View House, nur ein Katzensprung bis zum Hafen. Fünf geschmackvolle helle Zimmer. WLAN. B & B ab £ 35. 76 Victoria Road, ✆ 01803/839372.
www.hillviewdartmouth.co.uk.

• *Jugendherberge* Die nächste Herberge befindet sich in Galmpton (siehe Torbay).

• *Camping* **Deer Park Holiday Estate**, in Stoke Fleming, mit Laden, Pub, Restaurant und beheiztem Swimmingpool. ✆ 01803/770253. www.deerparkinn.co.uk.

• *Essen/Trinken* **The New Angel**, eines der besten und teuersten Restaurants von Devon. Chefkoch Nathan Thomas ist stolzer Besitzer eines Michelin-Sterns. Tolles Ambiente! Wer sich den köstlichen Gaumenfreuden wie einem *Tranche of Turbot with*

132   Devon

Crab Boudin hingeben will, muss abends mehr als £ 50 erübrigen, mittags kann man schon für £ 19.50 (zwei Gänge) oder £ 25 (drei Gänge) schlemmen. Sonntagabend und Mo geschlossen. Auch Zimmervermietung ab £ 125 inkl. Frühstück. 2 South Embankment, ✆ 01803/839425. www.thenewangel.co.uk

Taylor's Restaurant, ein weiteres ausgezeichnetes, aber etwas günstigeres Fischrestaurant mit schönem Blick auf den Hafen. Stilvoll renovierte Gasträume im ersten Stock. Der frische Fisch wird täglich auf dem Markt im benachbarten Brixham gekauft. Die Auswahl reicht von Lobster über Krabben, Steinbutt und Barsch bis zu Forellen und Lachs aus dem River Dart (saisonabhängig). Die Preise bewegen sich in der mittleren bis oberen Kategorie, Zwei-Gang-Mittagsmenü £ 12.95, abends £ 15.50. Sonntag und Montag Ruhetag. 8 The Quay, ✆ 01803/832748. www.taylorsrestaurant.co.uk.

The Sloping Deck, das im ersten Stock gelegene Restaurant macht seinem Namen alle Ehre, denn keine Wand des alten Hauses steht mehr gerade. In uriger Atmosphäre wird köstlicher Tee gereicht. Der Kuchen ist zuckersüß und macht das größte Leckermäulchen satt (Bäckerei im Erdgeschoss). Die anderen Gerichte wie geräucherte Makrele oder Ploughman's Lunch

sind relativ günstig. Nur bis 17 Uhr geöffnet. The Butterwalk.

RB's Restaurant, ein kleines Restaurant mit einem schönen Ambiente. Internationale Küche zu etwas höheren Preisen, zweigängiges Menü £ 22.95, drei Gänge £ 27.95. Nur abends geöffnet, Di und Mi Ruhetag. 33 Lower Street, ✆ 01803/832882. www.rbsrestaurant.com.

Café Alf Resco, beliebter Treff mit gutem Frühstück und dem Flair einer Trattoria, nette Terrasse zum Draußensitzen. Viele Gerichte werden mit biologischen Zutaten zubereitet. Über dem Café werden auch zwei Zimmer und eine Ferienwohnung (toller Blick!) vermietet. 37 Lower Street, ✆ 01803/835880. www.cafealfresco.co.uk.

The Frying Pan, das Fish-&-Chips-Restaurant ist ein Lesertipp von Bettina Dönnebrink: „Echt englisch, typischer freundlicher Service („what can I do for you, darling?"), große und vor allem leckere Portionen zu fairen Preisen." 11 Broadstone (Market Street), ✆ 01803/832546.

Cherub Inn, ein Pub wie aus dem Bilderbuch. Bereits 1380 urkundlich erwähnt, dürfte wohl so mancher Balken mehr als 600 Jahre alt sein. Das Restaurant im ersten Stock serviert traditionelle englische Küche. 13 Higher Street, ✆ 01803/832571. www.thecherub.co.uk.

Sehenswertes

Dartmouth Castle: Das wuchtige Castle mit seinen zinnenbekrönten Türmen wurde im 15. Jahrhundert errichtet, um die Mündung des Dart mit Kanonen kontrollieren und den Hafen von Dartmouth sichern zu können.

Juli und Aug. tgl. 10–18 Uhr, Mai, Juni, Sept. und Okt. tgl. 10–17 Uhr, Nov. bis März Sa/So 10–16 Uhr. Eintritt: £ 4.50, erm. £ 3.80 oder £ 2.30 (EH).

Dartmouth Museum: Am Butterwalk haben die Lokalhistoriker zahlreiche maritime Kuriositäten wie Landkarten, Drucke und Schiffsmodelle zusammengetragen.

April bis Okt. tgl. außer So 10–16 Uhr, Nov. bis März tgl. außer So 12–15 Uhr. Eintritt: £ 1.50, erm. £ 1 oder £ 0.50.

Newcomen's Steam Engine: *Thomas Newcomen* (1663–1729) war Schmied in Dartmouth. Er erfand und baute rund siebzig Jahre vor James Watt die erste Dampfmaschine, ein technischer Meilenstein der Industriellen Revolution. Das Prinzip ist denkbar einfach: In einen Zylinder, in den ein Kolben hineinreicht, der wegen des Pumpengestänges nach oben zieht, wird Wasserdampf eingelassen. Wenn der Zylinder mit Dampf gefüllt ist, wird kaltes Wasser zugespritzt. Dadurch kondensiert der Dampf, und es bildet sich ein Vakuum, das den Kolben nach unten zieht. Diese Art Dampfmaschine war in Englands Kohlebergwerken, aber auch in Deutschland, Österreich, Frankreich und den USA weit verbreitet. Wer sich selbst ein Bild machen will, kann eine wiederaufgebaute Maschine im Newcomen Engine House beim Tourist Office in der Mayor's Avenue bewundern.

Coleton Fishacre: Um zum Coleton Fishacre zu gelangen, muss man entweder von Dartmouth die Fähre nach Kingswear nehmen oder von Brixham ein paar Kilometer nach Süden fahren. Coleton Fishacre ist ein herrlicher Landsitz samt ausgedehntem Park, der in den zwanziger Jahren des 20. Jahrhunderts in der Tradition der Arts & Crafts Bewegung entstanden ist.
April bis Okt. Mi–So 11–17 Uhr. Eintritt: £ 7.40, erm. £ 3.70 (NT).

Blackpool Sands: Der gut fünf Kilometer südlich von Dartmouth zwischen Stoke Fleming und Strete gelegene Strand ist zwar in den Sommermonaten alles andere als einsam, bietet aber mit seinem hellen Sand und den dahinter stehenden Pinien einen sehr idyllischen Anblick. Direkt neben der A 379. Duschen und Cafés sind vorhanden, das Strandvergnügen wird allerdings durch horrende Parkgebühren getrübt.

East Portlemouth

Der kleine, geruhsame Hafenort lohnt einen Abstecher. Eine Fähre setzt regelmäßig nach Salcombe über. Von den Felsen aus bietet sich ein schöner Blick über die Förde bis nach Kingsbridge. In der Hauptstraße stehen einige sehenswerte alte Häuser, neben dem Hafen gibt es Sandstrände zum Baden.

Wandern: Von East Portlemouth führt der Coast Path südostwärts zum südlichsten Punkt von Devon, dem *Prawle Point*. Hier liegt auch das Wrack eines Frachters, der Opfer eines Sturms wurde.

Kingsbridge

Die „Hauptstadt" der *South Hams* ist ein idealer Ausgangsort, wenn man die Hügelkette zu Fuß oder mit dem Fahrrad kennenlernen will. Nur zehn Kilometer sind es nach Salcombe oder nach *Torcross*, einem kleinen verträumten Fischerort. Von einiger Bedeutung waren der Markt und der kleine Fördenhafen der Stadt. Rings um das Rathaus sind noch einige alte Bauten erhalten. Über die regionale Geschichte und die Anfänge der Porzellanindustrie informiert das *Cookworthy Museum* im Gebäude einer ehemaligen Schule, das aus dem 17. Jahrhundert stammt (108 Fore Street).

• *Information* **Tourist Information**, The Quay, South Devon TQ7 1HS, ✆ 01548/853195, ✆ 854185. www.kingsbridgeinfo.co.uk.
• *Einwohner* 5.800
• *Markt* Dienstag und Freitag in der Town Hall.
• *Kino* The Reel Cinema, Fore Street, ✆ 001548/856636.

• *Übernachten/Essen/Trinken* **Kings Arms Hotel**, das alteingesessene Hotel mitten im Ortszentrum wurde zum Zeitpunkt der Recherche von einem neuen Besitzer renoviert. Fore Street, ✆ 01548/852071, ✆ 01548/852977. info@kingsarmshoteldevon.co.uk. www.kingsarmshoteldevon.co.uk.

Slapton Sands

Östlich von Kingsbridge erstreckt sich bei der Ortschaft Torcross das Naturreservat Slapton Ley. Es handelt sich dabei um einen Süßwassersee samt Marschlandschaft, der nur durch eine Landzunge vom Channel getrennt ist. Die Landzunge besteht aus typischem Kleinkieselstrand und einem ganz schmalen Dünenstrich, auf dem mehr oder weniger die Straße verläuft.

Auch in historischer Hinsicht gibt es Ungewöhnliches von der Gegend zu berichten: Gegen Ende des Zweiten Weltkrieges wurden 3500 Einwohner von Slapton und seinen umliegenden Gemeinden von den Alliierten „ausgesiedelt", um die Landung

134   Devon

in der Normandie zu trainieren. Slapton Sands hatte man deswegen gewählt, weil die dünn besiedelte Gegend der Normandie, besonders Omaha Beach, ähnlich ist. Im Rahmen der Manövereinheiten kam es zu einem schrecklichen Zwischenfall, der mehr als 600 Alliierten das Leben kostete: Die Soldaten gingen bei einer Übung von einem Trainingsmanöver aus, das sich fatalerweise als deutscher Torpedoangriff herausstellte. Nach der erfolgreichen Invasion (D-Day) durften die Bewohner von Slapton zurückkehren, aber zu ihrem Ärger waren Dutzende von Häusern zerstört und die Felder vollkommen verwüstet. Von der einjährigen Evakuierung von Slapton Sands und dem schweren Unglück zeugen am Strand und am Rande von Torcross Mahnmale. Zudem ist ein Panzer *(Sherman Tank)* zu bewundern, der bei den Landeübungen ins Wasser stürzte.

Salcombe

Wer sich in den South Hams aufhält, der sollte auf keinen Fall an Salcombe vorbeifahren. Der Ort liegt an einem wunderschönen Küstenabschnitt mit üppiger Vegetation und vielen hübschen Badeständen. Salcombe schmiegt sich eng an die steil zur See abfallenden Hügel. Da das Parken an diesen Stellen so gut wie unmöglich ist, stößt man selten auf Ausflugsscharen. Alljährliches Großereignis ist die *Salcombe Town Regatta*, die im August Hunderte von Seglern und Zuschauern anlockt. Da der Segelsport auch in England meistens ein Hobby von Besserverdienenden ist, sind die Preise für Unterkunft und Verpflegung in der Saison entsprechend hoch. Trotzdem gibt es außerhalb des Ortes einige erschwingliche B & Bs. Einige Pubs und Restaurants findet man bei einem Spaziergang durch die Stadt. Wer es ein wenig ausgelassen mag, sollte im *Ferry Boat Inn* am Hafen vorbeischauen. An Bord trifft sich ein junges Publikum auf ein Bier, zum Dart oder Billard.

• *Information* **Tourist Information Centre**, Market Street, Salcombe, Devon TQ8 8DE, ✆ 01548/843927, ✇ 01548/842736. www.salcombeinformation.co.uk.

• Einwohner 1.500

• *Verbindungen* Busse nach Plymouth und Totnes, ✆ 08705/808080. www.nationalexpress.co.uk.

• *Fähren* Passagierfähren nach South Sands und nach Portlemouth auf der anderen Seite der Bucht legen vom Ferry Inn ab. Während des Sommers fahren auch unregelmäßig Schiffe nach Kingsbridge.

• *Übernachten* **Tides Reach Hotel**, nur durch eine Straße vom Strand getrennt bietet dieses südlich des Ortes gelegene Hotel viel Komfort und große Zimmer, teilweise mit herrlichem Meerblick und Balkon. Triste Tage versüßt ein kleines Hallenbad. Restaurant vorhanden. Halbpension je nach Saison und Zimmer £ 76–150 pro Person. South Sands, ✆ 01548/843466, ✇ 01548/843954. enquire@tidesreach.com, www.tidesreach.com.

The Sunny Cliff, moderne, helle Apartments in einer fantastischen Lage über dem Meer. Kleiner Swimmingpool und Sonnenterrasse vorhanden. Je nach Jahreszeit und Apartment £ 595–1755 pro Woche (für 4–6 Personen). Cliff Road, ✆ 01548/842207. sunnyc@aol.com, www.sunnycliff.co.uk.

• *Jugendherberge* **Sharpitor**, ein paar Kilometer südlich von Salcombe, auf einem Kliff gelegen. Ein wunderschönes Haus mit Blick auf den tropischen Garten von Overbecks. Nov. bis März geschlossen. Erwachsene ab £ 14, Jugendliche ab £ 10.50. Salcombe, ✆ 0845/3719341, ✇ 0845/3719342.

Sehenswertes

Overbecks Garden: Gartenliebhaber sollten einen Abstecher zum Overbecks Garden (wenige Kilometer südwestlich), einem vom National Trust geführten Garten, nicht versäumen. Belohnt wird man mit einer mediterranen Pracht samt Palmen, Olivenbäumen, Agaven und Zitrusgewächsen. Auch der große, seltene Kampferbaum und die aus dem Himalaja stammende *Magnolia campbellii* sind vertreten. Benannt ist der Garten nach dem Chemiker Otto Overbeck, der das Grundstück 1928 erwarb und den Garten anlegen ließ. Ein toller Blick auf die Bucht von Salcombe krönt den Ausflug.

Mitte März bis Okt. tgl. außer Fr 11–17 Uhr, im Aug. auch Fr 11–17 Uhr, im Winter ist nur der Garten zu besichtigen (Mo–Do 11–16 Uhr). Eintritt: £ 6.70, erm. £ 3.40, Familien £ 16.80. (NT).

Wanderung 3: Zum Bolt Head

Bolt Head und Sharp Tor gelten als die beeindruckendsten Küstenabschnitte im Süden der Grafschaft Devon. Einkehrmöglichkeiten gibt es bei den Stränden South und North Sands.

> **Ausgangspunkt:** Der gebührenpflichtige Parkplatz North Sands einen Kilometer südlich von Salcombe.
> **Wegstrecke:** 8,7 km.
> **Dauer:** 2:30 Std.

Die Wanderung beginnt am großen Parkplatz von North Sands (**WP 1**). Wir verlassen den Parkplatz und folgen der Straße nach Süden in Richtung South Sands. Erst kommt eine Rechtskurve, dann eine Haarnadelkurve nach links, anschließend gehen wir den Berg auf der Straße bis zur höchsten Stelle hinauf (**WP 2**). Dort folgen wir dem Public Footpath, der anfangs mit der asphaltierten Malt Road identisch ist. Wir folgen der Straße, bis sie sich zu einem von Hecken gesäumten Fußpfad verengt (**WP 3**), dem wir weiter geradeaus durch einen Wald folgen. Schon bald erreichen wir eine asphaltierte Straße (**WP 4**), die in die gleiche Richtung führt. Kurz nachdem wir Combe mit seinen schönen reetgedeckten Cottages passiert haben, biegen wir an einer Kreuzung nach links ab (Wegweiser „Rew, Marlborough"). Die Straße steigt weiter bis zur Higher Rew Farm (**WP 5**) an, wo wir nach links abbiegen und oberhalb des Campingplatzes auf einem Fußpfad die Wiese hinaufgehen. Rechter Hand geht der Weg neben einer Hecke und unterhalb einer Stromleitung den Berg bis zu einer Straße hinauf (**WP 6**). Wir überqueren die Wegkreuzung und gehen nahezu geradeaus die Straße weiter. Nach 200 Metern kommen wir zu einer Häusergruppe (Higher Soar) und folgen dem Wegweiser „Public Footpath to Middle Soar linked to Coast Path" (**WP 7**) durch ein Gatter in Richtung Süden. Gelbe Markierungen zeigen den Weg, der mit einem kur-

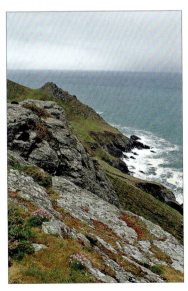

Auf dem Weg zum Bolt Head

zen Zickzack **(WP 8)** über Felder zur Middle Soar Farm führt **(WP 9)**. Einen Steinwurf weit entfernt stoßen wir auf einen Wegweiser („Bolt Head, Salcombe"), dem wir längere Zeit entlang einer Steinmauer parallel zur Küste folgen (die Küste sieht man nicht). Schließlich treffen wir auf mehrere Wegweiser **(WP 10)** und orientieren uns in Richtung Bolt Head. Durch das untere der beiden Gatter **(WP 11)** gelangen wir auf den South West Coast Path. Ein paar Minuten später passieren wir erneut ein Gatter und den Wegweiser „Salcombe (2¾ Miles)" **(WP 12)**. Kurz darauf erreichen wir den felsig-zerklüfteten Küstenabschnitt mit dem markanten Bolt Head **(WP 13)**. Wir folgen dem South West Coast Path, der uns zur Starehole Cove **(WP 14)** hinunterbringt, wo wir einen kleinen Bach überqueren und weiter dem Küstenpfad folgen. Der Weg verengt sich und führt, mit einem Gitter gesichert, in spektakulärer Weise zum Sharp Tor **(WP 15)**. Anschließend geht es gemächlicher oberhalb des

Meeres in Richtung Salcombe bis zu einem einzelnen Haus. 100 Meter später treffen wir auf eine Straße (WP 16), der wir weiter folgen. Wenn man will, kann man auch noch einen Abstecher zum Overbecks Garden (WP 17) einplanen oder sich am Strand von South Sands entspannen, bevor man innerhalb weniger Minuten zum Ausgangspunkt zurückkehrt.

Hope Cove

Hope Cove ist ein netter Badeort mit Fischerflair. Eigentlich handelt es sich um zwei Orte, Inner und Outer Hope, die durch steile Felsenklippen voneinander getrennt sind. Ein Fußpfad und eine weiter landeinwärts verlaufende Straße verbinden beide Stadtteile. Von der Klippe hat man eine gute Sicht.

Wandertipp: Eine wunderschöne Küstenwanderung führt über zerklüftete Schieferfelsen vom *Bolt Tail* zum elf Kilometer entfernten *Bolt Head*.

Burgh Island

Burgh Island ist eine malerische kleine Insel samt Hotel, die dem Festland wenige hundert Meter vorgelagert liegt. Zu der Insel gelangt man bei Ebbe zu Fuß, sonst mit dem Sea Tractor. Im Pub auf der Insel, *The Pilchard Inn,* spürt man noch die Atmosphäre aus vergangenen, ereignisreichen Jahrhunderten, als nicht Touristen, sondern Schmuggler ihr Ale an der Bar tranken. Das auf dem Festland gelegene *Bigbury-on-Sea* ist ein netter Badeort mit Sandstrand, der vor allem bei Surfern beliebt ist.

● *Übernachten* **Burgh Island**, das im Art-Déco-Stil errichtete Nobelhotel, das schon Crime-Queen Agatha Christie auf der Suche nach Inspiration gerne zum Schreiben aufsuchte (sie schrieb hier die Krimis „Das Böse unter der Sonne" und „Letztes Weekend"), ist seit seiner Restaurierung wieder eine feine Adresse. Im Restaurant wird auf angemessene Kleidung Wert gelegt. Übernachtung mit Frühstück und Abendessen ab £ 195 pro Person. ✆ 01548/810514, ✆ 01548/810243. reception@burghisland.com, www.burghisland.com.

Plymouth und Umgebung

Plymouth ist der größte städtische Ballungsraum in Devon und Cornwall. Fast jeder fünfte Einwohner der Region lebt an der Mündung des River Tamar. Glücklicherweise benötigt man mit dem Auto nur kurze Zeit, um ein paar nette Fischerdörfer wie Cawsand oder stattliche Landsitze wie Saltram House zu erreichen.

Plymouth

Das traditionsreiche Plymouth ist nach Southampton die wichtigste Hafenstadt an der englischen Küste. Bedingt durch schwere Kriegsschäden und ein recht langweiliges Geschäftszentrum, verlockt Plymouth kaum zu einem längeren Aufenthalt.

Plymouth, das aus dem Fischerdorf Sutton hervorging, stand einige Male im Rampenlicht der Geschichte. Als 1588 die „unbesiegbare" Spanische Armada vor der Küste auftauchte, musste *Sir Francis Drake* extra eine Bowlingpartie abbrechen, um sein Vaterland zu verteidigen. Mit der königlichen Flotte setzte er der spani-

138 Devon

schen Elite-Flotte dermaßen zu, dass sie, beziehungsweise die verbleibenden Schiffe, umgehend den Rückzug antraten. Beruhigt konnte Drake daraufhin sein Bowling-Match zu Ende bringen. Am 6. September 1620 lichtete dann die legendäre Mayflower der Pilgerväter in Plymouth ihren Anker, um nach Amerika zu segeln. Im Jahre 1768 war Plymouth Ausgangshafen für die erste Expedition des wohl bedeutendsten englischen Seefahrers *James Cook*. Auf dieser Fahrt entdeckte und erforschte er die Ostküste Australiens und nahm sie als Neusüdwales für die englische Krone in Besitz. Und auch Francis Chichester wählte Plymouth 1967 zum Ausgangspunkt eines „Segeltörns", auf dem er als erster Mensch alleine um die Welt segelte, woraufhin er von Queen Elizabeth II. in den Ritterstand erhoben wurde. Plymouths Wohlstand spiegelte sich lange in den prächtigen Kaufmannshäusern wider. Im März und April des Jahres 1941 jedoch wurde der größte englische Marinestützpunkt von deutschen Bombern in Schutt und Asche gelegt. Wie so viele andere Städte in Europa war Plymouth nicht mehr wiederzuerkennen. Einzig *The Barbican*, ein Stadtteil am Hafen aus elisabethanischer Zeit *(Sutton Harbour)*, blieb von der totalen Zerstörung verschont. Heute finden sich hier mehrere ansprechende Kneipen und Szeneclubs. Das *Merchant's House* und das *Elizabethan House*, beides Museen, erinnern ebenfalls noch an die glorreiche Epoche. Das gegenwärtige Plymouth ist aber vor allem eine lebendige Hafen- und Industriestadt. Entlang der großen Fußgängerzone gibt es hervorragende Einkaufsmöglichkeiten, hinzu kommt ein überdachtes, modernes Shopping Center – der *Drake-Circus*. In den letzten Jahren hat man erfolgreich versucht, Plymouth wieder mehr zum Wasser hin auszurichten. Am Hafen wurde das *National Marine Aquarium* errichtet, zudem wandelte man mehrere historische Gebäude wie den *Royal William Yard* in komfortable Apartments mit Meerblick um. Zudem wurde das Tinside Lido renoviert. Das traditionsreiche Freibad im Art-Déco-Stil direkt unterhalb des Hoe Park bietet sommerliches Badevergnügen.

Information/Verbindungen/Diverses

● *Information* **Tourist Information Centre**, Plymouth Mayflower, 3–5 The Barbican, Plymouth, Devon PL1 2TR, ✆ 01752/306330, ✆ 0870/2254954. www.visitplymouth.co.uk.

● *Einwohner* 250.000

● *Verbindungen* **Bus:** Stadt- und Nahverkehrsverbindungen ab Royal Parade, Fernbusse von First Western National ab Bretonside Station (✆ 01752/402060) nahe St Andrew's Cross. National Express fährt u. a. London, Bristol und Exeter an. Das Ticket Office ist Mo–Sa 7–19 Uhr und So 9–17 Uhr geöffnet. In den Sommermonaten verkehrt der Transmoor Link über Princetown, Two Bridges nach Moretonhampstead regelmäßig (siehe Dartmoor), im Winter nur samstags. Verbindungen nach London, Exeter und Bristol mit National Express, nach Exeter auch mit Stagecoach (etwas billiger). www.nationalexpress.com.

Zug: Hauptbahnhof Milehorse in der North Road nördlich des Zentrums; liegt an der

Strecke Penzance – Exeter über Truro, Totnes, Newton Abbot. Nach London (Paddington) und Bristol über Exeter. www.firstgreatwestern.co.uk.

Flug: Flugverbindungen mit London Gatwick sowie Bristol, Leeds und Manchester über Air South West (✆ 0870/2418202). www.airsouthwest.com.

Fähren: Brittany Ferries starten von den Millbay Docks. Vom Stadtzentrum kann man den Bus 34 hierher nehmen.

Schiff: vom Hafen aus bieten mehrere Gesellschaften Bootstouren entlang der Mündungen der Flüsse Plym und Tavy sowie nach Cawsand an. Am besten vergleicht man zunächst die Preise und Routen, bevor man sich für einen Cruiser entscheidet. Plymouth Sound Cruises, ✆ 01752/408590, www.soundcruising.com; Cawsand Ferry, von April bis Okt., ✆ 07971/208381, www.cawsandferry.com.

● *Veranstaltungen* Barbican Jazz and Blues

Festival, zehn Tage Anfang Mai. www.barbicanjazzandbluesfestival.com; British Firework Championships, Mitte August, www.britishfireworks.co.uk; ein Überblick: www.plymouthsummerfestival.com.

• *Theater* Das **Theatre Royal** zeigt Tanz, Opern, Musicals und Theateraufführungen und gilt als die künstlerisch beste Adresse im ganzen West Country. Royal Parade, ☎ 01752/267222. www.theatreroyal.com.

Gastspiele bietet das **Barbican Theatre**, Castle Street, ☎ 01752/267131. www.barbicantheatre.co.uk.

• *Kinos* **Reel Cinema**, Derry's Cross, ☎ 01752/225553, www.reelcinemas.co.uk; **Warner Village Cinema** im Barbican Leisure Centre, ☎ 01752/225553; **Plymouth Arts Centre**, 38 Looe Street, ☎ 01752/206114.

• *Galerie* **45 Southside**, zeitgenössische dekorative Kunst aus Keramik, Glas und Metall. Geführt wird die Galerie von zwei Hamburgern. 45 Southside Street. www.45southside.co.uk.

• *Schwimmen* **Central Park Leisure Pools**, beheiztes Hallenbad. ☎ 0870/3000010. Eintritt: £ 3.25. **Tinside Lido**, siehe Sehenswertes.

• *Post* 5 St Andrew's Cross.

• *Krankenhaus* **Derriford Hospital**, Tavistock Road, ☎ 01752/777111.

Übernachten (siehe Karte S. 141)

Plymouth besitzt ein großes Angebot an B & Bs, die zumeist entlang der Citadel Road und ihren Nebenstraßen im Stadtteil The Hoe zu finden sind.

Premier Travel Inn (4), passables Kettenhotel in unmittelbarer Nähe des Hafens und des National Marine Aquarium, mit Parkplätzen vor der Tür. Parken kostet allerdings extra. Mit Zimmerpreisen ab £ 69 für englische Verhältnisse ausgesprochen günstig, gelegentlich Schnäppchen ab £ 29. 28 Sutton Road, ☎ 0870/9906458, ✆ 0870/9906459. www.premiertravelinn.co.uk.

New Continental Hotel (6), großes moder-

140   Devon

nes Hotel in einem denkmalgeschützten viktorianischen Gebäude mit viel Komfort, Fitness-Studio sowie Hallenbad vorhanden. Die Zimmer sind in einem klassisch-modernen Stil eingerichtet. Kostenpflichtiges WLAN. B & B ab £ 70 im EZ, ab £ 80 im DZ. Millbay Road, ℘ 01752/220782, ℘ 01752/227013. www.newcontinental.co.uk.

Osmond Guest House (19), nettes B & B (Nichtraucher) in Meeresnähe mit sechs gemütlichen Zimmern. B & B ab £ 20 pro Person. 42 Pier Street, ℘ 01752/229705, ℘ 01752/269655. info@osmondguesthouse.co.uk, www.osmondguesthouse.co.uk.

Bowling Green Hotel (17), wie der Name bereits andeutet, direkt beim Bowling Green am Hoe Park. Insgesamt werden 12 Zimmer in dem gut geführten Hotel vermietet. Kostenloses WLAN. EZ £ 60, DZ £ 70–72. 9–10 Osborne Place, ℘ 01752/209090, ℘ 01752/209092. www.thebowlinggreenplymouth.com.

Avalon Guest House (13), dieses Guesthouse von Louise und Joe McShane bietet durchaus moderne und geschmackvoll eingerichtete Zimmer, wobei das schon in den Markisen angedeutete Rot die vorherrschende Farbe ist. Zudem gibt es wahrscheinlich eines der kleinsten Einzelzimmer von ganz Devon (Zimmer Nr. 1). Kostenloses WLAN. B & B ab £ 24. 167 Citadel Road, ℘ 01752/668127. www.avalonguesthouse.moonfruit.com.

Acorns and Lawns (12), schönes B & B mit

hellen Räumen, direkt am Hoe Park. Kostenloses WLAN. B & B im DZ £ 30–37.50. 171 Citadel Road, ℘ 01752/229474. www.plymouthoeguesthouse.co.uk.

The Beeches (14), zentral gelegen und mit Preisen, die jeder Jugendherberge Konkurrenz machen können. WLAN. (B & B ab £ 30). 177 Citadel Road, ℘ 01752/266475. www.beechesplymouth.moonfruit.com.

Plymouth Backpackers Hostel (15), eine Alternative zur Jugendherberge. Einfache Schlafräume, lockere Atmosphäre. In der Nähe des Hoe Parks. Ermäßigung bei längerem Aufenthalt. Übernachtung im Schlafraum ab £ 8.50, im Dreibettzimmer £ 12 pro Person. 172 Citadel Road, ℘ 01752/225158, ℘ 01752/207847. plymback@hotmail.com, www.backpackers.co.uk/plymouth.

Eastern Lodge (1), die romantisch-verspielte Herberge in der Umgebung von Plymouth (12 Kilometer südöstlich) ist ein Lesertipp von Mathias Landwehr. B & B £ 35. Membland bei Newton Ferrers, ℘ 01752/871450. www.easternlodge.co.uk.

● *Camping*   **Riverside Caravan Park**, der nächstgelegene Campingplatz in Richtung Exeter (Richtung Osten, A 38 oder A 374 bzw. Bus 21), schöne Anlage mit beheiztem Swimmingpool. Ein Zweimannzelt kostet £ 7–10. Das ganze Jahr über geöffnet. Longbridge Road, Marsh Mills, ℘ 01752/344122. office@riversidecaravanpark.com, www.riversidecaravanpark.com.

Essen/Trinken/Nachtleben

Chloes Restaurant (7), die französische Küche des modernen Restaurants wird von Michelin gelobt. Gekocht wird kreativ wie traditionell, so beim *Lapin Moutarde with Gratin Dauphinois*. 2-Gang-Menü ab £ 13,50, 3-Gang-Menü ab £ 18,50. Sonntag und Montag Ruhetag. Princess Street, ℘ 01752/201523. www.chloesrestaurant.co.uk.

The Platters (16), seit mehr als 20 Jahren bekannt für seine großen Portionen fangfrischen Fisch. Empfehlenswert ist das *Platters Trio* mit drei verschiedenen gegrillten Fischen für £ 13.95. 12 The Barbican, ℘ 01752/227262. www.platters-restaurant.co.uk.

The Fisherman's Arms (18), mehr eine schicke Weinbar als ein Pub und seit kurzem mit exzellenter Küche. Etwas versteckt im Barbican, zu finden gegenüber den Mayflower Steps, die Treppen den Hügel hoch und der Beschilderung folgen. 31 Lambhay Street, ℘ 01752/661457. www.thefishermansarms.com.

Watering Hole (2), direkt am Fischerhafen; unten traditioneller Pub, Restaurant im ersten Stock. Im gepflegten Ambiente wird eine Vielzahl verschiedener Gerichte serviert. Hinter den Lunch-Specials (12–14.30 Uhr) verbergen sich große Portionen zu anständigen Preisen. The Quay, ℘ 01752/667604.

Cap'n Jaspers (11), laut Eigenwerbung eine „weltberühmte" Imbissbude am Hafen, in der es frisch gefangenen Fisch und Crêpes, aber auch hausgemachte Hamburger gibt (knapp fünf Minuten Wartezeit). Barbican, South Street, ℘ 01752/262444. www.capn-jaspers.co.uk.

Plymouth Arts Centre (5), Kunstgalerie und Kino mit vegetarischem Café/Restaurant. Ein vorwiegend junges studentisches Publikum genießt hier preiswerte Mahlzeiten, vor allem vegetarische Kost. Selbstbedienung. So und Mo Ruhetag. 38 Looe Street, ℘ 01752/206114. www.plymouthac.org.uk.

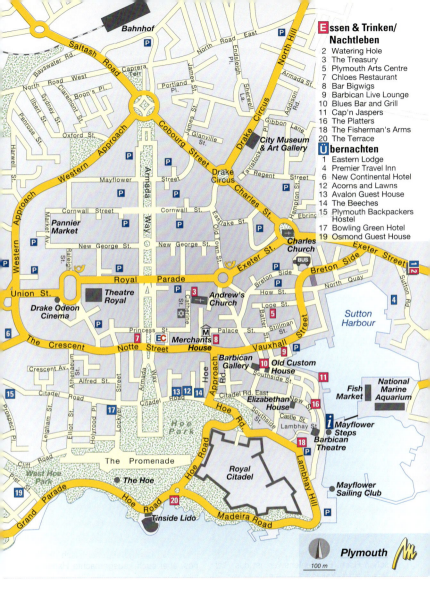

The Treasury (3), coole Mischung zwischen Restaurant und Bar in der ehemaligen Schatzkammer einer Kirche. Man sitzt mit Lounge-Atmosphäre unter hohen Stuckdecken. Die Küche ist Modern British und fühlt sich mediterranen genauso wie asiatischen Einflüssen verpflichtet. Hauptgerichte rund £ 10. Catherine Street, Royal Parade, ℅ 01752/672121. www.thetreasurybar.co.uk.

The Terrace (20), in Plymouth gibt es keine Adresse mit einer besseren Aussicht als dieses schräg oberhalb des Tinside Lido gelegene Café, das bereits Frühstück anbietet. Die Küche ist nicht spektakulär (einfache Gerichte), aber man kommt auch wegen dem Flair. Hoe Road, ℅ 01752/603533.

Bar Bigwigs (8), moderne Bar mit großem Tresen und hellen Holztischen, serviert wird bodenständige Küche mit internationalem Einschlag. Lecker: *Wellington Pigeon with Cauliflower cheese*. Jüngeres Publikum. In unmittelbarer Nähe vom Merchant's House. So und Mo Ruhetag. Achtung: Es steht eventuell ein Pächterwechsel bevor. 15 St Andrews Street, ℅ 01752/661263.

Barbican Live Lounge (9), der ultimative Treff für alle Musikfreunde. Zünftige Stimmung unter einem steinernen Tonnengewölbe am Hafen. Liveacts. Bis 2 Uhr geöffnet. 11 The Parade, ℅ 01752/672127. www.barbicanliveelounge.com.

Blues, Bar and Grill (10), auf zwei Etagen wird hier eine annehmbare Küche sowie viel Livemusik geboten. Tgl. ab 12 Uhr geöffnet. Große Straßenterrasse. 8 The Parade, ℅ 01752/257345. www.bluesbarandgrill.co.uk.

Sehenswertes

National Marine Aquarium: Das 1998 am Hafen eröffnete Aquarium bietet auf drei Etagen einen faszinierenden Einblick in die Vielfalt der Unterwasserwelt mit Korallen und Riffen. In keinem anderen Aquarium in Europa leben mehr Seepferdchen als in Plymouth! Natürlich fehlt auch das schon fast obligatorische Haifischbecken nicht. Das zugehörige Restaurant bietet ein gutes Preis-Leistungs-Verhältnis.
April bis Okt. 10–18 Uhr, Nov. bis März 10–17 Uhr. Eintritt: £ 11, erm. £ 9 bzw. £ 6.50, Familien £ 30. Adresse: Barbican. www.national-aquarium.co.uk.

Merchant's House: Das hübsche alte Fachwerkhaus, das aus dem 17. Jahrhundert stammt, vermittelt einen Eindruck vom historischen Plymouth. Innen befindet sich heute ein kleines und sehr interessantes Stadtmuseum, das sich sozialhistorischen Themen widmet.
April bis Okt. Mo–Sa 10–17 Uhr. Eintritt: £ 2, erm. £ 1. Adresse: 33 St Andrews Street.

Merchant's House

Elizabethan House: Das schmucke Gebäude aus dem 16. Jahrhundert gehört zu den wenigen historischen Bauten, die den Bombenhagel des Zweiten Weltkrieges überstanden haben. Die Einrichtung besteht aus zeitgenössischen Möbeln und alten Teppichen.
Juni bis Okt. Di–Sa 10–17 Uhr. Eintritt: £ 2, erm. £ 1. Adresse: 32 New Street.

City Museum & Art Gallery: Interessante Ölgemälde aus verschiedenen Jahrhunderten (u. a. Joshua Reynolds), die die Entwicklung der Stadt dokumentieren. Daneben werden ständig wechselnde Kunstausstellungen, archäologische Funde, Porzellan und Heimatkundliches gezeigt.
Di–Fr 10–17.30 Uhr, Sa bis 17 Uhr. Eintritt: frei! Adresse: Drake Circus. www.plymouthmuseum.gov.uk.

Mayflower Steps: Eine in den Boden eingelassene Steinplatte am alten Hafen von Plymouth markiert den bedeutungsvollen Ort, von wo aus die be-

Plymouth 143

rühmten Pilgrim Fathers zu ihrem Ruderboot hinabstiegen, das sie zur „Mayflower" brachte. Eine weitere Steinplatte erinnert an die 102 puritanischen Aussiedler, von denen einige ihre letzte Nacht auf englischem Boden im Island House, der heutigen Tourist Information verbrachten. Auch Captain Cook brach von hier in die Südsee, nach Australien und zur Antarktis auf.

Tinside Lido: Das einzigartige Bad im Art-Déco-Stil wurde 1935 direkt am Ufer des Plymouth Sound errichtet. Nachdem das Bad, dessen halbkreisförmiges Becken einen Durchmesser von 55 Metern hat, aufgrund rückgängiger Besucherzahlen 1992 geschlossen worden war, setzte sich eine Bürgerinitiative für die Restaurierung ein, sodass 2005 die Wiedereröffnung erfolgte. Geplanscht wird in gefiltertem Meerwasser. Juni bis Anfang Sept. tgl. 10–18 Uhr, im Juni und Juli Mo–Fr erst ab 12 Uhr. Eintritt: ab £ 3.65, erm. ab £ 2.40.

Francis Drake: Piratengold für England

Francis Drake gilt als der größte Seefahrer der britischen Geschichte. Von 1577 bis 1580 gelang es ihm als zweiter Mensch nach dem Portugiesen Magellan, die Welt zu umsegeln. Der Abenteurer und Admiral in königlichen Diensten war aber auch ein berüchtigter Pirat, der noch immer die Fantasie von Schriftstellern und Regisseuren belebt. Seine Biographie ist ebenso bunt wie blutig: Als Günstling der englischen Queen Elizabeth I. – sie schlug ihn 1580 zum Ritter – wurde er 1588 zum Helden einer ganzen Nation, als er im Kampf gegen die Spanische Armada einen glorreichen Sieg errang. Zuvor füllte Drake die englische Staatskasse, indem er im Namen der Queen spanische Städte und Galeonen überfiel, um jenes Goldes und Silbers habhaft zu werden, das die spanischen Konquistadoren aus den von ihnen entdeckten und ausgebeuteten südamerikanischen Ländern in die Heimat verschifften. Der Name Drake, auch „El Draque" (der Drache) genannt, versetzte die Spanier jahrzehntelang in Angst und Schrecken.

Geboren wurde Francis Drake zwischen 1540 und 1545 als Sohn eines Pächters in einem kleinen Dorf in der Nähe von Tavistock. Schon in jungen Jahren lockte ihn die See, zuerst verdiente er sein Geld als Werftarbeiter, später als Matrose. John Hawkins, der damals den englischen Sklavenhandel leitete, bildete ihn zum Kapitän aus. Bereits auf seinem ersten eigenen Kommando plünderte er 1572 die Stadt Nombre de Dios in der Karibik, ein Jahr später kaperte er ein spanisches Schiff, das mit Silber im Wert von 40.000 Pfund beladen war! Die Karibik wurde Francis Drake letztlich aber zum Verhängnis: Auf einer erfolglosen Kaperfahrt erkrankte Englands Seeheld an der Ruhr – so schwer, dass er am 28. Januar 1596 in Panama verstarb.

The Hoe: Auf einem Hügel direkt am Meer breitet sich der Hoe Park aus. Schon von weitem kann man das Denkmal für Sir Francis Drake ausmachen, war doch The Hoe jener legendäre Ort, an dem Drake erst noch seine Bowling-Partie abschließen wollte, bevor er sich der Spanischen Armada zum Kampf stellte. Daneben erhebt sich der rot-weiß gestreifte *Smeaton's Tower*, von dem man einen schönen Rundblick hat. John Smeaton errichtete den Leuchtturm 1759 auf den rund 20 Kilometer entfernten Eddystone Rocks. Als 1882 dort ein modernerer Leuchtturm aufgebaut wurde, brachte man den Smeaton's Tower hierher. Wer die kurze

Plymouth und Umgebung
Karte Seite 139

Devon

The Hoe: Sport mit Aussicht

Anstrengung, 93 Treppen zu erklimmen, auf sich nimmt, wird mit einem herrlichen Ausblick belohnt.

Smeaton's Tower Ostern bis Okt. Di–Fr 10–12 und 13–16.30 Uhr, Sa und So 10–12 und 13–16 Uhr. Eintritt: £ 2, erm. £ 1.

Umgebung

Cotehele House

Der spätmittelalterliche Herrensitz liegt knapp 20 Kilometer nordwestlich von Plymouth inmitten eines verträumten Gartens mit Magnolien, Rhododendren und Azaleen. Bis ins 20. Jahrhundert gehörte das verwinkelte Anwesen den Earls of Mount Edgcumbe. Eindrucksvoll sind die prunkvolle Great Hall sowie die kostbaren Möbel aus der Stuart-Epoche. Im einstigen Stall wurde ein ansprechendes Restaurant eröffnet.

Mitte März bis Okt. tgl. außer Fr 11–16.30 Uhr, der Garten ist ganzjährig von 10 Uhr bis zum Einbruch der Dämmerung zugänglich. Eintritt: £ 8.70, erm. £ 4.35, nur Garten £ 5.20, erm. £ 2.60 (NT).

Buckland Abbey

Rund zehn Kilometer nördlich von Plymouth liegt Buckland Abbey am Rande des Dartmoors. Einst war dies die am westlichsten gelegene Zisterzienserabtei Englands. Nachdem Henry VIII. die Auflösung aller Klöster verkündet hatte, wurde Buckland Abbey Privatbesitz. 1582 kaufte Sir Francis Drake das Anwesen und wohnte hier bis zu seinem Tod. Heute findet man in dem Gebäude einige persönliche Gegenstände von Drake (Karte, Porträts usw.) sowie mehrere Stücke aus elisabethanischer Zeit und zahlreiche Schiffsmodelle. Auch die Geschichte des Zisterzienserklosters ist dokumentiert.

Mitte März bis Okt. tgl. 10.30–17.30 Uhr, Nov. bis März nur Fr bis So 11–16.30 Uhr, im Januar geschlossen. Eintritt: £ 7.80, erm. £ 3.90 (NT). Anfahrt: Von Plymouth mit Bus 83, 84 oder 86 (Richtung Tavistock), in Yelverton in Minibus 55 umsteigen.

The Garden House

Der östlich von Buckland Abbey gelegene Garten ist schon allein deshalb sehenswert, weil er dem Prinzip des „New Naturalism" folgt, einer hortikulturellen Bewegung, die alle Pflanzen als „gleichberechtigt" erachtet. Nach der Aussaat verschiedenster Pflanzenarten beginnt gewissermaßen der Darwinismus im Blumenbeet und was sich durchsetzt, darf bleiben. Wer jetzt denkt, hierzu braucht man keinen Gärtner, hat sich getäuscht, denn sehr wohl werden auch hier Pflanzen ausgedünnt und nachgepflanzt. Das Ergebnis kann sich mehr als sehen lassen: Auf dem drei Hektar großen, terrassenförmig angelegten Garten gedeihen mehr als 6000 verschiedene Arten! Für das leibliche Wohl sorgt eine Teestube.

März bis Okt. tgl. 10.30–17 Uhr. Eintritt: £ 6, erm. £ 2.50. www.thegardenhouse.org.uk.

Saltram House

Saltram House ist einer der prachtvollsten Landsitze im Südwesten Englands. Im 18. Jahrhundert beauftragte der Hausherr John Parker den berühmten Architekten Robert Adams mit dem Umbau des Speisesaals und des Salons. Die Räumlichkeiten sind mit stilvollen Möbeln vergangener Jahrhunderte und wertvollem Porzellan eingerichtet. Herausragend ist eine Sammlung mit vierzehn Porträts des englischen Malers Joshua Reynolds (1723–1792), der oft als Gast im Saltram House weilte. Der Landschaftsgarten samt Orangerie lädt zum Entspannen ein; im Herbst sorgen der japanische Fächerahorn und andere Bäume für eine abwechslungsreiche Farbgestaltung. Saltram House diente auch schon als Kulisse für die Verfilmung von Jane Austens „Sinn und Sinnlichkeit".

Mitte März bis Okt. tgl. außer Fr 12–16.30 Uhr. Eintritt: £ 8.70, erm. £ 4.30, nur Garten £ 4.50, Familienticket £ 21.70 (NT). Anfahrt: Mit dem Bus Nr. 22 von der Royal Parade bis nach Cott Hill, von dort zehnminütiger Spaziergang (ausgeschildert).

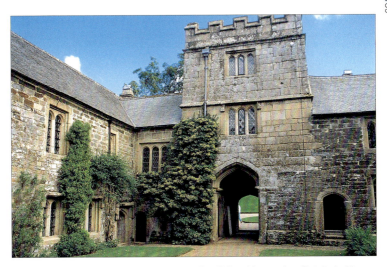

Stattlicher Herrensitz: Cotehele House

Antony House

Der Herrensitz der Familie Carew mit seinen ausgedehnten Gartenanlagen samt japanischem Zierteich lohnt einen Abstecher. Das am Lynher River errichtete Antony House ist ein wohl proportionierter Bau aus dem frühen 18. Jahrhundert. Die Inneneinrichtung ist familiär, die Räume sowie die Bibliothek sind geschmückt mit Porträts von Reynolds und van Dyck. Übrigens diente das Antony House als Drehort für den Film *Alice in Wonderland* mit Johnny Depp.

Mitte März bis Okt. Di–Do sowie So 12–17 Uhr, Garten tgl. außer Fr 11–17 Uhr. Eintritt: £ 7.50, erm. £ 4.80, nur Garten £ 4.90 (NT).

Wanderung 4: Am Plymouth Sound

Die Wanderung am Plymouth Sound bietet schöne Ausblicke auf Plymouth, während man am Meer entlang durch den Landschaftspark Mount Edgcumbe wandert. Einkehrmöglichkeiten finden sich in Cawsand, Kingsand sowie am Ausgangspunkt Cremyll.

> **Ausgangspunkt:** Parkplatz in Cremyll (gebührenpflichtig).
> **Wegstrecke:** 12,5 km.
> **Dauer:** 4 Std.

Vom Parkplatz in Cremyll (**WP 1**) sind es nur ein paar Schritte zum Hafen, wo ein ehedem als Pferdetränke genutzter Brunnen steht (**WP 2**). Direkt gegenüber weist neben einer Telefonzelle ein Schild auf einen Wegpfad nach Empacombe hin, dem man in der nächsten halben Stunde folgt. Empacombe selbst ist ein kleiner Hafen, der sich in Privatbesitz befindet, doch darf man das Grundstück durchqueren (**WP 3**). Entlang den Kaimauern und über eine kleine Mauer hinweg führt der Weg weiter an der Küste entlang durch den Wald. Nach weiteren 20 Minuten stößt man auf eine kleine Landstraße (**WP 4**). Auf der anderen Seite folgt man einer Wegtafel („Maker Church ½ Mile"). Leider ist es nun schwer, dem Wanderpfad zu folgen, da man auf eine Kuhweide gelangt und unter den Telegrafenmasten die Wiese hügelaufwärts überqueren muss. Jetzt erreicht man ein kleines Wäldchen mit dem schönen Namen Pigshill Wood (**WP 5**). Ein Pfad windet sich bergauf durch den Wald bis zu einer kleinen Landstraße (**WP 6**). Der Weg geht auf der anderen Seite der Straße weiter zur jetzt nur noch wenige Minuten entfernten Maker Church, die von Grabsteinen umgeben inmitten von Feldern und Wiesen liegt (**WP 7**). In Richtung Westen führt der Weg über mehrere Felder zur Maker Farm (**WP 8**), die man auf einer kleinen Straße umrundet. Nach ein paar Minuten zweigt linker Hand ein markierter Pfad nach Kingsand ab (**WP 9**). Ein paar Bänke mit tollen Ausblicken auf das Meer laden zur Rast ein (**WP 10**), wenig später erreicht man eine asphaltierte Straße (**WP 11**). Je nach Lust und Laune, kann man an der Küste in den Zwillingsdörfern Kingsand und Cawsand (**WP 12**) eine Pause einlegen. Von Kingsand (**WP 13**) geht es anschließend nach Cremyll zurück, wobei man fortan durch den Landschaftspark Mount Edgcumbe läuft (**WP 14**). Der Weg ist größtenteils identisch mit dem South West Coast Path und durchquert den Park am Rande. Riesige alte Bäume spenden Schat-

ten, später geht es mal im Zickzack steil einen Berg hinauf und wieder hinunter. Grandios ist der Blick über den Sound hinüber nach Plymouth, dessen Hafenanlagen gut auszumachen sind. Wenn man einen Pavillon mit Ententeich erreicht hat **(WP 15)**, ist es nicht mehr weit. An einer Orangerie **(WP 16)** vorbei, ist man nach wenigen Minuten wieder zum Ausgangspunkt der Wanderung zurückgekehrt. Wer Lust hat, kann noch das Herrschaftshaus der Earls of Mount Edgcumbe besichtigen.

148   Devon

Mount Edgcumbe

Von Plymouth gelangt man mit der stündlich verkehrenden Passagierfähre (Abfahrt am Admiral's Head) nach Cremyll, von wo aus es nicht mehr weit zum Anwesen Mount Edgcumbe ist. Die Anlage – noch immer im Besitz des Earls of Mount Edgcumbe – ist das ganze Jahr über von acht Uhr bis zur Dämmerung geöffnet; der Eintritt ist frei. Das Herrschaftshaus aus der Tudor-Zeit wurde restauriert und ist nur in den Sommermonaten für die Öffentlichkeit zugänglich. Ein Rundgang führt durch Räume, die im Regency-Stil eingerichtet sind. Beeindruckender noch als das Gebäude ist der vom Meer umgebene Park mit seinen gepflegten Blumenbeeten und exotischen Bäumen, wie beispielsweise die mexikanischen Pinien. Teile des Parks „zitieren" landschaftsarchitektonische Vorbilder (Englischer Garten, Französischer Garten) oder sind bestimmten Vegetationen gewidmet (Amerikanischer Garten, Neuseeländischer Garten).

April bis Sept. So–Do 11–16.30 Uhr. Eintritt: £ 6, erm. £ 5 oder £ 3.50. www.mount edgcumbe.gov.uk.

Rame Head

Eine kleine Wanderung führt von Mount Edgcumbe den Cornwall Coast Path entlang zum Rame Head und zur *St Michael's Chapel* an der südlichen Spitze der Halbinsel, die 1397 als Leuchthaus für die Schiffe im Plymouth Sound erbaut wurde. Ein Mönch hatte die Aufgabe übernommen, das Feuer in Gang zu halten. Bevor man vor dieser Sehenswürdigkeit steht, passiert man noch Kingsand und Cawsand.

Kingsand/Cawsand

Zwei kleine, miteinander verwachsene Fischerdörfer am Plymouth Sound. Erreichbar über eine steil abfallende Straße von Millbrook. Cawsand war einst eines der typischen cornischen Dörfer – ideal zum Schmuggeln. Zum einen lag der große Markt von Plymouth direkt vor der Tür, sodass man Schmuggelgut günstig absetzen konnte, gleichzeitig gab es genügend Verstecke. Das benachbarte Kingsand mit seiner markanten Kirche gehörte noch bis 1844 zu Devon. Zwei kleine Strände laden zum Sonnenbaden ein. Lohnend ist die Anreise mit der Fähre von Plymouth.

● *Fähre* **Cawsand Ferry**, von April bis Okt., ✆ 07971/208381, www.cawsandferry.com.
● *Übernachten/Essen/Trinken* **Halfway House Inn**, zünftiges Pub in Kingsand mit sechs schönen Zimmern, ausgezeichnete Küche, die Fischgerichte sind besonders zu empfehlen. B & B £ 45, im EZ £ 50. ✆ 01752/822279, ✆ 823146. info@halfwayinn.

biz, www.halfwayinn.biz.

Coombe House, sehr schönes B & B in einer Farm ein paar hundert Meter oberhalb von Cawsan. Je nach Ausstattung kostet ein DZ mit Frühstück £ 70 oder £ 75. ✆ 01752/823925. info@coombehouse-cawsand.com, www.coombehouse-cawsand.com.

Whitsand Bay

Rund zwei Kilometer südwestlich von Kingsand beginnt die lange Whitsand Bay. Endlos zieht sich der Sandstrand hinauf, eingerahmt von senkrecht abfallenden Klippen. Oben führt der Cornwall Coast Path entlang. Immer wieder führen Serpentinenwege hinab zum Strand. Obwohl hier viele Leute baden, können widrige Strömungen den Spaß zum gefährlichen Abenteuer werden lassen.

St Germans

Das verträumte 600-Einwohner-Dorf an der Mündung des River Tiddy ist nicht nur der Geburtsort von Sir John Eliot – er verteidigte die Rechte des Parlamentes gegen die Willkür König Charles I. –, es besitzt auch ein sehr gefälliges Ortsbild mit alten Häusern und einer mächtigen Kirche aus dem 12. Jahrhundert, die einst zu einer Augustinerabtei gehörte. Ansehnlich ist auch eine Reihe von sechs Armenhäusern aus dem 16. Jahrhundert mit schmucken Balkonen.

Dartmoor

Der Dartmoor National Park hat viele Gesichter. Mit Heidekraut spärlich bewachsene Hügel und schroffe Bergspitzen, deren nackter Fels sich in den wolkenverhangenen Himmel bohrt – das ist die eine Seite des Dartmoor; munter plätschernde Bäche, grüne Flusstäler und von hohen Bruchsteinmauern umgebene Weiden eine andere.

Kommt man an einem der vielen Regentage – durchschnittlich 218 pro Jahr! –, so befällt eine düstere Stimmung das Gemüt. Dartmoor, Land der Legenden und Gruselgeschichten. Wie ein undurchsichtiger Schleier legt sich der Nebel über das Moor. Schatten scheinen hin und her zu huschen. Befindet sich hier nicht auch das berüchtigte „Dartmoor Prison" für Lebenslängliche? So manch entflohener Sträf-

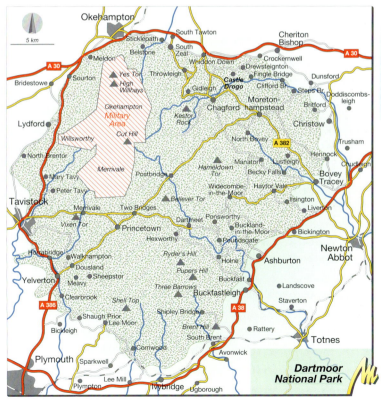

ling hat sich in der Finsternis des Moors verborgen – nicht nur in *Sir Arthur Conan Doyles* (1859–1930) Roman „Der Hund von Baskerville". Die Anregungen zu den schaurigen Geschichten holte sich Doyle bei seinen Aufenthalten im Dartmoor. Einen örtlichen Kutscher verewigte Doyle im Titel – der Mann hieß Baskerville. Der fiktive Hugo Baskerville ermahnte seine Söhne, sich vor dem Moor in Acht zu nehmen: „Ich rate Euch, das Moor in jenen dunklen Stunden, da die Kräfte des Bösen am Werk sind, nicht zu überschreiten." Sherlock Holmes und Dr. Watson nehmen die Ermittlungen auf. Den vorrausreisenden Watson schlägt das Dartmoor sofort in seinen Bann: „Wiesen mit wogendem Gras lagen zu beiden Seiten und Giebel alter Häuser blickten aus dem dichten Grün des Blattwerks heraus; aber hinter der friedlichen und sonnendurchfluteten Landschaft hob sich dunkel gegen den Abendhimmel die lange, düstere Linie des Moors ab, hier und da von zerklüfteten Höhen überragt." Begeistert ist Watson nicht; er begegnet einem „gottverlassenen Winkel" und berichtet in die Baker Street: „Je länger man hier bleibt, desto mehr drückt sich einem der Geist des Moors in die Seele ein, und man wird zum Opfer seiner Ode und seines schaurigen Reizes." Wenn man das Moor betrete, lasse man „alle Spuren des modernen England hinter sich", und käme aus einer der alten Steinhütten „ein in Felle gehüllter und behaarter Mann herausgekrochen, der einen Pfeil mit Feuersteinspitze auf die Sehne eines Bogen legte, dann würde man das viel natürlicher finden als die eigene Anwesenheit."

Combestone Tor: besonders beeindruckend ohne Nebel

Einer der seltenen Sonnentage im Moor offenbart jedoch die ganze Schönheit dieser Region. Von den Höhen herab verliert sich der Blick in der Weite des Dartmoors. Immer wieder stößt man auf frei umherlaufende Tiere, wie Schafe, Rinder und Ponys. Letztere sind besonders übermütig. Wenn man von langer Wanderschaft erschöpft und hungrig eine Rast einlegt und seinen Proviant auspackt, wird man im Nu von einer Herde kleinwüchsiger Wildpferde belagert. Das Füttern der Ponys ist jedoch zu deren eigenem Wohl streng verboten. Selbst wenn die zotteligen Gesellen noch so sehr bitten und betteln, sollte man hart bleiben und seine Sandwiches und Schokoladenkekse selber essen. Bedenkenswert ist, dass von den ehedem mehr als 30.000 reinrassigen Dartmoor-Ponys heute nur noch rund 3000 Tiere leben.

Obwohl das Dartmoor 1951 zum Nationalpark erklärt wurde, befindet sich über die Hälfte des knapp 1000 Quadratkilometer großen Territoriums in Privatbesitz, der größte Teil gehört als Herzogtum Cornwall dem Prince of Wales. Rund 14 Prozent unterstehen dem Verteidigungsministerium, weitere 3,7 Prozent dem National Trust.

Das Dartmoor bietet für jeden Besucher etwas. Im Osten grüne Hügel, Wälder und klare Bäche, an denen vereinzelt kleine Dörfer und Bauernhöfe zu finden sind, die sich rings um eine aus Granit erbaute Kirche reihen. Zwei Autostraßen führen diagonal durch das Moor und kreuzen sich an einem Ort der passenderweise Two Bridges heißt. Im Osten sind manche Straßen kaum breiter als ein Auto, beiderseits von hohen Hecken begrenzt. Im Westen erhebt sich das karge Hochmoor auf über 600 Meter Höhe: High Willhays markiert mit 621 Metern die höchste Erhebung im Dartmoor und in Südengland. Immer öfter trifft man hier auf Schafe, Ponys und zottelige Rinder, immer seltener aber auf Siedlungen. Dennoch, in dieser Gegend wohnten schon vor über 5000 Jahren Menschen, von denen verschiedene Gräber und Steinzirkel wie der bronzezeitliche Scorhill Circle bei Gidleigh zeugen. Erst als sich das Klima vor knapp drei Jahrtausenden verschlechterte, begannen die Menschen das unwirtliche Moor zu meiden. Einzig um Torf zu stechen, Steine zu brechen und Ton zu gewinnen, drang man in das Moor vor.

Die Asche des Dichters

Ted Hughes (1930–1998) gehörte zu den bedeutendsten englischsprachigen Dichtern des 20. Jahrhunderts; er wurde 1984 von der englischen Königin zum *Poet Laureate,* einer Art Staats- und Hofdichter, ernannt. In Deutschland ist Hughes hingegen vor allem als Ehemann der amerikanischen Dichterin Sylvia Plath bekannt, die sich unter tragischen Umständen 1963 selbst tötete. Hughes, der zeitlebens von vielen Feministinnen für Plaths Tod verantwortlich gemacht und angefeindet wurde, zog sich nach North Tawton an den nördlichen Rand des Dartmoors zurück. Bald ereilte ihn jedoch ein weiterer Schicksalsschlag, als sich auch seine neue Lebensgefährtin Assia Wevill zusammen mit der gemeinsamen Tochter Shura das Leben nahm. Hughes heiratete nochmals und ließ sich mit den Kindern aus seiner ersten Ehe wieder in Devon nieder, woher auch seine zweite Frau Carol Orchard stammte. Zusammen mit seinem Schwiegervater widmete er sich der Farmarbeit und schrieb darüber den Gedichtband „Moortown Diary". Immer wieder unternahm er mit Freunden ausgedehnte Wanderungen durch Devon und das Dartmoor, wobei er sich von der Landschaft zu seinem Gedichtband „River" inspirieren ließ. Auch umweltpolitisch war er aktiv, so sprach er sich beispielsweise mehrfach gegen die militärische Nutzung des Dartmoors aus.

In seinem handschriftlichen Testament äußerte Hughes den Wunsch, man möge seine Asche im Dartmoor zwischen den Quellen des Taw-Flusses und des East-Okement-Baches verstreuen und ihm eine Gedenktafel widmen. Mit königlicher Sondergenehmigung wurde Hughes' letzter Wille erfüllt und sein Name mit den Lebensdaten auf einem mächtigen Granitblock verewigt. Prince Charles, der mit Hughes befreundet war, soll sich dafür eingesetzt haben und, so wird behauptet, sogar seinen eigenen Hubschrauber zur Verfügung gestellt haben, um den Gedenkstein auf einen Grashügel zu transportieren, der sich mehrere Kilometer südlich von Belstone befindet.

Interessante Hintergrundinformationen bekommt man, wenn man sich einer archäologischen oder prähistorischen Tour anschließt (regelmäßig während der Sommermonate). Diese *Guided Walks* dauern bis zu sechs Stunden und kosten höchstens fünf Pfund pro Person. Die genauen Termine halten die Informationsbüros bereit oder man kann sie in der kostenlosen Zeitung Dartmoor Visitor nachlesen. Außerdem werden auch geologisch orientierte Touren angeboten, die bis zu einem ganzen Tag dauern.

152   Devon

> Achtung! Das nördliche Dartmoor ist militärisches Sperrgebiet („Range Danger Area"). Hier wird scharf geschossen! Das Gebiet ist mit rot-weißen Markierungen am Boden und mit Schildern gekennzeichnet. Will man dennoch durch diesen Teil des Dartmoors wandern, sollte man unbedingt vorher abklären, ob geschossen wird. Fragen Sie nach den „Weekly Firing Timetables", die in den Informationsbüros, Herbergen, Campingplätzen, Polizeistationen und auch in den Pubs ausliegen oder erkundigen Sie sich beim Ministry of Defense (℡ 0800/4584868, www.dartmoor-ranges.co.uk). Heben Sie vorsichtshalber keinen metallischen Gegenstand auf, es könnte sich um ein scharfes Geschoss handeln!

Information/Verbindungen/Diverses

● *Information* **Dartmoor Tourist Association**, Highmoorland Business Centre, Princetown, Yelverton, West Devon, ℡ 01822/890567. www.discoverdartmoor.com. **Dartmoor National Park Authority**, Parke, Bovey Tracey, Newton Abbot, Devon, TQ13 9JQ, ℡ 01626/832093 ℡ 01626/834684. www.dartmoor-npa.gov.uk. Von der Dartmoor National Park Authority werden auch geführte Wanderungen veranstaltet.

Im Bereich des Nationalparks gibt es mehrere Informationsbüros, die mit Broschüren und Kartenmaterial bestens ausgerüstet sind. Im Winter, wenn die anderen Information Offices geschlossen sind, kann man sich in Princetown im **High Moorland Visitor Centre** (℡ 01822/890414, geöffnet tgl. 10–17 Uhr, im Winter bis 16 Uhr) beraten lassen. Hier erhält man u. a. ein Faltblatt über den Dartmoor National Park mit einer brauchbaren Karte und guten Informationen, außerdem die Termine der geführten Wanderungen und Tourenvorschläge.

Postbridge Visitor Centre, befindet sich auf einem Parkplatz an der B 3212; April bis Okt. tgl. 10–17 Uhr; ℡ 01822/880272.

Tavistock, am Bedford Square in der Town Hall; April bis Okt. Mo–Sa 10–17 Uhr, in der Hochsaison auch So; ℡ 01822/612938, ℡ 01822/618389.

Haytor Visitor Centre, an einem Parkplatz neben der Hauptstraße; April bis Okt. tgl. 10–17 Uhr; ℡ 01364/661520.

Newbridge, am Dart River; ℡ 01364/631303.

Okehampton, in unmittelbarer Nachbarschaft zum White Hart Hotel in der Hauptstraße; April bis Okt. Mo–Sa 10–17 Uhr, in der Hochsaison auch So. 3 West Street, ℡ 01837/53020.

Ivybridge, Leonard's Road; ganzjährig Mo–Sa 9.30–17 Uhr, im Hochsommer auch So; ℡ 01752/897035.

● *Internet* www.dartmoor.co.uk; www.dartmoorway.org.uk; www.dartmooraccommodation.co.uk.

● *Verbindungen* **Zug:** Mehrere Zugverbindungen zwischen Exeter und Okehampton. www.dartmoor-railway.co.uk.

Bus: Busse stellen im Gebiet des Moors das einzige öffentliche Transportmittel dar (auch sonntags). Die Orte rings um das Moor werden das ganze Jahr über angefahren. Von Okehampton bestehen Verbindungen nach Exeter sowie Plymouth, von Tavistock fahren Busse ebenfalls nach Plymouth. Ashburton und Bovey Tracey sind von beiden Städten aus gut zu erreichen. Hilfreich ist der in den Informationszentren erhältliche Dartmoor Public Transport Guide. Auf der **Transmoor Link** verkehrt der Devon Bus 82 (Plymouth – Yelverton – Princetown – Two Bridges – Postbridge – Moretonhampstead – Exeter) im Sommer täglich; im Winter nur am Wochenende drei Busse in jede Richtung. www.firstgroup.com. Die Strecke Okehampton – Moretonhampstead wird von der Linie 173 das ganze Jahr über gefahren. Auskünfte zu den ständig wechselnden Busverbindungen sind bei der **Devon County Council's Public Transport Helpline** (Devon County Council, County Hall, Exeter, Devon EX2 4QW, ℡ 0871/2002233) erhältlich. Sehr gerne helfen auch die Informationsbüros mit Fahrplänen aus.

● *Trampen* Wer das Dartmoor als Wanderer durchstreift, hat gute Chancen, beim Trampen mitgenommen zu werden.

● *Reiten* Reiten ist eine beliebte Sportart im Moor. Sollten auch Sie Lust haben, auf dem Rücken eines Pferdes die schöne Landschaft zu erkunden, hier einige Adressen. Man sollte sich immer mindestens einen Tag im Voraus anmelden. Überall sind

auch Anfänger willkommen. Die Preise variieren nach Dauer und beginnen ab etwa £ 8 pro Stunde.
Cholwell Riding Stables, Mary Tavy, Tavistock, ✆ 01822/810526.
Shilstone Rocks Riding & Trekking Centre, Widecombe-in-the-Moor, ✆ 01364/621281. www.dartmoorstables.com.
Moorland Riding Stables, Horndon, Mary Tavy bei Tavistock, ✆ 01822/810293.
Babeny Farm Riding Stables, Poundsgate, Dartmeet, ✆ 01364/631296. www.babenystables.co.uk.
Skaigh Stables, Skaigh Lane, Sticklepath, ✆ 01837/840417. Ostern bis Okt. geöffnet. www.skaighstables.co.uk.
• *Fahrradvermietung* **Tavistock Cycles Ltd.**, Vermietung von Tandems und Mountainbikes; Paddons Row, Brook Street, Tavistock, ✆ 01822/617630. www.tavistockcycles.co.uk.
• *Camping* In der kostenlosen Zeitung **Dartmoor Visitor Guide**, die in den Tourist Offices erhältlich ist, sind alle Campingplätze der Umgebung aufgeführt. Hier eine Auswahl:
**** Harford Bridge Holiday Park, schöner Campingplatz am River Tavy. Auch Caravanvermietung. Zelt und 2 Personen ab £ 14. Von Ostern bis Nov. geöffnet. Peter Tavy (2 Meilen von Tavistock), ✆ 01822/810349. enquiry@harfordbridge.co.uk, www.harfordbridge.co.uk.

Reiter im Dartmoor

***** Woodovis Park, sehr komfortabler Campingplatz mit Hallenbad und Cottagevermietung. Vier Meilen westlich von Tavistock. Gulworty, ✆ 01822/832968. info@woodovis.com, www.woodovis.com.

Moretonhampstead

Moretonhampstead, ein an der Hauptstraße gelegener Marktflecken, ist ein idealer Ausgangspunkt für Ausflüge in den nordöstlichen Teil des Dartmoors. Sehenswert sind die Armenhäuser an der Cross Street sowie die 500 Jahre alte Granitkirche. Besonders lebhaft geht es im August zu, denn am 4. Donnerstag feiert Moretonhampstead eine Woche lang seinen berühmten Carnival. Lohnend ist auch ein Abstecher ins nahe North Bovey mit seinen Reetdachhäusern.

• *Übernachten/Essen* **Bovey Castle**, ein idealer Ort zum Gruseln: In diesem Schlosshotel wurde Conan Doyles „Der Hund von Baskerville" verfilmt. Nein, das vollkommene Gegenteil: ein herrliches Anwesen mit Golfplatz, Restaurant, Spa samt großzügigem Pool. Die großzügigen Zimmer lassen nichts vermissen und besitzen Charme und Stil. Nur die Preise reißen ein größeres Loch in die Reisekasse. EZ ab £ 149, DZ £ 199–299 (jeweils inkl. B & B), im Winter etwa 15 Prozent günstiger. In North Bovey, südwestlich von Moretonhampstead. ✆ 01647/445016, ✉ 01647/445020. reservations.bovey@hilwoodresorts.com, www.boveycastle.com.

The White Hart Hotel, direkt im Zentrum von Moretonhampstead gelegen, bietet dieses jüngst renovierte Hotel viel Komfort (Flat-Screen-TV, CD-Player, etc.) in sehr ansprechend gestalteten Zimmern. Ideal nach einer langen Wanderung durch das Dartmoor. Ausgezeichnetes Restaurant, lecker ist das *Rack of Devon Lamb* für £ 16.50. WLAN. B & B je nach Saison im DZ ab £ 45, im EZ ab £ 60. The Square, ✆ 01647/441340, ✉ 01647/441341. enquiries@whitehartdartmoor.co.uk, www.whitehartdartmoor.co.uk.

Great Sloncombe Farm, in Moretonhampstead kann man in diesem Farmhaus aus dem 13. Jahrhundert übernachten. B & B ab £ 30 (en suite). ✆ 01647/

440595. hmerchant@sloncombe.freeserve.
co.uk, www.greatsloncombefarm.co.uk.

Sparrowhawk Backpackers, einfache, aber
dennoch charmante Unterkunft in einem
ehemaligen Stall in Moretonhampstead.
Von Okt. bis April nur am Wochenende geöffnet, im Sommer durchgehend. Übernachtung £ 16. Belgrave House. 45 Ford
Street, ☎ 01647/440318. ali@sparrowhawk
backpackers.co.uk, www.sparrowhawkback
packers.co.uk.

Gate House, wunderschönes, reetgedecktes Fachwerkhaus aus dem 15. Jahrhundert
Garten mit Swimmingpool. B & B ab £ 37
(inkl. Afternoon Tea). North Bovey, 3 km
südwestl. von Moretonhampstead, ☎/
✆ 01647/440479. srw.gatehouse@btinternet.
com, www.gatehouseondartmoor.co.uk.

Ring of Bells Inn, der Inn aus dem 15. Jahrhundert dient mittlerweile auch als lokaler
Pub und ist zugleich das einzige Restaurant
in North Bovey. Leserin Charlotte Heuser
empfiehlt die geräumigen, gut ausgestatteten Zimmer sowie die hervorragende Küche (Hauptgerichte £ 10–15), die zwischen
bodenständig und innovativ schwankt. B & B
£ 42.50–50 pro Person, als EZ ab £ 65. North
Bovey, 3 km südwestl. von Moretonhampstead, ☎ 01647/440375. www.ringofbells.net.

Eastwrey Barton, diese Unterkunft im 5 km
südöstl. gelegenen Lustleigh ist ein Lesertipp von Karin Braumiller, die die „wunderbar großen Zimmer und Bäder" lobte.
WLAN. B&B £ 48–58 im DZ, im EZ £ 68–78.
Moretonhampstead   Road,   Lustleigh,
☎ 01647/277338. www.eastwreybarton.co.uk.

Letterboxing – Auf der Suche nach dem Briefkasten

Ein Netz von rund 4000 Briefkästen ist über das gesamte Dartmoor verteilt
– keine offiziellen roten Briefkästen, sondern versteckte, von Wanderern
oder Clubs eingerichtete Briefkästen; das können ausgehöhlte Baumstämme
oder Plastikschachteln sein. Die Briefkästen dienen dem *Letterboxing* – einer im Dartmoor sehr beliebten „Sportart": Man wandert auf der Suche nach
einer Letterbox durch das Moor, um sich bei Erfolg in das dort hinterlegte
Visitor Book einzutragen und mit dem jeweiligen Stempel den eigenen Besuch zu dokumentieren. Wer mehr als 100 Stempel gesammelt hat, wird in
den „100 Club" aufgenommen. Mitgebrachte Post wird in den Briefkästen
hinterlegt, vorgefundene Briefe nimmt man mit zurück in die Zivilisation,
damit sie von der Royal Mail zum Adressaten befördert werden können.

Die Anfänge des Letterboxing gehen in das Jahr 1854 zurück, ein zweiter
Briefkasten kam erst 1938 hinzu, doch nach Ende des Zweiten Weltkrieges
nahm die Zahl der Briefkästen lawinenartig zu. Mittlerweile gibt es sogar
Mobile Boxes – hierunter sind etwas schräge Charaktere zu verstehen, die
mit einem Stempel durch das Moor wandern, den sie zücken, sobald jemand
sie mit den Worten: „Are you a travelling stamp?" begrüßt.
Weitere Infos www.dartmoorletterboxing.org

Chagford

Chagford ist kleiner als Moretonhampstead, gelangte aber bereits im Mittelalter
durch den Woll- und Zinnhandel zu beachtlichem Wohlstand. Schon im 12. Jahrhundert wurde im Dartmoor Zinn gefunden und bis ins 19. Jahrhundert abgebaut.
Den Ruinen der verlassenen Bergwerke und Schmelzöfen begegnet man auf Wanderungen überall. Die Schafzucht auf den öden Flächen des Hochmoors begann im
14. Jahrhundert, und in den windgeschützten Tälern ließen sich Siedler nieder, die
die Wolle in den umliegenden Dörfern verkauften. Die größte Attraktion von Chagford ist das Freibad bei der Rushford Mill, das von Flusswasser gespeist wird (Ende
Mai bis Anfang September geöffnet, www.chagfordpool.co.uk).

Okehampton 155

• *Übernachten/Essen* **Mill End Hotel**, dieses vornehme Landhotel an der A 382 (vier Kilometer nördlich von Moretonhampstead) war ehedem eine Getreidemühle. Geschmackvolle Zimmer mit Gartenblick.

B & B je nach Ausstattung £ 50–85. Lohnenswert ist die Halbpension, allerdings sind Kinder unter 12 Jahren abends im Restaurant unerwünscht. Chagford, ☎ 01647/432282. www.millendhotel.com.

Castle Drogo

Castle Drogo ist keine mittelalterliche Burg, sondern das „Traumhaus" des Teebarons Julius Drewe. Den formalistischen Garten legte George Dillistone mit Unterstützung von Getrude Jekyll an. Benannt ist die Burg nach Drogo de Teine, einem Kampfgefährten Wilhelm des Eroberers, in dem Julius Drewe einen seiner Vorfahren vermutete. Um seine Pläne zu verwirklichen, engagierte der auf einen adeligen Ahnherrn erpichte Teehändler 1910 den berühmten Architekten Sir Edwin Lutyens, der Castle Drogo oberhalb des River Teign als Unikum errichtete. Neben Artdéco-Anklängen durften römische und normannische Bauelemente selbstverständlich auch nicht fehlen.

Mitte März bis Okt. tgl. außer Di 11–17 Uhr, April bis Aug. auch Di 11–17 Uhr. Eintritt: £ 7.80, erm. £ 3.90, Familienticket £ 19.60 (NT).

Okehampton

Die kleine Marktstadt Okehampton ist die bedeutendste Siedlung am nördlichen Rand des Dartmoor. Dementsprechend lebhaft geht es in den Sommermonaten zu. Sehr interessant ist *The Courtyard,* ein Arts and Crafts Centre mit Ausstellungen einheimischer Künstler, Workshops, Theateraufführungen und kleinen Verkaufsräumen (direkt neben der Kirche im Zentrum). Im Südwesten, am Rand der Stadt, steht das *Okehampton Castle,* eine normannische Befestigungsanlage. Die Geschichte dieser Gegend erklärt das *Museum of Dartmoor Life.* In der Nähe des Ortes liegen zahlreiche frühgeschichtliche Fundstellen, darunter Steinkreise und Grabkammern. Doch nicht nur das Moor hat seine Reize, auch die Gegend nördlich der A 30 ist einen Besuch wert. Zahlreiche kleine Dörfer mit schönen Pubs, dazwischen große Bauernhöfe und einige Herrenhäuser lohnen einen Abstecher. Vor allem auch, weil sich in diese Gegend nur selten Touristen verirren. Wer wandern möchte, kann über rund 20 Kilometer dem gut ausgeschilderten *West Devon Way* bis Tavistock folgen oder vom Okehampton Moor Gate (südlich der Stadt bei Okehampton Camp) in eineinhalb Stunden zum höchsten Punkt des Dartmoor, dem *High Willhays,* hinaufwandern.

• *Information* Okehampton Tourist Information Centre, ☎ 01837/53020. www.okehamptondevon.co.uk.

• *Einwohner* 4.000

• *Okehampton Castle* April bis Sept. tgl. 10–18 Uhr, im Okt. bis zum Einbruch der Dunkelheit. Eintritt: £ 3.50, erm. £ 1.80 (EH).

• *Museum of Dartmoor Life* Interessanter Einblick in die Geschichte und Natur des Dartmoor. April bis Okt. tgl. außer So 10.15–16.15 Uhr. Eintritt: £ 2, erm. £ 1. 3 West Street. www.museumofdartmoorlife.eclipse.co.uk.

• *Übernachten* **Highwayman Inn**, in Sourton (südl. von Okehampton) befindet sich dieser skurrile Gasthof, der vom Vater der heutigen Besitzerin Sally im Laufe der Zeit mit allerlei Nippes, Antiquitäten und Kuriositäten eingerichtet wurde. Die Barräume erinnern einmal an ein Schiff, ein anderes Mal an ein gotisches Gewölbe. Es werden auch ein paar Zimmer vermietet. B & B je nach Ausstattung ab £ 30. ☎ 01837/861243. info@thehighwaymaninn.net, www.thehighwaymaninn.net.

Fountain Hotel, alte Postkutschenstation mit viel Atmosphäre mitten in Okehampton. Schöner Garten und Parkplätze hinter dem Haus. Vermietet werden sechs passable Gästezimmer, teilweise mit offener Bruchsteinmauer. Im Restaurant wie auch

Dartmoor
Karte Seite 149

156   Devon

im Pub wird eine bodenständige Küche serviert, die allerdings ohne jeglichen kulinarischen Anspruch daherkommt. B & B £ 35. Fore Street, ℡ 01837/53900.

● *Jugendherberge* **Jugendherberge Okehampton**, sehr schön und ruhig gelegen, 102 Betten; ganzjährig geöffnet. Erwachsene ab £ 13.95, Jugendliche ab £ 10. ℡ 0845/3719651, ✆ 01837/53965.

● *Essen/Trinken* Eines der schönsten Inns ist sicher das **New Inn** an der A 3072, nordöstlich von Okehampton, nahe Sampford Courtenay. Das reetgedeckte Haus (16. Jahrhundert) mit Garten wurde vor einigen Jahren zum Restaurant umgebaut (gutes Essen!); schön als Zwischenstation auf dem

Weg nach Westen.

Eher ländlich-familiär geht es im **Oxenham Arms** von South Zeal (nördlich der A 382, östlich von Okehampton) zu. Dicke Wände aus Granit, dunkles Eichenholz und ein großer Kamin. Hier wird auch B & B angeboten.

Auf dem Weg von Okehampton in Richtung Süden bietet sich eine Einkehr in Sourton (A 386) im **Highwayman Inn** an. Dieses Pub soll es schon seit 1280 geben. Entsprechend viele Antiquitäten und mit ihnen verbundene Geschichten gibt es hier (siehe Übernachten).

Mittagessen mit leicht französisch-italienischem Touch im **Bearslake Inn** in einem alten Bauernhaus südlich des Dorfes Sourton.

Lydford

Bereits in sächsischer Zeit besiedelt, lebte Lydford jahrhundertelang hauptsächlich vom Zinnabbau. Die Ruinen des auf einer Motte (aufgeschütteter Erdhügel) errichteten Lydford Castle erinnern noch an die Normannen. Unbedingt besuchen sollte man die nahe **Lydford Gorge,** eine tief eingeschnittene Schlucht, deren Hauptattraktion ein 28 Meter hoher Wasserfall (White Lady Waterfall) ist. Wer sich nicht nur mit dem Blick von der Brücke zufrieden geben will, kann weitere drei Kilometer auf schmalen Pfaden durch die dem National Trust gehörende Schlucht wandern und dabei auch Devil's Cauldron entdecken, wo einem das Wasser direkt unter den Füßen durchrauscht. Der Abstieg befindet sich rechts oberhalb der Brücke. Gutes Schuhwerk ist ratsam, da die Schieferplatten nass und rutschig sind!
Mitte März bis Okt. tgl. 10–17 Uhr, im Okt. 10–16 Uhr, Nov. bis März nur am Wochenende 11–15.30 Uhr. Eintritt: £ 5.50, erm. £ 2.80 (NT).

● *Übernachten/Essen/Trinken* In Lydford gibt es mehrere Hotels, z. B. das **Lydford House**, am nördlichen Ende des Dorfes, das seit Ende 2004 von neuen Besitzern geführt wird. Im zugehörigen Restaurant „La Cascata" wird anspruchsvolle italienische Küche serviert. Es werden auch zwei Apartments vermietet. Hunde erlaubt, Unterstellmöglichkeiten für Pferde sind ebenfalls vorhanden. B & B ab £ 40; Leser lobten die komfortablen Zimmer (teilweise mit Him-

melbetten). ℡ 01822/820347, ✆ 820539. info@ lydfordhouse.com, www.lydfordhouse.com.

Castle Inn, direkt neben dem Castle befindet sich dieser heimelige Gasthof, der für sein gutes Essen bekannt ist (Hauptgerichte ab £ 9.50). Großer Biergarten. Urgemütliche Atmosphäre, 8 komfortable, individuell eingerichtete Zimmer, besonders schön der Premiere Suite Room mit Balkon. B & B ab 32.50 pro Person (ab £ 45 im EZ, Kind £ 15). ℡ 01822/820241, ✆ 01822/820454.

Tavistock

Eine geschäftige Stadt mit viel Geschichte. Schon im Jahr 961 wurde hier eine Benediktinerabtei gegründet. Später wurde in Tavistock das Zinn taxiert – und etwas Geld blieb auch in der „stannery town" hängen. Die monumentale Figur mit dem Globus erinnert an den wohl bekanntesten Sohn der Stadt, *Sir Francis Drake*, dem im Stadtzentrum ein würdiges Denkmal gesetzt wurde. Am Bedford Square steht eine schöne alte Kirche, die weitgehend aus dem 15. Jahrhundert stammt und früher einmal zu einem der bedeutendsten Klöster im Südwesten Englands gehörte. Bekannt sind auch die Tavistock Markets, die bereits seit dem Jahre 1105 abgehal-

Princetown 157

ten werden. Der bekannte Charter Market findet freitags statt, aber auch am Dienstag, Mittwoch und Donnerstag ist Markttreiben im überdachten Pannier Market angesagt.

● *Übernachten/Essen/Trinken* Wer kein eigenes Fahrzeug zur Erkundung des Dartmoor hat, wohnt besser direkt in Tavistock, z. B. in der Chapel Street oder der Plymouth Road.

Browns Hotel, dieses Hotel – eine Postkutschenstation aus dem 17. Jahrhundert – ist ein Lesertipp von Sandra Litscher und Andreas Marty, die die genauso vorzügliche wie experimentierfreudige Küche des Restaurants lobten (zwei Gänge £ 19, drei Gänge £ 25). Tolle Bar. Doch nicht nur das Restaurant, auch die Zimmer sind sehr geschmackvoll eingerichtet. Ein Fitnessraum und WLAN sind auch vorhanden. EZ ab £ 79, DZ £ 119–149. 80 West Street, ✆ 01822/618686, ✆ 618646. info@brownsdevon.com, www.brownsdevon.com.

Mallards Guest House, ein schmuckes viktorianisches Haus etwas außerhalb vom Zentrum an der Straße nach Plymouth. Helle freundliche Zimmer, Hinweise: Nur für Nichtraucher, keine Hunde sowie keine Kinder bis 10 Jahre. B & B ab £ 33. 48 Plymouth Road, ✆ 01822/615171. mallards-guest-house@tiscali.co.uk, www.mallardsoftavistock.co.uk.

Apple Tree, sehr ansprechende Unterkunft. Vermietet werden drei gut ausgestattete Zimmer. Kostenloses WLAN. B & B £ 30–35. 44 Plymouth Road, ✆ 01822/617639. www.tavistockbandb.co.uk.

The Horn of Plenty, etwas außerhalb im Tamar Valley bei Gulworthy gelegen. Das anspruchsvolle Hotel mit seinen großzügigen Zimmern, bietet viel ländlichen Charme, verbunden mit einem exquisiten kulinarischen Angebot (auch für Nicht-Hotelgäste). Lunch (drei Gänge) £ 26.50, Dinner (drei Gänge) £ 47. B & B £ 60–100 pro Person, im EZ ab £ 110. ✆/✆ 01822/832528. www.thehornofplenty.co.uk.

Harrabeer Country House Hotel, kleines angenehmes Landhaus bei Yelverton. Drei-Gang-Dinner £ 22. B & B ab £ 35 pro Person. ✆ 01822/853302. www.harrabeer.co.uk.

Princetown

Die mitten im Moor gelegene Ortschaft Princetown strahlt eine gespenstische, bedrückende Atmosphäre aus. Selbst an sonnigen Tagen wirkt alles grau. Kommt man näher, lässt sich unschwer der riesige Gebäudekomplex des Gefängnisses von Dartmoor ausmachen. Im Jahre 1806 begann man inmitten eines unbewohnten tristen Geländes mit diesem Bau für französische Kriegsgefangene, die das Moor trockenlegen sollten – ein Unterfangen, das sich schnell als unmöglich erwies. Die auf diese Art entstandene Stadt nannte man nach dem späteren König George IV. Princetown. Statt Kriegsgefangene internierte man ab 1850 Schwerverbrecher im Dartmoor Prison; die Wächter und anderes Personal wohnten in Häusern rings um die Mauer. Zeitweise waren bis zu 9000 Menschen hier eingesperrt. Gepeinigt von Hunger und Kälte, unternahmen immer wieder Sträflinge Fluchtversuche. Dann schwärmten Suchtrupps aus und hetzten die Flüchtigen mit Bluthunden durch das Moor. Als Rekordhalter von Princetown ging David Davies in die Geschichte ein. Im Jahre 1879 inhaftiert, verbrachte er insgesamt 50 Jahre in dem Gefängnis. Die meiste Zeit arbeitete er als Schäfer im Moor. Als Davies wegen guter Führung vorzeitig entlassen wurde, beging er eine Straftat, um zu seinen Schafen und seinem Moor zurückkehren zu können.

HM Prison Dartmoor Museum: Die Haftanstalt von Dartmoor ist eines der bekanntesten Gefängnisse Englands. Heute informiert ein kleines Museum über den Alltag sowie über die menschenunwürdige Zustände, die einst im Moorgefängnis herrschten.

Tgl. 9.30–12.30 Uhr und 13.30–16.30 Uhr, Fr und So nur bis 16 Uhr. Eintritt: £ 3, erm. £ 2. www.dartmoor-prison.co.uk.

158   Devon

• *Übernachten/Essen/Trinken* **The Plume of Feathers Inn**, das älteste Gebäude von Princetown dient als private und absolut billige Herberge mit Restaurant. Im Sommer sollte man auf jeden Fall vorher anrufen, da die Herberge meistens durch Gruppen ausgebucht ist. Im Restaurant kosten die Hauptgerichte £ 5–10. Die Übernachtung kostet £ 7.50 im alten Schlafsaal oder ab £ 11.50 im neuen. Die Schlafsäle fassen jeweils 4 und 10 Personen, einige Doppelzimmer gibt es auch (B & B £ 37). Eine Gemeinschaftsküche steht zur Verfügung. Auf der Wiese hinter dem Haus kann man zelten (£ 7 pro Person). Princetown, The Square, ☎ 01822/890240, ✆ 890780. pataweir@aol.com, www.theplumeoffeathers.co.uk.

Price Hall Hotel, kleines, vornehmes Hotel mit nur acht großzügigen Zimmern. B & B £ 70–85 pro Person im DZ. ☎ 01822/890403, ✆ 01822/890676. www.princehall.co.uk.

Two Bridges Hotel, historisches Landhotel mit Stil und gutem Restaurant sowie schönem Garten. Manche Zimmer haben sogar ein Himmelbett, B & B ab £ 70 pro Person, im EZ ab £ 115. Princetown, ☎ 01822/890581, ✆ 01822/892306. enquiries@warm-welcome-hotels.co.uk, www.twobridges.co.uk.

The Forest Inn, Hexworthy, befindet sich an der Strecke Holne – Princetown. Die Gerichte sind durchwegs lecker, sie werden aus frischen Zutaten der Region zubereitet. Ein Drei-Gang-Menü belastet die Reisekasse dann auch mit £ 25. B & B ab £ 32.50. ☎ 01364/631211, ✆ 631515. info@theforest inn.co.uk, www.theforestinn.co.uk.

Postbridge

Der knapp zehn Kilometer nordöstlich von Princetown gelegene Ort besitzt eine Clapper Bridge, deren genaues Alter nicht zu bestimmen ist. Fest steht aber, dass diese Brücken, die aus großen, flachen Steinen bestehen, bereits in frühgeschichtlicher Zeit errichtet wurden.

• *Übernachten/Essen* Im zentralen Teil des Dartmoors findet man einige Farmen, die B & B anbieten, aber auch vornehme Hotels:

Lydgate House, dieses in einem spätviktorianischen Haus untergebrachte Hotel bietet viel Komfort zu einem angemessenen Preis. Absolut ruhig mitten im Nationalpark und einen knappen Kilometer südöstlich von Postbridge gelegen. Gutes Restaurant (3-Gang-Menü £ 28.50, So und Mo bleibt die Küche kalt). B & B im EZ ab £ 55, im DZ £ 50–60, ab drei Nächten Aufenthalt gibt es £ 5 Rabatt. Warum Hunde erlaubt sind, Kinder unter 12 Jahren jedoch nicht, lässt uns allerdings rätseln … Von Nov. bis Mitte März nur am Wochenende geöffnet. ☎ 01822/880209, ✆ 01822/880202. lydgatehouse@email.com, www.lydgatehouse.co.uk.

• *Essen/Trinken* **Warren House Inn**, eines der höchstgelegenen Pubs Englands. Man erreicht es über die B 3212 in Postbridge. Bevor die Touristen kamen, waren die meisten Gäste hier Minenarbeiter aus den umliegenden Zinnminen. Das Feuer im Kamin brennt angeblich seit dem Jahr 1845 ohne Unterbrechung. Serviert wird eine bodenständige Küche (*Braised Dartmoor Lamb Shank* £ 11.75). ☎ 01822/880208. www.warrenhouseinn.co.uk.

• *Jugendherberge* **Youth Hostel Bellever**, liegt mitten im Moor, südlich von Postbridge. 38 Betten; Erwachsene ab £ 14, Jugendliche ab £ 10.50. Ganzjährig geöffnet. ☎ 0845/3719622, ✆ 01822/880302. bellever@yha.org.uk.

Widecombe-in-the-Moor

Der in einem Talkessel gelegene Ort gehört zu den beliebtesten Zielen im Dartmoor. Optisch wird Widecombe von der Pfarrkirche St Pancras dominiert. Die dunkle Granitkirche mit ihrem 37 Meter hohen Turm wird aufgrund ihrer Größe als „Kathedrale des Moors" bezeichnet. Lohnend ist ein Besuch am zweiten Dienstag im September, wenn ein großer Markt *(Widecombe Fair)* abgehalten wird.

• *Übernachten/Essen/Trinken* **The Old Inn**, der aus dem 14. Jahrhundert stammende Gasthof ist ein Lesertipp von Christine Nett und Hans-Jürgen Martin, die von der Küche des Restaurants begeistert waren: „Man isst dort hervorragend, vor allem das Lamm können wir empfehlen. Unbedingt testen muss man die geniale *Purbeck Ice Cream*. An den Wänden des Speiseraums und der Toilette sind geistreiche Sprüche wie ‚One cannot think well, love well, sleep well, if one has not dined well' (Virginia Wolf) oder ‚Bigamy is having one wife too many, Monogamy is the same' (Oscar Wilde, an der Wand der Herrentoilette) zu finden." ℡ 01364/621207.

Wanderungen im Dartmoor

Weder der raue Wind, der einem um die Nase weht, noch der Anblick der in dicke Pullover und Windjacken gehüllten Touristen sollte einen davon abhalten, einige Tage durch das Dartmoor zu wandern. Knapp 1000 Quadratkilometer umfasst dieser 1951 gegründete Nationalpark mitten in Devon. Hier hat man wie nirgends sonst in England die Möglichkeit, querfeldein zu wandern, ohne über Hecken und Zäune steigen zu müssen. Nicht grundlos wurde das Dartmoor wiederholt als „letzte Wildnis in Europa" beschrieben. Daher sollte man bei Wanderungen stets auf einen Wetterumschwung vorbereitet sein: Wetterfeste Kleidung, gutes Schuhwerk, eine Landkarte (Outdoor Leisure 28 von Ordnance-Survey, Maßstab 1:25.000), ein Kompass und Notproviant dürfen nicht fehlen. Es gibt auch gut ausgeschilderte Fernwanderrouten. Zu empfehlen ist vor allem der *Dartmoor Way*, der auf mehreren Etappen durch die Moorlandschaft führt: www.dartmoorway.org.uk.

Buckland-in-the-Moor

Der 100-Seelen-Weiler mit seinen reetgedeckten Steincottages gehört zu den beliebtesten Dörfern im Dartmoor. Wie ein verwunschenes Idyll duckt sich Buckland-in-the-Moor in das bewaldete Webburn Valley. Abgesehen von ein paar gepflegten Vorgärten kann man nur die spätmittelalterliche Dorfkirche St Peter bewundern, auf deren Ziffernblatt statt Zahlen die Inschrift „MY DEAR MOTHER" prangt.

Buckfast Abbey

Bereits im 11. Jahrhundert stand hier ein Kloster, das aber der „Dissolution" Henrys VIII. zum Opfer fiel. Auf den Grundmauern des Klosters entstand dann an der Wende zum 20. Jahrhundert unter Federführung französischer Benediktiner ein Klosterneubau im historisierenden Stil, der 1938 geweiht wurde. In der Krypta befindet sich eine Ausstellung zur Geschichte der Abtei. Zudem liegt auch ein „medizinischer" Garten auf dem Gelände, in dem Heil- und Küchenkräuter sowie giftige Pflanzen wachsen, welche die Mönche im Mittelalter verwendeten. Eine schöne Wanderung durch das Dartmoor ist der markierte *Abbot's Way*, der von Buckfast Abbey über rund 20 Kilometer bis nach Princetown führt. Zum Einkaufen bietet sich das nahe Marktstädtchen *Buckfastleigh* an.

Mai bis Okt. tgl. 9–17.30 Uhr, Nov. bis April tgl. 10–16 Uhr. Eintritt: frei! www.buckfast.org.uk.

● *Essen/Trinken* **Riverford Field Kitchen**, ein ungewöhnliches Restaurant, denn bevor man sich zum Essen setzen kann, sollte man den Biobauernhof besichtigen. Anschließend gibt es hervorragende Ökokost, meist vegetarisch. Menü £ 18.95. Telefonische Reservierung notwendig! Mittagessen 12.30 Uhr, Dinner 19.30 Uhr. Sonntagabend Ruhetag. Wash Barn, ℡ 01803/762074. www.riverford.co.uk.

▲ Ebbe im Hafen von Mousehole

Unterwegs in Cornwall

Cornwall	162	Isles of Scilly	222
Cornwalls Südküste	163	Cornwalls Nordküste	227
Lizard Peninsula	192	Bodmin Moor	251
Penwith Peninsula	202		

Mevagissey gehört zu den beliebtesten Küstenorten

Cornwall

Cornwall, die bekannteste englische Region, verdankt dem Golfstrom nicht nur einen zeitigen Frühling und einen lang anhaltenden Sommer, sondern ein Mikroklima, das für Pflanzen geradezu ideal ist. Natürlich begeistert nicht nur das Klima, sondern viel mehr noch die einzigartige Landschaft mit ihren steilen Klippen, Fjorden, kleinen Flüssen, vielen Sandstränden und verträumten Dörfern.

Allein das milde Klima macht Cornwall zu etwas Besonderem – so werden in Falmouth an der Südküste noch im Winter Durchschnittstemperaturen von 6,3 Grad Celsius gemessen. Subtropische Pflanzen wachsen hier überall! An der Nordküste sind die Winde und Stürme heftiger, die Gezeiten gefährlicher und das Licht intensiver – ein Grund, weshalb die Künstler sich so sehr für St Ives begeisterten. Cornwalls Nordküste unterscheidet sich grundsätzlich von der im Süden. Findet man im Norden richtig wilde Steilküsten mit kleinen Buchten und schwer zugänglichen Sandstränden, so gibt es im Süden eine Fjordküste mit tiefen, ins Landesinnere führenden Meeresarmen. Noch heute müssen hier Fähren die Verbindungen aufrechterhalten. Oder es reichen uralte Brücken von der einen auf die andere Seite, wie etwa in Looe. Eine ganz moderne Brücke über den Tamar River verbindet Cornwall mit Devon. Überzeugte cornische Nationalisten gehen daher davon aus, dass ihr Land fast eine Insel sei und nur im äußersten Nordosten eine gemeinsame Landesgrenze mit Devon habe. In Cornwall liegen gleichzeitig der westlichste und der südlichste Punkt Großbritanniens. Von Land's End hat wahrscheinlich jeder schon gehört, doch wer kennt den Lizard Point auf der gleichnamigen Halbinsel im äußersten Süden des Landes?

Cornwalls Südküste

Die sich von Looe bis Falmouth erstreckende Südküste Cornwalls ist geprägt durch eine zerfurchte Küstenlinie, manche Flussmündungen reichen wie Fjorde weit ins Landesinnere hinein. Wer an der Küste entlang wandert, wird immer wieder kleine Fischerdörfer wie Polruan entdecken, an denen die Zeit scheinbar spurlos vorübergegangen ist.

Britische Geschwindigkeitsrekorde

Seit mehr als 100 Jahren sind die Menschen von der Idee begeistert, mit eigener Kraft vom nordöstlichen Ende bis zur südwestlichen Spitze der britischen Insel zu gelangen. Als Erster machte sich 1875 der Amerikaner Eliuh Burrit auf, um „in mehreren Wochen" vom schottischen John o'Groats zum cornischen Land's End zu wandern. Derzeit hält Malcolm Barnish den Rekord: Er benötigte zu Fuß 12 Tage, drei Stunden und 45 Minuten für die 1394 Kilometer lange Strecke. Andy Wilkinson stellte 1990 mit 45 Stunden, zwei Minuten und einer Sekunde einen Rekord mit dem Fahrrad auf. Doch es gibt auch reichlich skurrile Bestzeiten: Neuneinhalb Tage mit Roller Skates oder 30 Tage mit dem Schubkarren. Nicht zu vergessen: Arvind Pandya. Er bewältigte die Strecke 1990 in 26 Tagen und sieben Stunden. An sich keine besondere Leistung, sieht man von dem Umstand ab, dass er die gesamte Distanz rückwärts lief!

Looe

Looe ist eines der traditionsreichsten Fischerdörfer Cornwalls und wird durch den gleichnamigen Fluss in zwei Hälften geteilt. Dank eines Sandstrandes im Ortszentrum bietet Looe auch für Familien mit Kindern viel Abwechslung.

Von den beiden Stadtteilen ist East Looe der größere, mit engen Gassen, mittelalterlichen Häusern und gepflasterten Straßen. Recht erfindungsreich haben die Stadtväter von Looe den East Looe Beach vergrößert: Man hat Steinterrassen in die dahinterliegenden Felsen gehauen. Leider zählt der Strand seit Jahren zu den verschmutztesten von ganz England. Dennoch ist hier im Sommer recht viel los. Besser scheint es angesichts der schlechten Wasserqualität, den Strand in *Millendreath*

Hochseeangeln

In Looe sollte man einmal das Hochseeangeln versuchen, die Stadt ist der Sitz des Shark Fishing Club of Great Britain. In den vergangenen 25 Jahren wurden hier um die 90.000 Haie aus dem Wasser gezogen. Trotzdem keine Angst! Vor den Badestränden Cornwalls treiben sich diese Tiere nun doch nicht herum – man muss dann schon etwa 10 bis 20 Meilen mit dem Boot hinausfahren. Billiger und kürzer sind die Trips zum Makrelenfischen.
Kontakt Phil Gould (Skipper), East Looe, ℰ 01503/263944. Motto: „Keep all you catch" (Dauer 2:30 Std.).

164 Cornwall

anzusteuern. Dieser Sandstrand befindet sich zwei Kilometer östlich von Looe und ist zu Fuß gut zu erreichen. Besonders schön, wenn auch nicht in der Hochsaison, ist ein Kurztrip zum *St George's Island*, auch *Looe Island* genannt, einer winzigen Insel ohne Läden, Straßen und ohne Verkehr!

• *Information* Tourist Information Centre, The Guildhall, Fore Street, Looe, Cornwall PL13 1AA, ✆ 01503/262072, ✉ 01503/265462, www.looecornwall.com bzw. www.visit southeastcornwall.co.uk. Hier gibt es auch Broschüren und Wanderkarten. Der „Looe Guide" beinhaltet einen Zimmernachweis.

• *Einwohner* 4200

• *Verbindungen* Bus: Regelmäßig kommt man nach St Austell, Liskeard, Plymouth, Polperro und Saltash.

Zug: Bahnhof direkt am Zusammenfluss der beiden Flussarme im Ostteil der Stadt. Die Bahn fährt nach Liskeard, von wo aus man nach Plymouth, Exeter oder Penzance weiterreisen kann. ✆ 0845/7484950. www.nationalrail.co.uk.

Schiff: Fährverbindungen zwischen East und West Looe (£ 0.40) sowie Bootsausflüge vom Banjo Pier zum St George's Island.

• *Übernachten* **Fieldhead Hotel**, ansprechendes kleines Hotel (16 Zimmer) in West Looe mit schönem Blick über die Bucht. Besonders reizvoll ist der zugehörige Swimmingpool. Sehr kinderfreundlich. Kostenloses WLAN. B & B ab £ 67, Preisnachlass bei längerem Aufenthalt und im Winter. ✆ 01503/262689, ✉ 01503/264114. enquiries@fieldheadhotel.co.uk, www.fieldheadhotel.co.uk.

Polraen Country House Hotel, etwa zwei Kilometer außerhalb von Looe liegt dieses charmante, in einem Haus aus dem 18. Jahrhunert untergebrachte Hotel. Großer Garten, kostenloses WLAN. B & B. Je nach Saison ab £ 38.50 im DZ, im Winter günstiger, 3-Gang-Abendmenü £ 23. Sandplace, ✆ 01503/263956. enquiries@polraen.co.uk, www.polraen.co.uk.

Dolphin House, altertümliches, aber nettes Hotel, an den grünen Jalousien zu erkennen. Die sieben Zimmer sind mit alten Holzmöbeln, die für ein stimmungsvolles Flair sorgen, ausgestattet. B & B ab £ 33 im DZ, £ 45 im EZ. Kostenlose Parkplätze. Station Street, ✆ 01503/262578. dolphinhouse@btconnect.com, www.dolphin-house.co.uk.

Sea Breeze, gemütliches Gästehaus im historischen Zentrum, zentrale Lage unweit vom Hafen. Das neue Besitzerpaar ist eifrig am renovieren. Kostenloses WLAN. B & B ab £ 32. Lower Chapel Street, ✆ 01503/263131. www.seabreezelooe.com.

Schooner Point Guest House, nettes und familiär geführtes Gasthaus in West Looe. Aus den meisten Zimmern hat man einen schönen Blick auf den Fluss. B & B je nach Zimmer £ 25–30. 1 Trelawney Terrace, Polperro Road, ✆ 01503/262670. enquiries@schoonerpoint.co.uk, www.schoonerpoint.co.uk.

Mawgan's of Looe, eine gelungene Kombination von Hotel und Restaurant, des-

Cornwalls Südküste

sen Fischgerichte Charlotte Heuser empfiehlt: „Das Restaurant sieht ein bisschen verstaubt wie ein englisches Wohnzimmer aus, mit einer alten Pub-Theke und dahinter grün gekachelt." Serviert wird auch ein Thaicurry mit Seeteufel. Es werden auch drei Zimmer vermietet (B & B £ 40, bei 3 Nächten Aufenthalt £ 30). Higher Market Street, ✆ 01503/265331. www.mawgans.co.uk.

• *Camping* **** **Tregoad Farm**, angenehmer, ruhiger Platz einen Kilometer westlich des Zentrums gelegen. Kleiner beheizter Swimmingpool. Ganzjährig geöffnet. Polperro Road, ✆ 01503/262718, ✉ 264777. info@tregoadpark.co.uk, www.tregoadpark.co.uk.

• *Essen* **The Old Sailloft**, kleines Haus hinter den Kais am River Looe. Unter einer zünftigen Holzbalkendecke erfreut man sich an leckeren Fischgerichten. Hauptgerichte £ 15. Di und Sonntagmittag geschlossen. Quay Street, ✆ 01503/262131. www.theoldsailloftrestaurant.com.

Preisgünstige Fischgerichte (drei Gänge für £ 11.95) gibt es im **Golden Guinea**, Fore Street, ✆ 01503/262780. Hier werden auch Cream Teas serviert. Davon abgesehen ist Fisch gerade in Looe uneingeschränkt empfehlenswert.

Sehenswertes

Old Guildhall Museum: Interessant ist auch ein Besuch im städtischen Museum, das in der Old Guildhall aus dem 15. Jahrhundert untergebracht ist. Eine großartige Zusammenstellung zu den Themen Geschichte, Bergbau, Leuchttürme, Fischerei, Schmuggel usw. sowie eine Sammlung von allem, was irgendwie mit Hexerei zu tun hat. Aberglaube und magische Zauberkunst haben in der Abgeschiedenheit von Cornwall länger überlebt als in anderen Teilen Englands.

Ostern sowie Ende Mai bis Sept. tgl. außer Sa 11.30–16.30 Uhr. Eintritt: £ 2. Adresse: Higher Market Street.

Polperro

Das Tausendseelendorf liegt an einer tief eingeschnittenen Bucht, die sicherlich die Bezeichnung „pittoresk" verdient. Wahrscheinlich war dies ein Grund, weshalb der Maler Oskar Kokoschka im Zweiten Weltkrieg als Emigrant in Polperro lebte und arbeitete.

Das vom National Trust zum „Historic Fishing Village" geadelte Dorf liegt am Ende eines engen, langen Tals, das sich durch die hohen Klippen frisst. Es hat enge Gassen und einen kleinen Hafen mit uralten Hafenmauern. Tagsüber darf kein Auto in die Stadt, Fahrzeuge sind auf dem Parkplatz – wie immer in England, so ist auch in Polperro das Parken gebührenpflichtig – am Ortseingang abzustellen. An Eisbuden und Souvenirläden vorbei, führt der Weg hinunter zum pittoresken Hafen. Trotz der mehr als zahlreichen Touristen bleiben die Bucht, die steilen Klippen und die schönen alten Häuser nicht ohne Wirkung auf den Betrachter. Mit ein bisschen Fantasie kann man sich dann in alte Zeiten zurückversetzen, in denen die cleveren Schmuggler von Polperro so manches Fässchen ins Trockene gebracht haben. Die

Muschelkunst in Polperro

Wanderung 5   167

Schmuggeltradition war hier besonders ausgeprägt. Polperro hatte sich darauf spezialisiert, wendige und gut bewaffnete Schiffe zu bauen, die viel schneller als die der legalen Widersacher waren. Die Geschichte des Schmuggels in Cornwall kann man im kleinen *Polperro Heritage Museum of Smuggling & Fishing* nachverfolgen.

Wem der Trubel in Polperro zu groß ist, sollte in das ein paar Kilometer weiter westlich gelegene *Polruan* oder nach *Bodinnick* fahren.

• *Übernachten/Essen/Trinken* **Talland Bay Hotel**, ruhige Herberge zwischen Polperro und Looe gelegen. Die Zimmer sind in einem hellen, klassisch modernen Stil eingerichtet. Schöner Garten, kostenloses WLAN, eigenes Restaurant. B & B £ 65–100 pro Person, die teureren Zimmer mit Seeblick; im Winterhalbjahr etwas günstiger. Talland-by-Looe, ☎ 01503/272667, 📠 01503/272940. info@tallandbayhotel.co.uk, www.tallandbayhotel.co.uk.

Claremont Hotel, nette Unterkunft mitten im Dorfzentrum. B & B je nach Saison und Ausstattung £ 30–38 pro Person. Eigener Parkplatz! ☎ 01503/272241, 📠 01503/272152. www.theclaremonthotel.co.uk.

Penryn House Hotel, ansprechende Zimmer mit modernen Bädern und ein freundlicher Empfang. Je nach Ausstattung zahlt man zwischen £ 35 und £ 40 für B & B in dem viktorianischen Haus. Parkplätze vor dem Haus. The Coombes, ☎ 01503/272157, 📠 01503/273055. chrispidcock@aol.com, www.hotelscornwall.org.

House on the Props, empfehlenswertes Restaurant am Hafen. Überall hängen Schiffslaternen, Netze und andere Seefahrtserinnerungen. Besonders gut schmeckt das selbst gebackene Brot. Der schmackhafte Fisch ist ab £ 10 zu haben. Lecker ist das *Trio of cornish fish* mit Scholle, Seeteufel und Schellfisch in Weißweinsoße für £ 14.95. Auch Zimmervermietung (B & B £ 40 pro Person). Talland Street, ☎ 01503/272310. www.houseontheprops.co.uk.

Crumplehorn, ein hübsches Pub mit Garten gleich an der Ortseinfahrt gegenüber dem großen Parkplatz. Ursprünglich ein altes Farmhaus, irgendwann vom Schmugglerkönig Job gekauft, heute kleine Bar und Restaurant. Es werden auch Zimmer (B & B je nach Ausstattung £ 35–55) vermietet. ☎ 01503/272348, office@crumplehorn-inn.co.uk, www.crumplehorn-inn.co.uk.

The Old Rectory, in einem ehemaligen Pfarrhaus in Lanreath werden sieben schöne und gut ausgestattete Ferienwohnungen vermietet. Strom wird zusätzlich nach Verbrauch bezahlt. Ein weiteres Plus: Der wunderschöne Garten und ein kleiner beheizter Swimmingpool. Das kleine Dorf Lanreath liegt etwa zehn Kilometer nördlich von Polperro im Landesinnern. Die moderaten Preise variieren je nach Reisezeit und Apartmentgröße und beginnen ab £ 230 die Woche. ☎ 01503/220247. ask@oldrectory-lanreath.co.uk, www.oldrectory-lanreath.co.uk.

Cornwalls Südküste
Karte Seite 164/165

Wanderung 5: Von Polperro nach Looe

Die Wanderung führt von Polperro entlang der Küste nach Looe, dann anschließend in einem weiten Bogen durchs Landesinnere zur Talland Bay. Von dort wieder am Meer entlang zurück zum Ausgangspunkt. Einkehrmöglichkeiten in Polperro, Looe sowie an der Talland Bay. Wem der Rückweg zu weit ist, kann auch von Looe mit dem Bus zurückfahren.

Ausgangspunkt: Parkplatz von Polperro (gebührenpflichtig).
Wegstrecke: 21 km.
Dauer: 6 Std.

Vom Großparkplatz von Polperro **(WP 1)** geht es entlang der engen Hauptstraße **(WP 2)** hinunter zum Hafen des Fischerdorfes **(WP 3)**. Nachdem man die Hafenstimmung eine Zeit lang beobachtet hat, beginnt die eigentliche Wanderung an der östlichen (linken) Seite des Hafenbeckens immer entlang

168 Cornwall

der Küste (**WP 4**). Bis kurz nach den letzten Häusern ist der Weg noch geteert, dann geht er abrupt in einen Wanderpfad über. Der Wegweiser „1¼ M Coast Path to Talland Bay" (**WP 5**) informiert über das erste Etappenziel, an dem es auch ein kleines Café sowie einen Badestrand gibt. Zuvor passiert man noch ein steinernes Mahnmal für die Gefallenen des Ersten Weltkriegs (**WP 6**). Der sehr abwechslungsreiche Küstenweg ist mit dem South West Coast Path identisch und wird von einer üppigen Vegetation gesäumt. Das geübte Auge kann Lilien, Dost, Malve und Sommerflieder, aber auch Lichtnelken, Storchenschnabel und Taubenkropf am Wegesrand ausmachen. Der Weg führt an der Talland Bay vorbei (**WP 7**). Markant sind eine Felsnase (Hore Stone) sowie eine kleine vorgelagerte Insel (Dunker Rock), die man von hier aus erkennt (**WP 8**). Nach knapp zwei Stunden tauchen die ersten Häuser von West Looe auf (**WP 9**), wenig später kann man über den Fluss nach East Looe blicken (**WP 10**). Um hinüber in das lebhaftere East Looe zu gelangen, nimmt man entweder eine kleine Personenfähre (**WP 11**) oder den Umweg über die Verkehrsbrücke. Je nach Lust und Laune kann man das traditionsreiche Fischerstädtchen erkunden, bevor es wieder über die Brücke nach West Looe zurückgeht (**WP 12**). Hinter einer Amusementhall (**WP 13**) liegt der örtliche Großpark- platz, an dessen Ende (**WP 14**) man nun entlang eines Flusses einem Hinweisschild nach Watergate (**WP 15**) folgt. Watergate ist ein kleiner, beschaulicher Weiler. Die Wanderroute verläuft jetzt auf der Straße, die anfangs steil ansteigt. Sobald die ersten Weiden erreicht sind, macht die Straße drei Knicks (**WP 16, 17, 18**), führt aber insgesamt genau nach Süden zur Landstraße (**WP 19**), die von Polperro nach

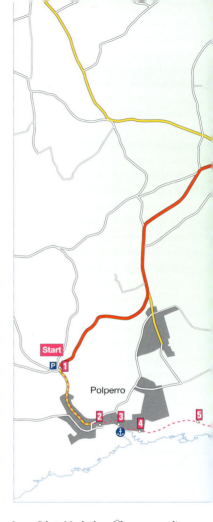

Looe führt. Nach dem Überqueren dieser Straße geht es weiter geradeaus, bis ein Campingplatz auftaucht (**WP 20**), an dessen Rand der Wanderweg entlangführt (**WP 21**). Über eine abschüssige Wiese erreicht man die Talland Bay (**WP 22**). Die letzten zwei Kilometer sind mit der ersten Etappe der Wandertour identisch, und in einer halben Stunde ist man zurück am Ausgangspunkt.

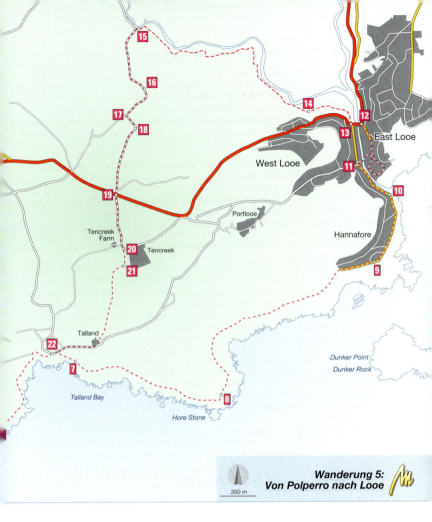

Wanderung 5: Von Polperro nach Looe

Fowey

Fowey, die „Perle der cornischen Riviera", ist eines der bekanntesten Segelzentren im englischen Südwesten. Schmale Gassen ziehen sich zum Hafen hinab, bunte Häuser und zahllose Yachten sorgen für Ferienstimmung.

Fowey – „Foy" ausgesprochen – war im Mittelalter ein berüchtigtes Seeräubernest. Schiffe aus Fowey plünderten französische und spanische Küstenorte. Ein Umstand, der die Spanier 1380 zu einem Gegenangriff bewog. Doch die kriegerischen Zeiten sind lange vorbei, Fowey präsentiert sich heute als schmuckes Fischerdorf, das als Hauptverschiffungshafen von Kaolin zu einem gewissen Reichtum gekommen ist; Möwen kreischen, während sich die Masten der Yachten behutsam im Wasser hin- und herbewegen. Alle zehn Minuten überquert die kleine Autofähre

170   Cornwall

den Fluss Fowey und verbindet so die Stadt mit ihren östlichen Nachbardörfern. Den besten Ausblick auf den Hafen und die Ansiedlung hat man vom *St Catherine's Castle*, selbst nur noch eine Ruine aus vergangenen Zeiten. Von hier aus führt auch der Coastal Path die beeindruckende Steilküste entlang bis ins zehn Kilometer entfernte *Polkerris*. Die Schriftstellerin *Daphne du Maurier* (1907–1989) verliebte sich in den Ort und wohnte lange Zeit in ihrem Haus „Ferryside", wo sie auch ihren Roman „Der Geist der Liebe" verfasste. Zwei weitere, zumeist allerdings nur Anglisten bekannte Schriftsteller lebten ebenfalls in Fowey: Kenneth Grahame und Sir Arthur Quiller-Couch.

Ein florierender Gewerbezweig mit hoher Gewinnspanne

Es gibt wohl kaum einen Ort an der englischen Küste, der sich nicht seiner Vergangenheit als Schmugglernest rühmt. Seit Edward I. im 13. Jahrhundert Zölle auf den Export von Wolle sowie den Import von Wein erhob, um seine maroden Kassen zu füllen, wurde an den englischen Küsten geschmuggelt. Vor allem Seeleute und Händler ließen sich die hohen Gewinnspannen, die man durch die Umgehung des königlichen Zolls erzielen konnte, nicht entgehen. Schmuggeln war ein geradezu verlockend einfaches Unterfangen, denn erst im Jahre 1680 ließ die englische Krone Zöllner auf Schiffen entlang der Küste patrouillieren. Diese waren allerdings ortsfremd und zudem recht schlecht bezahlt, sodass der Korruption Tür und Tor geöffnet waren. Wie im Fall von Polperro waren oft ganze Dörfer in das Schmuggelgeschäft involviert, unterirdische Gänge wurden gegraben, um die Waren unbemerkt an das andere Ende des Dorfes transportieren zu können. Neben Wein und Schnaps gehörten Tabak, Tee, Kaffee, Schokolade und Seide zu den gewinnträchtigsten Schmugglerwaren. Im 18. Jahrhundert nahm der Schmuggel derart zu, dass wahrscheinlich drei von vier Tassen Tee, die in England getrunken wurden, aus unversteuerten Beständen stammten. In der öffentlichen Meinung genossen die Schmuggler ein durchaus respektables Ansehen, sie galten als ehrenwerte Diebe und wurden als romantische Helden verehrt. Schließlich profitierte man selbst von dem günstigen „zollfreien Einkauf". Erst durch den Einsatz einer effektiven Küstenpatrouille gelang es Mitte des 19. Jahrhunderts, den meisten Schmugglern das Handwerk zu legen. Letztlich waren es aber die neuen wirtschaftlichen Vorstellungen von einem freien Handel, die zu einer Reduzierung der Einfuhrzölle und somit zum Ende der Schmugglerei führten.

• *Information* **Tourist Information Centre**, 5 South Street, Fowey, Cornwall PL23 1AA, ✆ 01726/833616, 📠 01726/834939. www.fowey. co.uk. Hier ist die Broschüre „Walking around Fowey" erhältlich, die einige Ausflugsziele beschreibt.

• *Einwohner* 2600

• *Verbindungen* **Bus:** Mehrmals täglich Verbindungen mit Western National nach St Austell. ✆ 01208/79898. www.travelinesw.com.

• *Fähre nach Polruan* Alle 15 Minuten, ein-

fach £ 1.20 pro Person. Nach Mevagissey von April bis Sept. täglich drei bis sechs Abfahrten. Autofähre nach Bodinnick, £ 3 pro Fahrzeug.

• *Aquarium* Direkt am Hafen, kleines Aquarium mit vielen lokalen Fischen. Von Ostern bis Sept. Mo–Fr 10–16.30 Uhr geöffnet. Eintritt: £ 2, erm. £ 1.50.

• *Fowey Museum* Nebenan informiert ein kleines Museum über die lokale Vergangenheit. Von Ostern bis Sept. geöffnet. Eintritt: £ 1.

Wanderung 6   171

- *Veranstaltungen* Daphne-du-Maurier-Festival, Mitte Mai. www.dumaurierfestival.co.uk.
- *Post* 4 Custom House Hill.
- *Übernachten* **Fowey Hall Hotel**, ist ein wunderschönes Familienhotel der gehobenen Preisklasse mit gutem Restaurant. Es liegt von einem Park umgeben auch einer Anhöhe über dem Ort. Das Ambiente ist ein wenig plüschig, aber very British. Ein Spa gibt es selbstverständlich auch. Das Hotel besitzt 23 Zimmer (Halbpension im DZ je nach Saison £ 150–235) und elf Suiten (ab £ 195), in denen man sich glatt verlaufen könnte. Hanson Drive, ✆ 01726/833866, ✆ 01726/834100. www.foweyhall.com.

Old Quay House, modern gestyltes Restaurant namens „Q" mit Schwerpunkt auf Fisch sowie frischen Muscheln, von mehreren Restaurantführern gelobt. Mittags Hauptgerichte um die £ 10, abends um die £ 18. Es werden auch zwölf sehr ansprechende Zimmer, teilweise mit freistehender Badewanne vermietet (B & B ab £ 90 pro Person). Fore Street, ✆ 01726/833302. www.theoldquayhouse.com.

Old Exchange, preisgünstiges Guesthouse mit drei Zimmern mitten im Ort. B & B ab £ 30 pro Person. 12 Lostwithiel Street, ✆ 01726/833252. www.foye-old-exchange.co.uk.

St Kerverne, kleines Guesthouse gleich beim zentralen Parkplatz. Zwei liebevoll eingerichtete Zimmer mit vielen kleinen Details, eins ist Daphne du Maurier gewidmet, das andere variiert das Thema Hollywood. Leser lobten das exzellente Frühstück. B & B £ 32.50 pro Person. 4 Daglands Road, ✆ 01726/833164. www.jabedesign.co.uk/keverne.

- *Jugendherberge* **Penquite House**, die Jugendherberge liegt in der Ortschaft Golant, westlich des River Fowey. Ein schönes georgianisches Haus in mittelmäßigem Zustand, dafür lockt ein großer Garten. Erwachsene ab £ 12, Jugendliche ab £ 9. Anfahrt mit Western National Bus Nr. 24 (von Fowey nach St Austell). An der Castle Dore Crossroad aussteigen (Fahrer fragen). Von dort noch etwa drei Kilometer zu Fuß nach Golant. ✆ 0845/3719019, ✆ 01726/832947.
- *Essen/Trinken* **The Ship**, nettes, zünftiges Pub aus dem Jahre 1570 mit preisgünstigen Lunch-Specials, auch Zimmervermie-

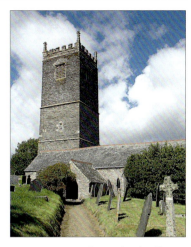

Lanteglos-by-Fowey

tung. Trafalgar Square, Kreuzung Lostwithiel Street, ✆ 01726/833751.

Food for Thought, exklusives Fischrestaurant, direkt am Hafen mit einladender Terrasse. Bereits am Eingang locken frische Schalentiere. Drei-Gänge-Menü £ 19.95, Hauptgerichte ab £ 15. ✆ 01726/832221.

The Galleon, der zentral gelegene Gasthof besitzt eine wunderschöne Terrasse zum Fluss. Internationale Küche, von Lasagne über Curry of the day bis hin zu Fish Pie. WLAN. Für Gäste stehen sieben Zimmer zur Verfügung, davon zwei mit Meerblick. B & B ab £ 35–40 pro Person. Fore Street, ✆ 01726/833014. www.galleon-inn.com.

Pinky Murphys Cafe, dieses 50 Meter vom Post Office entfernte Café ist ein Lesertipp von Gudrun und Rudi Straub: „Der Tee und die Scones wurden uns in bunt zusammengewürfeltem Geschirr serviert auf umgedrehten Bierkisten. Im Café standen verschiedene Möbelstücke wie vom Flohmarkt, von der winzigen Terrasse aus hatte man eine gute Sicht auf das Wasser." Kostenloses WLAN. Geöffnet Mo–Sa 9–17 Uhr, So 9.30–16 Uhr. 19 North Street, ✆ 01726/832512. www.pinkymurphys.com.

Wanderung 6: Rund um Polruan

Polruan ist ein kleiner Fischerort, der an der Spitze einer Halbinsel liegt. Die Wanderung umrundet die Halbinsel und führt größtenteils am Meer entlang. Einkehrmöglichkeiten finden sich in Polruan.

172   Cornwall

> **Ausgangspunkt:** Wer aus Polperro kommt, stellt seinen Wagen am Parkplatz oberhalb von Polruan (gebührenpflichtig) ab. Von Fowey aus empfiehlt sich die Anfahrt mit der Fähre.
>
> **Wegstrecke:** 7 km.
>
> **Dauer:** 2:30 Std.

Einer Besichtigung von Polruan sollte man sich später widmen, denn der Parkplatz (**WP 1**), bei dem die Wanderung beginnt, liegt ein paar Dutzend Meter über Polruans Hafen (**WP 12**), dem Endpunkt der Wanderung. Der eigentliche Wanderweg, der entlang der Küste mit dem South West Coast Path identisch ist, beginnt direkt hinter dem Parkplatz (**WP 2**) und führt über eine Wiese hoch über den Klippen gen Osten (**WP 3**). Der Blick reicht weit über das Meer bis zum Horizont, doch lohnt es sich, auch den Pflanzen am Wegesrand etwas Aufmerksamkeit zu schenken: Malven, Weißdorn, Lippenblütler sowie Wacholder gilt es zu entdecken. Nach einer guten halben Stunde kommt eine Wegkreuzung mit einer Ruhebank (**WP 4**). Von hier könnte man zum Great Lantic Beach hinuntergehen, oder man setzt die Wanderung fort, indem man sich nach Norden dem Landesinneren zuwendet. Als Alternative besteht die Möglichkeit, entlang der Küste bis Polperro zu wandern (einfache Entfernung: 8 km). Auf dem Weg ins Landesinnere gelangt man nach zehn Minuten an eine Straße, hier muss man nach rechts abbiegen (**WP 5**) und dem asphaltierten Weg bis zur nächsten Abzweigung folgen. Jetzt geht es nach links und auf einer schmäleren Straße entlang in einem weiten Bogen zu der allein stehenden Kirche Lanteglos-by-Fowey (**WP 6**). Eine Besichtigung der aus dem 14. Jahrhundert stammenden Kirche sollte man nicht versäumen: Sie besitzt ein schmuckes hölzernes Tonnengewölbe. Übrigens hat hier 1932 Daphne du Maurier geheiratet und die Kirche später als Lanoc Church in ihrem ersten Roman „The Loving Spirit" verewigt. Direkt an der nordöstlichen Ecke des Friedhofes (**WP 7**) führt der Wanderweg nun durch einen kleinen Wald hinunter zu einem kleinen Flüsschen, über das eine malerische Brücke führt (**WP 8**). Der Fluss wird allerdings nicht überquert, denn wir bleiben auf der linken Seite und gehen wieder ein Stück bergauf, bis rechter Hand ein Schild den Weg nach Polruan weist. Der anfangs breite Weg wird enger (**WP 9**). Unter großen Laubbäumen hindurch verläuft der Pfad nun etwa eine halbe Stunde auf der gleichen Höhe, bevor die ersten Häuser von Polruan auftauchen (**WP 10**). Am Hafenbecken (**WP 11**) kann man eine wohlverdiente Pause einlegen. Zurück zum Parkplatz geht es steil bergan durch das Dorf. Wer will, kann mit der Personenfähre noch einen Abstecher hinüber nach Fowey unternehmen.

Lostwithiel

Noch im 13. Jahrhundert war das beschauliche Lostwithiel die Hauptstadt Cornwalls. Als *Stannary Town* kam Lostwithiel zu Reichtum, da hier das Zinn aus den nahen Minen gewogen und gestempelt wurde (das lateinische *stannum* bedeutet Zinn). Das nördlich der Stadt gelegene **Restormel Castle** besitzt einen mächtigen Bergfried samt Wallanlagen. Das Torhaus dürfte schon um das Jahr 1100 von den Normannen auf einer Motte (künstlicher Hügel) errichtet worden sein. Abgesi-

chert durch einen Burggraben galt die Anlage als uneinnehmbar. Erst im Bürgerkrieg 1644 wurde die Burg von den Truppen Charles I. eingenommen, und der Verfall begann.

April bis Sept. tgl. 10–17 Uhr, im Juli und Aug. tgl. 10–18 Uhr, im Okt. tgl. 10–16 Uhr. Eintritt: £ 3.20, erm. £ 2.70 bzw. £ 1.60 (EH).

St Austell

St Austell ist sicherlich keine besonders aufregende Stadt, aber einer der wichtigsten Verkehrsknotenpunkte in Cornwall. Von kunsthistorischem Interesse ist einzig die hoch aufragende Kirche Holy Trinity. Im 18. Jahrhundert wurde in der Umgebung von St Austell Kaolin gefunden, ein zur Herstellung von Porzellan notwendiger Rohstoff. Heute wird Kaolin sowohl für die Papierindustrie als auch für die Produktion von Farben sowie für die Medizin abgebaut. *Charlestown* ist der Hafen von St Austell und kann mit seinen historischen Schiffen mühelos zu Fuß erkundet werden. Von hier wurde und wird das Kaolin verschifft.

● *Information* **Tourist Information Centre**, Southbourne Road, St Austell, Cornwall PL25 4RS, ℡ 01726/76333. www.staustelltown.co.uk.
● *Einwohner* 22.700
● *Verbindungen* **Bus:** Vom Busbahnhof am Bahnhofsvorplatz verkehren Linien nach Plymouth, Penzance, Liskeard, Camborne und London. Busse fahren regelmäßig nach Fowey, Mevagissey und Gorran Haven. Außerdem fahren National-Rail-**Züge** nach London. www.nationalrail.co.uk.
● *Shipwreck Rescue & Heritage Centre* In Charlestown befindet sich hinter dem Hafen ein Museum, das die lokale Seefahrtsgeschichte dokumentiert. März bis Okt. tgl. 10–17 Uhr. Eintritt: £ 5.95, erm. £ 3.95. Kinder unter 10 Jahren frei! www.shipwreckcharlestown.com.

Eden Project

Keine Kosten und Mühen wurden gescheut, um in der Nähe von St Austell das Millenniumsprojekt „Eden" einzurichten. Stolze 76 Millionen Pfund standen hierzu zur Verfügung! Tim Smit, der bereits die Garten von Heligan wieder zum Leben er-

Eden Project: futuristische Glaswaben

weckte, hat zusammen mit dem Architekten Nicholas Grimshaw eine verlassene Kaolingrube auserkoren, um hier einen Garten Eden zu schaffen. Neben einem Außenbereich wurden in der rund 15 Hektar großen und 60 Meter tiefen Kaolingrube acht riesige Gewächshäuser errichtet, die an „Kunststoffblasen" erinnern und 195.600 Kubikmeter Raum umschließen. Zur besseren Vorstellung: Die Gewächshäuser könnten bequem den Londoner Tower beherbergen. Von Weitem sieht man die riesigen Treibhäuser dennoch nicht, da die mit dem Boden verschmolzenen Gebilde in einem tiefen Kessel errichtet wurden. Zwischen die mächtige Stahlkonstruktion sind sechseckige Plastikluftkissen eingespannt, deren milchige Haut sonnendurchlässiger als Glas ist und zudem bessere Isolationseigenschaften aufzuweisen hat. Praktische und nicht etwa ästhetische Aspekte bestimmen die Architektur, die weder Heizaggregate noch Belüftungsstutzen kaschiert und Natur und Technik auf ansprechende Weise miteinander verbindet. Den Besuchern soll vor allem Respekt für die Natur und ein interessanter Zugang zur Schöpfung vermittelt werden. Ein optimistischer Ansatz, doch in der Wirklichkeit sind Ökologie und Naturschutz nur hehre Worthülsen. Der Strom für die energieintensiven Treibhäuser kommt weder aus Solar- noch aus Windkraftanlagen …

In dem größten Gewächshaus wird ein feucht-tropisches Klima erzeugt, das zweitgrößte bietet mediterranen und anderen Pflanzen, die ein gemäßigt warmes Klima gewohnt sind, eine Heimat. Eindrucksvoll ist vor allem das 50 Meter hohe subtropische Gewächshaus, das auf einer Fläche von 15.000 Quadratmetern einen ganzen Regenwald aufnehmen kann und so fehlen hier weder ein Wasserfall noch ein rauschender Bach. Die gesamte Kaolingrube, die man auf mehreren Wegen erkunden kann, wurde in einen einzigartigen Landschaftspark mit modernen Skulpturen verwandelt und mit einheimischer Flora bepflanzt. Insgesamt sollen im Eden Project rund 100.000 Pflanzen zu bewundern sein.

Im Frühjahr 2001 eröffnet, gilt das Eden Project mit mehr als 750.000 Besuchern pro Jahr als die größte touristische Attraktion Cornwalls. Die Briten wissen, wie man das Ganze medial vermarkten muss, und so schwebte Halle Barry in dem Bond-Abenteuer „Stirb an einem anderen Tag" wie eine Spinne in das Gewächshaus hinab. Da man im Eden Project leicht einen ganzen Tag verbringen kann, gibt es selbstverständlich auch eine Öko-Cafeteria (Jo's Café) und einen ansprechenden Laden (Bio-Lebensmittel, Geschenke, etc.).

• *Öffnungszeiten* Tgl. März bis Okt. 9–18 Uhr, Nov. bis Feb. 10–16.30 Uhr. Genaue Informationen erfährt man unter folgender Rufnummer: ☏ 01726/222900. Eintritt: £ 16, erm. £ 11, £ 8 bzw. £ 6, Familienticket £ 39 (alle Tickets im Internet £ 1 günstiger). www.edenproject.com. Busverbindungen von St Austell oder Newquay mit Truronian, ☏ 01872/273453.

Tregrehan Garden

Tregrehan Garden gehört zu den Kleinoden unter Cornwalls Gärten. Ein Besuch lohnt vor allem wegen der vielen Bäume aus tropischen Regionen, die hier seit dem 19. Jahrhundert gepflanzt wurden. Die ältesten unter ihnen sind zwei neuseeländische *Nothofagus solandri*. Zudem wachsen auf dem zehn Hektar großen Areal bis zu zehn Meter hohe Rhododendren sowie herrliche alte Kamelien, deren abgeworfene Blüten im Frühjahr einen roten Teppich auf dem grünen Rasen bilden. Der Garten, der sich seit 400 Jahren im Besitz der Familie Carlyon befindet, wird seit 1987 von Tom Hudson geleitet. Ein Tipp: Es werden auch fünf Cottages beziehungsweise Apartments vermietet (☏/✉ 01726/814389).

Mitte März bis Mai Mi–So 10.30–17 Uhr, Juni bis Aug. nur Mi 14–17 Uhr. Eintritt: £ 5. www.tregrehan.org.

Lost Gardens of Heligan

Der Garten von Heligan gehörte einst der Familie Treymayne, die sich im 19. Jahrhundert den Luxus leistete, in ihrem Park mehr als 20 Gärtner zu beschäftigen. Nach dem Ersten Weltkrieg, als der letzte männliche Erbe starb, verwilderte der größte Teil des 32 Hektar großen Areals zunehmend und das Anwesen wurde verkauft. Erst als sich 1991 der Holländer Tim Smit dem mit Efeu, Brennnesseln und Lorbeer überwucherten, „verlorenen Garten" annahm, erlebte Heligan eine grandiose Wiedergeburt. Mit Hilfe von Gartenhistorikern

Subtropische Vegetation in den Lost Gardens of Heligan

und Botanikern wurde der Garten in seiner ursprünglichen Form rekonstruiert. Die *Times* jubelte nach der Eröffnung: „The garden restauration of the century." Der inzwischen mehrfach ausgezeichnete Garten bietet viel Abwechslung, ein Besuch kann sich leicht einen halben Tag hinziehen. Besonders reizvoll sind der neun Hektar große subtropische „Dschungel" mit Palmen und Bambuswäldern sowie ein vierzehn Hektar großes „verlorenes Tal" mit Teichen. Dazwischen finden sich

176   Cornwall

immer wieder verwunschene Baum- und Landschaftsskulpturen wie die schlafende Schönheit *Mud Maid*. Aber auch ein Spaziergang durch den Blumen- sowie Gemüsegarten mit mehr als zwei Dutzend Kartoffelsorten und rund 50 Apfelbaumsorten sollte nicht versäumt werden. Im Wildlife Project kann man zudem heimische Vögel beobachten. Der einzige Nachteil: Man muss den Garten jeden Tag mit durchschnittlich mehr als 1000 Besuchern teilen.

Tgl. 10–18 Uhr (letzter Einlass 16.30 Uhr, im Winter 15 Uhr). Eintritt: £ 10, erm. £ 9 oder £ 6, Familien £ 27. www.heligan.com.

Mevagissey

Mevagissey gehört zu den bekanntesten cornischen Fischerdörfern. Ähnlich wie Polperro besteht das Dorf aus alten Häusern, die sich um das Hafenbecken drängen.

Früher lebte auch Mevagissey vom Schmuggel und vom Fischfang. Zu Beginn des 18. Jahrhunderts erreichte der Sardinenfang seinen Höhepunkt. Eingelegt in Salz wurden die Fische nach Italien und sogar auf die westindischen Inseln exportiert. Für die britische Marine waren sie wichtiger Proviant. Heute ist der Tourismus zur Einnahmequelle Nummer eins geworden, glücklicherweise ist das Gedränge nicht ganz so schlimm wie in Polperro. Bei einem Bummel entlang der breiten Kaimauer kann man den Fischern bei ihren Vorbereitungen zum Auslaufen oder beim Löschen des Fangs zusehen. Das *Mevagissey Museum* ist am Ende des Westkais in einem alten Werftgebäude untergebracht. Man findet viele Dinge, die mit dem Schiffsbau zusammenhängen, denn früher liefen in Mevagissey die schönsten Schoner vom Stapel.

• *Information* **Tourist Information Centre**, St George's Square, Mevagissey, Cornwall PL26 6UB, ✆/☎ 01726/844857. www.mevagissey-cornwall.co.uk bzw. www.mevagissey.net.

• *Einwohner* 2000

• *Verbindungen* **Bus:** Stdl. Verbindungen nach St Austell.

• *Museum* Mevagissey Museum. Lokalgeschichte auf drei Etagen. Geöffnet von Ostern bis Okt. tgl. 11–17 Uhr. Eintritt: frei!

• *Einkaufen* **Cloudcuckooland**, fantastischer Skurrilitätenladen, direkt im Zentrum in der Fore Street (Lesertipp von Siegmar Roscher). www.cloudcuckooland.biz

• *Übernachten/Essen/Trinken* **Trevalsa Court Hotel**, das am Ortsrand auf einer Klippe gelegene Hotel mit seinen detailverliebten Räumlichkeiten ist ein Lesertipp von Wilfried Krauth, der nicht nur von dem Kaminzimmer begeistert war. „Der Hotelchef und sein Team sind sehr aufmerksam und kundenorientiert. Zuletzt das Essen: basierend auf cornischer Grundidee wird hier regelrecht „gezaubert" – und das in England! Der Garten und der herrliche Blick über das Meer runden einen wunderschönen Aufenthalt ab!", 3-Gang-Menü für £ 30. Kosten-

loses WLAN. Das tolle Ambiente belastet die Reisekasse je nach Zimmer und Saison mit £ 52.50–112.50 (B & B pro Person), lohnend ist die Halbpension. Scholl-Hill, Mevagissey-South, ✆ 01726/842468, ☎ 01726/844482. www.trevalsa-hotel.co.uk.

The Wheelhouse, direkt am Hafen liegt das beliebte Fischrestaurant mit der großen Straßenterrasse, das von Lesern gelobt wurde. Kinder und Hunde sind im Hotel unerwünscht. DZ £ 60–70 ohne Frühstück. ✆ 01726/843404. www.wheelhouse.me.uk.

Fountain Inn, ein zünftiges Pub in einem Anwesen aus dem 15. Jahrhundert Serviert werden Fish & Chips oder Ploughman's Lunch. Es gibt auch B & B für £ 22.50–30, bei den günstigen Zimmern ohne eigenes Bad/WC. St George's Square, ✆ 01726/842320. www.mevagissey.net/fountain.htm.

• *Jugendherberge* **Youthhostel Boswinger**, sechs Kilometer südlich von Mevagissey, eineinhalb Kilometer südwestlich der Ortschaft Gorran und nur schwer mit öffentlichen Verkehrsmitteln zu erreichen. Nov. bis Ostern geschlossen. Erwachsene bezahlen ab £ 14, Jugendliche ab £ 10.50. ✆ 0845/3719107, ☎ 01726/844527.

Mevagissey

- *Camping* ***** **Sea View**, gut ausgestatteter Zeltplatz mit Swimmingpool nahe der Jugendherberge, im Juli und Aug. ist hier alles ausgebucht. Ostern bis Sept. geöffnet. Zweimannzelt ab £ 12. Boswinger, ✆ 01726/843425, ✆ 843358. Terms & Conditions: Sitemapholidays@seaviewinternational.com, www.seaviewinternational.com.

Treveor Farm, 50 Stellplätze auf einem Milchhof, etwa fünf Meilen von Mevagissey entfernt. Mit Angelmöglichkeit. April bis Okt. geöffnet. Gorran, St Austell, ✆/✉ 01726/842387. info@treveorfarm.co.uk, www.treveorfarm.co.uk.

Umgebung

Als Ausflugsziele bieten sich *St Gorran Churchtown* – etwa drei Kilometer südlich auf einem Hügel gelegen – und *Gorran Haven* unten am Meer an. Beide Ortschaften besitzen interessante Kirchen. Von den Klippen über dem einstigen Krabbenfischerdorf Gorran Haven kann man bei gutem Wetter bis hinüber nach Prawle Point in Devon sehen (etwa 80 km Luftlinie). Eine interessante Kurzwanderung führt von Mevagissey auf den Coastal Path bis Gorran Haven, wobei man am *Chapel Point* – einer Felsnase, auf der einst eine Kapelle gestanden haben soll – vorbeikommt.

Noch weiter südlich, am 125 Meter hohen *Dodman Point*, befindet man sich auf geschichtsträchtigem Gelände. In Sichtweite versammelte sich am 20. Juli 1588 die spanische Armada vor der Küste, bevor sie zum Angriff gegen die englische Flotte in Richtung Plymouth segelte. Etwas weiter westlich vom Dodman Point befindet sich *Hemmick Beach*, ein hübscher Strandabschnitt zum Baden. Noch schöner ist die bei Familien beliebte *Porthluney Cove* mit dem 1808 von John Nash errichteten *Caerhays Castle* (Garten: Mitte Feb. – Anf. Juni, tgl. 10–17 Uhr, Haus nur Mo-Fr im gleichen Zeitraum, Eintritt: £ 12.50 erm. £ 6, www.caerhays.co.uk). Wer möchte, kann von hier aus in rund drei Stunden nach Portloe wandern.

Caerhays Castle: Kuhweide mit Flair

Portloe

Cornwall bedeutet für viele Ursprünglichkeit und unberührte Natur oder auch Melancholie und Einsamkeit. In Portloe kann man von all dem ein wenig finden, denn das Fischerdorf liegt abseits der überlaufenen Tourismuszentren. Sein Hafen ist winzig, und die weiß gestrichenen Häuser stehen dicht gedrängt. Von den umliegenden Klippen bietet sich eine grandiose Aussicht auf die zerklüftete cornische Küste. Lohnend ist eine Wanderung über den Cornwall Coast Path entlang der beeindruckenden Steilküste zum drei Kilometer entfernten *Nare Head*.

• *Übernachten/Essen* **The Lugger Hotel**, einst war der Gasthof aus dem 17. Jahrhundert ein beliebter Schmugglertreff, heute können hier Feriengäste die traumhafte Atmosphäre des kleinen Fischerdorfes genießen. Die über mehrere Gebäude verteilten Zimmer – tolle Bäder! – verfügen teilweise über eine Terrasse. Ein Spa sowie WLAN sind auch vorhanden. Abends speist man im zugehörigen Restaurant auf hohem Niveau (ausgezeichnete Fischgerichte, 3-Gänge-Menü mit Café £ 37.50). Empfehlenswert ist die Halbpension. B & B je nach Saison ab £ 70 (NS), im Sommer je nach Zimmer £ 100–140. ✆ 01872/501322, ✆ 01872/501691. www.luggerhotel.com.

Übernachten
1 The Haven
2 The Riverbank
8 Mannings Hotel
9 Gwel-Tek Lodge

Essen & Trinken
3 The Old Grammar School
4 Saffron
5 One Eye Cat
6 Kazbah
7 Feast
10 Baba

Truro

Mit ihren vornehmen georgianischen Häuserzeilen ist Truro die attraktivste Stadt im Landesinneren von Cornwall. Ein weiteres Plus stellen die hervorragenden Einkaufsmöglichkeiten dar.

Truro, dessen Name sich vom cornischen Tri-veru (drei Flüsse) ableitet, war als Stannery Town bereits im Mittelalter eine der bedeutendsten Städte Cornwalls. Zinn (lat. *stannum*) aus den umliegenden Minen wurde hier geschmolzen, gewogen und gestempelt. Anschließend transportierte man den kostbaren Rohstoff mit dem Schiff zu seinem jeweiligen Empfänger. Die zahlreichen georgianischen Häuser zeugen noch vom Boom, den die Zinnbranche zu Beginn des 19. Jahrhunderts erlebte. Im Jahre 1876 zum Bischofssitz erhoben, stand für die Stadt die Errichtung einer Kathedrale im Vordergrund. Die 1910 vollendete neugotische Kathedrale war die erste anglikanische Kathedrale, die in Großbritannien nach dem Bau der Londoner St Paul's Cathedral errichtet wurde. Seit 1989 ist Truro die Verwaltungshauptstadt von Cornwall; ein Umstand, der sich auf das städtische Leben sehr positiv ausge-

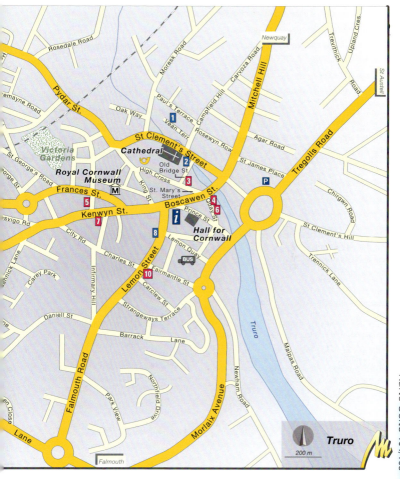

Cornwalls Südküste
Karte Seite 164/165

wirkt hat. Erst unlängst wurde ein postmodernes Gerichtsgebäude errichtet. Die Fußgängerzone eignet sich für einen ausgedehnten Einkaufsbummel, denn die meisten großen englischen Handelsketten unterhalten hier eine Filiale.

• *Information* **Tourist Information Centre** im Municipal Building, Boscawen Street, Truro, Cornwall TR1 2NE, ✆ 01872/274555, ✆ 01872/263031. www.truro.gov.uk.

• *Einwohner* 21.000

• *Verbindungen* **Bus:** Busbahnhof in der City am Lemon Quay. National Express (✆ 0990/808080) fährt viermal täglich nach London sowie nach Liskeard und Plymouth, Western National und Western Greyhound nach Penzance und Falmouth. Informationen unter ✆ 0870/6082608. www.firstgroup.com, www.westerngreyhound.com.

Zug: Der Bahnhof liegt etwas außerhalb in der Station Road (den Richmond Hill hinauf). Truro liegt an der Strecke Penzance – London Paddington. Von hier aus führt auch eine Stichlinie nach Falmouth sowie nach St Ives. www.nationalrail.co.uk.

Ausflugsboote: Von Truro (ab Town Quay) fahren fünfmal täglich Ausflugsschiffe nach Falmouth. www.falriverlinks.co.uk.

• *Markt* Mittwoch und Samstag auf dem Lemon Quay.

• *Veranstaltungen* Truro Carnival im September.

180   Cornwall

- *Kino* Plaza Cinema, Lemon Street, 01872/272894. www.wtwcinemas.co.uk.
- *Fahrradverleih* **Truro Cycles**, 110 Kenwyn Street, Truro, 01872/71703.
- *Schwimmen* **Truro Leisure Centre**, Glowth, 01872/261628.
- *Post* High Cross.
- *Übernachten* **Mannings Hotel (8)**, alteingesessenes Hotel mit gutem Restaurant und Lounge-Bar. Die Räumlichkeiten wurden unlängst sehr geschmackvoll im Designer-Stil renoviert, herrliche Bäder. Schöner kann man in Truro nicht übernachten. Kostenloses WLAN. EZ je nach Wochentag £ 55–69, DZ £ 75–85 (inkl. Frühstück). Lemon Street, 01872/270345, 01872/242453. reception@manningshotels.co.uk, www.manningshotels.co.uk.

The Riverbank (2), im Schatten der Kathedrale bietet dieses unlängst eröffnete Hotel acht moderne und geschmackvoll eingerichtete Gasträume. Im Untergeschoss finden sich ein Restaurant, eine Bar und ein Beer Garden mit Blick auf den Fluss. Kostenloses WLAN. B & B £ 40 im DZ, £ 65 als EZ. Old Bridge Street, 01872/242090. www.theriverbanktruro.co.uk.

Gwel-Tek Lodge (9), knapp 15 Fußminuten vom Zentrum entfernt, in einem viktorianischen Gebäude. In der gleichen Straße gibt es noch weitere B & Bs. Ab £ 30 pro Person. 41 Treyew Road, 01872/276843. info@donnington-guesthouse.co.uk, www.gweltek.co.uk.

The Haven (1), dieses nur fünf Fußminuten von der Kathedrale entfernte B & B ist ein Lesertipp von Antje Beutner, die die „großzügigen, sauberen und mit Liebe zum Detail eingerichteten Zimmer" ebenso lobte wie die freundlichen Gastgeber. Kostenloses WLAN, Parkplätze vorhanden. Von Feb. bis Ende Okt. geöffnet. B & B £ 31–34 pro Person, £ 5 Aufschlag bei einer Nacht. Vean Terrace, 01872/264197. www.thehaven-truro.co.uk.

- *Camping* ***** **Carnon Downs Park**, Anfahrt über die A 39, etwa fünf Kilometer in westliche Richtung. Ganzjährig geöffnet. 150 Stellplätze für Caravans und Zelte; Zelt plus zwei Personen ab £ 18. Carnon Downs, 01872/862283. info@carnon-downs-caravanpark.co.uk, www.carnon-downs-caravanpark.co.uk
- *Ferienhäuser* **The Valley**, ruhiger Ferienpark (46 Häuser) mit Café und Swimmingpool. Die Häuser (tolle Ausstattung in einem modernen, zeitlosen Design!) kosten je nach Größe und Saison zwischen £ 495 und £ 1700 pro Woche. Bissoe Road, Carnon Downs Village, 01872/862194, 864343. info@the-valley.co.uk, www.the-valley.co.uk.
- *Essen/Trinken* **Kazbah (6)**, lockere Kneipe im Orientstil mit Lounge-Atmosphäre. Abwechslungsreiche internationale Küche von Thailändisch bis zu Italienisch. Günstige Mittagsmenüs. 3–4 Quay Street.

Saffron (4), das Restaurant im Bistrostil gilt als eines der besten der Stadt und wurde schon von Michelin empfohlen. Lecker ist das Lammkarrée für £ 15, günstig das Mittagsmenü für £ 12.50. Sonntag Ruhetag. 5 Quay Street, 01872/263771.

Ein paar Worte Cornisch:

alls	Klippe	*lyn*	See
bean	klein	*morreb*	Strand
bod	Wohnsitz	*nan*	Tal
car	Befestigung	*pen*	Kopf
carrack	Felsen	*plu*	Gemeinde
chy	Haus	*porth*	Bucht
coombe	Tal	*ruth*	rot
zawn	Schlucht	*tewen*	Düne
ennis	Insel	*tre*	Haus, Stadt
forth	Straße	*treath*	Strand
garrack	Felsen	*ty*	Haus
garth	Garten	*veneth*	Hügel
goose	Holz/Wald	*win*	weiß
innis	Insel	*zance*	heiliger Boden

Truro 181

Baba (10), ausgezeichnetes indisches Restaurant im Zentrum (ein Lesertipp von Alexandra und Klaus-Peter Müller, die das Preis-Leistungs-Verhältnis genauso wie das Ambiente lobten). Vindaloo Curry £ 9.95. Wer zwischen 12 und 14 Uhr sowie 17 und 19.30 Uhr bestellt, bekommt 25 % Ermäßigung, als Takeaway sogar 50 %! Montag Ruhetag. 32 Lemon Street, ✆ 01872/262694. www.babatruro.co.uk.

Feast (7), hier werden vor allem Vegetarier glücklich. Sehr günstig, Hauptgerichte ab £ 6. Auch Süßspeisen und Kuchen sind im Angebot. Abends und sonntags geschlossen. Kostenloses WLAN. 15 Kenwyn Street, ✆ 01872/272546.

One Eye Cat (5), ansprechende Bar und Restaurant in einer ehemaligen Kirche. Serviert wird internationale Küche vom *Seafood Risotto* bis zum *Onglet Steak Medaillon*. Hauptgerichte um die £ 12. Nette Straßenterrasse. Kenwyn Street, ✆ 01872/222122.

The Old Grammar School (3), mit dem langen Tresen und dem riesigen Holztisch ist dieses Szene-Kneipe fraglos unsere Lieblingsadresse für ein paar lockere Stunden, einen Cocktail inklusive. Mittags Hauptgerichte um die £ 9, abends Tapas £ 3–5. Schöne Straßenterrasse. Am Wochenende legen abends DJs Musik auf. St Mary's Street. ✆ 01872/278559. www.theoldgrammarschool.com.

Surrealistische Ferien

Der englische Maler und Kunstsammler Roland Penrose (1900–1984) lebte in den 1930er Jahren in Paris, wo er mit zahlreichen Künstlern, darunter Picasso, Paul Eluard, Max Ernst und Joan Miró, befreundet war. Auf einem surrealistischen Kostümball lernte er 1937 seine spätere Ehefrau, die Fotografin Lee Miller, kennen und lud sie und mehrere Freunde ein, mit ihm den Sommer in Cornwall zu verbringen. Penrose hatte von seinem Bruder dessen Lambe Creek House am River Fal (bei Old Kea, ein paar Kilometer südlich von Truro) gemietet. Im Juli fuhr er nach Cornwall, um das Haus mit Vorräten zu füllen. Einem heiteren Sommer stand nichts mehr entgegen.

Zuerst kam Max Ernst mit der nicht einmal halb so alten Leonora Carrington, dann traf Lee Miller ein, die von Paul Eluard und dessen Frau Nusch sowie Man Ray und seiner Freundin Ady Fidelin begleitet wurde; der Bildhauer Henry Moore und seine Frau Irena, die zufällig in Cornwall waren, schauten ebenfalls vorbei; und um das frivole Treiben zu vervollständigen, gesellte sich noch der belgische Maler und Kunsthändler Edouard Mesens hinzu, der die Malerin Eileen Agar sowie ihren Freund und späteren Ehemann, den ungarischen Schriftsteller Joseph Bard, mitbrachte. Dies schien Eileen aber nicht davon abzuhalten, eine Affäre mit Paul Eluard zu beginnen, der dafür bekannt war, Freunden seine Frau Nusch als Gastgeschenk anzubieten, was wiederum Joseph Bard gerne akzeptierte. Eileen Agar hat in ihren Erinnerungen die lockeren Sitten dieser ungewöhnlichen Ferien festgehalten: „Es war eine bezaubernde surrealistische Hausparty mit Roland als kühnem Gastgeber, der es verstand, selbst das belangloseste Zusammentreffen in eine Orgie zu verwandeln. Ich erinnere mich daran, wie ich Lee zusah, als sie ein Schaumbad nahm, doch leider war in der Wanne nicht genug Platz für uns alle. Den Surrealisten wurde unterstellt, sie seien ohne jegliche Moral, doch ich ging nicht mit jedem ins Bett, der mich darum bat. Wie hätte ich sonst Zeit zum Malen finden sollen?"

Sehenswertes

Royal Cornwall Museum: Das Grafschaftsmuseum bietet einen respektablen Einblick in die Geschichte Cornwalls. Der Schwerpunkt liegt auf der berühmten Mineralien-

Cornwalls Südküste
Karte Seite 164/165

182 Cornwall

sammlung, daneben werden aber auch die Themen Bergbau und Industriegeschichte (Cookworthy-Porzellan) vorgestellt. Die Gemäldegalerie wartet mit Bildern von John Opie, Canelotto und Kneller auf. Kneller verdanken wir ein lebensgroßes Porträt des cornischen Riesen Anthony Payne (1612–1691), der wegen seiner überaus stattlichen Körpergröße von 2,24 Meter der wohl bekannteste Soldat der königlichen Armee war.
Mo–Sa 10–17 Uhr. Eintritt: frei! Adresse: River Street. www.royalcornwallmuseum.org.uk.

Cathedral: Die neugotische Kathedrale von Truro ist die jüngste Kathedrale von England. Cornwall wurde erst im Jahre 1876 zum Bistum ernannt; dieser Umstand erforderte den Bau einer Kathedrale. Die englischen Kirchenfürsten entschlossen sich zu einem Gotteshaus im Stil des Historismus. Fraglos sind die großen mittelalterlichen Kathedralen das Vorbild für die zwischen 1880 und 1910 errichtete Bischofskirche von Truro. Emporen, spitzbogige Arkaden und diverser gotischer Zierrat prägen den weitgehend gelungenen Neubau.
Tgl. 7.30–18 Uhr, So 9–19 Uhr. Pflichtspende: £ 4. www.trurocathedral.org.uk.

Umgebung

Trewithen Gardens: Der an der A 390 zwischen Truro und St Austell gelegene Garten ist bekannt für seine üppige Vegetation. Der cornische Name Trewithen, der so viel wie „Haus im Dickicht" bedeutet, erinnert noch daran, dass der Garten völlig überwuchert war, bevor George Johnstone ab 1904 ans Werk ging, um neben seinem ererbten Herrenhaus einen Garten nach eigenen Vorstellungen zu gestalten. Das Projekt ist gelungen: Heute wachsen auf dem zwölf Hektar großen Areal mehr als 100 verschiedene Kamelien-, Rhododendren- und Magnolienarten sowie seltene Bäume und Sträucher. Wer will, kann sich im zugehörigen Gartencenter mit Samen für den heimischen Garten eindecken.
Von März bis Sept. tgl. außer So 10–16.30 Uhr, im April und Mai auch So 10–16.30 Uhr. Eintritt: £ 7, erm. £ 5. www.trewithengardens.co.uk.

Falmouth

Das an einem Naturhafen gelegene Falmouth hat zwei Gesichter: Das alte Falmouth am Inner Harbour ist eine echte cornische Stadt mit steilen engen Straßen und vielen Fischerbooten im Hafen, der neue Teil der Stadt liegt auf einem Hügel direkt an der Südküste. Die Geschäfte, Cafés und Restaurants erstrecken sich von der High Street bis zur Arwenack Street auf über einem Kilometer Länge.

Falmouth, einer der größten Naturhäfen der Welt, verdankt seine Entstehung – wie sollte es in Cornwall anders sein – dem Schmuggel. Die einflussreiche Familie der *Killigrews* gründete den Ort. Sir John Killigrew, der neben seiner Tätigkeit als Pirat und Schmuggler auch Vizeadmiral von Cornwall war, leitete selbst die blutigen Überfälle auf spanische und französische Schiffe. Genau genommen war er keinem Herren treu und diente nur sich selbst. Um Gegenangriffe abzuwehren und die englische Küste zu sichern, ließ Heinrich VIII. im 16. Jahrhundert Pendennis Castle errichten, dessen Pendant St Mawes am gegenüberliegenden Ufer ist. Einen erheblichen wirtschaftlichen Aufschwung erlebte Falmouth, als die Postbehörde Falmouth im Jahre 1688 zum Ausgangshafen für Postsendungen zum Mittelmeer, in die Karibik sowie nach Nord- und Südamerika ernannte. Infolge dieser Bestimmung erreichten alle offiziell eingeführten Souvenirs, aber auch Sämlinge exotischer Pflanzen über Falmouth das englische Königreich. Jahrhundertelang war Fal-

Falmouth 183

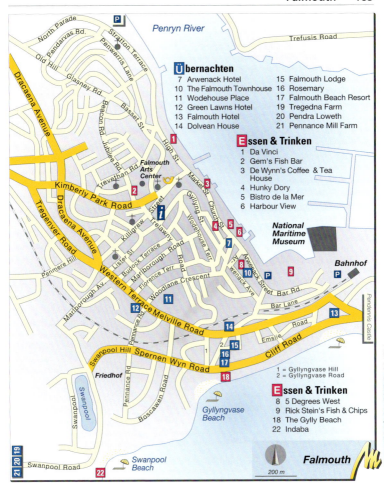

mouth gewissermaßen Englands Tor zur Welt. Noch 1881 zählte der Hafenmeister mehr als 19.000 Schiffe, die in die Bucht einliefen. Mit 244 ankernden Schiffen wurde am 3. Mai 1881 ein bis heute gültiger Hafenrekord aufgestellt. Doch schon kurze Zeit später ging es mit der wirtschaftlichen Bedeutung Falmouths stetig bergab. Der Schiffsbau wurde 1939 endgültig eingestellt.

Heute lebt Falmouth in erster Linie vom Tourismus – die Bevölkerung verdoppelt sich in den Sommermonaten – und dem Hafen. Seit jedoch die Reparaturdocks geschlossen wurden, ist die Arbeitslosenquote in die Höhe geschossen. Mit dem Bau des im Frühjahr 2003 eröffneten National Maritime Museum hat Falmouth einen Teil seiner Hafenanlagen aufgepeppt und eine neue Attraktion hinzugewonnen. Zudem wurde von der British National Oil Corporation in Falmouth ein Stützpunkt zur Erkundung von Offshoreöl errichtet, und die Stadtväter hoffen auf weitere neue Arbeitsplätze.

184 Cornwall

Information/Verbindungen/Diverses

• *Information* **Tourist Information Centre**, 11 Market Strand, Prince of Wales Pier, Falmouth, Cornwall TR11 3DF, ☎ 01326/312300, ℡ 01326/313457. Sonntag geschlossen. www.acornishriver.co.uk bzw. www.go-cornwall.com. Hier gibt es Informationen zu den Fähren und Booten sowie einen Stadtplan.

• *Einwohner* 19.000

• *Verbindungen* **Bus:** Haltestelle auf „The Moor" neben dem Tourist Office. Alle umliegenden Orte bedient First bzw. Truronian, ☎ 01872/261111; NatEx-Busse fahren regelmäßig nach Penzance, Plymouth, Newquay und London. www.nationalexpress.com.

Zug: Bahnhof „The Dell Station" an der Avenue Road, ☎ 08457/484950. Zugtickets gibt es bei Newell's Travel Agency, Killigrew Street, ☎ 01326/312300. Verbindungen ausschließlich über Truro, da Falmouth nur über eine kleine Stichbahn bedient wird. Nach St Ives sollte man lieber nicht mit der Bahn fahren, furchtbar umständlich!

Fähren: Regelmäßig verkehren Fähren nach St Mawes und Flushing ab dem Prince of Wales Pier. Im Sommer touren Boote auf dem River Fal nach Truro (nur bei Flut) und nach Malpas, z. B. mit **Enterprise Boats** (Prince of Wales Pier) in 2 Std. den River Fal hinauf nach Truro. www.enterprise-boats.co.uk.

• *Parken* **Park & Float**, es gibt in Falmouth zwar mehrere große Parkplätze, doch ungewöhnlich ist dieser im Norden der Stadt gelegene Parkplatz. Alle 20 Minuten verkehren ab 9.45 Uhr Fähren ins Stadtzentrum sowie zum National Maritime Museum.

• *Literatur* **Besson, Philippe**: Einen Augenblick allein. dtv, München 2008. Ein Fischer kehrt aus dem Gefängnis zurück, wo er für den Tod seines Sohnes gebüßt hat, doch die Einwohner von Falmouth wollen ihm nicht verzeihen.

• *Veranstaltungen/Kultur* Anfang Mai findet das **Maritime Festival** statt.

Drei Tage Mitte Oktober kommen nicht nur Fischliebhaber beim **Oyster Festival** auf ihre Kosten. www.falmouthoysterfestival.com.

Kultur (Theater, Konzerte, etc.) gibt es auch im **Falmouth Arts Centre** in der Church Street. www.falmoutharts.com.

• *Bootsverleih* **Moonfleet**, es werden einfache, aber stabile kleine Motorboote (bis zu 4 Personen, 5 PS/ohne Führerschein) vermietet, womit sich die gesamte Bucht und der River Fal gut befahren lassen. Custom House Quay, ☎ 07971/270216, www.falmouthboathire.co.uk.

• *Schwimmen* **Ships & Castles Leisure Pool**, Freizeitbad mit Riesenrutsche. Castle Drive, Pendennis Headland, ☎ 01326/212129. www.carrickleisureservices.org.uk.

• *Squash* **Falmouth Squash Club**, ☎ 01326/311056.

• *Tennis* **Municipal Courts** am Gyllyngvase Beach, ☎ 01326/318084.

• *Post* The Moor.

Übernachten (siehe Karte S. 183)

Viele B & Bs in der Melvill Road und der Marlborough Road. Die Gasthäuser an der Cliff Road und am Castle Drive bieten einen imposanten Blick auf das Meer, sind daher aber auch teurer. Die Zimmervermittlung des Tourist Office hilft bei der Unterkunftssuche. Übrigens vermieten manche B & Bs im Sommer nur wochenweise.

Falmouth Hotel (13), ein stattlicher viktorianischer Bau an der Seepromenade beim Castle Beach, fraglos das erste Haus am Platz. Verschiedene Raumtypen, von Standard bis zu Premier. Schwimmen kann man auch im Hallenbad. B & B ab £ 70 (nur im Winterhalbjahr etwas günstiger). Castle Beach, ☎ 01326/312671. reservations@falmouthhotel.co.uk, www.falmouthhotel.com.

The Falmouth Townhouse (10), hinter einer dunkelgrauen Fassade verbirgt sich das wohl modernste und attraktivste Hotel von Falmouth. Eine coole Location mit Mut zum Design! Manche Zimmer, wie das mit der Nr. 4, haben gar eine freistehende Badewanne. Abhängen kann man in der hauseigenen Bar oder auf der Terrasse vor dem Haus. Kostenloses WLAN. DZ je nach Ausstattung und Saison £ 85–120 (inkl. B & B), EZ ab £ 75. 3 Grove Place, ☎ 01326/312009, ℡ 01326/311941. www.falmouthtownhouse.co.uk.

Green Lawns Hotel (12), völlig mit Efeu beranktes Hotel, das einem verwunschenen Schlösschen ähnelt. Wer in einem der vierzig komfortablen Zimmern übernachtet,

Falmouth 185

kann sich nebenbei im hauseigenen Hallenbad mit Sauna, Solarium und Fitnessraum in Schwung bringen. Höhepunkt aber ist die „Honeymoon-Suite" mit Himmelbett und (gleich daneben) einem kleinen Whirlpool. Übernachtungen sind entsprechend teuer; B & B £ 65–105 pro Person. Günstiger bei längerem Aufenthalt. Western Terrace, ✆ 01326/312734, ✆ 01326/211427. www.greenlawnshotel.co.uk.

Falmouth Beach Resort Hotel (17), komfortables Best-Western-Hotel, direkt am Gyllyngvase Beach gelegen. Extras: beheiztes Hallenbad, Whirlpool und Sauna. Zimmer ab £ 71, die teureren mit Balkon. Es werden in einem Nebengebäude auch Apartments vermietet. ✆ 01326/318084, ✆ 01326/319147. info@falmouthbeachhotel.co.uk, www.bw-falmouthbeachhotel.co.uk.

Dolvean House (14), empfehlenswerte Unterkunft in einem viktorianischen Haus, das seit März 2008 von Renate Davie, einer gebürtigen Deutschen, die mit Shaun, einem Engländer aus der Hotelbranche, verheiratet ist, gemanagt wird. „Sie haben 10 Zimmer, jedes in seinem eigenen, typisch englischen Stil eingerichtet, jeweils mit komfortablen Bädern und einem Super-Frühstück", begeisterte sich Leserin Inge Croé. Parkplätze und WLAN vorhanden. B & B £ 43–48. 50 Melville Road, ✆ 01326/313658, ✆ 01326/313995. www.dolvean.co.uk.

Rosemary (16), liebevoll geführtes Gästehaus, nur zwei Fußminuten vom Gyllyngvase Beach entfernt. Durch die komfortable Ausstattung und die Größe der Zimmer erinnert es eher an ein Hotel als an ein B & B. Tolle Bäder! Leser lobten den herzlichen Empfang samt Tee und Cookies auf der malerischen Terrasse. B & B je nach Saison £ 37–44. Gyllyngvase Terrace, ✆ 01326/314669. enquiries@therosemary.co.uk, www.therosemary.co.uk/.

Arwenack Hotel (7), alteingesessenes Hotel mitten im Zentrum von Falmouth. Ein wenig skurril mit viel Patina. Man sollte sich daher nicht zu viel versprechen. Wegen der Aussicht sollte man ein Zimmer im obersten Stock mit Meerblick wählen. B & B im EZ £ 29, im DZ £ 25 – allerdings ohne Bad und WC. En suite kostet das DZ £ 28 pro Person. Günstigere Wochentarife. 27 Arwenack Street, ✆ 01326/311185. arwenack@hotmail.com, www.falmouthtownhotels.co.uk.

Falmouth Lodge (15), günstiges, sehr ordentlich geführtes Backpackerhostel, nur wenige Fußminuten zum Strand. Eine

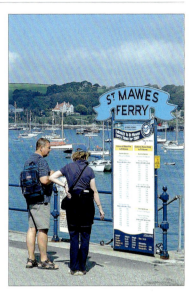

Ein Schiff wird kommen …

Lounge, kostenloses WLAN und ein schöner Frühstücksraum stehen den Gästen zur Verfügung. B & B ab £ 19 im Schlafraum, ab £ 21 im DZ. 9 Gyllyngvase Terrace, ✆ 01326/319996, mobil 0725/722808. charlotte@falmouthbackpackers.co.uk, www.falmouthbackpackers.co.uk.

Pendra Loweth (20), eine traumhafte Feriensiedlung, etwa zwei Kilometer westlich von Falmouth. Die 2003 gebauten Ferienhäuser verfügen über zwei oder drei Schlafräume und sind sehr modern und komfortabel ausgestattet. Zu jedem Haus gehört eine Terrasse mit Gartenmobiliar. Zum Strand läuft man etwa 20 Minuten. Im Preis (£ 250–790 pro Woche, je nach Größe und Reisezeit) inbegriffen ist die Nutzung des Fitnessraums, der Dampfsauna und eines sehr kleinen Hallenbades mit Whirlpool. ✆ 01326/312190, ✆ 01326/211120. www.pendraloweth.co.uk.

Wodehouse Place (11), einen knappen Kilometer vom Zentrum und von den Stränden entfernt, werden in dem netten Haus von Juli bis September vier gut ausgestattete Apartments (4–6 Pers.) vermietet. Der Garten kann zum Spielen und Grillen genutzt werden. Je nach Saison und Größe kosten die Wohnungen zwischen £ 290 und

186 Cornwall

£ 490 pro Woche. 31 Woodlane, ✆ 01326/314311.

● *Camping* **Tregedna Farm (19)**, günstiger Campingplatz im Mean Valley nahe beim Meanporth Beach. ✆ 01326/250529, ✉ 250435. enquiries@tregednafarmholidays.co.uk, www.tregednafarmholidays.co.uk.

Pennance Mill Farm (21), zwei Kilometer westlich von Falmouth, unweit des Maenporth Beach. Schöne ländliche Lage. Von Ostern bis Okt. geöffnet. ✆ 01326/317431, ✉ 317431. pennancemill@amserve.com, www.pennancemill.co.uk.

Essen/Trinken (siehe Karte S. 183)

Harbour View (6), wie der Name schon andeutet, besitzt das Café-Restaurant eine Terrasse mit herrlichem Blick auf den Hafen. Kulinarisch nur Durchschnitt. Hauptgerichte um die £ 10. Montag- und Dienstagabend geschlossen. 24 Arwenack Street, ✆ 01326/315315. www.harbourdining.com.

Hunky Dory (4), neben Fisch- stehen hier ansprechend präsentierte Fleischgerichte im Mittelpunkt, wobei die asiatischen Einflüsse nicht zu übersehen sind. Lecker ist die mit Orangen und Chili zubereitete Entenbrust. Die niedrige Holzdecke sorgt für eine zünftige Stimmung. Wer zwischen 18 und 19 Uhr bestellt, bekommt ein Zweigangmenü für £ 15, ein Dreigangmenü für £ 18. 46 Arwenack Street, ✆ 01326/212997. www.hunkydoryfalmouth.co.uk.

Bistro de la Mer (5), dieses traditionsreiche Restaurant wurde auch von Michelin gelobt. Gute regionale Küche in lockerer Bistroatmosphäre. Ein Tipp: *Trio of Cornish Fish* für £ 17.50. Mittags gibt es ein 2-Gang-Menü für £ 14.50. In der Nebensaison So und Mo Ruhetag. 28 Arwenack Street, ✆ 01326/316509. www.bistrodelamer.com.

Gem's Fish Bar (2), dieses Fish & Chips ist ein Lesertipp von Conny Spiess: „Preis-Leistung ist einfach der absolute Hammer: Leckersten und frischesten Fisch mit netter Bedienung zu unheimlich angenehmen Preisen (£ 4.50–5). Man trifft dort fast nur Einheimische, und jeder Tourist, der den Weg dorthin findet, ist danach richtig begeistert." Richtig. Völlig unscheinbar in einem modernen Haus am Hügel versteckt. Sonntag, Montag und Dienstagmittag geschlossen. 6 Quarry Hill, ✆ 01326/313640.

Rick Stein's Fish & Chips (9), Cornwalls Starkoch hat jetzt auch eine Fish & Chips-Filiale in Falmouth eröffnet (direkt beim Maritime Museum). Den frischen Fisch gibt es entweder im Bierteig frittiert oder gegrillt. Und für Feinschmecker gibt es im ersten Stock auch frische Austern, sechs Stück für £ 9. Kein Ruhetag. Discovery Quay.

Da Vinci (1), eine Adresse für die Freunde von Pizza und Pasta (jeweils ab £ 7.50). Man sitzt an einfachen Holztischen und labt sich an einer Flasche Wein (ab £ 12.50). Mittags und Sonntag geschlossen. 35 High Street, ✆ 01326/312277.

De Wynn's Coffee & Tea House (3), leckeren Kuchen und sehr guten Kaffee gibt es in diesem Traditionslokal mit der stilvollen Einrichtung und viktorianischen Fenstern. Die gerösteten Bohnen stapeln sich in den Schubladen. Sehr beliebt. Bis 17 Uhr geöffnet, im Winterhalbjahr Sonntag geschlossen. 55 Church Street.

Indaba (22), in traumhafter Lage, direkt neben dem Swanpool Beach werden in diesem Restaurant leckere Fischgerichte serviert. Bei schönem Wetter wird unter freiem Himmel auf der großen Terrasse gegrillt. Hauptgerichte rund £ 15 (*Grilled Sea Bream*). ✆ 01326/311886. www.indabafish.co.uk.

The Gylly Beach (18), dieses Café-Restaurant direkt am Gyllyngvase Beach begeistert nicht nur mit seiner sonnigen, windgeschützten Terrasse. Ein Tipp: Gourmetburger. Hauptgerichte um die £ 10–15. Tgl. ab 9 Uhr geöffnet. Cliff Road, ✆ 01326/312884. www.gyllybeach.com.

5 Degrees West (8), zur Abwechslung mal ein modernes einladendes Pub ohne jede Seefahrerromantik. Serviert wird internationale Küche mit vielen Grillgerichten, wobei meist auf Regional- wie auch Ökoprodukte zurückgegriffen wird. Große Terrasse. Kein Ruhetag. 7 Grove Place, ✆ 01326/311288.

Sehenswertes

National Maritime Museum Cornwall: Die größte Attraktion von Falmouth ist das im Frühjahr 2003 eröffnete Museum für Seefahrtsgeschichte, dessen Bau stolze 21 Millionen Pfund gekostet hat. Der moderne Freizeit- und Tourismuskomplex – ein architektonisch sehr ansprechender Bau – zeigt 150 historische Boote (zumeist Segelboote) und eine umfangreiche maritime Bibliothek. Die interaktive Ausstellung entführt in die Geschichte und Mythen des Meeres und thematisiert, wie das Wasser den lokalen Alltag und die Mentalität der Menschen beeinflusst hat. Kinder können Miniaturboote über das Wasser segeln lassen oder versuchen, bei diversen Computeranimationen den richtigen Kurs zu halten. Im Untergeschoss *(tidal zone)* bieten große Fenster – sie werden nach unten hin schmäler, um dem Druck der Gezeiten besser standhalten zu können – die faszinierende Möglichkeit, die Unterwasserwelt von Cornwall live zu beobachten. Sehr interessant ist auch die Ausstellung über den Schiffsbau und die Restaurierung alter Boote. Unbedingt sollte man auf die Aussichtsterrasse des Museumsturms steigen und den herrlichen Blick über die Bucht von Falmouth genießen. Fast ebenso schön, aber gemütlicher ist der Blick durch die Panoramafenster des einladenden Museumscafés, dessen Angebot übrigens ausgezeichnet ist.

Tgl. 10–17 Uhr. Eintritt: £ 9.50, erm. £ 7.75 bzw. £ 6.50, Familien £ 27. www.nmmc.co.uk.

Die Warmwasserheizung Europas

Das Klima und die dadurch geprägte Vegetation Südenglands basierten auf einem einzigartigen Naturphänomen, dem Golfstrom. Erstmals entdeckte der spanische Seefahrer Juan Ponce de León im Jahre 1513 eine starke Meeresströmung, die sein Schiff ostwärts in Richtung Europa trug. Wie der Name schon andeutet, nimmt die Meeresströmung ihren Ausgang im Golf von Mexiko und gehört daher zu einem subtropischen antizyklonalen Stromwirbel im Nordatlantik. Als relativ schmales Band von bis zu 150 Kilometern Breite und mit einer Tiefe von bis zu 300 Metern erstreckt sich der Golfstrom zwischen der Floridastraße (Floridastrom) beziehungsweise Kap Hatteras und den Neufundlandbänken, um sich dann – unterstützt von einem kräftigen Westwind – mit einer sehr hohen Stromgeschwindigkeit von bis zu 2,5 Metern in der Sekunde ostwärts zu wenden. Dabei wird eine riesige Wassermenge von bis zu 150 Millionen Kubikmetern pro Sekunde transportiert. Im Vergleich zu den umgebenden Wassermassen ist der Golfstrom sehr warm und salzreich. Dabei ist der Übergang in Temperatur und Salzgehalt an der linken Flanke des Golfstroms sehr sprunghaft, sodass große Temperaturunterschiede auftreten, die von Meteorologen als „Kalter Wall" bezeichnet werden. Der Golfstrom fächert sich vor der europäischen Küste in verschiedene Einzelströmungen auf, deren Temperatur auch im Winter nicht unter 10 Grad Celsius fällt. Die Küsten Cornwalls und Devons profitieren von dieser gigantischen Wärmezufuhr; die Durchschnittstemperaturen liegen etwa 6 bis 8 Grad Celsius über denen, die dieser Breitenlage entsprechen.

Pendennis Castle: Pendennis Castle ist Cornwalls größte Festung. Umgeben von zwei Mauerringen erhebt sich der runde Mittelturm wie ein Bollwerk über der Hafeneinfahrt. Im Bürgerkrieg trotzte die Besatzung der Festung 23 Wochen lang den Truppen Cromwells. Erst als keine Vorräte mehr vorhanden waren und der Hungertod drohte, kapitulierte der Kommandant.

April bis Sept. tgl. 10–17 Uhr, Juli und Aug. tgl. 10–18 Uhr, Okt. bis März tgl. 10–16 Uhr. Eintritt: £ 6, erm. £ 5.10 oder £ 3 (EH).

Falmouth Art Gallery: Die 1978 eröffnete Kunstgalerie zeigt neben einer Dauerausstellung mit Werken u. a. von Alfred Manning, H. S. Tuke, J. W. Waterhouse und Henry Moore auch immer wieder anspruchsvolle Wechselausstellungen mit zeitgenössischer Kunst.

Mi–Sa 10–17 Uhr. Eintritt: frei! Adresse: The Moor www.falmouthartgallery.com.

Strände

Castle Beach: Feiner, zentrumsnaher Kiesstrand mit Café und Toiletten.

Gyllyngvase Beach: Großer halbmondförmiger Strand, ideal zum Schwimmen bei Ebbe und Flut. Viele Windsurfer ziehen ihre Kreise. Umkleidekabinen, Toiletten, Cafeteria.

Swanpool Beach: Ein kleiner, aber recht voller Sandstrand, dahinter befindet sich ein Teich, an dem Boote vermietet werden (alles mit der typischen Ferienpark-Atmosphäre).

Maenporth Beach: Geschützter Strand ähnlichen Charakters. Von hier aus lassen sich schöne Spaziergänge über die Klippen unternehmen.

Wanderung 7: Von Maenporth Beach nach Falmouth

Die einfache Küstenwanderung ohne große Steigungen führt an zwei Stränden vorbei nach Falmouth. Und von dort auf dem gleichen Weg wieder zurück zum Ausgangspunkt Maenporth Beach.

Wanderung 8   189

> **Ausgangspunkt:** Parkplatz am Maenporth Beach (gebührenpflichtig).
> **Wegstrecke:** 11 km (hin und zurück).
> **Dauer:** 3 Std.

Maenporth Beach **(WP 1)** gehört aufgrund seiner etwas abgeschiedenen Lage zu den Stränden, die selbst in der Hochsaison nicht überlaufen sind. Am nordöstlichen Rand des Strandes beginnt der breite Wanderpfad nach Falmouth. Besonders im Spätsommer und Herbst ist die Tour für Naschkatzen ein echtes Vergnügen, da der Weg auf beiden Seiten von meterhohen Brombeersträuchern gesäumt wird. Mittendrin passiert man ein Mahnmal für die Küstenwache im Zweiten Weltkrieg **(WP 2)**. Nach einer Dreiviertelstunde kann man am Swanpool Beach **(WP 3)** eine erste Pause im Café-Restaurant *The Three Mackerel* einlegen. Wer Lust hat, kann in einer halben Stunde auch einen als Naturschutzgebiet ausgewiesenen Teich (Swanpool) umrunden. Nun geht es weiter zum nächsten Strand, dem Gyllyngvase Beach **(WP 4)**, der in fünfzehn Minuten erreicht ist. Um ins Zentrum von Falmouth zu gelangen, folgt man erst der Strandpromenade bis zu deren Ende und biegt dann linker Hand ab **(WP 5)**. Nach ein paar Minuten geht es durch eine Straßenunterführung hindurch **(WP 6)**, danach links **(WP 7)** und hundert Meter geradeaus. An der nächsten Kreuzung biegt man nach rechts ab; die Straße führt direkt ins Zentrum von Falmouth, dessen National Maritime Museum **(WP 8)** schon von Weitem auszumachen ist. Der Rückweg ist mit dem Hinweg identisch.

Umgebung (östlich von Falmouth)

Roseland Peninsula

Eine Fähre pendelt halbstündlich zwischen Falmouth und der Roseland Peninsula, deren bekanntester Ort St Mawes ist, hin und her. Die kleine Halbinsel zwischen dem River Fal im Westen und der Gerran Bay im Osten hat ihren Namen nicht etwa vom englischen Wort „rose", sondern vom cornischen „rosinis", was so viel wie „Moorinsel" bedeutet. Man findet eine naturbelassene Landschaft mit einsamen Badeplätzen vor, die es auf Wanderungen zu entdecken gilt. Einladend wirkt auch das kleine Fischerdorf *Portscatho*. Die südlichste Spitze der Halbinsel, St Anthonys Head, ist durch einen Leuchtturm markiert.

Fährverbindungen Im Sommer verkehrt die King Harry Ferry Mo–Sa 7.20–21 Uhr, So ab 9 Uhr; im Winter Mo–Sa 8–19 Uhr, So ab 9 Uhr. Gebühr: £ 5 pro Auto, Fußgänger kostenlos! www.kingharryscornwall.co.uk.

Wanderung 8: St Anthonys Head

St Anthonys Head liegt an der Spitze einer Halbinsel, die man auf dieser Wanderung in drei Stunden umrundet. Es bestehen keine Einkehrmöglichkeiten.

> **Ausgangspunkt:** Porth Farm Parkplatz (gebührenpflichtig).
> **Wegstrecke:** 10 km.
> **Dauer:** 3 Std.

Cornwalls Südküste Karte Seite 164/165

Die vom National Trust verwaltete Porth Farm und ihr zugehöriger Parkplatz (**WP 1**) liegen an der engsten Stelle der Halbinsel, die hier gerade mal 400 Meter breit ist. Auf der gegenüberliegenden Straßenseite geht neben dem Toilettengebäude ein Pfad zum Towan Beach (**WP 2**) hinunter. Rechter Hand stößt man dort auf den South West Coast Path, dem wir fortan entlang der Küste folgen. Zwanzig Minuten später erreicht man einen zweiten, noch schöneren Strand: Porthbeor Beach (**WP 3**). Der Weg verläuft oberhalb des Strandes und führt in einer halben Stunde zum St Anthonys Head (**WP 4**), der durch einen Leuchtturm markiert ist. Vom Parkplatz geht es ein Stück hinunter zum Meer, erst führt der Weg in Richtung Leuchtturm, um dann nach einem scharfen Rechtsknick wieder dem Küstenverlauf zu folgen. Der Molunan Beach (**WP 5**) bietet sich für eine Pause an, auf der anderen Seite der Bucht ist Falmouth gut zu erkennen. Nach weiteren zwanzig Minuten auf dem Küstenpfad zweigt der Weg abrupt rechts ab (**WP 6**). Über eine Wiese geht es hügelaufwärts zu einem Schotterweg (**WP 7**). Nun muss man einen kleinen Umweg um Place House machen, da sich das Herrenhaus in Privatbesitz befindet. Die auf der Rückseite des Grundstücks gelegene Kirche St-Anthony-in-Roseland (spätes 12. Jahrhundert) ist dafür zu besichtigen und begeistert mit einem

Wanderung 8: St Anthonys Head

normannischen Südportal **(WP 8)**. Nach ein paar Minuten erreichen wir wieder den Küstenpfad, St Mawes auf dem gegenüberliegenden Ufer ist zum Greifen nah (im Sommer verkehren Personenfähren, **WP 9**). Noch eine knappe Stunde geht es erst der Küste entlang, dann weiter am linken Ufer des Porth Creek. Schließlich muss noch ein kurzer Aufstieg bewältigt werden, und die Porth Farm **(WP 10)** taucht hinter den Bäumen auf.

St Just-in-Roseland

Einen Besuch, auch wegen ihrer einmalig schönen Lage, lohnt die kleine Kirche in St Just-in-Roseland, die hinter Rhododendren versteckt am Ufer eines Flüsschens liegt. Ein malerisches Szenario.

St Mawes

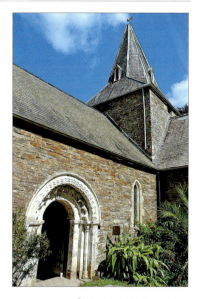

St-Anthony-in-Roseland

An der Mündung des River Fal gelegen, wird St Mawes häufig mit einem Yachthafen an der Riviera verglichen. Viele subtropische Pflanzen wachsen im milden Klima, der Ort ist durch seine Lage auch von Nordwinden geschützt. Vom Kai aus kann man Bootstouren unternehmen. Das *St Mawes Castle* wurde unter Heinrich VIII. erbaut und gilt mit seinen halbkreisförmigen Bastionen als Meisterleistung der damaligen Verteidigungstechnik.

Juli und Aug. tgl. 10–18 Uhr, April, Juni, Sept. tgl. 10–17 Uhr, Okt. tgl. 10–16 Uhr, Nov. bis März Fr–Mo 10–16 Uhr. Eintritt: £ 4.20, erm. £ 3.60 bzw. £ 2.10 (EH).

Lamorran House Gardens

Dieser über St Mawes gelegene Privatgarten begeistert durch sein mediterranes Flair und die verschlungenen Pfade, die sich den Hanggarten hinabziehen und immer wieder tolle Ausblicke eröffnen.

April bis Sept. nur Mi und Fr 10–17 Uhr. Eintritt: £ 6.50, unter 16 Jahren frei! www.lamorran gardens.co.uk.

Trelissick Gardens

In den Trelissick Gardens lassen sich Rhododendren, Hortensien, Magnolien und Kamelien in ihrer ganzen Vielfalt bewundern. Stattlich wirken auch die mehr als hundert Jahre alten nordamerikanischen Zypressen. Die heimische Vegetation wird unter anderem durch einen Obstgarten repräsentiert, in dem verschiedene cornische Apfelbäume wachsen. Hinzu kommt ein toller Ausblick bis hinunter zum River Fal. Lohnend ist auch der Woodland Walk, ein Rundwanderweg, der in rund 40 Minuten auch hinunter zu einem Strand führt.

März bis Okt. tgl. 10.30–17.30 Uhr, So erst ab 12 Uhr. Eintritt: £ 7.40, erm. £ 3.40, Familienticket £ 18.40, Parken nochmals £ 3.40 (NT).

Umgebung (westlich von Falmouth)

Glendurgan Garden

Das milde cornische Klima eignet sich bekanntlich vorzüglich für subtropische Pflanzen. Die in einem Tal am Helford River gelegene Gartenanlage wurde von dem Reeder Alfred Fox in der ersten Hälfte des 19. Jahrhunderts angelegt. Das Herrenhaus ist noch immer im Besitz der Familie. Neben exotischen Pflanzen, Rhododendren, Kamelien und Magnolien begeistert Glendurgan vor allem durch einen historischen Irrgarten. Nicht nur Kinder sind von dem Heckenlabyrinth aus Kirschlorbeer fasziniert.

Mitte Feb. bis Okt. Di–Sa 10.30–17.30 Uhr, im Aug. auch Mo 10.30–17.30 Uhr. Eintritt: £ 6, erm. £ 3, Familienticket £ 15.10 (NT).

Trebah Garden

Für viele Besucher ist Trebah der schönste Garten Cornwalls. Kaum mehr vorstellbar, dass der Park jahrzehntelang sich selbst überlassen blieb. Erst als Tony und Eira Hibbert das Anwesen 1981 erwarben, wurde die Schönheit des seit 1987 öffentlich zugänglichen Gartens wiederhergestellt. Das Markenzeichen der subtropischen Gartenanlage sind urzeitliche Baumfarne, Wasserfälle, Wassergärten und ein Karpfenteich. Urzeitliche Baumfarne und Palmen schaffen in dem klimatisch geschützten Tal ein regelrechtes Dschungelambiente. Der Garten endet an einem Sandstrand, auf dem die Besucher baden und picknicken dürfen.

Tgl. 10–18 Uhr. Eintritt: £ 7.50, erm. £ 6.50 bzw. £ 2.50, von Nov. bis Feb. £ 3, erm. £ 2.50 bzw. £ 1. www.trebah-garden.co.uk.

Trevarno

Trevarno ist gewissermaßen der Geheimtipp unter den Gärten Cornwalls. In kaum einem Reiseführer verzeichnet, befindet sich dieser 35 Hektar große viktorianische Garten samt Bootshaus und See drei Kilometer nördlich von Helston. Zu bewundern sind mehr als 100 Rhododendronarten und 75 Variationen der Kamelien-Pflanze *(Camellia),* darunter die im Winter blühende Sorte „Cornish Snow". Zudem erläutert das **National Museum of Gardening** mit zahlreichen historischen Gartengeräten die Geschichte des Gartenbaus.

Tgl. 10.30–17 Uhr. Eintritt: £ 6.85, erm. £ 5.95 bzw. £ 2.40, Familienticket £ 18. www.trevarno. co.uk.

Lizard Peninsula

Die Lizard-Halbinsel mit ihren zahlreichen Stränden, kleinen Dörfern und schroffen Klippen wird von Liebhabern als schönster Teil Cornwalls gehandelt. Einen Abstecher – egal ob zu Fuß, per Rad oder mit dem Auto – darf man sich nicht entgehen lassen.

Die raue Landschaft der Lizard-Halbinsel – der Name Lizard hat nichts mit Eidechsen zu tun, sondern soll sich von dem cornischen *lys ardh* (hoher Punkt) ableiten – ist im Gegensatz zu Land's End vom Tourismus weitgehend verschont geblieben. Bei einer kurzen Wanderung über die Klippen stößt man auf goldgelbe Strände mit türkisblauem Wasser, wie beispielsweise in der Kynance Cove. Der National Trust, dem der größte Teil der Küste gehört, kümmert sich vorbildlich um ihren Erhalt.

Einzig in der Heidelandschaft der *Goonhilly Downs* wird das Naturerlebnis durch riesige Parabolantennen einer Satellitenstation (Goonhilly Satelite Earth Station) gestört.

● *Verbindungen* Die Lizard-Halbinsel ist nicht einfach mit öffentlichen Verkehrsmitteln zu erkunden. Mit dem **Pkw** oder mit einem **Fahrrad** lassen sich die entlegensten Ecken erreichen. Wer dennoch auf den **Bus** angewiesen ist, kann vom „Verkehrsknotenpunkt" Helston mit dem Bus 2 (von Falmouth nach Penzance) nach Porthleven fahren. Bus T1 (von Truro) fährt durch Helston und Mullion zum Ort The Lizard. Ferner verbinden die Busse T2/3 siebenmal täglich (Mo–Fr) Helston mit St Keverne und Coverack.

Helston

Die alte, verwinkelte Marktstadt, deren Geschichte bis in die Zeiten König Alfreds zurückreicht, ist das Einfallstor zur Lizard Peninsula und eine der wenigen Münzstädte im Südwesten; außerdem wurde hier das in Cornwall abgebaute Zinn auf seine Reinheit geprüft.

Die touristische Hauptattraktion der Stadt sind die im Mai stattfindenden *Furry Days* oder *Flora Days*. Furry hat übrigens nichts mit Fellen oder Ähnlichem zu tun, sondern leitet sich von dem cornischen Wort „feur" für „Feier" ab. Bereits seit Jahrhunderten tanzen die Einwohner Helstons – und nur diese dürfen an dem Tanz teilnehmen – an jedem 8. Mai in festgelegter Reihenfolge durch die Straßen der

194 Cornwall

Stadt. Der Rummel beginnt bereits morgens um sieben Uhr. Zuerst tanzen die Schulkinder, später folgen die Erwachsenen, die sich in einer unendlich langen Schlange in traditionellen Kostümen an den fotografierenden Touristen vorbeidrängen. Ein riesiges Spektakel (Haupttanz 12 Uhr), bei dem die ganze Stadt auf den Beinen ist. Ansonsten hat Helston cher wenig zu bieten. Wer sich auf The Lizard einquartiert hat oder dorthin will, sollte am besten noch in den örtlichen Geschäften und Supermärkten einkaufen, denn weiter im Süden sieht es in dieser Hinsicht düster aus.

● *Information* **Tourist Information Centre**, 79 Meneage Street, Helston, Cornwall TR13 8RB, ✆ 01326/565431. www.helston-online.co.uk.

● *Einwohner* 13.000

● *Verbindungen* **Bus:** Verschiedene Routen von Western National führen über Helston; 2/2A Falmouth – Penzance, T1 Truro – The Lizard und 13/13A von und nach St Ives. Informationen unter ✆ 01209/719988. Die Busse halten in der Coinagehall Street.

● *Fahrradvermietung* **Family Cycling**, 7 Church Street, ✆ 01326/573719. Mountainbike £ 10/Tag. Ideal für Touren zum Lizard Point.

● *Badestrände* Auf dem Weg nach Penzance sind an der A 394 zwei schöne Badestrände – **Praa Sands** und kurz danach **Perranuthnoe** in der Nähe von **Marazion**.

● *Übernachten/Essen/Trinken* Auf der Fahrt durch Helston sollte man auf jeden Fall in einem der beiden alten Pubs eine kurze Pause einlegen:

Blue Anchor Inn, das zünftige Pub liegt direkt im Stadtzentrum und stammt aus dem 15. Jahrhundert Da es das einzige Pub weit und breit ist, in dem das Bier selbst gebraut wird, lohnt ein Besuch allein schon, um das Bingo Real Ale zu testen. In einem edwardinischen Gebäude direkt nebenan werden vier einfache Zimmer vermietet.

B & B £ 25–27.50. 50 Coinagehall Street, ✆ 01326/562821. www.spingoales.com.

Chycarne Farm Cottages, etwa vier Kilometer nordwestlich von Helston befindet sich in Sichtweite des Meeres eine Farm, auf der mehrere Cottages vermietet werden. Extras: kleines Fitnessstudio und WLAN. Für eine Woche bezahlt man £ 195–460, abhängig von der Jahreszeit und von der Größe des jeweiligen Cottage (3–8 Personen). Reservierungen bei Mrs. Koss, Balwest, Ashton, Helston, ✆/✆ 01736/762473. enquiries@chycarne-farm-cottages.co.uk, www.chycarne-farm-cottages.co.uk.

The Halzephron Inn, der acht Kilometer südlich von Helston bei Gunwalloe gelegene Gasthof (von der A 3083 rechts abbiegen) erinnert an einen alten Schmugglertreff mit mehreren Gasträumen und ist ein Lesertipp von Brigitte Schäfer, die das köstliche Essen (Sirlion Steak mit Pommes und Salat für £ 16.95) und den Meerblick von der Terrasse (bis Land's End) lobte. Es werden auch zwei gemütliche Zimmer mit antiquierten Bädern vermietet. B & B £ 42, im EZ £ 50. ✆ 01326/240406, ✆ 241442. enquiries@halzephron-inn.co.uk, www.halzephron-inn.co.uk.

● *Camping* **Siehe Mullion.**

Sehenswertes

Helston Folk Museum: Das Heimatmuseum in der Church Street widmet sich vor allem dem 19. und 20. Jahrhundert. Auffälligstes Exponat ist eine Kanone der 1807 an der Küste bei Loe Bar gesunkenen HMS Anson.

Tgl. außer So 10–13, in den Ferien bis 16 Uhr. Eintritt: £ 2.

Godolphin House: Das schmucke Herrenhaus – rund acht Kilometer nordwestlich von Helston – stammt aus dem späten 15. Jahrhundert und ist von einem großzügigen Garten samt Stallungen umgeben.

Von Ostern bis Ende Sept. tgl. 11–17 Uhr. Eintritt: £ 3.70, erm. £ 1.85 (NT). www.nationaltrust.org.uk/main/w-godolphinestate.

Flambards Village Theme Park: Flugzeugfans kommen in der Nähe von Helston auf ihre Kosten. Das Gelände liegt an der A 3083 in der Nähe des Culdrose Militärflughafens. Viele ältere und neuere Flugzeuge können hier besichtigt werden, aber auch das Cockpit einer Concorde. Es gibt zudem ein *Victorian Village* in Originalgröße und „Britain in the Blitz", der Nachbau einer englischen Straße zur Zeit der deutschen Bombenangriffe. Weiterhin gibt es hier viele Vergnügungen, vor allem für Kinder (Wasserrutschen, Karussells, Boote usw.).

April bis Okt. tgl. 10–17 Uhr, in der Hochsaison bis 18 Uhr. Eintritt: £ 19.50, erm. £ 12.50. www.flambards.co.uk.

Wandern auf dem Cornwall Coast Path

Wer gut zu Fuß ist, kann The Lizard auf Schusters Rappen umrunden. Der etwa 55 Kilometer lange Küstenpfad führt von Falmouth bis Porthleven. Die schönste Strecke mit zahlreichen Buchten ist der Weg von Church Cove über den Lizard Point zur Kynance Cove.

Wer die gesamte Strecke erwandern möchte, kann sich neben einer guten Karte die Broschüre *Cornwall Coast Path,* eine Publikation des Cornwall Tourist Board (Municipal Building, Truro, ✆ 01872/74555), besorgen, in der sämtliche Wanderwege durch Cornwall detailliert beschrieben sind. Eine gute Hilfe ist auch *Bartholomew Map & Guide* „Walk the Cornish Coastal Path" für rund £ 6 (in den Tourist Offices oder im Buchhandel erhältlich) sowie der *Association Guide* der South West Coast Path Association mit Fahrplänen und Gezeitentabelle (für £ 16 im Internet: www.swcp.org.uk).

Porthleven

Südlich von Porthleven, einem mittelgroßen Fischerdorf, erstreckt sich über fünf Kilometer hinweg ein niemals überlaufener Sand- und Kieselstrand. Unmittelbar dahinter befindet sich der *Loe Pool,* Cornwalls größter Süßwassersee.

● *Übernachten/Essen* **Kota Restaurant**, ausgezeichnetes Restaurant direkt am Hafen von Porthleven. Serviert wird eine fantasievolle Küche mit starken asiatischen Akzenten, so bei der *Asian marinated duck breast with pak choy and parsnip mash* für £ 15.95. Das Fleisch stammt von Ökobetrieben aus der Region. Gute Weinkarte. Sonntag Ruhetag, mittags nur am Freitag und Samstag geöffnet. Es werden auch zwei Zimmer für £ 60 vermietet (inkl. Frühstück). ✆ 01326/562407. www.kotarestaurant.co.uk.

Mullion

Das rund zehn Kilometer von Helston entfernte Mullion ist das größte Dorf auf der Lizard-Halbinsel. Eine Meile entfernt befindet sich an der *Mullion Cove* ein winziger Hafen mit Schmugglertradition. Surfer bevorzugen die benachbarten Strände *Polurrian* und *Poldhu*.

• *Übernachten* **Mullion Cove Hotel**, hoch über dem kleinen Hafen eignet sich dieses in einem stattlichen viktorianischen Haus untergebrachte Hotel für einen angenehmen, wenngleich nicht unbedingt günstigen Aufenthalt. Relaxen kann man am zugehörigen Swimmingpool (solarbeheizt). Gutes Restaurant, Möglichkeit zur Halbpension für £ 10 Aufschlag. B & B je nach Saison und Ausstattung pro Person zwischen £ 60 und £ 115. ✆ 01362/240328. enquiries@mullion-cove.co.uk, www.mullioncove.com.

Colvennor, das Farmhouse bei der Ortschaft Cury ist ein Lesertipp von Thomas Egloff, der sich für die umfangreiche Bibliothek mit topografischen Karten und Naturführern begeisterte. WLAN vorhanden. B & B £ 30–34.50 pro Person im DZ, im EZ £ 42–45. ✆ 01326/241208. Colvennor@aol.com, www.cornwall-online.co.uk/colvennor.
• *Camping* ***** Mullion Holiday Park**, bei Mullion, zehn Kilometer südlich von Helston. Angenehmer Platz mit Swimmingpool. Von Ostern bis Sept. geöffnet. Übernachtung ab £ 12.50. ✆ 01326/240000.

Kynance Cove

Inmitten einer beeindruckend schönen Landschaft an der Westküste der Lizard-Halbinsel liegt die Bucht Kynance Cove, allerdings ist sie nur über eine Privatstraße zu erreichen. Bei Ebbe kann man hinüber zum *Asparagus Island* laufen. Die See hat unzählige Höhlen in die hohen Klippen gewaschen, von der jede einen Namen

Kynance Cove: Badefreuden garantiert

Wanderung 9   197

trägt: *The Kitchen, The Drawing Room* oder *The Devil's Mouth*. Überragend ist der Blick entlang der steilen Felsküste. Unterhalb befindet sich ein schöner Sandstrand, den man über einen kleinen Pfad erreichen kann. Ein kleines Café mit großem Garten lädt zum Verweilen ein. Bei Wind und Regen ist es hier besonders aufregend, weil man dann meist alleine ist und sich buchstäblich gegen die starke Brise stemmen muss. Ein weiterer schöner Strand ist der Pentreath Beach, auf halben Wege zwischen Kynance Cove und Lizard Point.

Lizard Point

Lizard Point ist der südlichste Punkt Großbritanniens. Der Ort besteht aus ein paar Bauernhöfen, einem Restaurant, Cafés und Souvenirbuden sowie einem großen, ausnahmsweise gebührenfreien Parkplatz. Zum Lizard Point sind nur wenige Fußminuten, etwas weiter östlich steht ein Leuchtturm aus dem Jahre 1752. Er besitzt eines der stärksten Leuchtfeuer der Welt und blinkt alle drei Sekunds über den Ärmelkanal.

• *Übernachten* **Housel Bay Hotel**, das 21-Zimmer-Hotel rühmt sich zurecht, das südlichste Englands zu sein. Doch weniger dieser Umstand, als die tolle Lage über den Klippen unweit des Lizard Point machen das Hotel zu einem lohnenden Aufenthaltsort an Englands Südspitze. Weitere Pluspunkte: schöne Zimmer und gutes Restaurant. B & B je nach Zimmer (diejenigen mit Meerblick sind teurer) und Reisezeit £ 85–150 für zwei Personen. Halbpension £ 30 pro Person. Günstigere Arrangements bei längeren Aufenthalten. ✆ 01326/290417,

✆ 290359. info@houselbay.com, www.houselbay.com.

• *Jugendherberge* **Youth Hostel**, im Frühjahr 2003 eröffnete am Lizard Point eine Jugendherberge in einer einstigen viktorianischen Villa. Leserin Marianne Pfaff schwärmte von dem wunderschönen Ausblick und lobte die Herberge in den höchsten Tönen. Von Nov. bis März geschlossen. Erwachsene ab £ 14, Jugendliche ab £ 10.50. ✆ 0845/3719550, ✆ 0870/7706121. lizard @yha.org.uk.

Wanderung 9: Lizard Point

Eine herrliche Küstenwanderung von Lizard Point nach Kynance Cove. Von dort geht es quer durchs Landesinnere nach Cadgwith und anschließend wieder entlang der Küste zum Ausgangspunkt. Es gibt zwar Einkehrmöglichkeiten in Lizard Point, Kynance Cove und Cadgwith, aber man sollte dennoch Proviant mitnehmen.

> **Ausgangspunkt:** Parkplatz am Lizard Point (gebührenpflichtig).
> **Wegstrecke:** 15 km.
> **Dauer:** 5 Std.

Der Trubel am südlichsten Punkt Englands ist groß. Die meisten Ausflügler bewegen sich aber nur zwischen dem Parkplatz (**WP 1**) und der Küste (**WP 2**) hin und her. Sobald man jedoch ein Stück weiter Richtung Westen wandert, wird es allmählich leerer. Der Weg schlängelt sich zumeist oberhalb den Klippen entlang der Küste, Ruhebänke (**WP 3**) laden zum Verweilen ein. Loh-

nend ist ein Abstecher hinunter an den breiten Pentreath Beach (**WP 4**), ein steinige Bucht, die sich bei Ebbe in einen über hundert Meter breiten Sandstrand verwandelt. Hinterher muss man wieder vom Strand auf den Küstenpfad zurückkehren. Noch schöner ist Kynance Cove, die nächste Badebucht, die nach weiteren 20 Minuten erreicht ist (**WP 5**). Von hohen Klippen eingerahmt

Lizard Peninsula Karte Seite 193

Wanderung 9: Lizard Point

lässt sich hier ein windgeschütztes Sonnenbad nehmen. Wer will, kann in dem kleinen Ausflugscafé einkehren, in dem man herrliche Jacket Potatoes zuzubereiten weiß. Direkt hinter dem Café geht es auf einem Schotterweg bergauf zum Parkplatz, wo sich der Weg dann in einen unmarkierten breiten, steinigen Pfad (**WP 6**) verwandelt. Die nächste Stunde geht es immer geradeaus durch die Lizard Downs, eine fantastische Heidelandschaft. Links und rechts des Weges blüht *Erica vagans*, eine endemische Pflanze, die nur in diesem kleinen Teil Englands vorkommt. Achtung: Nach Regenfällen kann dieser Teil der Wanderung morastig sein! Mit der Zeit wird der Weg schmäler und droht zu verschwinden, doch die drei Häuser am Horizont dienen als Orientierungshilfe. Sie stehen direkt an der Landstraße (A 3083). Direkt gegenüber einer Tankstelle (**WP 7**) folgen wir einem als „Public Bridle Way" ausgewiesenen Pfad weiter nach Osten. Zwanzig Minuten geht es durch dichte Brombeersträucher hindurch bis zu einer kleinen Straße (**WP 8**). Wir biegen rechts ab und folgen der Straße, bis linker Hand hinter einem Holzgatter ein Weg zur kleinen St Grade's Church (**WP 9**) weist, die schon von Weitem deutlich auszumachen ist. An der nordöstlichen Ecke des Friedhofs führen Steinstufen über die Mauer, und der Pfad schlängelt sich um ein Getreidefeld herum. Auf der diagonal gegenüberliegenden Seite geht es über Steinstufen wieder auf einen Pfad, der nach knapp zehn Minuten bei einem weißen Haus namens Metheven (**WP 10**) auf eine asphaltierte Straße führt. Nun folgt man dem Wegweiser in Richtung Inglewidden; dieser Weg führt direkt zur Küste (**WP 11**). Wer einen Abstecher nach Cadgwith machen will, muss linker Hand abbiegen. Für die

Coverack **199**

nächsten eineinhalb Stunden folgen wir dem Küstenpfad in Richtung Süden, um zum Ausgangspunkt zurückzukehren. Diese herrliche Küstentour ist mit ihren vielen Aussichtspunkten ein absolutes Highlight, allerdings ist hier Trittsicherheit gefragt, da der Weg in einem steten Auf und Ab in einer Rinne verläuft. Gleich am Anfang gelangt man zum Devil's Frying Pan, einer kleinen Bucht, die über ein Felstor mit dem Meer verbunden ist. Weitere markante Stationen sind eine kleine Bucht samt Wasserfall (**WP 12**) sowie eine spektakuläre Life Boat Station (**WP 13**), bis der Weg an der Lloyds Signal Station (**WP 14**) vorbei zum Lizard Point (**WP 15**) zurückführt.

Goonhilly Satellite Earth Station Experience

Die 1962 eröffnete Goonhilly Satellite Earth Station ist die größte Satellitenanlage der Welt. Mit einem Durchmesser von bis zu 32 Metern übertragen die 61 Satellitenantennen nicht nur Fernsehprogramme, sondern auch Telefongespräche. Auch die Bilder von der Mondlandung der Apollo 11 wurden von Goonhilly übertragen. Ein Besuch im Visitor Centre und die anschließende Busrundfahrt über das Gelände vermitteln den Besuchern einen guten Einblick in die modernste Nachrichtentechnik. Kinder begeistert vor allem der Multimediabereich.

Juni bis Sept. tgl. 10–18 Uhr, im April, Mai und Okt. tgl. bis 17 Uhr, im Winter tgl. außer Mo 11–16 Uhr, im Januar geschl. Eintritt: £ 7, erm. £ 5.50 bzw. £ 5. www.goonhilly.bt.com.

Cadgwith

Außerhalb der Saison zeigt sich der Ort als verschlafenes Nest mit einer Hand voll reetgedeckter Häuser und einem Miniaturhafen, der von schroffen Felsen eingerahmt ist. Die Boote stehen fast schon auf der engen Straße, die durch den hübschen Fischerort führt.

● *Übernachten/Essen* **Cadgwith Cove Inn**, zünftiger, 300 Jahre alter Gasthof mitten im Fischerort. Gute Fischküche! Am späten Freitagabend stimmen die Cadgwith Singers Shantys an. Es werden auch 7 Gästezimmer vermietet, B & B je nach Ausstattung £ 30.25–41.50. ✆ 01326/290513, ✉ 01326/

291018. www.cadgwithcoveinn.com.

The Old Cellars, das direkt am Meer gelegene Restaurant ist ein Lesertipp von Christine Nett und Hans-Jürgen Martin. Sie lobten vor allem das große Angebot fangfrischer Fische und die wunderbar angerichteten Starter. ✆ 01326/290727.

Coverack

Schon etwas touristischer als Cadgwith, obwohl der Ort selbst viel Charakter bewahrt hat. Ein paar Häuser verteilen sich über die breite, felsige Bucht, deren Strand bei Flut nahezu verschwindet. Ein paar Cafés und Restaurants verpflegen die Ausflügler. Unweit von Coverack wird auf einem Bio-Bauernhof auch die berühmte Roskilly's Ice Cream produziert. Die Roskilly-Farm samt Shop kann besucht werden (www.roskillys.co.uk).

● *Übernachten/Essen* **The Bay Hotel**, nur von einer Straße vom Strand getrennt, begeistert dieses stilvolle Hotel mit seiner familiären Atmosphäre und seinem guten Restaurant. Halbpension je nach Saison und Zimmerausstattung £ 67–99 pro Person im DZ, im EZ ab £ 100. ✆ 01326/280464. www.thebayhotel.co.uk.

Parc Behan, die Jugendherberge liegt

wunderschön oberhalb des kleinen Ortes Coverack und bietet einen großartigen Blick auf die Küste. Erwachsene ab £ 14, Jugendliche ab £ 10.50. Im Winter geschlossen. School Hill, Coverack, ✆ 0845/3719014, ✉ 0845/3719015. coverack@yha.org.uk.

Fernleigh, dieses B & B in Coverack mit drei großen Zimmern mit Bad ist ein Lesertipp von Conny Spiess: „Nett ausgestattet

Lizard Peninsula
Karte Seite 193

Cornwall

Am südlichsten Punkt Großbritanniens braucht man das richtige T-Shirt

und alle mit schönstem Blick auf den Hafen und das Meer." B & B £ 35 pro Person, ab drei Nächten £ 32. ℡ 01326/280626. www.feruleighcovarack.co.uk.

Old Life Boat House, gutes Restaurant im ehemaligen Life Boat House am Hafen. Gute Fisch- und Fleischgerichte, junges Team. Leicht gehobenes Preisniveau. Montag Ruhetag. ℡ 01326/281212.

Von St Keverne nach Helford

Von *St Keverne* fährt man über die beiden kleinen Orte *Porthoustock* und *Porthallow* nach *Helford,* das durch die Romane von *Daphne du Maurier* bekannt geworden ist. Die Miniaturstraßen zwischen den reetgedeckten Häusern und einigen Palmen erfordern fahrerische Höchstleistungen. Eine Fähre hinüber nach Helford legt am alten Ferry Boat Inn in Helford Passage ab (nur im Sommer, nicht bei totaler Ebbe). Von hier aus können Bootsfahrten auf dem Helford River unternommen werden. Im Garten des strohgedeckten Shipwright's Arms sollte man eine Pause einlegen. Recht interessant ist die Austernfarm in *Porthnavas*.

National Seal Sanctuary

Ganz am westlichen Zipfel des Helford Rivers bei der Ortschaft Gweek befindet sich seit 1975 das National Seal Sanctuary, das sich der Pflege von kranken und verletzten Seehunden verschrieben hat. Sobald sie die Tiere erholt haben, werden sie wieder „ausgewildert", nur diejenigen, die im Meer keine Überlebenschancen mehr hätten, leben dauerhaft in einem der zahlreichen Pools. Neben verschiedenen Seehunden sind im National Seal Sanctuary auch Seelöwen und Otter zu bewundern. Der Höhepunkt jedes Besuchs ist natürlich die mehrmals täglich stattfindende Fütterung.
Tgl. 10–17 Uhr. Eintritt: £ 12.95, erm. £ 10.95. www.sealsanctuary.co.uk.

Wanderung 10: Rund um Helford

Küstenwanderung von Helford zum Dennis Head, dann in einem weiten Bogen über Manaccan zum Ausgangspunkt zurück. Einkehrmöglichkeiten gibt es in Helford Passage, Helford und St-Anthony-in-Meneage.

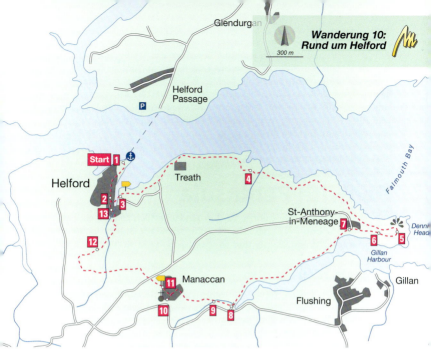

Ausgangspunkt: Helford Passage, am besten von Falmouth aus mit dem Auto zu erreichen. Anschließend mit der Fähre übersetzen.

Wegstrecke: 10 km.

Dauer: 3 Std.

Da der zwischen Lizard Peninsula und Falmouth gelegene Helford River weite Umwege erforderlich macht, wurde bereits im Mittelalter eine Personenfähre über den Fluss betrieben. Stimmungsvoller Beginn ist daher die Fahrt mit der kleinen Fähre, die zwischen den beiden Ufern pendelt. Vom Hafen (**WP 1**) aus geht die Wanderung nun gen Süden bis ans Ende einer kleinen Bucht. Mit Hilfe einer Brücke (**WP 2**) kürzt man den Weg ans andere Ufer ab, wo bald ein Hinweisschild auf den Coast Path (**WP 3**) auftaucht, der hier abzweigt und zumeist durch einen wunderschönen Ahornwald führt. Eine kleine Badebucht (**WP 4**) bietet sich für eine Verschnaufpause an, bevor es weiter entlang der Küste zum Dennis Head geht (**WP 5**). Von dem Felskap bietet sich ein grandioser Panoramablick über die Falmouth Bay. Über einen Elektrozaun (**WP 6**) geht es nun hinunter nach St-Anthony-in-Meneage (**WP 7**). Noch bevor der kleine Weiler erreicht ist, zweigt der Wanderweg von einem Feldweg ab. Ein asphaltierter Weg führt ins Dorf. Wer will, kann die Dorfkirche besichtigen, anschließend geht es auf einer kaum befahrenen Straße entlang der schmalen, tief eingeschnittenen Bucht landeinwärts. An einer Straßenkreuzung (**WP 8**), wo vereinzelt ein Anwesen steht, halten wir uns rechts, nach wenigen Minuten nehmen wir einen Wanderweg, der rechter Hand über eine

Brücke **(WP 9)** und dann den Berg hinauf nach Manaccan führt, wo man in dem einladenden South Cafe einkehren kann (℡ 01326/231331, www.southcafe.co.uk). Die Kirche von Manaccan **(WP 10)** ist sehenswert, skurril mutet ein Feigenbaum an, der direkt aus der Kirchenwand herauswächst. Nach der Besichtigung der Kirche wendet man sich an der Straße nach links und geht in Richtung Norden. Wir folgen einem Wegweiser „Public Footpath to Helford" **(WP 11)**, der anfangs über eine Wiese und später durch dichtes Unterholz **(WP 12)** und einen Hohlweg in einer halben Stunde nach Helford **(WP 13)** zurückführt.

Penwith Peninsula

Die Penwith Peninsula gehört zu den landschaftlich reizvollsten Gebieten Cornwalls. Neben Penzance und der Künstlerstadt St Ives locken Strände mit smaragdgrünem Wasser und viele unberührte Küstenabschnitte.

Penzance

Penzance liegt geschützt an der Mount's Bay. Große Temperaturschwankungen gibt es hier nicht, und der Golfstrom lässt sogar im Winter Blumen blühen, die in anderen Landesteilen erst im Mai oder Juni zu sehen sind. In den städtischen Morrab Gardens wachsen subtropische Pflanzen in einer solchen Fülle, wie man sie sich für England kaum vorstellen kann.

Penzance ist die größte Stadt an der cornischen Riviera. Wichtig ist die Stadt als Ausgangspunkt für die gesamte Penwith-Halbinsel und für einen Ausflug zu den Isles of Scilly. Zudem bietet Penzance die besten Einkaufsmöglichkeiten im westlichen Cornwall. Wer in der Hochsaison durch Cornwall reist, wird in Penzance mit großer Wahrscheinlichkeit noch eine Unterkunft finden. Im Gegensatz dazu sind die kleinen Orte und Fischerdörfer zu dieser Zeit fast alle überlaufen. Die lang gestreckte Strandpromenade bietet sich an für einen Spaziergang bis hinüber ins benachbarte Newlyn.

Geschichte

Die Geschichte der Stadt reicht zurück bis ins 11. Jahrhundert, als hier eine kleine Siedlung entstand, die 1332 das Marktrecht erhielt. Im Zuge der spanisch-englischen Auseinandersetzungen wurde Penzance 1595 geplündert. Doch der Aufstieg blieb ungebrochen: 1614 wurde Penzance zur Stadt erklärt. Piraten aus Frankreich, Algerien und sogar aus der Türkei griffen noch bis Mitte des 18. Jahrhunderts an, da der Zinnausfuhrhafen eine reiche Beute versprach. Als im Jahre 1859 die Eisenbahn Penzance erreichte, stieg die Zahl der Besucher stetig an. Wie viele andere südenglische Städte wurde auch Penzance im Zweiten Weltkrieg von deutschen Bombergeschwadern angegriffen und heftig in Mitleidenschaft gezogen.

Information/Verbindungen/Diverses

● *Information* **Tourist Information Centre**, Station Approach, Penzance, Cornwall TR18 2NF, ℡ 01736/362207. www.penzance.co.uk bzw. www.go-cornwall.com. Der kostenlose Prospekt „The West Cornwall Holiday Magazine" beinhaltet ein Unterkunftsverzeichnis und praktische Tipps zum Erkunden der Umgebung.

- *Einwohner* 20.000
- *Verbindungen* **Bus:** Fernbusse der Western National fahren in alle Richtungen ab Albert Pier, Wharf Road (Infos unter ✆ 01209/719988); National Express nach London über Heathrow (✆ 08705/808080, www.nationalexpress.com). Bus 2 und 2A nach Falmouth (40 km). Nahverkehrsbusse fahren regelmäßig über die Penwith-Halbinsel: Bus 1 nach Land's End (16 km), Hoppa 2 nach Helston (21 km), Bus 8 nach Hayle (12 km), Bus 6B nach Mousehole (5 km), Bus 16, 17, 17A nach St Ives (16 km), Bus 2, 2A zum St Michael's Mount (5 km).

Zug: Penzance ist die Endstation der Eisenbahnlinie von London. Bahnhof in der Wharf Road; regelmäßig fahren Züge über Truro und Plymouth sowie nach London/Paddington (10 Verbindungen tgl.). Wer nach St Ives reisen will, muss in St Erth umsteigen. Nach Falmouth wechselt man den Zug in Truro, nach Newquay in Par. www.nationalrail.co.uk.

Schiff: Tgl. Verbindungen zu den Isles of Scilly.

- *Fahrräder* **Cycle Centre**, Mountainbikes und mehr findet man hier in der New Street, ✆ 01736/351671. www.cornwallcyclecentre.co.uk.
- *Schwimmen* **Jubilee Pool**, Seewasserschwimmbad (gechlort) im Art-déco-Stil aus dem Jahre 1935, 200 Meter westlich des Hafens. Mitte Mai bis Mitte Sept. geöffnet. Eintritt: £ 4, erm. £ 2.90.
- *Kino* **The Savoy**, Causewayhead, ✆ 01736/363330. www.merlincinema.co.uk.
- *Geldwechsel* Mehrere Banken befinden sich im Zentrum, z. B. **Barclays** und **Lloyds** in der Market Jew Street. Wechseln ist auch bei der Post in derselben Straße möglich.
- *Post* 113 Market Jew Street (Kreuzung Jennings Street).
- *Krankenhaus* **West Cornwall Hospital**, St Clare Street, ✆ 01736/874000.
- *Polizei* Penalverne Drive, ✆ 0990/777444.
- *Internet* **Penzance Computer**, 36b Market Jew Street.

204   Cornwall

*Ü*bernachten

Abbey Hotel (7), kleines stilvolles Hotel in einem himmelblau gestrichenen Haus aus dem 17. Jh., das dem einstigen Supermodel Jean Shrimpton und ihrem Ehemann gehört. Die Zimmer sind mit Geschmack und viel Liebe fürs Detail im englischen Landhausstil eingerichtet. Schöner Garten. B & B ab £ 65 pro Person in der Nebensaison, EZ ab £ 90, unter der Woche kann man 3 Nächte zum Preis von 2 verbringen. Abbey Street, ☏ 01736/366906, ✆ 01736/351163. hotel@theabbeyonline.co.uk, www.theabbeyonline.co.uk.

Penzance Arts Club (10), in einem Haus aus dem 18. Jh., das einst die Portugiesische Botschaft beherbergte, befindet sich ein sehr unkonventionelles Hotel mit plüschigen Zimmern, eher ein Künstlertreff mit Restaurant, das Biokost serviert. Gelegentlich finden Jazzkonzerte und Lesungen statt. B & B ab £ 45 pro Person im DZ. Chapel House, Chapel Street, ☏/✆ 01736/363761. reception@penzanceartsclub.co.uk, www.penzanceartsclub.co.uk.

Hotel Penzance (1), wunderschönes Hotel mit mediterranem Garten oberhalb der Stadt. Stilvolle Zimmer mit Charme und Flair sowie ein ansprechendes Restaurant. B & B im DZ je nach Ausstattung £ 75–90, im EZ £ 82–85. Britons Hill, ☏ 01736/363117, ✆ 01736/350970. enquiries@hotelpenzence.com, www.hotelpenzance.com.

Union Hotel (4), eher zünftige Unterkunft mit einem rustikalen Pub. 1805 wurden hier Nelsons Tod und der Sieg von Trafalgar zum ersten Mal öffentlich verkündet. WLAN. Die Zimmer (B & B ab £ 40 im EZ, ab £ 32.50 im DZ) nach hinten blicken teilweise zum St Michael's Mount. Chapel Street, ☏/✆ 01736/362319. enquiries@unionhotel.co.uk, www.unionhotel.co.uk.

Summer House (14), das kleine Hotel unweit des Meeres verspricht mediterranen Lebensstil in einem Regency-Ambiente. Schöne Terrasse. Das ausgezeichnete Restaurant ist bekannt für seine leichte Küche. Die Zimmer mit den schönen Bädern sind in Pastelltönen gehalten. Nur von April bis Okt. geöffnet. EZ £ 105, DZ ab £ 60 (jeweils B & B). Cornwall Terrace, ☏ 01736/363744, ✆ 01736/360959. reception@summerhouse-cornwall.com, www.summerhouse-cornwall.com.

Blue Dolphin Penzance Backpackers (12), die Alternative zur Jugendherberge, zentrale Lage, nette Lounge, Gemeinschaftsküche. Kostenloses WLAN. Übernachtung im Schlafsaal £ 15, DZ ab £ 16 pro Person. Alexandra Road, ☏ 01736/363836, ✆ 01736/363844. info@pzbackpack.com, www.pzbackpack.com.

● *Jugendherberge* **Castle Horneck (2)**, die hübsch gelegene Jugendherberge liegt an der Alverton Road, ca. eineinhalb Kilometer in Richtung Land's End, dann nach dem strohgedeckten Haus rechts weg. Freundliche Herbergseltern. Erwachsene ab £ 14, Jugendliche ab £ 10.50. Ganzjährig geöffnet, außer Weihnachten und Januar. Nebenan auf der Wiese kann man für den halben Erwachsenenpreis zelten. Alverton, ☏ 0845/3719653, ✆ 01736/362663. penzance@yha.org.uk.

● *Camping* Das Tourist Office führt eine Liste mit den Campingplätzen der Umgebung.

Bone Valley Park, kleiner, aber gut ausgestatteter Campingplatz mit schönen Parzellen im Norden von Penzance. WLAN. Für einen Stellplatz und zwei Personen bezahlt man ab £ 10. Ganzjährig geöffnet. Heamoor, ☏ 01736/360313. holidays@bonevalleyholidaypark.co.uk, www.bonevalleyholidaypark.co.uk.

*E*ssen/*T*rinken

Harris's (3), eine alteingesessene Adresse für Gourmetliebhaber, die einen perfekten gegrillten Seeteufel (*monk fish*) mit Pilzrisotto für £ 18.50 zu würdigen wissen. In einer kleinen Seitenstraße mitten im Zentrum. ☏ 01736/364408. Sonntag und Montag Ruhetag. New Street.

Chapels (9), ansprechende Mischung zwischen Restaurant und Café mit großem Tresen. Ansprechende Küche (Zwei-Gang-

Menü £ 12, drei Gänge £ 15). Sonntag ab 19 Uhr Jazz. 12 Chapel Street, ☏ 01736/350222. www.chapelstbrasserie.com.

Admiral Benbow (8), ein Haus aus dem 16. Jahrhundert Die Räume, die auf zwei Etagen verteilt sind, haben Seefahrtsgerät und Wrackteile an den Wänden. In gemütlicher Pub-Atmosphäre wird eine ordentliche Auswahl an Bar Meals angeboten (£ 9–11), abends ab £ 12. 46 Chapel Street, ☏ 01736/363448.

Penzance 205

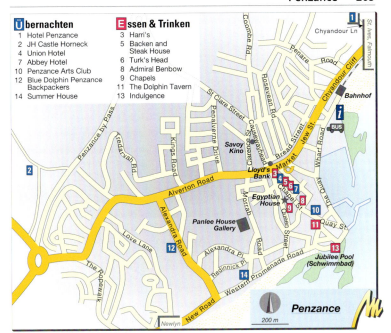

Turk's Head (6), das älteste Pub in Penzance mit einem Schmugglertunnel direkt zum Hafen. Das Pub ist bekannt für sein ausgezeichnetes Essen, teilweise mit ungewöhnlichen Kreationen, Hauptgerichte ca. £ 10. Ebenfalls in der Chapel Street, Hausnummer 19, ✆ 01736/363093.

Idulgence (13), nettes Café direkt am Jubilee Pool, schöne sonnige Terrasse, serviert kleine Gerichte und Snacks. Tgl. ab 10 Uhr geöffnet. Wharf Road, ✆ 0777/9998590. www.poolside-indulgence.co.uk.

Backen and Steak House (5), dieses in einem Hinterhof gelegene Restaurant hat sich der Zubereitung saftiger Steaks verschrieben, wobei Wert auf regionale Produkte gelegt wird. Sonntag Ruhetag. Chapel Street. ✆ 01736/331331. www.bakehouse restaurant.co.uk.

The Dolphin Tavern (11), führt im Ganzen zehn Biersorten. Natürlich befindet sich auch hier Nautisches an den Wänden, die zusätzlich Bullaugen zieren. Das Frühstück kann den ganzen Tag über bestellt werden. Ansprechende Zimmer, B & B für £ 42.50 im Sommer, im Winter günstiger. Quay Street (an den Docks), ✆ 01736/364106. www.dolphintavern.co.uk.

Sehenswertes

Trinity House National Lighthouse Centre: Das einstige Seefahrtsmuseum wurde in ein Informationszentrum zum Thema Küstensicherung umgewandelt. Ausgestellt ist auch die Wohnung eines Leuchtturmwärters.
Ostern bis Okt. tgl. 10.30–16.30 Uhr. Eintritt: £ 3, erm. £ 2 bzw. £ 1. Adresse: 19 Chapel Street. www.trinityhouse.co.uk.

Egyptian House: Das Egyptian House (erbaut 1830) in der Chapel Street mit seinen trapezförmigen Fenstern ist eines der eigenartigsten Gebäude in Cornwall. Der Architekt John Foulston zollte der Ägyptenbegeisterung seiner Zeit Tribut und entwarf die dreistöckige Fassade nach dem Vorbild der Egyptian Hall auf dem Piccadilly.

Penlee House Gallery and Museum: Das in einer viktorianischen Villa untergebrachte Museum besitzt eine umfangreiche Kollektion von Gemälden der 1884 von Stanhope Forbes gegründeten Newlyn School, zumeist impressionistische Küstenszenen.
Tgl. außer So 10.30–16.30 Uhr, von Ostern bis Sept. tgl. außer So 10–17 Uhr. Eintritt: £ 3, erm. £ 2; Sa freier Eintritt! Adresse: Morrab Road. www.penleehouse.org.uk.

Umgebung

St Michael's Mount

St Michael's Mount ist das englische Pendant zum Mont St Michel in der Normandie. Die Ähnlichkeit ist nicht zufällig: Edward the Confessor übergab um 1050 eine auf dem Granitfelsen stehende Kapelle den Benediktinermönchen vom Mont St Michel, woraufhin diese nach dem normannischen Vorbild eine zweite Abtei gründeten. Allerdings scheint sich das englische Pendant damals noch nicht an der Küste befunden zu haben. Der Mönch William of Malmesbury berichtete in seiner Chronik, das Kloster habe fünf oder sechs Meilen landeinwärts in einem Wald gelegen. Und auch der cornische Name für den St Michael's Mount bedeutet wortgetreu übersetzt „Der graue Felsen im Wald". Geologen, die auf dem Grund der Meeresbucht Spuren eines versunkenen Waldes ausgemacht haben, vermuten, das heutige Landschaftsbild sei ein Ergebnis der fortschreitenden Erosion und dem damit einhergehenden Landverlust. Wie auch immer, das trutzige Kloster war auch von militärischer Bedeutung: So ließ Heinrich V. den Bau im Hundertjährigen Krieg befestigen. Als Heinrich VIII. landesweit die Klöster aufgelöst hatte, stand dem Ausbau der Insel zu einem Fort nichts mehr entgegen. Nach dem englischen Bürgerkrieg ging die Burg in den Besitz der Familie St Aubyn über. Die Familie – Marmorbüsten und Porträts von den Angehörigen sind in mehreren Räumen zu bewundern – ließ das Kloster zum Wohnsitz umbauen, sodass von der ursprünglichen Ausstattung nur noch wenig erhalten geblieben ist. Sehenswert ist übrigens auch der im 18. Jahrhundert angelegte Felsengarten, der das gesamte Schloss umgibt.

Märchenhafte Kulisse: St Michael's Mount

Mousehole **207**

Hinweis: Zu Fuß zu erreichen ist die Insel nur bei Ebbe über einen gepflasterten Damm (15 Minuten). Bei Flut fahren Boote (£ 1.50) ab Marazion.

April bis Okt. tgl. außer Sa 10.30–17.30 Uhr, im April und Okt. nur bis 17 Uhr, der Garten ist von Mai bis Juni Mo–Fr 10.30–17.30 Uhr sowie von Juli bis Okt. Do und Fr 10.30–17.30 Uhr geöffnet. Eintritt: £ 7, erm. £ 3.50, Garten £ 3.50, erm. £ 1.50 (NT). www.stmichaelsmount.co.uk.

● *Übernachten* **Ennys**, ein wunderschönes B & B, befindet sich unweit der Ortschaft St Hilary, wenige Kilometer im Hinterland. Alle Zimmer in dem alten Gehöft aus dem 17. Jahrhundert sind individuell eingerichtet. Wer will, kann im großen Garten entspannen, Tennis spielen oder im beheizten Swimmingpool seine Bahnen ziehen. Letzterer darf von den Gästen allerdings nicht zwischen 13 und 16 Uhr genutzt werden. B & B £ 47.50–72.50 pro Person. Es werden auch drei Apartments vermietet. Je nach Größe und Jahreszeit £ 475–1400 pro Woche. Anfahrt: Auf der B 3280 zwei Kilometer hinter St Hilary links abbiegen. Trewhella Lane, ℘ 01736/740262, ℘ 01736/740055. ennys@ ennys.co.uk, www.ennys.co.uk.

Glenleigh, „das Hotel ist sehr geschmackvoll eingerichtet. Das Frühstück super. Das

Haus professionell und freundlich geführt, alles ist very british", lobte Herbert Junk diese Unterkunft in Marazion. Zudem haben zwei Zimmer einen schönen Ausblick auf St Michaels Mount. B & B £ 35 pro Person, Abendessen £ 19. ℘ 01736/710308. www.marazionhotels.com.

Mount Haven, ebenfalls in Marazion liegt dieses moderne Hotel mit seiner traumhaften Terrasse samt Blick auf den Klosterberg. Die Zimmer (meist mit Balkon) präsentieren sich ohne Plüsch, dafür zeitlos modern und doch behaglich. Gutes Restaurant, Hauptgerichte £ 17–19. Mitte Dez. bis Feb. Betriebsferien. Die *Sunday Times* zählte das Hotel zu den „World's Top 20 Hotels on a budget". DZ je nach Saison und Ausstattung £ 85–190 (inkl. Frühstück). ℘ 01736/ 710249. www.mounthaven.co.uk.

Trengwainton Garden

Dieser im Nordwesten von Penzance gelegene Garten lohnt vor allem im Frühjahr einen Besuch, wenn das gesamte Areal in seiner schönsten Blütenpracht erstrahlt. Neben exotischen Pflanzen aus vier Kontinenten gibt es auch einen faszinierenden Kitchen Garden.

Von Mitte Feb. bis Okt. tgl. außer Fr und Sa 10.30–17 Uhr. Eintritt: £ 5.60, erm. £ 2.80 (NT).

Newlyn

Newlyn, der westliche Nachbarort von Penzance, ist der bedeutendste Fischereihafen Cornwalls. Tag für Tag löschen mehr als 100 Tiefseetrawler ihren nächtlichen Fang. Und so verwundert es auch nicht, dass die hiesige Fischfabrik die einzige in England ist, in der noch *Pilchards* (Riesensardinen) verarbeitet werden. Kunstkenner erinnern sich gerne daran, dass sich in Newlyn gegen Ende des 19. Jahrhunderts eine Künstlerkolonie gebildet hatte, zu der Stanhope Forbes, Walter Langley, Edwin Harris, Norman Garstin und Elisabeth Armstrong gehörten. Gemeinsam begründeten sie die englische Freiluftmalerei.

● *Essen/Trinken* **Tolcarne Inn**, eine gute Adresse zum Einkehren unweit des Hafens. „Große Portionen zu vernünftigen Preisen

mit beispielsweise sehr gutem Fish Pie", wussten Leser zu berichten. ℘ 01736/363074.

Mousehole

Wer von Newlyn aus der Küste folgt, kommt unweigerlich nach Mousehole: Eine einzige Straße führt in den Ort hinunter und auf der anderen Seite wieder hinauf. Mousehole – ausgesprochen nicht etwa wie „Mauseloch", sondern *Mowzle* – ist ein verträumtes Nest mit kleinem Hafenbecken und viel Atmosphäre. Der Geruch von Tang und Algen liegt in der Luft. In Mousehole starb 1777 übrigens *Dorothy Pen-*

Penwith Peninsula

Karte Seite 203

208 Cornwall

treath, diejenige Frau, von der behauptet wird, sie sei die letzte Person gewesen, die Cornisch sprach.

● *Übernachten/Essen* **Old Coastguard Hotel**, angenehmes 20-Zimmer-Hotel in einer ehemaligen Station der Küstenwache am östlichen Ortseingang. Alle Zimmer bis auf eines haben Meerblick und sind in einem zeitlos-modernen Stil eingerichtet. Das zugehörige Restaurant gilt als eines der besten an der cornischen Südküste. Spezialisiert ist man auf die fantasievolle Zubereitung von frischen Fisch und Meeresfrüchten aus Newlyn (Hauptgerichte um die £ 15). B & B je nach Saison und Zimmer £ 140–210 für das DZ, im EZ ab £ 105. ✆ 01736/731222, 🖷 01736/731720. bookings@oldcoastguardhotel.co.uk, www.oldcoastguardhotel.co.uk.

The Cornish Range, dieses auf Seafood spezialisierte Restaurant (Mixed Cornish fish £ 17.50, 2-Gänge-Menü vor 19 Uhr ebenfalls £ 17.50) begeistert durch seine kreative Küche und seine wohltuend gediegene Atmosphäre. Gekocht wird nur mit regionalen Zutaten. Es werden auch drei modern eingerichtete Zimmer vermietet. B & B £ 50. 6 Chapel, ✆ 01736/731488. www.cornishrange.co.uk.

2 Fore Street, in den hellen und schlichten Räumlichkeiten mit schrägem Blick zum Hafen wird Modern British auf hohem Niveau gekocht. Unaufgeregter, aber zuvorkommender Service. Gehobenes Preisniveau. 2 Fore Street, ✆ 01736/731164.

Ship Inn, ein zünftiger Pub mit Zimmervermietung direkt am Hafen. In den Zimmern sind die hölzernen Betten der größte Blickfang. WLAN. B & B je nach Ausstattung £ 37.50–42.50. South Cliff, ✆ 01736/731234. www.shipmousehole.co.uk.

Wanderung zum Tater-Du Lighthouse

Ein hübscher Spaziergang führt ca. zweieinhalb Kilometer durch eine beeindruckende Klippenlandschaft zum Leuchtturm Tater-Du. Oben an der Straße, am Ausgang des Tales auf der rechten Seite, stehen Relikte aus der geheimnisvollen keltischen Vergangenheit: Die zwei etwa vier Meter hohen Steine heißen *The Pipers,* 19 weitere Steine sind in einem Kreis angeordnet, nicht weit entfernt auf der linken Seite und werden als *The Merry Maidens* bezeichnet. Die Legende erzählt, dass es sich dabei um junge Mädchen handelt, die das Sonntagstanzverbot missachtet hatten und deshalb in Stein verwandelt wurden.

Lamorna

Lamorna liegt in einer Bucht, die stark an einen Steinbruch erinnert. Riesige Felsen machen sich überall breit und lassen die Häuser wie Spielzeug aussehen. In dem hiesigen Pub „Lamorna Inn" kann man sich in uriger Atmosphäre ein Glas Bier gönnen.

Porthcurno

Porthcurno besitzt zwei große Attraktionen: herrliche gelbe Sandstrände mit türkisfarbenem Wasser sowie ein einzigartiges Freilichttheater. Von dem gebührenpflichtigen Großparkplatz spaziert man in wenigen Minuten an den fantastischen „Hausstrand" von Porthcurno. Ein weiterer, etwas weniger überlaufener Strand (Porth Chapel) befindet sich einen knappen Kilometer weiter westlich. Herrliche Karibikstimmung, nur die Palmen am Meer fehlen, und das Wasser ist um zehn Grad zu kalt.

Sehenswertes

Minack Theatre: Das Minack Theatre liegt versteckt zwischen steilen Granitklippen hoch über dem Meer. Die Theater-Enthusiastin *Rowena Cade* mauerte eigen-

Wanderung 11   209

händig fast fünfzig Jahre lang Bühne und Sitzreihen in die Klippen. So entstand das Minack Theatre nach dem Vorbild eines griechischen Amphitheaters. Zur Eröffnung wurde 1932 sinnigerweise Shakespeares „Der Sturm" gespielt. Seither finden hier in den Sommermonaten regelmäßig Aufführungen statt. Das Donnern der Brandung und die melancholische Verfärbung des Abendhimmels spielen dann mit, als wäre es hundertmal geprobt.

● *Öffnungszeiten* Die Spielzeit dauert 17 Wochen, von Mai bis Sept. Einer der 750 Plätze kostet für Erwachsene £ 8 oder £ 9.50 und für Kinder unter 16 Jahren £ 5 oder £ 4; Parkplätze für Pkws sind vorhanden. Aufführungen finden Mo–Fr um 20 Uhr sowie Mi und Fr um 14 Uhr statt. Spielpläne hält das Tourist Office in Penzance bereit. Eintrittskarten können unter ☎ 01736/810181 (nur während der Spielzeit) vorbestellt (Kreditkarte erforderlich) oder 90 Minuten vor einer Aufführung erstanden werden. Buchungen im Internet sind ebenfalls möglich:

www.minack.com.
Das **Exhibition Centre** ist von April bis Sept. tgl. 9.30–17.30 Uhr, im Winter tgl. 10–16 Uhr geöffnet. Eintritt: £ 3.50, erm. £ 2.50 oder £ 1.40.
● *Anfahrt* Auch mit den Western National Bussen Nr. 1, 1A und 1C ab Penzance bis Porthcurno möglich. Von dort etwa 20 Minuten Fußmarsch. Wenn es abends kühler wird, sollte man sich eine Decke, ein Sitzkissen und für alle Fälle einen Regenschirm mitbringen.

Porthcurno Telegraph Museum: In didaktisch ansprechender Form informiert das Telegrafiemuseum über die Bedeutung und die Möglichkeiten der Kommunikation in Kriegszeiten. Angefangen von der Unterwasserverkabelung bis zu zahlreichen historischen Geräten, die vom Geheimdienst im Zweiten Weltkrieg genutzt wurden.
Von April bis Okt. tgl. außer Sa 10–17 Uhr. Eintritt: £ 5.50, erm. £ 3.10. www.porthcurno.org.uk.

Wanderung 11: Porthcurno und Cornwalls schönste Strände

Porthcurno ist bekannt für seine goldgelben Strände, aber die herrliche Küstenlandschaft verlockt auch zum Wandern. Einkehrmöglichkeiten gibt es in Porthgwarra und in Porthcurno.

Ausgangspunkt: Parkplatz in Porthcurno (gebührenpflichtig).
Wegstrecke: 10 km.
Dauer: 3 Std.

Der Parkplatz von Porthcurno (**WP 1**) ist in den Sommermonaten oft voll von Ausflüglern, die sich hier an der Küste einen schönen Strandtag machen wollen. Doch wenn man oberhalb des Strandes nach rechts den Weg zum Minack Theatre (**WP 2**) einschlägt, entfernt man sich allmählich von den Menschenmassen. Nach einem knappen Kilometer erreicht man einen der schönsten Strände Englands: Porth Chapel (**WP 3**). Immer noch geht es weiter in Richtung Westen auf dem South West Coast Path bis nach Porthgwarra (**WP 4**), einem beschaulichen Fischernest, das sich für eine Rast anbietet. Die zerklüftete Küste, an der auch Freeclimber ihr Können erproben, birgt manche skurrile Felsformationen, darunter ein sich jäh öffnendes Loch (**WP 5**). Vorsicht ist angebracht! Das nächste sichtbare Haus an der Küste ist die Gwennap Head Watch Station (**WP 6**). Noch eine halbe Stunde geht es weiter auf dem Küstenpfad. Nachdem man ein Stück bergab gegangen ist, steht man direkt vor einem Felsschlitz. Linker Hand sind es nur wenige Meter zu einer lang gestreckten Bucht, wir wenden uns aber nach rechts und fol-

Penwith Peninsula
Karte Seite 203

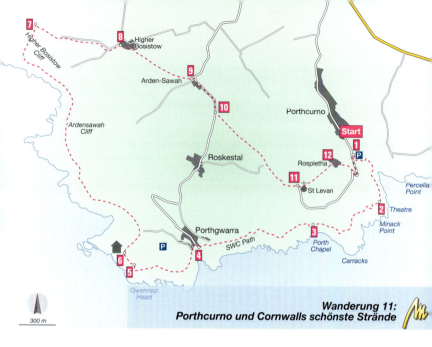

Wanderung 11:
Porthcurno und Cornwalls schönste Strände

gen einem Feldweg ins Landesinnere (**WP 7**). Ein paar Minuten bergauf, dann lassen sich die Häuser von Higher Bosistow bereits am Horizont ausmachen. Ein roter Pfeil führt um das „Dorf" (**WP 8**), dann geht es über ein paar Weiden nach Arden-Sawah (**WP 9**). Der Wanderweg führt nördlich um den Bauernhof herum, anschließend ein Stück auf der kleinen Landstraße, die nach Porthgwarra führt, dann zweigt linker Hand ein Wanderweg ab (**WP 10**), auf dem man quer durch ein halbes Dutzend Weiden bis nach St Levan (**WP 11**) gelangt. Der Ort wird dominiert von einer mittelalterlichen Kirche, deren Bauweise typisch für Cornwall ist. Direkt hinter der Kirche erreicht man wieder den Wanderweg, der nun zu einem kleinen Dorf namens Rospletha (**WP 12**) führt und von dort in wenigen Minuten zurück zum Parkplatz von Porthcurno.

Land's End

Der westlichste Zipfel Englands präsentiert sich als Touristennepp im großen Stil. Auch dem bestgelaunten Englandfan friert das Lächeln im Gesicht ein. Land's End besteht aus einem Vergnügungspark und dem dazugehörigen Parkplatz. *The Land's End Experience* heißt der 1987 eingerichtete Vergnügungspark mit einer wenig überzeugenden Multimedia-Show. Will man das sich in Privatbesitz befindende Gelände betreten, wird der Geldbeutel nicht unerheblich strapaziert (Parken kostet £ 4). Ganze Busladungen von Touristen strömen hierher. Gute Wetterbedingungen vorausgesetzt, kann man die Isles of Scilly am Horizont ausmachen. Schön und gut – doch genau genommen bietet das Ende des Landes nichts, was andere Stellen Cornwalls nicht auch haben: eine schöne Klippenlandschaft mit Wanderwegen, eine Aussicht, die nicht weiter reicht als anderswo, Möwen, die nach Brotresten suchen, klickende Kameras, bellende Hunde, Omas, Opas, Tante Gerda und die Klas-

se 5 b der Comprehensive School in Danby. Daher ein Tipp: Wer dem Trubel und den vielen Bussen entgehen will, sollte in Sennen Cove oder Sennen Harbour parken, um von dort auf dem Coast Path in südlicher Richtung in einer halben Stunde nach Land's End zu gelangen.
www.landsend-landmark.co.uk

Wanderung von Land's End nach Lamorna

Eine Alternative für Leute mit mehr Zeit und vernünftigen Schuhen ist der Coastal Path zwischen Land's End und Lamorna Cove. Dabei handelt es sich um einen 12-Meilen-Fußmarsch (rund 20 km) an einem der schönsten Küstenabschnitte Cornwalls. Manchmal hat man auf den Klippen das Meer beinahe 30 Meter direkt unter sich. Der Schwierigkeitsgrad ist mäßig, sodass einem Familienwandertag nichts entgegensteht.

Besonders im ersten Abschnitt zwischen Land's End und Porthgwarra gibt es mehrere stille kleine Buchten. Porthgwarra selbst ist ein winziges Fischerdorf, von der Küste durch Klippen getrennt, durch die zwei Tunnel getrieben wurden. Der vielleicht schönste Strand überhaupt kommt dann in Porthcurno. Naturliebhaber entdecken auf einer solchen Wanderung ungewöhnliche Pflanzen und seltene Vögel, beispielsweise Papageientaucher oder Eissturmvögel.

Von Land's End nach St Ives

Von Land's End führt der Coast Path zur *Whitesand Bay,* einer Bucht mit einem etwa eineinhalb Kilometer langen Strand. Wem das Schwimmen zu langweilig ist, der kann sich an der südlichen Bucht in *Sennen Cove* ein Surfbrett zum Wellenreiten mieten. Ein weiterer schöner Strand befindet sich vier Kilometer weiter nördlich am felsigen *Cape Cornwall.*

St Just-in-Penwith

In der Gegend rund um St Just ist bereits 1800 Jahre vor Beginn unserer Zeitrechnung der Abbau von Zinn und Kupfer nachgewiesen. Überall, wo unbebauter Boden war, wurde nach Zinn gesucht, im Römischen Reich genauso wie im Mittelalter. Ein regelrechter Zinnrausch wurde im 19. Jahrhundert durch die Industrialisierung ausgelöst. Zahllose Schmelzen und Zinndörfer entstanden infolge der großen Nachfrage. Cornwalls Minen, in denen mehr als 50.000 Menschen arbeiteten, deckten zwei Drittel des Weltbedarfs. Doch der Boom fand ein jähes Ende, als in Afrika große Kupfervorkommen entdeckt wurden und in Malaysia Zinn zu konkurrenzlos günstigen Preisen gefördert werden konnte. Einige verlassene Bergwerke mit eingefallenen Gebäuden und Schornsteinen zeugen von dieser Epoche. St Just war Zentrum der hiesigen Zinn- und Kupfergewinnung. Die Bergarbeiter wohnten in grauen Reihenhäusern, die noch heute das Stadtbild prägen. Angeblich ist St Just im Verhältnis zur Einwohnerzahl der kneipenreichste Ort Großbritanniens: Fast jedes vierte Haus ist ein Gasthaus. Mitten im Ort, gleich beim Marktplatz gibt es noch ein grünes Amphitheater zu bewundern *(Plain-an-Gwary).*

- *Informationen* www.stjust.org
- *Einwohner* 4.700
- *Verbindungen* Regelmäßige Busverbindungen mit Penzance und St Ives. www.firstgroup.com.
- *Übernachten/Essen/Trinken* **Commercial**

Hotel, jüngst renoviert, mit hellen Holzmöbeln und vielen Farbakzenten. Schöne Zimmer, in Nr. 4 erwartet den Gast ein Badezimmer mit Aussicht! Im ansprechenden Restaurant gibt es vegetarisches Curry, aber auch eine gegrillte Makrele für £ 7.95. Straßenterrasse. B & B je nach Saison £ 32.50–39.50. Market Square, ℡ 01736/788455, ℻ 788131. enquiries@commercial-hotel.co.uk, www.commercial-hotel.co.uk.

Boscean Country Hotel, angenehmes kleines Landhotel (12 Zimmer, manche mit Messingbetten) mit großem Garten. Kostenloses WLAN. B & B je nach Saison ab £ 45. ℡/℻ 01736/788748. www.bosceancountryhotel.co.uk.

Chymorgen, dieses Women Guesthouse ist ein Lesertipp von Renate Berger, die uns das preiswerte Guesthouse am Rande von Botallack empfahl. Individuelles Flair, gepflegter Garten. Serviert wird zudem ein liebevoll zubereitetes Biofrühstück. B & B ab £ 30, bei mehr als 8 Nächten schon ab £ 24. ℡ 01736/788430. info@chymorgen.co.uk, www.chymorgen.co.uk.

Kegen Teg, einladendes Café mit FairTrade-Coffee und vielen leckeren Bio-Gerichten. Tgl. 9–17 Uhr, So ab 10 Uhr. 12 Market Square, ℡ 01736/788562.

The Beach, allein die Lage direkt oberhalb des Strandes von Sennon Cove ist faszinierend, aber auch das Angebot des Restarants mit Pasta, Pizzen, Salaten und Grillgerichten begeistert. Herrliche Terrasse, gutes Preis-Leistungs-Verhältnis. Tgl. ab 10.30 Uhr geöffnet. ℡ 01736/871191. www.thebeachrestaurant.com.

Queens Arms, zünftiges Pub in einem wuchtigen Steinhaus in Botallack. Auch Zimmervermietung. ℡ 01736/788318. www.queensarms-botallack.co.uk.

● *Jugendherberge* **Letcha Vean**, die südwestlich von St Just gelegene Herberge ist die nächstgelegene zu Land's End. Anfahrt über Kelynack, und dann der Straße mit dem Schild „No access for motors" folgen. Campingmöglichkeiten vorhanden. Von Ende März bis Okt. geöffnet. Erw. ab £ 16, bis 18 Jahre ab £ 12. ℡ 0845/3719643, ℻ 01736/787337. landsend@yha.org.uk.

● *Camping* **Kelynack Caravan**, kleiner passabler Platz bei der gleichnamigen Ortschaft. Landidylle pur. Auch Zimmervermietung. ℡ 01736/787633. enquiries@kelynackholidays.co.uk, www.kelynackcaravans.co.uk.

„In Britannien sind bei einem Kap, das man Belerion (Land's End) nennt, die Einheimischen besonders fremdenfreundlich und durch den häufigen Umgang mit auswärtigen Kaufleuten kultiviert. Sie produzieren Zinn, das sie aus Felsen holen, in die sie Stollen treiben. Sie gießen das Metall in Barren und bringen es auf eine Insel vor der britischen Küste, die man Ictis (Wight) nennt. Bei Ebbe fällt der Bereich zwischen Britannien und der Insel trocken, sodass man große Mengen Zinn auf Fuhrwerken herüberbringen kann. Dorthin kommen dann Kaufleute, kaufen das Zinn und transportieren es nach Gallien."

Diodor (griechischer Geschichtsschreiber)

Geevor Tin Mine

Rund fünf Kilometer nordöstlich von St Just liegen die beiden Dörfer *Trewellard* und *Pendeen*. Bis 1990 wurde hier noch Zinn gewonnen, dann war man wegen sinkender Zinnpreise auf dem Weltmarkt nicht mehr konkurrenzfähig und die bis zu 700 Meter tiefen Schächte wurden geschlossen. Das Bergwerk Geevor Tin Mine wurde inzwischen zu einer Besucherattraktion umgewandelt. Heute kann man einen engen, waagerechten Schacht im Rahmen einer Führung begehen und sich selbst einen Eindruck von der Arbeit in den Stollen verschaffen. Außerdem gibt es auf dem Gelände der Geevor Tin Mine noch ein Museum zur Zinnverarbeitung. Ei-

Verlassene Minen prägen das Landschaftsbild

ne weitere bekannte Zinnmine befindet sich in dem nahen *Botallack*, in traumhafter Lage direkt am Meer.

Ostern bis Okt. tgl. außer Sa 9–16 Uhr, im Winter 10–15 Uhr. Eintritt: £ 9.50, erm. £ 4.50. www.geevor.com.

Zennor

Zennor ist ein kleines Dorf mit einer schmucken Kirche aus dem 15. Jahrhundert und dem *Wayside Folk Museum*, das das Leben in Cornwall von prähistorischen Zeiten bis heute dokumentiert. Anfassen und ausprobieren erlaubt! Im Jahre 1916 lebte der Schriftsteller *D. H. Lawrence* zusammen mit seiner Frau Frieda von Richthofen für eineinhalb Jahre in Zennor und arbeitete an „Women in Love". Abends kehrte das Paar regelmäßig im Pub „The Tinners Arms" ein. „Ich liebe es, hier in Cornwall zu sein – so friedlich, so fern der Welt", schrieb er an die Schriftstellerin Katherine Mansfield. „Aber die Welt ist für immer verschwunden – es gibt nirgendwo mehr eine Welt: nur hier, und eine reine, dünne Luft, die nichts und niemanden verpestet." Zusammen mit ihrem Mann John Middleton Murry lebte *Katherine Mansfield* zeitweise mit Lawrence und Frieda in einer Art Modellkommune. Doch die heile Welt fand ein unverhofftes Ende: Lawrence und seiner deutschen Frau wurde 1917 vorgeworfen, feindlichen U-Booten Lichtsignale gegeben zu haben. Aus Trotz sangen die beiden abends deutsche Volkslieder. Nachdem Nachbarn die Militärpolizei gerufen hatten, wurde das Paar als vermeintliche Spione aus Cornwall ausgewiesen und mussten ins Landesinnere nach Berkshire ziehen. Unter dem Titel „Kangaroo" hat D. H. Lawrence später seine Erinnerungen an die turbulenten Erlebnisse jener Jahre veröffentlicht.

• *Wayside Folk Museum* Alles über das Leben im prähistorischen Cornwall. Mai bis Sept. tgl. außer Sa 10.30–17.30 Uhr; im April und Okt. tgl. außer Sa 11–17 Uhr. Eintritt: £ 3.

• *Übernachten* **The Gurnard's Head**, rund zwei Kilometer westlich von Zennor bietet dieses zünftige Pub eine anspruchsvolle, täglich wechselnde Küche, beispielsweise

214 Cornwall

Cornish Duck mit Blumenkohlpüree und Polenta für £ 16.25. Kein Ruhetag. Auch Zimmervermietung. B & B in den ansprechenden Zimmern je nach Ausstattung £ 45–80, in der Nebensaison günstiger.
✆ 01736/796298. enquiries@gurnardshead.co.uk, www.gurnardshead.co.uk.

Old Chapel Backpackers Hostel, eine einfache und günstige Übernachtungsmöglichkeit in Zennor. Insgesamt werden 32 Betten vermietet. Eine Küche und kostenloses WLAN steht den Gästen zur Verfügung. Übernachtung £ 17.50 pro Person.
✆ 01736/798307. zennorbackpackers@btinternet.com, www.zennorbackpackers.net.

Chysauster

Nahe der Straße Richtung Penzance (B 3312), westlich von Zennor, liegen auf einem Hügel die Überreste eines Dorfes aus der Eisenzeit. Chysauster, so sein Name, ist die am besten erhaltene prähistorische Siedlung im Südwesten Englands. Ausgegraben wurden acht Häuser, die um einen ovalen Innenhof mit Garten gruppiert waren.

Ostern bis Sept. tgl. 10–17 Uhr, Juli und Aug. tgl. 10–18 Uhr, im Okt. tgl. 10–16 Uhr. Eintritt: £ 3.20, erm. £ 2.70 bzw. £ 1.60 (EH).

St Ives

Mit seinen engen, gewundenen Gassen und den kleinen Häusern, die den steilen Hügel rund um den Hafen säumen, ist St Ives ein überaus attraktiver Ort, der im Hochsommer allerdings ziemlich überlaufen ist. Kultureller Höhepunkt ist fraglos ein Besuch der Tate Gallery.

St Ives ist nach der heiligen Ia benannt, die im 5. Jahrhundert die Kelten missionierte. Jahrhundertelang war der Ort das Zentrum der Sardinenfischerei. Virginia Woolf erlebte in ihrer Jugend noch eine „windige, lärmende, nach Fisch riechende, bewegte, enge Stadt; von der Farbe einer Muschel oder Schnecke; wie ein Klumpen Miesmuscheln auf einer grauen Mauer". St Ives war einer der wichtigsten britischen Sar-

Übernachten
3 Cornerways
5 The Grey Mullet
8 Tregony
12 The Garrack Hotel
14 Ayr Holiday Park
15 Blue Mist
16 St Ives Backpackers
17 The Pedn-Olva Hotel
19 The Old Count House
20 Primerose Valley Hotel

Essen & Trinken
1 Porthgwidden Beach Café
2 Olive
4 The Loft
6 The Digey
7 Sloop Inn
9 Tate Gallery Coffee Shop
10 Seafood Café
11 Hub
13 Alba
18 Porthminster Beach Café

216   Cornwall

dinenhäfen. Im Jahre 1868 wurden 16 Millionen Fische in einem einzigen Schlagnetz gefangen. Doch als die Sardinenschwärme bei ihren frühsommerlichen Wanderungen einen anderen Weg wählten, war es wenige Jahrzehnte später mit dem glitschigen Reichtum vorbei. Gewissermaßen als Entschädigung entwickelte sich St Ives in dieser Zeit zur renommiertesten englischen Künstlerkolonie. Hinzu kam der Fremdenverkehr, der nach dem Ende des 19. Jahrhunderts erfolgten Anschluss an das englische Eisenbahnnetz prosperierte.

In Tourismusprospekten wird St Ives als schönste Stadt Cornwalls gepriesen: malerische Lage, Kunstzentrum und darüber hinaus noch schöne Sandstrände. Und tatsächlich macht die Stadt einen idyllischen, fotogenen Eindruck. Subtropische Vegetation und das Flair einer Künstlerstadt erinnern fast an Südfrankreich, nur wirkt es hier englisch-kühler. In den engen, mit Kopfstein gepflasterten Gassen der Altstadt herrscht eine geschäftige Hektik. Schnitzereien und Muschelketten von den Philippinen, Korbarbeiten aus China, etwas cornisch angehauchten Nippes findet man auch darunter. Anspruchsvolle Kunstgalerien dürfen im einstigen Fischerviertel *Downalong* selbstverständlich auch nicht fehlen. Wer St Ives während der Vor- oder Nachsaison besucht, wird den Ort von seiner angenehmsten Seite kennenlernen. Zu dieser Zeit tummeln sich auch weniger Leute am malerischen Carbis Bay Beach. Den schönsten Blick über Stadt und Hafen hat man von der Straße The Terrace oben auf dem Hügel.

Information/Verbindungen/Diverses

● *Information* **Tourist Information Centre**, The Guildhall, Street-an-Pol, St Ives, Cornwall TR26 2DS, ☏ 01736/796297, ✆ 01736/798309. www.stives-cornwall.co.uk.

● *Einwohner* 11.100

● *Verbindungen* **Bus:** Western-National-Busse starten am Busbahnhof am Hafen (The Malakoff), ☏ 01209/719988. Die Linien 16, 17, 17A und 17C fahren nach Penzance. Cornwall Express fährt bis zu sechsmal täglich über Redruth, Truro und St Austell nach Plymouth. Nur im Sommer kommt man mit dem Bus 15 auf der Küstenstraße nach Land's End. National Express fährt dreimal täglich nach London (☏ 0871/7818181, www. nationalexpress.com).

Zug: Bahnhof an der Straße The Terrace, vielleicht der Bahnhof mit der besten Aussicht Englands. Information: ☏ 08457/7484950. www.nationalrail.co.uk. Die Nebenlinie, die als eine der schönsten Eisenbahnlinien der Region gilt, führt an der Küste entlang von St Ives über Carbis Bay und Lelant nach St Erth. Von St Erth hat man dann wieder Anschluss in alle Richtungen (z. B. London Paddington). Manche Züge fahren direkt nach Penzance und weiter nach Plymouth.

Parken: Es gibt in St Ives kaum Parkmöglichkeiten (wenige Plätze am Bahnhof), sodass man am besten direkt zu dem gebührenpflichtigen Großparkplatz oberhalb der Trewidden Road (ausgeschildert) fährt. Von dort erreicht man mit dem Shuttlebus (£ 0.50) oder zu Fuß (20 min.) den Hafen.

● *Galerien* Es gibt in St Ives knapp ein Dutzend ansprechender Kunstgalerien. Zwei Tipps: Belgrave Gallery (22 Fore Street) und Penwith Galleries (Back Road West).

● *Leisure Centre* Mit Hallenbad und Fitnesscenter. Direkt am Großparkplatz an der Trewidden Road. www.stives-cornwall.co. uk/stives-leisure-centre.html.

● *Veranstaltungen* **St Ives September Festival of Music and the Arts**. Mitte September mit zahlreichen Musikaufführungen (Folk, Jazz und Blues) und Kinovorstellungen. www.stivesseptemberfestival.co.uk.

● *Kino* Royal Cinema, The Stennack, ☏ 01736/796843. www.merlincinema.co.uk.

● *Post* 1 Tregenna Place.

● *Strände* Zusammen mit dem Nachbarort Hayle hat St Ives fünf, zum Teil sehr lang gestreckte Sandstrände. Der schönste unter ihnen ist ohne Zweifel die zwei Kilometer östlich gelegene **Carbis Bay**. Aber auch der **Porthmeor Beach** sowie der **Porthgwidden Beach** und **Porthminster Beach** in St Ives sind einen Besuch wert. Selbst im Hafenbecken kann gebadet werden.

St Ives 217

Übernachten (siehe Karte S. 214/215)

The Pedn-Olva Hotel (17), schon allein seine Lage direkt oberhalb des wunderschönen Porthminster Beach ist ein großer Vorteil. Das Panorama über die Bucht von St Ives ist fantastisch. Schon beim Frühstück kann man die Aussicht genießen. Ein kleiner, beheizter Pool verlockt auch an kalten Tagen zum Baden. Restaurant vorhanden (3-Gang-Menü für £ 25). Die Zimmer sind großzügig ausgestattet und in hellen Farben gehalten. Wenige Parkplätze verfügbar. B & B je nach Saison ab £ 75 im DZ (im Sommer £ 85) bzw. ab £ 85 im EZ. Zimmer mit Balkon ab £ 8 Aufschlag. Porthminster Beach, ☏ 01736/796222, ✆ 01736/797710. www.pednolva.co.uk.

The Garrack Hotel (12), wunderschönes Landhotel mit Hallenbad, Sauna und großem Garten am westlichen Ortsrand von St Ives. In den honigfarbenen Zimmern fühlt man sich sofort wohl. Das gute Restaurant mit Schwerpunkt auf Fisch, in dem aber auch Vegetarier nicht zu kurz kommen, steht auch Nicht-Hotelgästen offen. 3-Gang-Menü £ 26.50. Gut zehn Fußminuten vom Hafen entfernt. B & B je nach Saison und Ausstattung ab £ 67 pro Person. Burthallan Lane, ☏ 01736/796199, ✆ 01736/798955. garrackhotel@btconnect.com, www.garrack.com.

Primerose Valley Hotel (20), traumhaftes Boutique-Hotel in einer edwardinischen Villa am Porthminster Beach. Die Zimmer sind in einem ansprechenden zeitgenössischen Stil (Retrolampen, Blumentapete etc.) eingerichtet, einige mit Meerblick, zwei mit Balkon. Schöner Frühstücksraum, Biofrühstück, kostenloses WLAN. B & B im DZ £ 50–82.50 pro Person, im Winter etwas günstiger. Porthminster Beach, ☏ 01736/794939. info@primroseonline.co.uk, www.primroseonline.co.uk.

The Old Count House (19), in einem stattlichen Granithaus aus dem frühen 19. Jahrhundert werden neun Zimmer vermietet. Von den meisten Räumen hat man einen Blick auf das Meer, das allerdings einen knappen Kilometer entfernt ist. Saunamöglichkeit gegen Aufpreis vorhanden. Wenig begeistert allerdings das mickrige EZ. Lage: nur unweit vom Kreisverkehr beim Leisure Centre (Großparkplatz). B & B ab £ 40. Trenwith Square, ☏ 01736/795369, ✆ 01736/799109. enquiries@theoldcounthouse-stives.co.uk, www.theoldcounthouse-stives.co.uk.

Westlich von St Ives finden sich viele einsame Strände

Cornerways (3), in diesem Guesthouse war schon Daphne du Maurier zu Gast. Heute betreibt es Tim mit Liebe und Sorgfalt. Individuelle Zimmer mit schönen, schwarz gefliesten Bädern, von ganz oben hat man gar einen Blick auf das Meer. Zwei Parkplätze vorhanden. B & B je nach Zimmer und Saison £ 35–47.50. 1 Bethesda Place, ☏ 01736/796706. www.cornerwaysstives.com.

The Grey Mullet (5), unter Denkmalschutz stehendes Fischerhaus aus dem Jahre 1776, zum Teil mit Efeu berankt. Eine Kopfsteinpflastergasse führt von hier zum nahen Strand. B & B ab £ 30. 2 Bunkers Hill, ☏ 01736/796635. greymulletguesthouse@lineone.net, www.touristnetuk.com/sw/greymullet.

Tregony (8), hübsche Zimmer mit TV und En-suite-Ausstattung (teilweise mit Meerblick) in einem Haus mit blauer Markise, hilfsbereite Besitzer, von Lesern gelobt.

Penwith Peninsula Karte Seite 203

218 Cornwall

B & B £ 33 ohne, £ 35 mit Meerblick. Lage: beim Porthmeor Beach. 1 Clodgy View, ☎ 01736/795884, ✉ 01736/798942. www.tregony.com.

Blue Mist (15), ebenfalls an der beliebten Fußgängerpromenade zum Hafen gelegen, die oberen Zimmer mit Meerblick, ein Lesertipp von Barbara Liebold. „Das englische Frühstück ist ausgezeichnet und das ganze Ambiente in den Zimmern und im Frühstücksraum modern und sehr stilvoll." B & B £ 38, EZ-Zuschlag £ 15. 6 The Warren, ☎ 01736/793386. www.blue-mist.co.uk.

St Ives Backpackers (16), in einem historischen Gebäude (ehemalige Wesleyan Chapel) im Zentrum. Nicht gerade das Gelbe vom Ei, dafür zentral gelegen. Übernachtung im Schlafsaal je nach Saison ab £ 14.95 (Nebensaison). The Stennack, ☎ 01736/

799444. st.ives@backpackers.co.uk, www.backpackers.co.uk/st-ives.

● *Apartments* **Talland House**, in diesem stattlichen Anwesen verbrachte Virginia Woolf ihre Sommerferien. Heute werden hier drei schmucke Apartments vermietet, die je nach Größe und Saison zwischen £ 250 und £ 950 pro Woche kosten. Talland Road, ☎ 01736/755050. enquiries@tallandhouse.com, www.tallandhouse.com.

● *Camping* **Ayr Holiday Park (14)**, weniger als einen Kilometer westlich vom Zentrum befindet sich dieser Zeltplatz. Über die B 3306 knapp 500 Meter Richtung St Ives, dann in die Bullans Lane einbiegen. Von hier hat man einen schönen Blick auf die Bucht. Nur von April bis Okt. geöffnet. Zwei mannzelt ab £ 13. Higher Ayr, ☎ 01736/795855. www.ayrholidaypark.co.uk.

*E*ssen/*T*rinken/*N*achtleben *(siehe* *K*arte *S*. 214/215)

Alba (13), als Museumsort zieht St Ives viele Kulturreisende an, die gerne auch im entsprechenden Ambiente tafeln. Das im Old Lifeboat House eingezogene Alba mit seinem zeitlos modernen Interieur erfüllt diese Ansprüche und hat darüber hinaus noch eine ansprechende Fischküche im Modern-European-Style zu bieten. Mittagsgerichte ab £ 9.95, abends Hauptgerichte ab £ 15.95.

Cooles Design: Restaurant Alba

Zweigängiges Menü £ 13.95, drei Gänge £ 16.95 (bis 19 Uhr). Weitere Sitzplätze im 1. Stock. The Warf, ☎ 01736/797222. www.thealbarestaurant.com.

Hub (11), ebenfalls direkt am Hafenkai, ein angenehmer Ort zum Abhängen mit Lounge-Ambiente. Gute Musik düdelt im Hintergrund, während auf dem Plasmascreen Surfer ihrer Traumwelle nachjagen. Gemütlicher ist es im ersten Stock. Zu trinken gibt es Kaffee und Cocktails, serviert werden einfache Gerichte (Sandwiches und Burgers). 4 The Warf, ☎ 01736/799099. www.hub-stives.co.uk.

Porthminster Beach Café (18), es gibt keinen besseren Ort in St Ives, wenn man hervorragend tafeln und zudem das richtige Beachflair atmen will. Direkt hinter dem Strand, mit großer Terrasse, selbst bei schlechtem Wetter verscheuchen die großen Fenster jeden Anflug von Depression. Die Küche ist mediterran, zeigt sich aber auch asiatischen und englischen Inspirationen gegenüber aufgeschlossen. Lecker ist ein *Crispy Fried Squid* mit *Thai Salad* für £ 8.95. Mittags sind die Hauptgerichte deutlich günstiger, abends ab £ 10. Im Sommer ist eine Reservierung ratsam. Porthminster Beach, ☎ 01736/795352. www.porthminstercafe.co.uk.

Porthgwidden Beach Café (1), das kleinere Schwesterncafé mit einem ähnlichen Angebot und ebenso tollem Blick. Wundervolle Terrasse, auf der man bereits am Morgen frühstücken kann! Viele Fischgerichte, so

Paella mit Chorizo für £ 13.95. ☏ 01736/796791. www.porthgwiddencafe.co.uk.

The Digey (6), nettes Café-Restaurant unweit der Tate Gallery. Die Küche ist international, von mediterran bis cornisch. Mittagsgerichte zwischen £ 7 und £ 10. Zudem gibt es eine Feinkosttheke. Tgl. außer So 10–17 Uhr geöffnet. 6 The Digey, ☏ 01736/799600.

Tate Gallery Coffee Shop (9), eine ausgezeichnete Adresse für all diejenigen, die beim Essen Wert auf eine designte Atmosphäre legen. Terrasse. Porthmeor Beach.

Seafood Café (10), schlichtes Ambiente und eine exzellente Auswahl an Fischgerichten. Man darf aus mehr als zwanzig verschiedenen Fischarten auswählen (£ 10.95–17.95). Serviert wird das Gericht mit einer Wunschsauce (Thai, Hollandaise etc.) und auf verschiedene Arten zubereiteten Kartoffeln. Besonders lecker ist der Kartoffelbrei

mit Parmesan. Günstige Mittagsgerichte! 45 Fore Street, ☏ 01736/794004. www.seafoodcafe.co.uk.

The Loft (4), eine weitere Adresse für anspruchsvolle Fischgerichte. Fantastisch ist die gegrillte Seebrasse für £ 15.95. Herrliche Terrasse. Im Winter Sonntag und Montag Ruhetag. Norway Lane, ☏ 01736/794204. www.theloftrestaurantandterrace.co.uk

Sloop Inn (7), historisches Pub aus dem frühen 14. Jahrhundert Gute Atmosphäre und frischer Fisch (ab £ 7.95). Literaturfreunde kennen das Pub als *Sliding Tackle* aus den Romanen von Rosamunde Pilcher. Große Terrasse mit Hafenblick. Kostenloses WLAN. Auch Zimmervermietung (B & B £ 38–47). The Wharf, ☏ 01736/796584. www.sloop-inn.co.uk.

Olive (2), kleines Café, ein wenig vom Trubel entfernt. Nette Terrasse mit grünen Stühlen. Island Square, ☏ 01736/793621.

Sehenswertes

Tate Gallery St Ives: Die Tate Gallery in St Ives wurde 1993 gebaut, um die Werke der St Ives Künstlerschule an ihrem Entstehungsort ausstellen zu können. Gleich ein Lob vorweg: Das von Eldred Evans und David Shalev entworfene Museum ist ein architektonisches Glanzstück im englischen Südwesten.

Künstler in St Ives

Die verträumte Bucht von St Ives übte auf Maler stets eine faszinierende Anziehungskraft aus. Der Amerikaner James Whistler und sein Schüler Walter Sickert „entdeckten" 1883 das Fischerdorf auf der Suche nach neuen Inspirationsquellen. Ein Beispiel, das Schule machte: Angezogen von den klaren Farben, der eigentümlichen Dramatik des Lichts und der rauen Landschaft, entstand in den 1930er Jahren in St Ives eine regelrechte Künstlerkolonie, durch die der Ort auch überregional bekannt wurde. Zu den bekanntesten Vertretern gehörten Barbara Hepworth, Naum Gabo, Roger Hilton, Ben Nicholson, Bernard Leach und Patrick Heron. Einen hervorragenden Einblick in die Arbeiten der einstigen Künstlerkolonie bieten die Tate Gallery und das Barbara Hepworth Museum.

Der Haupteingang liegt am tiefsten Punkt des Grundstücks. Die fünf Hauptausstellungsräume wurden in Form und Größe verschiedenen Künstlerateliers nachempfunden. Zu sehen sind Arbeiten von Patrick Heron, Terry Frost und Peter Lanyon sowie Keramiken von Bernard Leach und Skulpturen von Barbara Hepworth. Hinzu kommen die naiven Bilder von Alfred Wallis, einem Fischer, der erst im Alter von 70 Jahren mit der Malerei begann. Dies ist auch das Außergewöhnliche an der Tate Gallery von St Ives: Es sind nur Werke von Künstlern ausgestellt, die in der Region gelebt und gearbeitet haben. Sehenswert ist auch das Restaurant in der oberen Etage: Von der Terrasse bietet sich ein schöner Blick hinunter auf den Porthmeor Beach

220 Cornwall

und in den offenen, von einer Glaswand abgeschirmten Innenhof.

März bis Okt. tgl. 10–17.20 Uhr, im Winter tgl. außer Mo 10-16.20 Uhr. Eintritt: £ 5.75, erm. £ 3.25. Kombiticket mit Barbara Hepworth Museum £ 8.75, erm. £ 4.50. www.tate.org.uk/stives.

Barbara Hepworth Museum and Sculpture Garden: Die Bildhauerin *Barbara Hepworth* (1903–1975) war zeitlebens von der „bemerkenswert heidnischen Landschaft fasziniert, die zwischen St Ives, Penzance und Land's End liegt; eine Landschaft, die immer wieder einen tiefen Eindruck auf mich macht und in der ich all meine Gedanken über die Beziehung der menschlichen Gestalt zur Landschaft entwickelte ... im Wesentlichen eine Beziehung zwischen Form und Lichtqualität, die eine neue Möglichkeit bot, Farben durch Gestaltung der Form hervorzubringen." Barbara Hepworth, die zu den bedeutendsten Bildhauerinnen des 20. Jahrhunderts gezählt wird, stammte aus Yorkshire und war von ihrem Studienfreund Henry Moore beeinflusst. Ab 1939 lebte Barbara Hepworth zusammen mit ihrem zweiten Mann *Ben Nicholson* und ihren Drillingen in St Ives. Nach der Trennung von Nicholson bezog sie 1949 das von hohen Mauern abgeschiedene Anwesen. In ihren Arbeiten (Holz, Marmor und Bronze) fühlte sie sich stets einer organischen Formensprache verpflichtet. Nachdem Barbara Hepworth 1975 bei einem Brand in ihrem Atelier auf tragische Weise ums Leben gekommen war, wurde ihr einstiges Wohnhaus samt Atelier und dem wunderschönen, von ihr selbst angelegten Garten in ein Museum verwandelt.

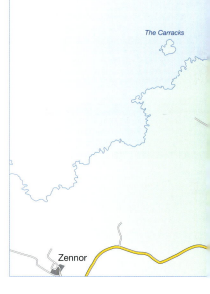

März bis Okt. tgl. 10–17.20 Uhr, im Winter tgl. außer Mo 10–16.20 Uhr. Eintritt: £ 4.75, erm. £ 2.75. Kombiticket mit Tate Gallery £ 8.75, erm. £ 4.50. Adresse: Barnoon Hill.

St Ives Museum: Das städtische Museum zeigt Sammlungen zur Fischerei, Seefahrt und Lokalgeschichte. Zu sehen sind alte Bilder und Fotografien sowie Keramik und viktorianische Kleidung.

Mitte Mai bis Mitte Okt. tgl. 10–17 Uhr, am Wochenende nur bis 16 Uhr. Eintritt: £ 1.50, erm. £ 0.50. Adresse: Wheal Dream.

Wanderung 12: Rund um St Ives

St Ives ist der Ausgangspunkt für eine Wanderung entlang der Nordküste der Penwith Peninsula. Der Rückweg verläuft im Landesinneren quer durch Wiesen und Felder. Es existieren keine Einkehrmöglichkeiten.

> **Ausgangspunkt:** Tate Gallery St Ives.
> **Wegstrecke:** 12,5 km.
> **Dauer:** 4 Std.

Die Tate Gallery (**WP 1**) erhebt sich direkt an der Uferpromenade hinter dem Porthmeor Beach. Anfangs geht es noch kurze Zeit an der Promenade entlang in Richtung Westen. Doch schon bald verschwinden die letzten Häuser, und man wandert durch die weitgehend einsame Küstenlandschaft zum Clodgy Point, wo man nochmals nach St Ives zurückblicken kann. In einem steten Auf und Ab geht es entlang der Küste, manchmal teilt sich der Pfad, doch kann man den Weg letztendlich nicht verfehlen. Wer will, kann in kleine Buchten wie Polgassick Cove (**WP 2**) hinabklettern oder einfach nur die Aussicht genießen. Mit viel Glück kann man Seehunde oder Delphine im Wasser ausmachen. Nach gut eineinhalb Stunden erreicht man einen herrlichen Rastplatz direkt an der Küste neben einem kleinen Wasserfall (**WP 3**). Nicht weit davon entfernt führt eine Abzweigung (**WP 4**) durch das Treveal Valley ins Landesinnere. Es besteht zwar die Möglichkeit, weiter nach Zennor zu wandern (nochmals zwei Stunden einfach), allerdings artet die Wanderung dann zu einer anspruchsvollen Tagestour aus, wenn man nicht in Zennor ein Taxi ruft oder den Bus nimmt. Wer landeinwärts wandert, kommt an zahlreichen Fuchsien vorbei zur Treveal Farm (**WP 5**). Der nächste Bauernhof ist das noch einmal 800 Meter südlich gelegene Boscubben (**WP 6**). Nun folgt man einem Wanderweg, der anderthalb Stunden lang stetig nach Osten führt. Gelegentlich muss man sich nach der Markierung umsehen, da der Weg quer durch Dutzende von Koppeln, Felder und Weiden führt. Als Orientierungspunkte dienen nacheinander das Gehöft Trevega (**WP 7**), eine kleine geteerte Straße (**WP 8**) und die Gehöfte Trevalgan sowie Trowan (**WP 9**). Einen Kilometer hinter Trowan erreichet man schließlich einen asphaltierten Weg (**WP 10**), der in die Burthallan Lane mündet, wo auch das Garrack Hotel steht (**WP 11**). Nun sind es nur noch wenige Minuten den Berg hinunter und am Friedhof vorbei bis zum Porthmeor Beach und der Tate Gallery.

Isles of Scilly

Die Isles of Scilly sind ein Archipel, der rund 45 Kilometer von der Südwest-spitze Cornwalls entfernt im Atlantik liegt. Von den insgesamt etwa 140 In-seln und Felsformationen sind nur fünf bewohnt: St Mary's, Tresco, St Mar-tin's, Bryher und St Agnes. Die „Hauptstadt" ist Hugh Town auf St Mary's.

Das größte Kapital der Inselgruppe ist ihre Abgeschiedenheit, die unzerstörte Na-tur und das – dem Golfstrom sei Dank – wärmste Klima Großbritanniens. Palmen, Mimosen und Bambushaine gedeihen, und die weißen Strände und das türkisgrüne Wasser lassen Karibikgefühle aufkommen. Wer Ruhe und Erholung sucht, sollte den Isles of Scilly – sprich *Silly* – einen Besuch abstatten, es wird sich lohnen – nur möglichst nicht im Juli oder August. Eine frühzeitige Reservierung ist dringend ge-boten. Früher lebten die Menschen von Blumenzucht, Schiffbau, Schmuggel, Meeräschenfang und *Shipwrecking*, dem Aneignen von Ladung aufgelaufener Schiffe. Heute ist der Tourismus die Haupteinnahmequelle, wenngleich die Zahl der Unterkünfte auf 2000 begrenzt bleiben soll. Autoverkehr gibt es nur wenig, da-für mehr als 1800 Stunden Sonnenschein pro Jahr.

Geschichte

Geologisch ist die Inselgruppe ein Ausläufer des gleichen Granitgebirgszuges, der vom Dartmoor bis Land's End durch Cornwall verläuft. Archäologischen Funden zufolge, waren die Isles of Scilly bereits in der Jungsteinzeit besiedelt. Wahrschein-lich ist die Inselgruppe mit den von dem griechischen Historiker Strabo beschrie-benen *Cassiterides* identisch. Bereits die Phönizier sollen auf den „Zinninseln" nach Metall gesucht haben. Den Römern diente die *Insula Silia* als Verbannungsort, den Dänen als Stützpunkt für Kaperfahrten in den Bristol Channel. Unter den Norman-nen gehörten die nördlichen Inseln zur Abtei von Tavistock, die südlichen wurden von einem Lord für den englischen König verwaltet. Im 16. Jahrhundert machte der desertierte Admiral *Lord Seymour* die Inseln zum Zentrum der Piraterie, bis er wegen Hochverrats hingerichtet wurde. Charles II. suchte nach seiner Flucht aus Falmouth 1645 hier Zuflucht. Im Bürgerkrieg hielten sich die königstreuen Inselbewohner bis 1651. Die Kanonenkugeln, die damals von den Republikanern abgefeuert wurden, sind heute noch in den Gärten von Tresco zu sehen. Ein wirtschaftlicher Auf-schwung setzte erst ab 1834 ein, als *Augustus Smith* die Inselgruppe pachtete und den Blumenanbau im großen Stil förderte. Als Lord Proprietor führte Smith zudem die Schulpflicht ein, bekämpfte das Schmugglerwesen und richtete einen regelmä-ßigen Schiffsverkehr mit dem Hafen von Penzance ein.

Information/Verbindungen/Diverses

- *Information* **Tourist Information Centre**, Hugh Street, Hugh Town, St Mary's, Isles of Scilly, Cornwall TR21 0LL, ✆ 01720/422536, ✆ 01720/423782. www.simplyscilly.co.uk.
- *Einwohner* 2150
- *Verbindungen* **Fähre:** Von Penzance fährt das Passagierschiff Scillonian III. St Mary's an, die größte der ca. 140 Inseln vor Eng-lands Westspitze. Es ist eine teure Angele-

genheit, die Inseln zu besuchen. Der güns-tigste Tarif (Day Trip) beträgt immerhin £ 35 für Erwachsene oder £ 17.50 für Kinder bis 16 Jahre. Die Fahrtzeit beträgt 2 Std. und 40 Min, sodass der Aufenthalt auf der Insel nur kurz bemessen ist. Es stellt sich die Frage, was man für ein paar Stunden auf St Mary's hat. Eine normale Rückfahrkarte kostet £ 95 bzw. £ 47.50 (unter 16). Die Schif-

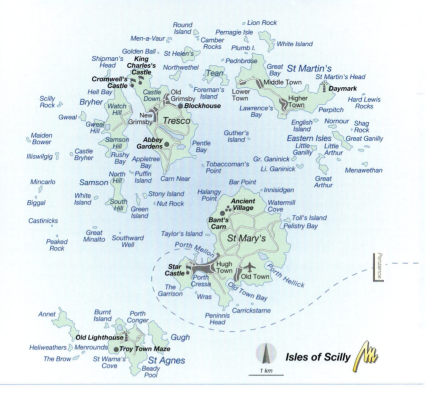

fe verkehren Mo–Fr (im Sommer auch Sa). Einen Fahrplan gibt es beim Tourist Office, zumeist ist die Abfahrt um 9.15 Uhr ab Penzance bzw. um 16.30 Uhr ab St Mary's; Auskünfte und Buchungen direkt bei: Isle of Scilly Travel Centre, 16 Quay Street, Penzance, ✆ 0845/7105555. www.ios-travel.co.uk.

Flugzeug: Dieselbe Gesellschaft betreibt auch den Skybus (zweimotorige Flugzeuge), der u. a. vom Land's End Aerodrome, Exeter, Newquay, Plymouth oder Bristol zur Insel St Mary's fliegt. Der Flug dauert je nach Abflugort zwischen 15 und 70 Minuten, ist dafür aber auch um einiges teurer als das Schiff. Same Day Return kostet von Land's End £ 86, von Exeter £ 230 und von Newquay £ 96. Mit einem normalen Rückflugticket ist es noch teurer. Kinder bis 16 Jahre erhalten rund 30 Prozent Ermäßigung. Wer will, kann es spontan mit dem günstigen Stand-by-One-Way-Ticket versuchen. Informationen ebenfalls über ✆ 0845/7105555. www.ios-travel.co.uk.

Hubschrauber: Eine weitere Möglichkeit, die Inseln anzufliegen, bieten die Hubschrauber der British International Ltd., ✆ 01736/363871. www.islesofscillyhelicopter.com. Abflug ab Heliport, einen Kilometer östlich von Penzance. Der Flug dauert etwa 20 Minuten bis nach St Mary's und geht manchmal auch nach Tresco. Außer sonntags fliegen die Sikorsky-S61-Hubschrauber bis zu zwölfmal am Tag, je nach Saison. Flugpreise: Day Return ab £ 96, Normal Single £ 87.50, Normal Return bis zu £ 175. Zwischen Okt. und März kann man ein Saver-Return-Ticket relativ günstig für £ 145 erstehen.

• *Verbindungen zwischen den Inseln* Zu den anderen Inseln fahren von St Mary's regelmäßig **Boote**. Fahrpläne gibt es am Kai in Hugh Town, wo die Boote ablegen. Nach Tresco fahren die Boote tgl. um 10, 11.15, 12 und 14 Uhr. Rückfahrt um 14.15, 16 und 16.45 Uhr. Kosten: £ 11.

• *Verbindungen auf den Inseln* Nur auf St Mary's gibt es öffentliche **Busse**.

• *Fahrradvermietung* **Buccabu Hire**, Porthcressa, St Mary's, ✆ 01720/42289. Ab £ 4 für einen halben Tag.

• *Segeln* Isles of Scilly Windsurfing and Sailing Centre, St Mary's Quay, ✆ 01720/422037.

224 Cornwall

• *Tauchen* **Underwater Safari**, Old Town, St Mary's, ✆ 01720/422595. **St Martin's Diving Services**, ✆ 01720/422848. www.scilly diving.com.
• *Geld* Nur auf der Insel St Mary's gibt es zwei Bankfilialen (Lloyds und Barclays).

Übernachten

Auf den Isles of Scilly gibt es einige Hotels und B & Bs, die aber relativ teuer sind. Eine Übernachtung ist kaum unter £ 30 pro Person zu haben, zumeist wird zudem nur mit Halbpension vermietet. Die größte Schwierigkeit ist jedoch, überhaupt ein Zimmer zu bekommen. Nach Auskunft des Tourist Office sind alle Unterkünfte bis auf ein Jahr im Voraus ausgebucht. Also früh entscheiden, ob die Inseln ein geeignetes Ausflugsziel sind, und dann schleunigst beim Tourist Office buchen. Ansonsten kann man nur einen teuren Tagestrip auf die Inseln machen. Wild Zelten ist übrigens streng verboten.

Star Castle Hotel, das zum Hotel umgebaute Star Castle auf St Mary's bietet viel Komfort und die ungewöhnliche Atmosphäre einer alten Festung. Ausgezeichnetes Restaurant. Es gibt noch einen Anbau, doch besitzen die Räume dort nicht dieselbe Ausstrahlung. Hallenbad im Garten beim Anbau. Von Ende Dez. bis Jan. Betriebsferien. Halbpension ab £ 89 pro Person, im Sommer ab £ 146. The Garrison, ✆ 01720/422317, ✆ 01720/422343. info@star-castle.co.uk, www.star-castle.co.uk.

Belmont, am Ende von Hugh Town in einem schmucken weißen Haus. Sehr schönes B & B, insgesamt 6 Zimmer (£ 56–80 für das DZ). Church Road, ✆ 01720/423154. www.the-belmont.co.uk.

• *Camping* **Garrison Farm**, bestausgestatteter Zeltplatz der Isles of Scilly. Übernachtung ab £ 7.25 pro Person. St Mary's, ✆ 01720/422670. ted@garrisonholidays.com, www.garrisonholidays.com.
Auf den Inseln St Martin's, St Agnes und Bryher gibt es einfache Zeltplätze.

Die Kanonen des Star Castle

St Mary's

St Mary's ist mit einer Länge von knapp fünf Kilometern und einer Breite von drei Kilometern die größte und bevölkerungsreichste Insel. Vier von fünf *Scillonians* leben auf St Mary's, der Hauptinsel der Isles of Scilly. Fast zwangsweise ist *Hugh Town* auf St Mary's daher auch der wirtschaftliche und administrative Nabel des Archipels. Die Fähren von Penzance legen im Norden der Stadt an. Westlich von Hugh Town ragt die Halbinsel *The Garrison* ins Meer hinein. Aus Angst vor einem Angriff der spanischen Armada erbaute man im 16. Jahrhundert auf einem Hügel das Star Castle. Die Burg erhielt ihren Namen wegen der sternförmigen Mauer, die das Gebäude umgibt. Die Wehrhaftigkeit musste der Gastfreundlichkeit weichen, als die Festung zu einem Hotel der Spitzenklasse umgebaut wurde. Die gute Aussicht über die gesamte Inselgruppe ist aber an sich schon ein Genuss.

Tresco   225

Ab Hugh Town führt ein Wanderweg zum südlich gelegenen *Peninnis Headland.* Vorbei geht es dabei an beeindruckenden Felsformationen, bis man den Leuchtturm ganz im Süden erreicht. Entlang der Küste spaziert man in Richtung *Old Town,* der ehemaligen Hauptstadt von St Mary's. Einige Cafés sowie ein Badestrand laden zum Verweilen ein. Ausgesprochen pittoresk ist der alte Friedhof am Rand der Bucht. Die Gravuren in den Grabsteinen erzählen vom Schicksal der Toten, darunter zahlreiche Schiffbrüchige. Der Küstenweg zieht sich südlich am Flughafen entlang, an der Ruine von Giant's Castle vorbei bis zur Porth-Hellick-Bucht. Wer die gesamte Insel umwandern will, sollte dies als Tagestour planen, die nach Lust und Laune aber auch abgekürzt werden kann.

An den Felsen der Isles of Scilly zerschellt

Vor Porth Hellick kam es am 22. Oktober 1707 zu einer der größten Katastrophen in der Geschichte der britischen Marine. Da die Seeleute damals noch nicht den exakten Längengrad bestimmen konnten und sich vor der Bretagne wähnten, zerschellten vier Kriegsschiffe rund 100 Kilometer nördlich der erhofften Position an den tückischen Felsen der Isles of Scilly. Nach dem Schiffsunglück, das mehr als 1700 Menschenleben forderte, wurde der Admiral Sir Cloudesley Shovell als einer von zwei Überlebenden an Land gespült. Doch der Admiral hatte Pech: Als eine Strandräuberin den total erschöpften Mann am Strand der Porth-Hellick-Bucht entdeckte, ermordete die Frau Shovell wegen zwei wertvollen Smaragdringen, die an seinen Fingern glitzerten …

Heute trägt ein schroffer Granitfelsen am Strand Shovells Namen. Nördlich befindet sich ein rund 4000 Jahre altes *Hügelgrab,* das vermutlich von Siedlern der Iberischen Halbinsel (Bronzezeit) stammt, die die Isles of Scilly als Erste bewohnten. Auf der nordöstlichen Insel, keine drei Kilometer von Hugh Town entfernt, liegt die Pelistry Bay, eine der schönsten Buchten: glasklares Wasser und ein wenig vorgelagert die Toll's Island. Bei Ebbe ist die kleine Insel mit St Mary's verbunden.

Sehenswertes

Isles of Scilly Museum: Das Inselmuseum bietet einen Einblick in das Leben auf der abgeschiedenen Inselgruppe. Ausgestellt sind unter anderem auch Schätze, die aus Schiffen geborgen wurden, die rund um die Scilly Inseln auf Grund liefen.
Tgl. außer So 10–16.30 Uhr, Sa nur bis 12 Uhr, im Winter tgl. außer So 10–12 Uhr. Eintritt: £ 3.50, erm. £ 2.50. Adresse: Church Street. www.iosmuseum.org.

Tresco

Tresco, die zweitgrößte Insel, liegt etwa drei Kilometer nordwestlich von St Mary's. Boote machen meistens in Carn Near, dem südlichsten Punkt der Insel, fest. Auf Tresco gibt es viele Sandstrände, von denen der schönste Appletree Bay (bei Carn Near) ist. Auch hier gilt: In den Sommermonaten findet man kein freies Zimmer. Die Engländer buchen daher ihre Hotels schon ein Jahr im Voraus. Ein weiterer schöner Strand liegt in New Grimsby, wohin man auch Bootsausflüge unternehmen kann. Etwa einen Kilometer nordwestlich von dort überblickt man vom King

Isles of Scilly
Karte Seite 223

226 Cornwall

Charles Castle (16. Jahrhundert) das Meer und die Nachbarinsel Bryher. Gleich daneben erhebt sich das besser erhaltene Cromwell's Castle (17. Jahrhundert), das einst den Schiffsverkehr zwischen Tresco und Bryher kontrollierte. Die nördliche Spitze der Insel bildet Piper's Hole, eine 30 Meter tiefe Höhle mit einem kleinen See, erreichbar von der Oberkante der Kliffs.

Auf der Suche nach dem Längengrad

Jahrhundertelang fuhren die Schiffe relativ orientierungslos über die Weltmeere. Auf dem Weg in die Karibik segelte man „nach Süden bis die Butter schmolz und dann immer der untergehenden Sonne entgegen". Während die Bestimmung des Breitengrades anhand der Gestirne relativ einfach möglich war, konnten selbst erfahrene Kapitäne wie Francis Drake nur vage bestimmen, auf welchem Längengrad sie sich befanden. Katastrophen, wie die erwähnte vor den Scilly-Inseln, waren unvermeidlich. Nach dem Schiffsunglück von 1707 war die Schmerzgrenze erreicht: Das englische Parlament setzte im Jahre 1714 einen Preis von 20.000 Pfund aus (heute umgerechnet mehrere Millionen Pfund), um das nautische Dilemma zu lösen. Doch wie? Alle berühmten Gelehrten wie Galilei, Newton oder Halley hatten die Antwort bis dato vergeblich in den Gestirnen gesucht. Erst der Uhrmacher John Harrison (1693–1776) erachtete die Längengradbestimmung nicht als ein astronomisches Problem; in jahrelanger Arbeit konstruierte er 1735 einen Chronometer, der, unabhängig von den klimatischen Verhältnissen und den ständigen Schiffsbewegungen – hieran scheiterten alle Pendeluhren –, die Zeit des Heimathafens wie eine ewige Flamme in den entferntesten Winkel des Globus trug. Verglich man die Zeit des Chronometers mit der jeweiligen Ortszeit, so war die genaue Bestimmung des Längengrads ein Kinderspiel. Kein Geringerer als James Cook pries Harrisons Uhr als „zuverlässigen Freund" und „nie versagenden Führer" aller Seeleute. Dennoch dauerte es Jahrzehnte, bis alle Skeptiker überzeugt waren. Harrison musste insgesamt fünf Uhren bauen, bis ihm die Kommission 1773 schließlich das Preisgeld zuerkannte.

Sehenswertes

Abbey Garden: Vom Kai aus sind es ungefähr zehn Minuten zu Fuß zum Abbey Garden, der eine für England einmalige Fülle von Blumen und sogar tropische Pflanzen wie Bambus, Bananen, Agaven, Zimtbäume, Palmen usw. aufweisen kann. Für das Englandbild eines Festland-Europäers ist dies eine wohl unerwartete, einmalige Überraschung. Angeblich blühen hier mehr als 5000 subtropische und exotische Pflanzen. Selbstverständlich darf auch die Scilly White, eine weiße Narzissenart, nicht fehlen. Mit der Eintrittskarte kommt man auch in die *Valhalla*, eine farbenfrohe Sammlung von hölzernen Galionsfiguren und anderen Kuriositäten. Hervorgegangen ist der ab 1834 von Augustus Smith angelegte Garten aus einer ehemaligen Benediktinerabtei, deren Ruinen den Park stimmungsvoll verschönern. Tgl. 10–16 Uhr. Eintritt: £ 10. www.tresco.co.uk.

St Martin's

Wegen ihrer herrlichen Sandstrände ist die Insel St Martin's das Ziel von vielen Tagesausflüglern. Bis auf ein Hotel und ein paar wenige Privatzimmer gibt es allerdings kaum Unterkunftsmöglichkeiten. Die Anlegestelle liegt bei der Higher Town Bay, einem wunderschönen Sandstrand. Von hier aus führt eine Straße nach Higher Town, mit einigen Häusern und einem Geschäft die „Hauptstadt" der Insel. Im Osten, am St Martin's Head, dient der rot-weiße Daymark als Navigationshilfe für die Schifffahrt. An klaren Tagen sieht man von hier etwa zehn Kilometer draußen auf dem Meer eine Stelle, wo sich Wellen brechen. Dort liegt das Seven Stones Reef, auf das 1967 der Tanker Torrey Canyon auflief und die größte Umweltkatastrophe in der Geschichte Cornwalls verursachte. Nicht weit entfernt sind die Eastern Isles mit ihren großen Seehund- und Vogelkolonien.

St Agnes

St Agnes, die südwestlichste Gemeinde der Britischen Inseln, gilt als die Vogelinsel unter den Scilly Isles. Sturmvögel, Kormorane, Sturmtaucher, Krähenscharben und natürlich Möwen kann man hier beobachten. Westlich vorgelagert liegen die Western Rocks, die im Rahmen von Bootstouren erkundet werden können. Auf den kleinen Inselchen, an denen schon viele Schiffe zerschellten, tummeln sich auch Seehunde. Besucherboote legen auf St Agnes in Porth Conger an. Eine Straße zum westlichen Teil der Insel führt an einem der ältesten Leuchttürme Englands (1680) vorbei. Im Osten ist bei Ebbe die Insel Gugh mit St Agnes durch eine Sandbank verbunden. Dann kann man zu Fuß hinüberlaufen und sich Überreste prähistorischer Siedlungen anschauen.

Bryher

Bryher ist die „wildeste" der bewohnten Inseln: Farn-, Heide- und Moosflächen im Inneren, wellenbrechende Felsküste im Norden und friedliche Sandstrände im Süden. Das ganze Panorama kann vom Watch Hill überblickt werden. Hell Bay im Nordwesten ist die Stelle, wo die Wellen am spektakulärsten und am lautesten auf das zerklüftete Gestein treffen. Vom Quay (im Osten) aus werden Bootstouren unter anderem auch zur benachbarten Insel Samson angeboten. Noch bis zur Mitte des 19. Jahrhunderts lebten rund fünfzig Menschen auf Samson. Der harten Lebensbedingungen überdrüssig, verließen sie jedoch im Jahre 1855 das wasserarme Eiland.

Cornwalls Nordküste

Cornwalls Nordküste ist rauer, und die Wellen sind höher als im Süden. Nicht grundlos entwickelte sich Newquay zum Surfparadies des englischen Königreichs. Padstow hingegen ist die kulinarische Metropole der Region, während die Freunde von King Arthur und seiner Tafelrunde nach Tintagel pilgern.

Von St Ives nach Newquay

Es gibt zwei Möglichkeiten, um von St Ives nach Newquay zu fahren. Zum einen kann man die Inlandsroute (A 30), die von Hayle in Richtung Camborne und Redruth führt, wählen. Lohnenswerter ist aber eine Fahrt auf der Küstenstraße (B 3301). Zum Schwimmen und für Dünenspaziergänge bietet die St Ives Bay ausreichend Gelegenheit. Die Region zwischen Hayle und Redruth spielte eine wichtige Rolle bei der Industrialisierung von Cornwall. Schon um 1100 waren in diesem Gebiet Zinn- und Kupferminen in Betrieb. Die Bergbauregion hatte ihre eigenen

Gesetze, die Zinnschürfer waren unabhängig und keinem Lehnsherrn untertan. Die Schmelzöfen standen vor allem in der Umgebung von Hayle, wo noch heute die Ruinen alter Fabriken mit dicken Schornsteinen aus der Landschaft ragen. Das geförderte Metall wurde in die *Stannery Towns* (Münzstätten) Truro, Helston, Liskeard oder Lostwithiel gebracht, wo es auf seine Reinheit hin untersucht wurde und eine entsprechende Prägung erhielt.

Hayle

Bevor die Flussmündung weitgehend verschlammte, war Hayle einer der bedeutendsten Häfen von Cornwall. Vor allem die Ausfuhr von Zinn wurde von Hayle aus abgewickelt. Beeindruckend ist auch die Mündung des River Hayle, an der heftige Gezeitenströmungen zu beobachten sind, während die sich nordöstlich erstreckenden Strände der St Ives Bay zum Baden und Wandern anbieten.

Camborne

Eine touristisch wenig interessante Stadt, die jedoch mit ihrer Bergbauschule für den cornischen Bergbau eine besondere Rolle spielte. Der industrielle Erfindungsreichtum war eindrucksvoll: Schon 1797 konstruierte *Richard Trevithick* die erste dampfgetriebene Pumpe. Weniger erfolgreich waren die Erfinder Woolf und Brunton mit ihrem ersten dampfgetriebenen „laufenden Pferd". Die Konstruktion explodierte, und 13 neugierige Zuschauer fanden den Tod. Im nahen Pool geben die dem National Trust gehörenden **Cornish Mines and Engines** *(Industrial Discovery Centre)* einen gut restaurierten Einblick in die Industriegeschichte der Kupfer und Zinnförderung.

April bis Okt. tgl. außer Di und Sa 11–17 Uhr. Eintritt: £ 5.20, erm. £ 2.60 (NT).

Stithians Reservoir

Der im Jahr 1964 errichtete Stausee (zehn Kilometer südöstlich von Camborne) sichert die Wasserversorgung von großen Teilen Cornwalls. Zudem dient der See als ein beliebtes Naherholungsgebiet mit Wassersportzentrum. Vor allem Windsurfer erfreuen sich an der guten Infrastruktur mit Umkleiden, Duschen und Kunstrasen zum Aufriggen (www.swlakestrust.org.uk).

Gwithian

Gwithian ist ein beschauliches kleines Dorf inmitten der Dünen. Völlig verändert sieht die Landschaft aus, wenn man weiter nach Osten kommt. Das Land fällt dann in bis zu 100 Meter hohen Steilklippen zum Meer hin ab. Eindrucksvoll ist der sechs Kilometer lange, einsame Sandstrand, der sich vom Black Cliff bis zum Godrevy Point erstreckt.

Porthtowan

Der kleine Küstenort hat ebenfalls eine Bergbautradition. Doch statt Minenarbeitern sind es vor allem Surfer, die sich an dem attraktiven Sandstrand tummeln und die Wellen „bearbeiten". Auch Badegäste lieben den Strand, da er im Gegensatz zu vielen anderen in der Umgebung noch am späten Nachmittag in der Sonne liegt.

St Agnes

Bei St Agnes handelt es sich um ein weiteres ehemaliges Bergbauzentrum, das auf seine Verbindung zur Industriegeschichte immer noch stolz ist. Mitte des 19. Jahrhunderts waren insgesamt zwölf Minen in Betrieb. In einigen Bergwerken von St Agnes wurden gleichzeitig Kupfer und Zinn gefördert. Die meisten Ruinen der alten, efeuumrankten Maschinenhäuser sieht man südwestlich der Stadt, insgesamt macht der Ort einen recht gefälligen Eindruck. Hinter St Agnes liegt die *Trevaunance Cove* mit einem kleinen Strand, der interessant für Windsurfer ist. Die Wellen türmen sich an der Nordküste höher als im Süden, da die Westwinde ungehindert vom Atlantik her wehen – weniger ideal für Schwimmer.

Perranporth

Perranporth hat im Gegensatz zu St Agnes einen etwa fünf Kilometer langen Sandstrand, der sich der sich bei Ebbe schier endlos verbreitert. Weiter im Nordosten erstrecken sich riesige Sanddünen (Penhale Sands), die ins Landesinnere wandern und langsam das fruchtbare Land verschlucken. Zusammen mit Newquay ist Perranporth das Zentrum für Windsurfer – einige Leute behaupten sogar, der Gründer des Ortes, St Piran, sei selbst ein begeisterter Surfer gewesen. Bei Flut muss allerdings mit hohen Brechern gerechnet werden. Doch nicht nur Surfer, sondern auch FKK-Liebhaber haben die Penhale Sands für sich entdeckt, da der nördliche Abschnitt der Dünen nur zu Fuß zu erreichen ist.

Die Stadt selbst ist voller Geschichte: Die älteste Kapelle Englands wurde hier im 7. Jahrhundert von keltischen Missionaren erbaut. Im 16. Jahrhundert verschwand sie allerdings unter einer Düne, diese wanderte weiter und gab die Kapelle im 19. Jahrhundert wieder zeitweise frei. Vor der Reformation war die Kapelle eine Pilgerstätte, da hier eine Reliquie des *heiligen Piran* aufbewahrt wurde. Im Jahre 1804 erbaute man in sicherer Entfernung zu den Dünen eine weitere Kirche. Heute lebt die Stadt (3600 Einwohner) eher von den sonnenhungrigen Pilgern. Verschiedene Freizeiteinrichtungen sorgen dafür, dass sich auch Kinder gut amüsieren.

- *Information* **Tourist Information Centre**, Perranporth, Cornwall TR6 0DP, ☎ 01872/573368, 📠 01872/573138. www.perranporthinfo.co.uk.
- *Einwohner* 3.000
- *Übernachten/Essen* **Ponsmere Hotel**, großes Strandhotel mit einem beheizten Pool sowie kleinem Hallenbad. B & B je nach Saison und Ausstattung £ 31–47, die teureren Zimmer mit Meerblick. Ponsmere Road, ☎ 01872/572225, 📠 01872/573075. info@ponsmere.co.uk, www.ponsmere.co.uk.

Lambriggan Court, dieses traumhafte ländliche Anwesen (bei Penhallow, 7 km südöstl. von Perranporth) ist ein Lesertipp von Stefanie Wagner und Christoph Frieling. Gut ausgestattete Zimmer mit viel Flair. Umgeben von einem herrlichen Garten, in dem der Besitzer einen Privatzoo mit seltenen Tieren betreibt. Und kostenloses WLAN gibt es auch. B & B £ 40–47.50 pro Person. ☎ 01872/571636. www.lambriggancourt.com.

Miners Arms, dieses ansprechende Pub liegt 4 km südlich in Mithian und besitzt gemütliche Gasträume und einen netten Garten. Gute Küche, Hauptgerichte ca. £ 10. ☎ 01872/552375. www.miners-arms.co.uk.

Jugendherberge Droskyn Point, sehr kleine (24 Betten), herrlich gelegene Herberge in einer ehemaligen Coastguard Station direkt am Meer. Südwestlich des Ortes, über die Tywarnhale Road zu erreichen. Autos dürfen nur zum Be- und Endladen vorfahren. Erw. ab £ 16, bis 18 Jahre ab £ 12. ☎ 0845/3719755, 📠 01872/573812.

Cornisch – eine vergessene Sprache?

Die Menschen von Cornwall haben in ihrer langen, wechselvollen Geschichte viele Eigenheiten bewahrt – die cornische Sprache erlebte in den vergangenen Jahren eine Renaissance. Sie gehört zur Familie der keltischen Sprachen, ist also verwandt mit dem Walisischen, dem Bretonischen und dem Gälischen. Erst seit dem Spätmittelalter wurde das Cornische vom Englischen – auch mit Gewalt – verdrängt. So kam es nach der zwangsweisen Einführung des englischsprachigen Gebetbuchs im Jahre 1549 zu blutigen Aufständen. Da sich im Gebrauch des Englischen der soziale Aufstieg manifestierte, wurde das Cornische später nur noch in der bäuerlichen Unterschicht gesprochen.

Als letzte Person, die tatsächlich noch Cornisch sprechen konnte, gilt die 1777 verstorbene *Dorothy Pentreath*, eine Marktfrau aus dem Fischerdorf Mousehole. Seit dem 19. Jahrhundert gilt die Sprache als ausgestorben, wenngleich es damals auf den Fischerbooten noch üblich war, die Ausbeute an Fischen auf Cornisch zu zählen. Um die eigene Tradition zu beleben, wurde im Jahre 1902 die *Celtic-Cornish Society* gegründet, ein Wörterbuch und eine Grammatik der cornischen Sprache folgten wenig später. Heute hört man Cornisch auf den Märkten und auf Volksfesten, wenn cornische Barden auftreten, und immer mehr Menschen, Jung und Alt, lernen die beinahe vergessene Sprache und die alten Weisheiten: *Nag ew daa kerras en dand an skeal* („Es ist nicht gut, unter einer Leiter hindurchzugehen").

Holywell Bay

Willkommen in Korea! Richtig gelesen, die Holywell Bay liegt im Grenzgebiet zwischen Nord- und Südkorea, haben jedenfalls die Location-Scouts bestimmt, als sie einen geeigneten Drehort für den James-Bond-Thriller „Stirb an einem anderen

Tag" suchten. Die von hohen Dünen umrahmte Bucht ist so unverbaut, dass selbst bei weiten Schwenks mit der Kamera der Eindruck entstehen kann, dies sei Korea. Es störte nur die Hütte des örtlichen Surf-Clubs, die kurzerhand zum Bunker umfunktioniert wurde. Stilecht landet James Bond im Film mit dem Surfbrett an der Küste. Ein Tarnanzug, ein bisschen Dämmerung samt Stacheldraht und Kampfgetöse, und die Illusion war perfekt. Ein Detail ist aber richtig: Die zwischen Perranporth und Newquay gelegene Bucht bietet ideale Voraussetzungen zum Wellenreiten. Dem Filmteam war das Wasser dennoch zu kalt, und so drehte man die entsprechenden Szenen lieber auf Hawaii.

Newquay

Cornwalls größtes Seebad ist das Mekka aller Surffreaks. Höhere Wellen als am Fistral Beach lassen sich in Europa kaum finden. Doch nicht nur die braungebrannte Fungeneration, sondern auch Rentner und Familien haben Newquay ins Herz geschlossen.

Der Name *Newquay* geht auf einen „neuen" Quay zurück, der im Jahre 1439 im Auftrag des Bischofs von Exeter errichtet worden ist. Bis vor hundert Jahren war Newquay ein kleines Fischerdorf. Etwa einen Kilometer nordöstlich vom Zentrum steht noch ein altes Gebäude am Meer, das *Huer's House*, ein letztes Überbleibsel der Fischereiindustrie des Ortes. Von dem alten Granitgebäude aus hat man einen schönen Blick auf die Bucht. Hier oben saß der *Huer* (Schreier) – manchmal auch als *Hewer* bezeichnet –, der die Aufgabe hatte, das Wasser nach Fischschwärmen abzusuchen. Sobald die herannahenden Sardinenschwärme das Wasser verfärbten, schrie er den am Strand wartenden Fischern die Nachricht zu. Die Fischer kreisten die Beute mit ihren Netzen ein und brachten so einen reichen Fang an Land. Nicht die Fischereipolitik der EU, sondern der Bau der Eisenbahn vor hundert Jahren bescherte dem *Huer* die Kündigung.

Spektakuläre Privatbrücke am Towan Beach

Mit dem Bahnanschluss wurde Newquay für den aufkommenden Tourismus erschlossen – die Schönheit der breiten weißen Strände sprach sich herum, und vorbei war es mit der Fischerdorf-Idylle. Innerhalb weniger Jahrzehnte schnellte die Einwohnerzahl von 1000 auf 15.000 empor. Das gesamte Kliff wurde langsam zugebaut. Die alles überragende Kirche entstand zu Beginn des 20. Jahrhunderts. Pro Jahr wird etwa eine Million sonnenhungriger Urlauber auf die 78.000 Betten und die zahlreichen Campingplätze verteilt. Während hier in den Frühlings- und Herbstmonaten viele Rentner Erholung finden, wird Newquay im Sommer zur übervölkerten Badestadt. Schon im März kann man eine Hand voll Surfer in neonfarbenen „Antigefrieranzügen" beobachten, die sich mutig in die Brandung werfen und auch bei nur zehn Grad barfuß durch die Straßen nach Hause laufen. In der Hochsaison geht es in den Kneipen und Bars hoch her, der Alkohol fließt in Strömen, sodass man unweigerlich denken kann, man habe sich zum Ballermann verirrt. Nur Sangria wird nicht aus Eimern getrunken … Nachdem im Sommer 2009 zwei betrunkene Teenager von den Klippen in den Tod gestürzt waren, kam es zu einer größeren öffentlichen Debatte, wie man die Trinkgelage einschränken könne.

Information/Verbindungen/Diverses

• *Information* **Tourist Information Centre**, Marcus Hill (gegenüber des Busbahnhofs), Newquay, Cornwall TR7 1BD, ✆ 01637/854020, ✉ 01637/854030. www.visitnewquay.org.
• Einwohner 20.000

• *Verbindungen* **Bus:** Busbahnhof an der East Street. National Express (✆ 08705/808080) fährt nach Bournemouth, Exeter und Plymouth sowie zweimal täglich nach London, Western National nach St Austell

234   Cornwall

(✆ 01208/79898). www.nationalexpress.com.

Zug: Der Bahnhof befindet sich hinter der Cliff Road im Zentrum der Stadt an der Station Parade (Auskunft: ✆ 08457/484950). Newquay liegt an einer Nebenstrecke, daher muss man in Par umsteigen, wenn man nach Penzance, Plymouth oder Richtung London reisen will. www.nationalrail.co.uk.

Flugzeug: Vom Newquay Airport (südöstl. der Stadt) gibt es Flugverbindungen u. a. nach London, Isles of Scilly sowie einmal wöchentlich nach Düsseldorf. www.new quaycornwallairport.com.

● *Fahrräder* **Atlantic Bike Hire**, ✆ 07564/ 942105, Mountainbikes ab £ 10 pro Tag. www.atlanticcyclehire.co.uk.

● *Aquarium* Das **Bluereef Aquarium** bietet tolle Einblicke in die Unterwasserwelt (Haie, Rochen, etc.). Tgl. 10–17 Uhr geöffnet (im Winter bis 16 Uhr). Towan Beach, ✆ 01637/878134. Eintritt: £ 9.20, erm. £ 8.20 bzw. £ 7.20. www.bluereefaquarium.co.uk.

● *Hallenbad* **Waterworld** mit diversen Attraktionen, Hallenbad mit Riesenrutsche. Trenance Leisure Park, ✆ 01637/853828. www.newquaywaterworld.co.uk.

● *Zoo* Der **Newquay Zoo** (Löwen, Zebras, Faultiere etc.) ist tgl. 9.30–18 Uhr, im Winter 10–17 Uhr geöffnet. Eintritt: £ 10.95, erm. £ 8.25. Edgcumbe Avenue. www.newquay zoo.co.uk.

● *Geldwechsel* Mehrere Banken im Zentrum in der Fußgängerzone (Bank Street).

● *Krankenhaus* **Newquay & District Hospital**, St Thomas Road, ✆ 01637/893600.

● *Polizei* Tolcarne Road, ✆ 0990/777444.

● *Post* 31–33 East Street.

● *Surfschulen* **King Surf School**, The 12 Steps Trenance, ✆ 01637/860091 oder **Cornwall Surf Academy**, auch Vermietung von Surfbrettern, www.cornwallsurfacademy. com, www.surfnewquay.co.uk.

● *Waschen* **Cornish Coinmatic**, 1 Beach Road, oder **Launderama**, 66 East Street.

Übernachten (siehe Karte S. 233)

Headland Hotel (2), exponiert gelegenes Hotel in unmittelbarer Nähe zum Fistral Beach. Hier wurde Roald Dahls „Hexen hexen" verfilmt. Die Atmosphäre erinnert an ein viktorianisches Grand Hotel. Ausgezeichnetes Restaurant. Weitere Annehmlichkeiten: beheizter Swimmingpool (Mai bis Anf. Sept.) sowie Hallenbad, Sauna und Kinderspielplatz. Kostenloses WLAN. B & B ab £ 39.50 pro Person in der Wintersaison. Im Sommer kostet ein DZ mit Frühstück ab £ 130, im Hochsommer ab £ 169. Die billigsten Zimmer liegen allerdings nach innen! Für ein DZ mit Frühstück und Meerblick muss man mit mindestens £ 200 rechnen. Es werden auch mehrere komfortable Cottages vermietet (je nach Größe ab etwa £ 850 pro Woche). Fistral Beach, ✆ 01637/872211, ✆ 01637/872212. www.headlandhotel.co.uk.

Sands Resort (4), nun, zugegeben: Der Architekt hat für die Außenfront keinen Preis gewonnen, doch ansonsten ist das knapp 3 Kilometer nördlich von Newquay gelegene Hotel vor allem Familien mit Kindern zu empfehlen. Es gibt ein Spielzimmer, einen Spielplatz sowie ein Hallen- und ein Freibad, und einen Tennisplatz und eine Sauna gibt es auch. Das Hotel liegt auf den Klippen, zum Strand sind es ein paar hundert Meter. Die Zimmer sind modern eingerichtet und die etwas teureren Suiten bieten ausgesprochen viel Platz. B & B je nach Rei-

sezeit und Ausstattung £ 50–85. Großzügige Kinderermäßigung. Watergate Road, Porth, ✆ 01637/872864, ✆ 01637/876365. reception@ sandsresort.co.uk, www.sandsresort.co.uk.

Watergate Bay Hotel (1), familiär geführtes Hotel direkt hinter dem Strand der Watergate Bay (4 km nordöstl.). Großes Sport- und Freizeitangebot: Squash, Tennis und beheiztes Freibad. Die anspruchsvollen Zimmer (teilweise mit Balkon) sind in einem klassisch modernen Stil mit dezenten Farbakzenten gehalten. B & B je nach Ausstattung und Saison £ 60–157.50 pro Person. Watergate Bay, ✆ 01637/860543, ✆ 01637/ 860333. life@watergatebay.co.uk, www. watergatebay.co.uk.

Bedruthan (6), ein tolles Hotel mehrere Kilometer nordöstlich an der Küste. Ein Spa mit Hallenbad sowie zwei beheizte Outdoor-Pools stehen den Gästen zur Verfügung. Gutes Restaurant! B & B £ 75. Mawgan Porth, ✆ 01637/860555. www.bedruthan.com.

Wheal Treasure Hotel (20), hübsches, kleines Hotel (12 Zimmer) mit schönem Garten und Pool nahe den Trenance Gardens. B & B ab £ 25, während des Sommers nur wochenweise, £ 140–210. 72 Edgcumbe Avenue, ✆ 01637/874136. www.whealtreasure hotel.co.uk.

Rockpool Cottage (8), zentral gelegen und gut ausgestattet ist dieses von einem ehe-

Newquay

maligen Surf-Champion geführte B & B. Ab £ 27. 92 Fore Street, ✆ 07971/594485. enqiries @rockpoolcottage.co.uk, www.rockpool cottage.co.uk.

St. Bernards Guesthouse (17), ein schmuckes Guesthouse jenseits von langweiligem englischen Plüsch. Einladend ist auch die Lounge und der Frühstücksraum. Gutes Preis-Leistungs-Verhältnis. WLAN. B & B £ 34–38. 9 Berry Road, ✆ 01637/872932. www. stbernardsguesthouse.com.

Cliff House (11), bereits im Garten vor dem Haus locken einladende blaue Stühle. Das Guesthouse mit seinen neun schlichten aber ordentlichen Zimmern begeistert mit der Aussicht auf das Meer, die sich auch vom Frühstücksraum bietet (unbedingt ein Zimmer mit Seeblick reservieren!). B & B £ 25, im Juli und Aug. £ 30 pro Person. 61 Fore Street, ✆ 01637/876869. www.cliffhouse newquay.co.uk.

Croftlea (3), schönes Haus mit großem Garten und beheiztem Swimmingpool. Es werden Apartments für zwei, vier und sechs Personen vermietet. Je nach Saison und Größe £ 260–750. Wildflower Lane, ✆ 01637/852505. enquiries@croftlea.co.uk, www.croftlea.co.uk.

• *Hostels* Es gibt keine Jugendherberge, aber dafür sechs „Backpacker-Hostels", von denen in Folgenden zwei aufgelistet sind.

Newquay International Backpackers (16), alternative Herberge und Surfertreff in einem blauen Haus in der Nähe des Fistral Beach. Eine Übernachtung kostet je nach Saison £ 12.95–19.95 im Schlafsaal, im DZ £ 3 teurer. 69 Tower Road, ✆ 01637/879366. www.backpackers.co.uk.

Reef Surf Lodge (19), beliebter Backpacker- und Surfertreff im Stadtzentrum, abends trifft man sich an der hauseigenen Bar. Modern und sauber! Alle Zimmer mit Flat-Screen-TV. Je nach Saison und Zimmer Übernachtung £ 15–29.50. 10–12 Berry Road, ✆ 01637/879058. enquiries@reefsurflodge. com, www.reefsurflodge.info.

Watergate Bay

• *Camping* In Newquay und Umgebung gibt es zahlreiche Campingplätze (Liste im Tourist Office), zumeist riesige Anlagen mit allem Schnickschnack.

**** Hendra Holiday Park, der größte Campingplatz weit und breit liegt im Ortsteil Trennick (ausgeschildert!). 700 Stellplätze für Wohnwagen und Zelte. Im Sommer gibt es sogar Live-Entertainment. Großes Freizeitbad (£ 2.50 extra). Das Zelten kostet für zwei Personen mit Auto um die £ 25. Nur Familien oder Paare. Von April bis Okt. geöffnet. ✆ 01637/875778, ✉ 879017. enquiries @hendra-holidays.com, www.hendra-holi days.com.

Porth Beach, beliebter, gut ausgestatteter Campingplatz in Porth, nur 100 Meter vom Meer entfernt. Von Anfang März bis Okt. geöffnet. ✆ 01637/876531. www.porthbeach.co.uk.

Essen/Trinken/Nachtleben (siehe Karte S. 233)

Feinschmecker sind in Newquay eher am falschen Platz. Englisches Durchschnittsessen gibt es an jeder Ecke, und Snackbars bzw. Imbissbuden sind leicht zu finden.

Fifteen Cornwall (5), wenn der englische Kultkoch Jamie Oliver („The Naked Chef") ein Restaurant betreibt, dann stellen sich die Gäste quasi von alleine ein. Zudem unterstützt man eine soziale Idee: Denn Jamie Oliver beschäftigt 15 zuvor arbeitslose Jugendliche und bildet sie hier aus. Nach seinem Londoner Restaurant hat Jamie Oliver auch in Cornwall ein Restaurant eröffnet. Direkt an der Watergate Bay (vier Kilometer nordöstlich von Newquay) mit herrlichem Blick aufs Meer kann man sich hier auf hohem Niveau verwöhnen lassen. Zumeist sind die Gerichte von der italienischen Küche inspiriert (viel Pasta und Fischgerichte), doch werden auch die kulinarischen Traditionen Cornwalls nicht gänzlich vergessen (80 Prozent der Zutaten stammen übrigens aus der Region). Billig ist es allerdings nicht: Ein dreigängiges Mittagsmenü schlägt mit £ 26 zu Buche, für ein sechsgängiges Abendmenü muss man £ 55 (£ 97 inkl. Wein) bezahlen. Dafür kommen alle Gewinne einer Stiftung zugute. Wer will, kann ab 8.30 Uhr auch frühstücken (ab £ 5.50). Eine Reservierung ist empfehlenswert! ✆ 01637/861000. www.fifteencornwall.co.uk.

Rund um Newquay finden sich auch einsame Winkel

Maharajah Indian (9), mit seiner z. T. scharfen indischen Küche und den leckeren vegetarischen Gerichten stellt das Restaurant sicherlich eine Abwechslung dar. Schöner Panoramablick vom Wintergarten auf den Strand. Alle Gerichte auch zum Mitnehmen. Von Lesern gelobt! 39 Cliff Road, ✆ 01637/877377. www.maharajah-restaurant.co.uk.
The Fort Inn (10), beliebtes Family Pub mit guter Küche. Der große Reiz ist allerdings die weite Terrasse mit ihrem fantastischen Blick aufs Meer. Fore Street, ✆ 01637/875700.
Kahuna (7), direkt am Tolcarne Beach besitzt dieses Restaurant viel Strand-Flair. Serviert wird eine internationale Küche mit asiatischen Einschlägen wie auch dem beliebten *Kahuna veggie Burger* mit gegrillten Auberginen für £ 10. Tgl. ab 10 Uhr geöffnet. Tolcarne Beach, ✆ 01637/850440. www.kahunatolcarne.co.uk
The Central (18), beliebte Kneipe im Zentrum mit großer Terrasse. Central Square, ✆ 01637/873810.
The Chy (12), modern gestylter Treff mit zwei Terrassen und einer tollen Aussicht auf das Meer. Zum Essen gibt es hauptsächlich Burger und Steaks, günstige Mittagsgerichte. Abends legen DJs auf. Tgl. bis 2 Uhr geöffnet. 12 Beach Street, ✆ 01637/873415.
Tall Trees Club (13), Newquay ist bekannt für sein ausschweifendes Nachtleben. Der Tall Trees Club gilt derzeit als der angesagteste Nachtclub in ganz Cornwall. Es gastieren zahlreiche Top-DJs und da es in verschiedenen Räumlichkeiten mehrere Mischpulte gibt, findet sich sicher für jeden Geschmack etwas. Tolcrane Road, ✆ 01637/850313. www.talltreesclub.com.
Koola (14), beliebter Nachtclub mit Hip-Hop, House, Drum & Bass. 12 Beach Road. www.thekoola.com.
The Beach (15), die Disco in der Beach Road ist bekannt für heiße Rhythmen und coole Sounds. ✆ 01637/872194. www.beachclubnewquay.com.

Strände

Historische Höhepunkte sind in der Bade- und Surfstadt Newquay nicht zu finden. Dafür kommen aber die Strandgänger auf ihre Kosten. Newquays Küste ist gesäumt von einem langen Sandstrand, der allerdings bei Flut einiges an Fläche einbüßt. Dann wimmelt es hier von Wellenreitern und Surfern. Der *Fistral Beach* ist in ganz England für seine hervorragenden Surfbedingungen bekannt. Bis 1998 wurden hier alljährlich im August die World-Surf-Championships ausgetragen, jetzt finden nur noch die nationalen Surfmeisterschaften hier statt. Gebadet wird auch am Fistral

Beach, aber ebenso in der *Newquay Bay* und weiter nordwestlich in der *Watergate Bay*. Ein traumhafter, von Klippen eingerahmter Strand findet sich bei den zehn Kilometer nordöstlich von Newquay gelegenen *Bedruthan Steps* (National Trust Parkplatz mit Tearoom). Mächtige Granitfelsblöcke, die angeblich der Riese Bedruthan nutzte, um an Land zu kommen, liegen vor den Klippen im Meer. Bei stürmischer See und hereinbrechender Flut ist allerdings Vorsicht angebracht. Noch ein paar Kilometer nördlich erstrecken sich die Dünen der *Constantine Bay* von dem Örtchen Treyarnon bis hinauf zum *Trevose Head*.

Umgebung

Trerice Manor

Trerice Manor ist ein mächtiges Landhaus südöstlich von Newquay. Der englische Adel ging hier der Fuchsjagd und anderen Vergnügungen nach. Mit Efeu überwucherte Bauten stehen hier einsam inmitten einer riesigen, parkähnlichen Wiesenlandschaft samt Obstgarten. Trerice wurde im 16. Jahrhundert erbaut, blieb über Jahrhunderte im Besitz der Familie Arundell und gehört heute dem National Trust. Skurril ist das kleine Rasenmähermuseum. Eine Besichtigung des Hauses ist auch möglich: dunkle Möbel und riesige Kamine – eine Atmosphäre, die uns sonst nur aus Filmen bekannt ist.

Mitte März bis Okt. tgl. außer Fr 11–17 Uhr. Eintritt: £ 6.70, erm. £ 3.30 (NT). Anfahrt: Über die A 3058 Richtung St Austell (Bus Nr. 50).

Phantastische Naturkulisse: Bedruthan Steps

St Columb Minor

Fährt man weiter nach Norden, so eignet sich St Columb Minor für einen kurzen Zwischenstopp. Sehenswert ist die Kirche, an der eine besonders schöne Sonnenuhr angebracht ist. Hinter dem Friedhof befindet sich ein schönes altes Haus, das Glebe Cottage.

Padstow

Mit seinen engen Gassen und mittelalterlichen Häusern besitzt Padstow mehr Flair als das hektische Newquay. Ein weiteres Plus der Stadt am River Camel: schöne Strände und gute Restaurants. Das Manko: Im Hochsommer ist der Ort total überlaufen.

Padstow zählt zu den beliebtesten Ausflugszielen in Cornwall. Alljährlich kommen rund eine Million Besucher in den malerischen Hafenort. Nur im Winter oder abends, wenn die Tagesausflügler wieder verschwunden sind, geht es etwas geruhsamer zu. Vielen Touristen gefällt Padstow so sehr, dass sie sich ein Haus oder eine

238   Cornwall

Wohnung gekauft haben. Inzwischen ist Padstow einer der teuersten Orte an der englischen Küste, allein in den letzten drei Jahren sind die Immobilienpreise um über 150 Prozent gestiegen.

Wie Padstow zu Padstein wurde

Padstows Aufstieg zu einem der beliebtesten Ausflugsziele in Cornwall ist unmittelbar mit dem Namen Rick Stein verbunden, sodass Zyniker schon davon sprachen, den Ort in „Padstein" umzubenennen. Seit Rick Stein Mitte der 1970er Jahre sein berühmtes Seafood Restaurant eröffnete, hat sich Padstow zu einem kulinarischen Zentrum Cornwalls entwickelt. Der umtriebige Meisterkoch ist durch TV-Shows und die Veröffentlichung seiner Kochbücher in ganz England bekannt geworden und hat viele Touristen nach Padstow geführt. Zum „Steinimperium" gehören neben zwei Restaurants (Seafood und St Patroc's) mit angegliedertem Hotelbetrieb ein Ferienhaus, ein Café sowie eine Patisserie, ein Geschenkeladen, ein Delikatessengeschäft, und selbst ein nobles Fish & Chips am Hafenparkplatz darf nicht fehlen. Auch in Bezug auf modernes Design erfüllen die Restaurants und Geschäfte höchste Ansprüche.

Internet www.rickstein.com.

Am Hafen von Padstow liegen zahlreiche Boote vor Anker. Lohnenswert ist eine hier angebotene Vergnügungsfahrt in die Padstow Bay. Außerdem setzt von hier eine Fähre nach *Rock* über, wo man die St Enodoc Church anschauen oder sich an einem der Sandstrände um *Polzeath* tummeln kann. Zahlreiche Surfer nutzen die hohen Wellen zu gewagten Ritten auf ihren Boards.

Ganz Padstow ist auf den Beinen, wenn am 1. Mai das „Obby-Oss-Fest" gefeiert wird. Eigentlich heißt das Fest *Hobby Horse,* also Steckenpferd, aber die Leute hier sprechen bekanntlich das „H" nicht aus. Alle sind eingeladen, beim Tanz um den Maibaum mitzumachen. Der „Oss" ist eine ganz in Schwarz gekleidete Figur mit einer Furcht erregenden Maske, die von einem keulenschwingenden Mann verfolgt wird. Und jeder weiß, dass der Winter nun endgültig ausgetrieben wird.

● *Information* **Tourist Information Centre**, Red Brick Building, North Quay (am Hafen), Padstow, Cornwall PL28 8AF, ✆ 01841/533449, 📠 01841/532356. www.padstow-cornwall.co.uk.

● *Einwohner* 3100

● *Verbindungen* **Bus:** Western National fährt nach Wadebridge, von dort aus gibt es weitere Busse nach Tintagel, Bodmin oder Plymouth. Am Tag fahren sechs Busse von Padstow nach Newquay, von wo aus man den Rest von Cornwall mit dem Bus bereisen kann. www.travelinesw.com. **Zug:** Der nächste Bahnhof ist Bodmin Parkway.

● *Fähre* Die Fußgängerfähre pendelt beständig zwischen Padstow und Rock hin und her. Kosten: £ 2.

● *Parken* Großer Parkplatz östlich des Hafens. Weitere Parkplätze oberhalb des Ortes. Je nach Parkdauer ab £ 1.

● *Fahrradverleih* **Padstow Cycle Hire**, beim Großparkplatz am Hafen werden zahlreiche Fahrräder (darunter auch Tandems) vermietet. Pro Tag ab £ 12, ✆ 01841/533533. www.padstowcyclehire.com.

● *Stadtmuseum* Das **Padstow Museum** illustriert mit Fotos und Displays die Stadtgeschichte. Mo–Fr 10.30–16.30 Uhr und Sa 10.30–13.30 Uhr. Eintritt: £ 1.50. www.padstowmuseum.co.uk.

● *Übernachten* **Old Ship Hotel**, mehrere Fischerhäuser wurden zu einem komfortablen Hotel umgebaut. Das Preisniveau der Unterkünfte in Padstow ist allgemein höher als in den umliegenden Orten. Übernachtung und Frühstück ab £ 50 pro Person in der Nebensaison, ab 3 Nächte etwa 10 Prozent Ermäßigung. Zum Pub gehört ein netter Innenhof. Mill Square, ✆ 01841/532357, ✎ 01841/533211. stay@oldshiphotel-padstow.co.uk, www.oldshiphotel-padstow.co.uk.

The Old Custom House, sehr angenehmes, vorbildlich geführtes Hotel mit geräumigen Zimmern, unmittelbar am Hafenbecken gelegen. Zentraler geht es nicht. Von Zimmer 8 hat man den Hafen sogar aus zwei verschiedenen Winkeln im Blick. Ein besonderes Lob verdienen die ausgezeichneten Matratzen! EZ ab £ 100, DZ ab £ 120, mit Seeblick jeweils £ 15 teurer (jeweils inkl. B & B). South Quay, ✆ 01841/532359, ✎ 01841/533372. oldcustomhouse@staustellbrewery.co.uk, www.oldcustomhousepadstow.co.uk.

Cyntwell, gut geführtes B & B in einem alten Haus in Hafennähe. Die Decken sind niedrig, der Boden schief, aber alles hell und freundlich. Gutes Frühstück (ein Lesertipp von Nicole Vornberger). B & B je nach Saison und Zimmer £ 32.50–44 pro Person. 4 Cross Street, ✆ 01841/533447. www.cyntwell.co.uk.

The Woodlands, einladendes B & B einen Kilometer westlich des Zentrums. Die Zimmer und der Frühstücksraum sind in sehr freundlichen hellen Tönen gehalten. B & B je nach Saison £ 59–68, bei längerem Aufenthalt und in der Nebensaison deutlich günstiger. ✆ 01841/532426, ✎ 533353. enquiries@woodlands-padstow.co.uk, www.woodlands-padstow.co.uk.

• *Jugendherberge* **Treyarnon**, wunderschön gelegen am Strand der Treyarnon Bay (am Coastal Path), eine der schönsten Herbergen Cornwalls. Mit öffentlichen Verkehrsmitteln von Padstow aus nicht einfach zu erreichen: Bus 556 oder 595 nach Constantine, dann ca. 1 km Fußmarsch. Erwachsene ab £ 14, Jugendliche ab £ 10.50. Tregonnan, Treyarnon Bay, ✆ 0845/3719664, ✎ 01841/541457.

• *Camping* Gleich neben der Jugendherberge befindet sich ein kleiner Campingplatz: **Trethias Farm**, nur von April bis Sept. ✆ 01841/520323.

Carnevas Holiday Park, in St Merryn. April bis Okt. geöffnet. Zelt und zwei Personen ab £ 12. ✆/✎ 01841/520230. carnevascampsite@aol.com, www.carnevasholidaypark.co.uk.

• *Essen/Trinken* **The Seafood Restaurant**, Rick Steins Restaurant gilt als das beste Fischrestaurant im ganzen Südwesten Englands. Seit Jahrzehnten ist es für seine phantasievoll zubereiteten Meeresfrüchte bekannt. Billig ist der Gaumenschmaus zwar nicht, doch die Investition lohnt sich. Hauptgerichte £ 25, 3-Gang-Mittagsmenü zu £ 35. Dinner (6 Gänge) £ 65.50, die Flasche

Padstows geruhsame Tage sind vorbei

Wein ab £ 25. Wer will, kann in der Seafood School einen Kochkurs ab £ 148 belegen. So Ruhetag. Riverside, ✆ 01841/532700. Es werden auch ein paar Zimmer (£ 135–210) vermietet. www.rickstein.com.

Pescadou, ebenfalls ein hervorragendes Fischrestaurant mit einladend schlichtem Ambiente, direkt am Hafen. Die Komposition aus dreierlei Filet (Heilbutt, Seehecht und Seebrasse) serviert auf einem Bett aus Brokkoli, Kartoffeln und Muscheln, in einem Bouillabaisse-ähnlichen Sud ist absolut zu empfehlen. Hauptgerichte ab £ 17.95 (abends), Mittagsmenü (2-Gänge) £ 11.95. North Quay, ✆ 01841/532359.

Rick Steins Café, preiswerte Alternative für alle Rick-Stein-Fans. Schlichtes Ambiente, leichte Küche. Abendmenü (drei Gänge) zu £ 21.75, Hauptgerichte ab £ 9.95. 10 Middle Street, ✆ 01841/532700.

No 6, mediterrane Küche auf hohem Niveau. Das Lokal wurde 2007 von einem regionalen Restaurantführer zum „Best Restaurant in Cornwall" gekürt. Zumeist werden Produkte aus ökologischem Anbau verwendet. Menüs zu £ 38 und £ 45. Mo und Di Ruhetag. 6 Middle Street, ✆ 01841/532093. www.number6inpadstow.co.uk.

Rojano's, nicht nur wegen der günstigen Preise (Pasta und Pizza ab £ 8) ist dieser hinter dem Hafen gelegene Italiener eine echte Alternative. Kleine Straßenterrasse. Mo Ruhetag. 9 Mill Square, ✆ 01841/532796.

Stein's Fish and Chips, direkt am Großparkplatz am Hafen gelegen, zählt dieses Fish & Chips sicher zu den besten Englands. Große Auswahl an Fischarten! Leider muss man sich oft lange in der Schlange gedulden. Wer will, bekommt seinen Fisch auch gegrillt (ab £ 7.50). Mo–Sa 12–14.30 Uhr und 17–21 Uhr sowie So 12–18 Uhr geöffnet. South Quay.

Sehenswertes

Prideaux Place: Nahe der St Petroc's Church erhebt sich Prideaux Place, der elisabethanische Sitz der Prideaux-Familie, der 1592 auf einem „E"-förmigen Grundriss errichtet wurde. Ein 16 Hektar großer Park – toller Blick auf die Camel-Mündung – umgibt das Anwesen. Die Räumlichkeiten sind mit sehenswerten Möbelstücken ausgestattet, allerdings nur im Rahmen einer Führung zu besichtigen. Ostern bis Sept. So–Do 13.30–17 Uhr, Garten 12.30–17 Uhr. Letzte Führung 16 Uhr. Eintritt: Haus und Park: £ 7, nur Park £ 2. www.prideauxplace.co.uk.

St Petroc's Church: Auf einem Hügel überragt die St Petroc's Church die Szenerie. Sie ist Cornwalls wichtigstem Heiligen geweiht, der von Wales oder Irland kommend im 6. Jahrhundert hier lebte und der Stadt ihren damaligen Namen gab: Petroc's Stow. Von der Kirche aus schweift der Blick über die sehenswerte Umgebung von Padstow.

National Lobster Hatchery: Lobster leben bekanntlich nicht im Kochtopf. Direkt am Hafen bekommt man in einem jüngst eröffneten Informationszentrum eine kleine, aber spannende Einführung in ihre Lebenswelt. Wer weiß schon, dass Lobster drei Mägen haben oder mehr als 100 Jahre alt werden können – falls sie nicht im Kochtopf landen.

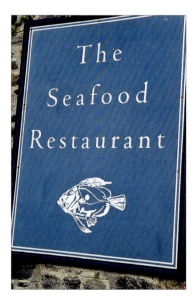

Cornwalls Gourmettempel

Mai bis Mitte Sept. tgl. 10–18 Uhr, sonst tgl. außer So 10–14 Uhr. Eintritt: £ 3.50, erm. £ 2 bzw. £ 1.50. www.nationallobsterhatchery.co.uk.

Kurzwanderung zum Stepper Point

Ein Spaziergang zur etwa neun Kilometer langen und manchmal über einen Kilometer breiten Mündung des Camel River ist beeindruckend. Flussabwärts geht es zunächst zur Rock Ferry, mit der man auch über den Camel setzen kann. Danach zur St George's Well, einer Quelle mit kühlem Wasser aus dem Felsen. Hinter einer kleinen Landzunge kommt Tregirls Beach, gegenüber liegt die Doom Bar, eine Sandbank, die nach der Legende von einer Nixe, die von einem jungen Mann aus Padstow tödlich verletzt worden war, aufgeschüttet wurde. Von hier ist es nicht mehr weit zum Stepper Point, einer 80 Meter hohen Klippe an der Flussmündung.

Wanderung 13: Von Trevone nach Padstow

Diese Rundwanderung führt zumeist an der Küste entlang zum Stepper Point und nach Padstow. Anschließend geht es durchs Landesinnere zurück zum Ausgangspunkt. Einkehrmöglichkeiten in Padstow und Trevone.

Ausgangspunkt: Parkplatz am Strand von Trevone.
Wegstrecke: 13,5 km.
Dauer: 3:30 Std.

In Trevone geht es wesentlich gemächlicher zu als in Padstow, selbst im Hochsommer findet sich noch leicht ein Parkplatz (**WP 1**). Wir folgen dem South West Coast Path nach Norden. Es geht auf und ab, einmal über eine kleine Brücke (**WP 2**), während unter den Klippen stets das sanfte Malmen des Meeres zu hören ist. Etwa nach einer Stunde passiert man kurz vor dem Stepper Point einen verfallenen Turm (**WP 3**), in dem Turmfalken nisten. Stepper Point ist der nördlichste Punkt der Wanderung. Jetzt geht es in Richtung Süden, Padstow entgegen. Nach 20 Minuten gelangt man nach Hawker's Cove (**WP 4**), einem kleinen Hafen mit einer Hand voll Häusern. Weiter dem Küstenverlauf folgend kommen wir wenig später zu einem Strand (**WP 5+6**), der bei Ebbe mehrere hundert Meter breit ist. Die nächsten Stationen sind Gun Point und St George's Well. Dann erreicht man ein Kriegerdenkmal (**WP 7**). Nun wird der Weg asphaltiert, und es sind nur noch wenige Minuten bis Padstow (**WP 8**). Je nach Lust und Laune kann man einen Hafenbummel unternehmen oder etwas essen gehen, dann geht es von der nordwestlichen Ecke des Hafenbeckens zum Prideaux Place (**W 9**), einem imposanten Landsitz, der auch zu besichtigen ist. Anschließend bleiben wir etwa 400 Meter auf einer kleinen Landstraße, die nach Tregirls führt, dann geht es linker Hand diagonal über mehrere Felder (**WP 10**) bis zum kleinen Weiler Crugmeer, der durchquert werden muss. Auf der anderen Seite des Dorfes (**WP 11**) folgen wir einer kleinen Straße, die an verfallenen Ställen (**WP 12**) vorbei in einem Bogen zurück nach Trevone führt.

**Wanderung 13:
Von Trevone nach Padstow**

Port Isaac

Früher war Port Isaac ein einfaches Fischerdörfchen. Zwar hat auch hier der Tourismus Einzug gehalten und zahlreiche Häuser wurden zu Zweitwohnsitzen umfunktioniert, dennoch ist die ursprüngliche Atmosphäre erhalten geblieben, so beispielsweise im Golden Lion, einem alten Pub aus dem Jahre 1715. Angeblich gab es von hier aus einen Tunnel zum Hafen, der zur Zeit des einträglichen Schmuggels wohl recht oft benutzt wurde. Später ist er dann von pflichtbewussten Zöllnern zugemauert worden. Die Ortschronik weiß von einem katastrophalen Sturm zu berichten, als sich 1910 die Atlantikwellen so hoch auftürmten, dass sie im Golden Lion die Fenster im Obergeschoss einschlugen. Wegen der schmalen Straßen empfiehlt es sich, das eigene Fahrzeug oberhalb des Dorfes abzustellen und in zwei Minuten zum Hafen hinunter zu laufen.

Ein paar hundert Meter weiter östlich stößt man auf *Port Gaverne*, ein noch kleineres Fischerdorf an einer tief eingeschnittenen schmalen Bucht. Lohnend ist auch eine Wanderung entlang der Küste zu dem rund drei Kilometer weiter westlich gelegenen *Port Quin*, einem verlassenen Fischerdorf.

- *Einwohner* 1200
- *Verbindungen* Busverbindungen nach Wadebridge.
- *Veranstaltungen* Im Sommer singt am Freitagabend oft der Shanty-Chor „The Fisherman's Friends" am alten Hafen.

Port Isaac 243

• *Übernachten/Essen/Trinken* **St-Moritz**, das im Jahr 2007 neu errichtete Luxushotel liegt zehn Kilometer westlich von Port Isaac bei Polzeath. Wer minimalistisch-moderne Räume liebt, wird sich hier sehr wohlfühlen. Herrliches Spa samt Hallenbad, gutes Restaurant vorhanden. Kinderfreundlich. DZ je nach Saison £ 136–220, EZ ab £ 102 (jeweils inkl. Frühstück). Es werden auch Apartments vermietet. Trebetherick, ✆ 01208/862242, ✆ 01208/862262. www.stmoritzhotel.co.uk.

Slipway Hotel, alteingesessenes Hotel-Restaurant mit Patina, direkt am Hafen (das Gebäude stammt aus dem 16. Jahrhundert). Die Zimmer in dem verschachtelten Gebäude sind modern ausgestattet und gepflegt, zwei (Nr. 1 und 2) verfügen gar über eine kleine Terrasse mit Meerblick, manche, wie das mit der Nr. 9, aber recht klein dimensioniert, die Betten sind durchwegs komfortabel. Nette Terrasse mit Cafébetrieb vor dem Haus. Kostenloses WLAN. B & B ab £ 45 im DZ, im EZ ab £ 75 (Mit Hafenblick entsprechend teurer). Harbour Front, ✆ 01208/880264, ✆ 01208/880408. slipway@portisaachotel.com, www.portisaachotel.com.

Old School, das alte, 1875 errichtete Schulhaus von Port Isaac wurde zu einem verwinkelten Hotel mit Restaurant umgebaut. Einige Zimmer besitzen einen schönen Blick auf den Hafen. Um an die schulische Vergangenheit zu erinnern, tragen die 12 Zimmer Namen von Schulfächern (Latin, Chemistry etc.), wobei man sich im Einzelzimmer den „Religious Studies" widmen kann. Das Restaurant versteht sich auf die Zubereitung von Fischgerichten, Hauptgerichte von £ 10 (mittags) bis £ 18 (abends). Parkplätze direkt am Hotel vorhanden! Kostenloses WLAN. B & B ab £ 53.50 pro Person, in der Nebensaison günstiger. Fore Street, ✆/✆ 01208/880721. reception@theoldschoolhotel.co.uk, www.theoldschoolhotel.co.uk.

Hotel Port Gaverne, eine weitere nette Adresse in der Nachbarbucht. Dafür stammt das Haus aus dem 17. Jahrhundert und wirkt mit seinen Paneelen und dem Seemannsdekor recht zünftig. Das ausgezeichnete Restaurant hat sich – wen wundert es? – auf die Fischküche spezialisiert, gute Weinauswahl. Allerdings auf einem gehobenen Preisniveau: B & B £ 55. ✆ 01208/880244, ✆ 880151. www.port-gaverne-hotel.co.uk.

The Bay Hotel, kleine, aber angenehme Unterkunft mit Flair, oberhalb des Hafens gelegen. Die teureren Zimmer verfügen über einen herrlichen Balkon. Parkplätze vorhanden. B & B je nach Zimmer £ 45–67.50. The Terrace, ✆ 01208/880380. www.cornwall-online.co.uk/bayhotel-portisaac.

Port Isaac: Bei Ebbe ist Parken im Hafen erlaubt

244 Cornwall

Geruhsam: der Hafen von Port Isaac

Hathaway Guesthouse, kein anderes Gebäude in Port Isaac kann mit einer vergleichbaren Lage aufwarten wie dieses viktorianische Gästehaus. Man fährt hinunter zum Hafen und auf die Westseite der Bucht, wo es das letzte Haus oben am Hügel ist. Es gibt fünf Zimmer und ein Apartment. B & B £ 34–44 pro Person, je nach Zimmer und Aufenthaltsdauer, die herrliche Aussicht ist inklusive. 01208/880416. www.hathawayguesthouse.co.uk.
The Harbour, kleines intimes Restaurant direkt am Hafen. Kreative Küche, so beim Seeteufel mit in Wein geschmorten Tomaten und Chorizo für £ 16.75. 1 Middle Street, 01208/880237. www.theharbourportisaac.com.
Golden Lion, einladendes Pub direkt am Hafen. Serviert werden neben Fish and Chips auch Backed Potatoes (ab £ 5.95) sowie wechselnde Tagesgerichte. Falls noch ein Platz frei ist, sollte man sich unbedingt auf der kleinen Terrasse niederlassen und dem Hafentreiben zusehen. Fore Street, 01208/880336.

Mit dem Fahrrad auf dem Camel Trail

Eine alte Eisenbahntrasse, die von Padstow bis ins 27 Kilometer entfernte Poley's Bridge führt, wird seit ein paar Jahren als „Camel Trail" touristisch vermarktet. Mit dem Fahrrad – oder auf Teilstrecken auch zu Fuß – lässt sich eine interessante Landschaft erkunden, die entlang von gezeitenabhängigen Flussmündungen, Wiesenlandschaften und dichten Wäldern durch einen unbekannten Teil Cornwalls führt. Lohnenswerte Zwischenstopps sind in Wadebridge sowie in Bodmin möglich.
Fahrradverleih in Padstow **Cycle Hire**, South Quay, 01841/533533. www.padstowcyclehire.com.

Tintagel

Die bekannteste Burgruine Englands ist Tintagel, die legendäre Festung von König Marke, Geburtsort von König Artus und Schauplatz des Ehebruchs zweier Königinnen. Inspiriert durch Tennysons „Idylls of the King", pilgerten schon im 19. Jahrhundert viele Touristen in den Ort, der damals noch Trevena hieß, ein winziges Dorf ohne Zuganschluss oder Telegrafen, dessen Bevölkerung von der Landwirtschaft, dem Fischen und einem Steinbruch lebte. Die Straßen waren schlecht, und die Boote am Strand der kleinen Bucht wurden oft von der Flut zertrümmert. Im Jahre 1900 änderte Trevena seinen Namen offiziell in Tintagel um – Tourismusmanager würden heute von einer genialen Marketingidee sprechen. Seither fallen die Besucher Tag für Tag in regelrechten Horden über das kleine Dorf her, und Artus wird gnadenlos vermarktet. In den Souvenirläden ziert der Name des legendären Königs sogar Aschenbecher und Flaschenöffner, und für die Kleinen gibt es eine Plastikversion des Schwertes Excalibur.

- *Information* **Tourist Information Centre**, Bossiney Road, Tintagel, Cornwall PL34 0AJ, ✆/✉ 01840/779084 und 01840/250010. www.visitboscastleandtintagel.com.
- *Einwohner* 1700
- *Verbindungen* **Bus:** Von Newquays East Bus Station fährt Western National Nr. 122 und 125 ein paar Mal am Tag nach Tintagel.
- *Parken* Im Ort mehrere große Parkplätze, die je nach Parkdauer ab £ 0.50 kosten.
- *Übernachten/Essen/Trinken* **Bossiney House Hotel**, sehr schönes Hotel mit Restaurant am Ortsrand von Tintagel. Von Lesern gelobt! Extra: kleines Hallenbad, kostenloses WLAN. B & B ab £ 30. Bossiney Road, ✆ 01840/770240, ✉ 01840/770501. bossineyhh@eclipse.co.uk, www.bossineyhouse.co.uk.

Pendrin Guest House, angenehme Unterkunft in einem viktorianischen Haus. B & B ab £ 25. Atlantic Road, ✆/✉ 01840/770560. pendrin@tesco.net, www.pendrintintagel.co.uk.

Bosayne, nettes viktorianisches Gästehaus mitten im Ort, wobei die Zimmer un-

Auf der Suche nach König Artus

246   Cornwall

ter der Dachschräge recht klein sind. Zum Frühstück gibt es selbstgebackenes Bio-Brot. Kostenloses WLAN. B & B je nach Saison £ 29–32.50. Atlantic Road, ℘ 01840/770514. www.bosayne.co.uk.

Lewis, vier liebevolle Gästezimmer an der Hauptstraße, die Zimmer sind in den Farben Gelb, Rosa und Grün gehalten. B & B ab £ 30. Bossiney Road, ℘ 01840/770427. www.cornwall-online.co.uk/lewis-bedandbreakfast.

● *Jugendherberge* **Dunderhole Point**, über 150 Jahre altes Haus, das früher zum Schiefersteinbruch gehörte. Überwältigend ist seine atemberaubende Lage auf dem Glebe Cliff. Zu erreichen über den Weg, der zur Tintagel Church führt. Nach 400 Metern auf National-Trust-Schilder achten (die Jugendherberge ist vom Dorf aus nicht zu sehen). Nur 22 Betten. Erwachsene ab £ 14, Jugendliche ab £ 10.50. Okt. bis Ostern geschlossen. ℘ 0845/3719145, ℘ 01840/770733.

Mystischer Artus

Obwohl King Arthur – oder König Artus – in aller Munde ist, gibt es kaum gesicherte Erkenntnisse, ob er tatsächlich gelebt hat. Die Legende wurzelt im 6. Jahrhundert, als die Sachsen, Pikten und Jüten blutige Überfälle auf die einheimischen Briten verübten. Die römischen Legionäre hatten sich in ihr zerfallendes Reich zurückgezogen. Schutzlos waren die Bewohner Britanniens den brutalen Angriffen ausgeliefert. Eine Gruppe von mehreren tausend tapferen Männern unter Ambrosius Aurelianus, selbst „Überbleibsel" der römischen Herrschaft, begann sich standhaft zu wehren. In einer Schlacht am Badon Hill (etwa um 516, wahrscheinlich in der Nähe des heutigen Bath) fiel Ambrosius. Die Führung übernahm von nun an der junge Artus – und hier beginnt auch die Legende, die Artus zum Vermittler zwischen christlichem Sendungsbewusstsein und keltischer Götterwelt werden lässt. In geradezu heroischer Manier konnte er die Eindringlinge verjagen und den Bauern der Gegend eine friedliche Existenz sichern. Artus versammelte 24 edle Ritter an seiner Tafelrunde, die das Volk höchst ehrenhaft leiteten und beschützten. Zentrum seiner Macht war das rätselhafte Camelot, der bis heute unentdeckte legendäre Königshof.

Es gibt unzählige literarische Abwandlungen der Artuslegende. Seit der Mönch Geoffrey of Monmouth die Geschichte um das Jahr 1100 aufgeschrieben hat, bearbeiteten unter anderem Wolfram von Eschenbach („Parzival"), Sir Thomas Malory („Le Morte d'Arthur") und Geoffrey Chaucer („The Wife of Bath's Tale") diesen Heldenstoff für eigene Werke.

St Nectan's Waterfall: Nur wenige Reisende wissen von der Existenz dieser Einsiedelei und dieses 20 Meter hohen Wasserfalls ganz in der Nähe von Tintagel. Den St-Nectan's-Wasserfall und eine kleine Kapelle erreicht man nach etwa zweieinhalb Kilometern auf der Straße nach Boscastle (in Trethevy zum Rock Valley Hotel – ab da ausgeschildert) und einem halbstündigen Fußmarsch. Eintritt: £ 3.50, erm. £ 1.75.

Sehenswertes

Tintagel Castle: Die Burg von Tintagel ist angeblich der Geburtsort von König Artus. *King Arthur's Castle* stand ursprünglich auf einer Insel, doch haben Wind und Strömung eine Verbindung zum Land hergestellt. Heute sind nur noch unspektakuläre Ruinen zu besichtigen, die zu einer normannischen Festung gehörten, sodass man nicht viel versäumt, wenn man das Castle nur aus der Ferne betrachtet. Der Baubeginn der Burg wird auf das Jahr 1145 datiert. Ausgrabungen haben jedoch er-

Auf dem Coast Path nach Boscastle

geben, dass an dieser Stelle schon im 6. Jahrhundert ein keltisches Kloster gestanden hat. Manche Wissenschaftler gehen davon aus, dass in diesem Teil Cornwalls schon früh das Christentum Fuß fassen konnte.

April bis Sept. tgl. 10–18 Uhr, Okt. tgl. 10–17 Uhr, Nov. bis März 10–16 Uhr. Eintritt: £ 5.20, erm. £ 4.40 oder £ 2.60 (EH).

The Old Post Office: Das aus dem 14. Jahrhundert stammende windschiefe Anwesen gehört zu den charaktervollsten Gebäuden Cornwalls. Von 1844 bis 1892 war hier das Postamt untergebracht, weshalb auch eine viktorianische Poststube eingerichtet wurde.

Mai bis Sept. tgl. 10.30–17.30 Uhr, im März, April und Okt. tgl. 11–16 Uhr. Eintritt: £ 3.20, erm. £ 1.60 (NT).

Wanderung 14: Von Tintagel nach Boscastle

Der Küstenabschnitt zwischen Tintagel und Boscastle gehört zu den eindrucksvollsten Touren im Norden Cornwalls. Zurück geht es durchs Landesinnere. Einkehrmöglichkeiten bestehen in Tintagel und Boscastle.

> **Ausgangspunkt:** Einer der vielen Parkplätze in Tintagel.
> **Wegstrecke:** 16 km.
> **Dauer:** 4:30 Std.

In Tintagel gibt es viele Parkplätze **(WP 1),** doch letztendlich führen alle Wege zum Castle. Wer will, kann natürlich die Wanderung mit einer Besichtigung beginnen. Alle anderen wenden sich unten an der Bucht **(WP 2)** sofort in Richtung Osten und folgen dem South West Coast Path über das Smith's Cliff. Zwei kleine Strände (Bossiney Haven und Benoath Cove) sowie ein kleiner Wasserfall **(WP 3)** im Rocky Valley sind die nächsten markanten Stationen. Da es immer wieder in ein paar kleine „Täler" hinuntergeht, wird es einem

Wanderung 14:
Von Tintagel nach Boscastle

300 m

nicht langweilig, und das Küstenpano-
rama ist sowieso eindrucksvoll. Nach
etwa zwei Stunden ist Boscastle erreicht
(WP 4). Am Meer liegt das 2004 von einer Flut verwüstete Fischerdorf, der eigentliche Ort befindet sich auf einem
Hügel, der nach einem kurzen Aufstieg
bezwungen ist. Am schönsten ist es natürlich, wieder entlang der Küste von
Boscastle nach Tintagel zu laufen. Wer
jedoch lieber eine Rundwanderung unternehmen will, folgt der High Street
(WP 5) ins Landesinnere und biegt an
ihrem Ende rechts ab **(WP 6)**. Achtung:
Nach starken Regenfällen kann der weitere Verlauf der Tour recht matschig
sein. Nach zehn Minuten gelangt man
von Boscastle zur Trerosewill Farm
(WP 7, Hinweisschild). Wir laufen an
der Farm vorbei weiter bergauf, zwei-
gen an einem Hühnerstall **(WP 8)** rechts

ab und gehen über eine Wiese. Mehrere
Felder werden anschließend zumeist
diagonal überquert, bevor oberhalb der
Trehane Farm eine Straße erreicht wird
(WP 9). Wir folgen der Straße hundert
Meter nach Südwesten und wenden
uns scharf nach links **(WP 10)**. Über eine Weide und ein Stück Straße **(WP 11)**
gelangt man zur Tredole Farm **(WP 12)**.
Der Weg ist noch mit der Straße identisch, bevor es vor einem kleinen Bach
rechts **(WP 13)** über mehrere kleine
Weiden weitergeht. Der Bach **(WP 14)**
muss zweimal überquert werden, dann
führt der Weg eine Zeit lang am rechten
Ufer entlang zum St-Nectan's-Wasserfall **(WP 15)**. Eine Besichtigung ist nur
gegen Gebühr möglich. Ein ausgeschil-
derter Wanderweg bringt Sie nun weiter entlang des Bachlaufs in Richtung
Tintagel zurück, doch kann dieser, wie

Boscastle 249

bei der Recherche, nach starken Regenfällen gesperrt sein. Alternativ wandert man dann auf einem Feldweg bergan. Sobald die Landstraße erreicht ist **(WP 16)**, folgt man ihr in Richtung Westen bis Tintagel **(WP 17).**

Boscastle

Boscastle ist ein schwer zugänglicher Hafen am Ende eines langen, schmalen Tals, das durch die Mündung der Flüsse Jordan, Valency und Paradise entstand. Gegen Ende des 16. Jahrhunderts ließ Sir Richard Grenville einen Hafen anlegen, um Schiefer aus den nahen Steinbrüchen verschiffen zu können. Die mächtigen Kaimauern schützten den Ort vor Sturmfluten. Später diente Boscastle auch als Schmugglerhafen. Heute macht sich die Enge im Sommer in einer akuten Parkplatznot bemerkbar, außer einem Hexenmuseum (Whitchcraft Museum) und dem verträumten Weg zum Meer hat Boscastle allerdings wenig zu bieten. Das eigentliche Dorf liegt einen halben Kilometer landeinwärts auf einer Anhöhe. Gegründet wurde der Ort im Mittelalter von der aus der Normandie stammenden Familie Botterell, die hier einst das Bottreaux Castle errichtete.

Am 16. August 2004 wurden große Teile des Hafens durch eine gigantische Flut zerstört und zahlreiche Häuser verwüstet. Nachdem es in zwei Stunden mehr geregnet hatte, als normalerweise in einem Monat, schwollen die durch den Ort führenden Bäche zu reißenden Flüssen an. Hinzu kam der unglückliche Zufall, dass gerade die Flut ihren Höchststand erreicht hatte und durch einen Sturm in den Hafen gedrückt wurde, sodass das Regenwasser nicht abfließen konnte. Eine Brücke wurde fortgerissen und Autos wie Spielzeuge ins Meer gespült. Rund 100 Menschen wurden von der Royal Air Force rechtzeitig von den Dächern ihrer Häuser gerettet, sodass die Jahrhundertkatastrophe glücklicherweise keine Todesopfer gefordert hat.

- *Information* **Tourist Information Centre**, siehe Tintagel.
- *Einwohner* 800
- *Verbindungen* **Bus:** Fry's Bus Services und Western National (Nr.122 und 125) fahren von Tintagel über Boscastle nach Bude (sieben- bis achtmal tgl.).
- *Übernachten/Essen/Trinken* **The Wellington Hotel**, ein mächtiges, wuchtiges Gebäude, das im Kern aus dem 16. Jahrhundert stammt und lange Zeit als Postkutschenstation diente. Wenige hundert Meter vom Meer entfernt. Schöner Garten. Ansprechend ist auch das zugehörige Waterloo Restaurant, in dessen modernem Ambiente englische und französische Küche serviert wird. WLAN. B & B je nach Saison ab £ 40. ☎ 01840/250202. info@boscastle-wellington.com, www.boscastle-wellington.co.uk.

250   Cornwall

The Bottreaux Hotel, kleines, im Dezember 2002 eröffnetes Hotel mit ausgezeichnetem Restaurant (Mi und So Ruhetag). Im Zentrum gelegen. Von April bis Okt. geöffnet. B & B im DZ ab £ 40. ☎ 01840/250231, ✆ 01840/250170. info@boscastlecornwall. co.uk, www.boscastlecornwall.co.uk.

Trerosewill Farm, etwas außerhalb gelegene Farm, die bekannt ist für ihr gutes Essen und mehrfach für ihre Küche ausgezeichnet wurde. B & B je nach Saison und Zimmer £ 37.50–52.50. ☎/✆ 01840/250545. enquiries@ trerosewill.co.uk, www.trerosewill.co.uk.

Napoleon, zünftiges Pub aus dem 15. Jahrhundert im Herzen von Boscastle. ☎ 01840/250204.

• *Jugendherberge* **Boscastle Harbour**, die Jugendherberge liegt am alten Fischerhafen (das letzte Haus auf der rechten Seite, hinter dem „Pixie House"). Die in einem ehemaligen Stall untergebrachte Herberge ist durch die Flut stark beschädigt worden und musste umfassend renoviert werden. Achtung: Kein Frühstück erhältlich. Zufahrt mit dem eigenen Auto nur zum An- und Ausladen möglich, danach muss man einen öffentlichen Parkplatz im Ort ansteuern. Von April bis Anfang Nov. geöffnet. Erwachsene ab £ 14, Jugendliche ab £ 10.50. Palace Stables, ☎ 0845/3719006, ✆ 01840/250977.

Bude

Den äußersten Norden von Cornwall markiert Bude, ein kleines, beliebtes Seebad mit Felstümpeln, einem Gezeitenschwimmbad sowie einem Golfplatz, der den Ort fast in zwei Teile spaltet. Ein aus dem frühen 19. Jahrhundert stammender Kanal erinnert noch an die Industrialisierung. Den besonderen Reiz dieser Gegend machen die Sandstrände um Bude aus. Im Ort selbst findet man den *Summerleaze Beach*, eine mehrere Kilometer lange und saubere Sandküste, die vor allem bei Familien beliebt ist. Südlich von Bude liegt die *Widemouth Bay*. Hier tummeln sich Badefreunde und Surfer. Bei Ebbe sollte man beim Schwimmen auf den steinigen Untergrund achten. In *Crackington Haven*, zwölf Kilometer weiter südlich, nutzen ebenfalls Surfer die steife Brise und den recht beachtlichen Wellengang. Über 100 Meter hohe Klippen säumen die Bucht. Nudistenfreunde treffen sich noch etwas weiter südlich: An dem Strangles genannten Strand kann man problemlos die Hüllen fallen lassen.

• *Information* **Bude Visitor Centre**, The Crescent Car Park (im Zentrum), Bude, Cornwall, EX23 8LE, ☎ 01288/354240, ✆ 01288/355769. www.visitbude.info oder www.bude.co.uk.
• *Einwohner* 2700
• *Verbindungen* Siehe Boscastle.
• *Veranstaltungen* **Bude Jazz Festival**, Ende August.
• *Übernachten* **Falcon Hotel**, traditionsreiches Hotel mit viel Atmosphäre, direkt beim Bude Canal und dem Tourist Office gelegen. Standesgemäß trifft sich hier auch der örtliche Lions Club. Gutes Restaurant. B & B ab £ 65.50. Breakwater Road, ☎ 01288/352005. reception@falconhotel.com, www.falconhotel.com.

Elements, direkt an der Küstenstraße von Bude zur Widemouth Bay liegt dieses moderne Surfhotel in einer traumhaften Landschaft (auch Nichtsurfer sind willkommen). In den elf gut ausgestatteten Zimmern (Flat-Screen-TV, etc.) nächtigt zumeist jüngeres Publikum. Fitnessraum, Sauna und Solarium sowie ein ansprechendes, von Lesern gelobtes Restaurant sind ebenfalls vorhanden. Schöne Terrasse vor dem Haus, die Strände sind in der Nähe. Es werden auch Surfkurse angeboten, der Besitzer Mike Raven ist ein ehemaliger europäischer Champion. B & B £ 52.50. Marine Drive, ☎ 01288/352386. www.elements-life.co.uk.

Camelot Hotel, ein stattliches weiß gestrichenes Hotel mit familiärem Flair, in der Nähe des Golfplatzes. Eine große Palme säumt den Eingang. B & B ab £ 49. Downs View, ☎ 01288/352361, ✆ 355470. stay@camelot-hotel.co.uk, www.camelot-hotel.co.uk.

Cheesewring: steinerner Käsering?

Bodmin Moor

Das Bodmin Moor ist neben dem Dartmoor und dem Exmoor das dritte Hochmoor im Südwesten Englands. Allerdings ist es kleiner, weniger überlaufen und hat ein milderes Klima. Da es mitten in Cornwall liegt – Süd- und Nordküste sind gleich weit entfernt –, ist es von überall her gut zu erreichen.

Das Bodmin Moor erinnert an ein weites wogendes Meer aus Gelb- und Grautönen, gesprenkelt mit Inseln aus Heide und leuchtend grünem Moos. Die zerklüfteten Höhen werden von „Tors" gekrönt, mächtigen Granittürmen, die Regen und Sturm seit Urzeiten trotzen. Die unwirtliche Ebene erstreckt sich über rund 260 Quadratkilometer und lässt sich mit dem eigenen Fahrzeug relativ leicht erkunden, da sie von der A 30 geteilt wird. Daphne du Maurier hat die Landschaft in ihrem Roman „Jamaica Inn" eindrucksvoll beschrieben: „Es war eine schweigsame, verlassene Gegend, aber gewaltig und von Menschenhand unberührt. Auf den hohen Felsblöcken standen aneinander gelehnt die Steinplatten als seltsame Formen und Gestalten, wuchtige Schildwachen. Einige sahen aus wie riesige Möbel. Große, lange Steine standen wie zurückgelehnt und schienen wunderlich zu schwanken, als überließen sie sich dem Wind. Und da gab es flache Altäre, deren glatte und glänzenden Flächen gen Himmel schauten, auf Opfer wartend, die niemals kamen."

Bodmin

Bodmins günstige Lage im Zentrum von Cornwall war auch der Grund für die Bedeutung als Handelsstadt. Im späten 19. Jahrhundert allerdings verweigerte man die Anbindung an das Netz der Great Western Railway. Folglich wanderten zahlreiche Geschäftsleute nach Truro ab. Bis 1989 war Bodmin die Hauptstadt von Cornwall, obwohl sie längst im Schatten anderer cornischer Städte stand. Sehenswert ist die St Petroc's Church, die größte mittelalterliche Kirche Cornwalls. In ihrem Inneren steht ein normannisches Taufbecken aus dem 12. Jahrhundert. Außerdem befindet sich hier ein Kästchen aus Elfenbein, in dem einst die Gebeine des heiligen Petroc aufbewahrt wurden. Nebenan zieht eine ganz andere Attraktion die Besucher an. Im *Bodmin Jail* (Berrycombe Road) wurden bis ins frühe 20. Jahrhundert hinein Hinrichtungen durchgeführt. Das war „notwendig" geworden, weil ab 1862 öffentliche Exekutionen verboten waren. Ein Rundgang führt durch die Zellen des Gefängnisses.

• *Information* **Shire House**, Mount Folly Square, Bodmin, Cornwall, PL31 2DQ, ✆/✉ 01208/76616. www.bodminlive.com.
• *Einwohner* 15.000
• *Verbindungen* **Bus:** Western-National-Busse fahren regelmäßig von Padstow (Bus 55) und St Austell (Bus 29, 29A). Einmal täglich kommt der Bus X2 von Plymouth und Newquay. www.nationalexpress.com. Die Busverbindungen im Moor sind allerdings nicht so günstig. Tilley's Coaches Nr. 225 pendelt unregelmäßig zwischen Bolverton, Altarnun und Launceston. Western National-Bus X3 fährt noch seltener von Bodmin nach Bolventor. Bus 77 fährt von Liskeard nach St Neot.
Zug: Bodmin Parkway Station liegt an der Linie Penzance – Plymouth, stündlich Anschluss. Der Bahnhof liegt ca. 6 km außerhalb der Stadt (Bus 55). Auskunft ✆ 0872/76244. www.nationalrail.co.uk.
• *Bodmin Jail* Tgl. 10–18 Uhr. Berrycombe Road. Eintritt: £ 6, erm. £ 4.25. www.bodminjail.org.

Pencarrow House

Dieses sechs Kilometer nordwestlich von Bodmin gelegene Herrenhaus im georgianischen Stil ist einer der schönsten Landsitze Cornwalls, vor allem die mit zahlreichen Antiquitäten (Möbel, Gemälde, Porzellan) eingerichteten Räumlichkeiten sind beeindruckend. Zudem ist das Haus weniger ein Museum als der Sitz der Familie Molesworth-St-Aubyn. Sehenswert ist auch der Garten mit verschiedenen Rhododendren, Koniferen und Araukarien.
April bis Sept. So–Do 11–17 Uhr (letzte Führung 15 Uhr). Der Garten ist auch im März und Okt. von 9.30–17.30 Uhr geöffnet. Eintritt: Haus und Park £ 8.50, erm. £ 4, nur Park £ 4, erm. £ 1. www.pencarrow.co.uk.

Lanhydrock House

Rund drei Kilometer südlich von Bodmin liegt Lanhydrock, ein aus einer Benediktinerabtei hervorgegangener Landsitz. Das sehenswerte Landhaus mit seiner 35 Meter langen Long Gallery stammt ursprünglich aus dem 17. Jahr-

Verlassene Zinnmine am Rande des Bodmin Moor

hundert, wurde aber durch einen Brand im Jahre 1881 stark beschädigt und wieder neu aufgebaut. Dementsprechend sind auch die Räume im viktorianischen Stil eingerichtet. Im Jahre 1993 wurden hier übrigens „Die drei Musketiere" verfilmt. Umgeben wird das Anwesen von einem schönen Park mit bunten Blumenbeeten, vielen Magnolien, einem wunderschönen Staudengarten sowie winterharten Rhododendron-Hybriden.

März bis Okt. Di–So 11–17.30 Uhr, im Okt. bis 17 Uhr. Der Garten ist ganzjährig tgl. von 10–18 Uhr geöffnet. Eintritt: Haus und Park £ 9.90, erm. £ 4.90, nur Park £ 5.80, erm. £ 3.10 (NT).

Bolventor

Genau zwischen Bodmin und Launceston liegt die Ortschaft Bolventor inmitten des Bodmin Moors. Das hiesige Jamaica Inn war einst Treffpunkt von Schmugglern, die ihr kostbares Gut von der Küste Cornwalls ins Landesinnere schafften. Die englische Erzählerin Daphne du Maurier sammelte hier 1930 Inspirationen für einige Werke über das Schmugglerdasein. Alfred Hitchcock verfilmte übrigens mehrere Romane von du Maurier, u. a. „Jamaica Inn", „Die

The Hurlers: mystische Steinzirkel

Vögel" und „Rebecca". Neben einigen Erinnerungsstücken, die dem Besuch der Schriftstellerin gewidmet sind, gibt es noch ein kleines *Museum of Curiosities* mit viktorianischem Krimskrams und ausgestopften Tieren. Der Parkplatz des Gasthofs eignet sich gut als Ausgangspunkt für Wanderungen.

Ostern bis Okt. tgl. 10–17 Uhr, im Winter 11–16 Uhr. Eintritt: £ 3.50. www.jamaicainn.co.uk.

Dozmary Pool

Weniger als zwei Kilometer südlich von Bolventor erstreckt sich der Dozmary Pool, ein See, der mit der Artus-Sage in Verbindung gebracht wird. Nach dem Tod von König Artus schleuderte Sir Bedevere Excalibur, das Schwert des Helden, in den See. Eine Hand, die aus der unendlichen Tiefe herausragte, nahm die Waffe in Empfang. Wenn allerdings im Sommer der Dozmary Pool größtenteils ausgetrocknet ist, platzt die mystische Stimmung wie eine Seifenblase.

Altarnun

Im Nordosten des Bodmin Moors liegt Altarnun, ein nettes kleines Dörfchen mit einer sehenswerten Kirche, „Kathedrale des Moors" genannt. Ihr Taufbecken stammt noch aus normannischer Zeit. Südlich des *North Hill* befindet sich ein natürliches Kunstwerk: *The Cheeswring*, mehrere Gesteinsblöcke, die von Wind und Wetter verformt wurden. Drei Kilometer südlich bilden drei Steinzirkel ein Relikt aus der Bronzezeit: *The Hurlers* wurden schätzungsweise 1500 Jahre vor unserer Zeitrechnung aufgebaut. Am besten gelangt man über die Ortschaft *Minions* hierher. Auch *Trethevy Quoit* ist von Minions aus zu erreichen. Hierbei handelt es sich um ein über 2,50 Meter hohes Hügelgrab mit einem massiven Stein oben drauf.

Liskeard

Das alte Bergarbeiterstädtchen ist der Anlaufpunkt für den Südosten des Moors und besitzt eine Anbindung an das Eisenbahnnetz. Im Zentrum, wo es sogar eine kleine Fußgängerzone gibt, finden sich attraktive Geschäfte, am Ortsrand steht ein großer Supermarkt sowie das Freizeitzentrum Lux Park.

Von Liskeard aus fahren außerdem Busse nach *St Neot*, das zu den schönsten Ortschaften im Moor zählt. Mitten im Zentrum erhebt sich eine Kirche aus dem 15. Jahrhundert. Aus dieser Zeit stammen auch die Fenster aus buntem Glas, einzigartig in ganz England. Dieser Teil des Moores ist grüner und bewaldeter als der Norden. Der Grund dafür sind die zahlreichen kleinen Flüsse, die in den River Fowey münden. Eine der landschaftlich schönsten Stellen markieren die *Golitha Falls*, mehrere kleine Wasserfälle unterhalb der Draynes Bridge. Ein Wanderweg führt durch den Wald zum zwei Kilometer nördlich gelegenen Damm des *Siblyback Lake*.

Wanderung 15: Bodmin Moor

Stimmungsvolle Wanderung durch einen frühgeschichtlichen Steinzirkel zum markanten Cheeswring. In Minions gibt es Einkehrmöglichkeiten, beispielsweise im höchst gelegenen Gasthaus von Cornwall.

> **Ausgangspunkt:** Parkplatz Minions.
> **Wegstrecke:** 6 km.
> **Dauer:** 2 Std.

In ganz England, so beispielsweise beim Bau der Westminster Bridge, wurde Granit verwendet, der aus den Steinbrüchen im Bodmin Moor stammt. Schon von dem Parkplatz am westlichen Rand von Minions (**WP 1**) lassen sich die Steinbrüche gut erkennen. Doch zuerst geht es zu den *The Hurlers* genannten Steinzirkeln (**WP 2**), die nur 200 Meter vom Parkplatz entfernt liegen. Sie sind rund 4000 Jahre alt; ihre mystische Bedeutung gibt bis heute Rätsel auf. In der Umgebung wurden auch zahlreiche bronzezeitliche Grabhügel entdeckt. Wir wenden uns nun in einem Bogen nach Norden, wandern entlang eines breiten Weges auf moorigem Grund bis zu einer Kreuzung, die durch einen großen Granitblock markiert ist (**WP 3**), und folgen dem rechten Weg. Weiter geht es bis zu einem Gatter (**WP 4**), dann rechter Hand entlang einer Mauer (**WP 5**). Statt direkt zum Cheeswring, einer durch Erosion entstandenen Felsformation, emporzusteigen, gehen wir durch ein kleines Tal, wo viele Schafe weiden, bis wir in der Nähe einer Farm auf eine Straße stoßen (**WP 6**). Wir biegen rechts auf diese Straße, verlassen sie aber bald bei einem Gatter (**WP 7**) und gehen noch ein Stück parallel zur Straße. An Granitstelen vorbei, folgen wir längere Zeit einem breiten Weg an einer Mauer entlang, dann biegen wir nach den Geröllbergen rechts ab **(WP 8)** und steigen die Anhöhe bis zu einem geschotterten Weg hinauf **(WP 9)**. Jetzt geht es endlich in einem Bogen durch den Steinbruch hindurch und hinauf zum „Käsering" **(WP 10)**, einem natürlichen Felsenturm, der aus aufeinander gestapelten Riesensteinen besteht. An schönen Tagen nutzen Freeclimber die Felswände zum Üben. Hinauf gelangt man allerdings auch gemütlich zu Fuß. Die Aussicht ist phantastisch, der Rückweg einfach, da die Steinzirkel **(WP 11)** schon in der Ferne auszumachen sind. Wenige Minuten später ist der Parkplatz erreicht.

Launceston

Bis zum Jahr 1835 war das verschlafene Launceston (sprich „Lanceson") die Hauptstadt von Cornwall und die einzige befestigte Stadt der Halbinsel. Noch heute besitzt der von einer normannischen Burgruine gekrönte Ort ein altertümliches Stadtbild. Erster Burgherr war Robert de Mortain, ein Halbbruder von Wilhelm dem Eroberer. Das aus dem 12. Jahrhundert stammende Southgate Arch zeugt noch von der einstigen Befestigungsmauer. Die Burg selbst geht auf Wilhelm den Eroberer zurück und kann besichtigt werden.

Tgl. 10–18 Uhr, im Winter bis 16 Uhr. Eintritt: £ 3.20, erm. £ 2.70 bzw. £ 1.60 (EH).

Camelford

Die Einheimischen behaupten gerne, das im nördlichen Teil des Bodmin Moors gelegene Camelford sei König Artus legendäres Camelot. Archäologische Beweise für diese Theorie fehlen indes. Für Besucher ist Camelford in erster Linie eine relativ uninteressante Stadt, abgesehen davon, dass man von hier aus Wanderungen ins Bodmin Moor unternehmen kann. Hat man hier sein Lager aufgeschlagen, liegt es nahe, sich im *North Cornwall Museum* über die Geschichte der Region zu informieren (Geöffnet April bis Sept. tgl. außer So 10–17 Uhr, Eintritt: £ 2.50, erm. £ 2 bzw. £ 1.). Im gleichen Gebäude ist auch das Tourist Office untergebracht. Sechs Kilometer südöstlich von Camelford erhebt sich der *Rough Tor* knapp 400 Meter hoch und ist damit der zweithöchste Berg im Moor. *Brown Willy* (südöstlich) überragt den Rough Tor nur um 20 Meter.

Kleines Speiselexikon

Zubereitungen

baked	gebacken	medium rare	halb durchgebraten
battered	paniert	poached	gedünstet
boiled	gekocht (z.B. Wasser)	rare (raw)	fast roh
		roasted	im Ofen gebacken
braised	geschmort	smoked	geräuchert
cooked	gekocht	steamed	gedämpft
fried	gebraten	stewed	geschmort
lean	mager	stuffed	gefüllt
jellied	geliert	well done	durchgebraten
marinated	mariniert		

Eintöpfe (stews)

Irish Stew	Eintopf aus Hammelfleisch, Kartoffeln und Zwiebeln, gewürzt mit viel Thymian und Petersilie	Dublin Coddle	Eintopf aus Würstchen, Schinken, Zwiebeln und Kartoffeln

Fisch, Meeresfrüchte (seafood)

bass	Barsch	mackarel	Makrele
bream	Brasse	monkfish	Seeteufel
brill	Meerbutt	mussels	(Mies-)Muscheln
chowder	Suppe vom Fisch oder von Schalentieren	oysters	Austern
		plaice	Scholle
clams	Venusmuscheln	prawn	Garnele
cockles	Herzmuscheln	red mullet	Seebarbe
cod	Kabeljau	salmon	Lachs
crabs	Krabben	scallops	Jakobsmuscheln
crawfish	Languste	shellfish	Schalentiere
eel	Aal	sea trout	Meeresforelle
haddock	Schellfisch	squids	Kalamares
hake	Seehecht	sole	Seezunge
halibut	Heilbutt	trout	Forelle
kippers	geräucherte Heringe	tuna	Thunfisch
		turbot	Steinbutt
lobster	Hummer	on/off the bone	mit/ohne Gräten

Fleisch (meat)

bacon	Schinkenspeck	beef	Rindfleisch
bacon & cabbage	Kohl (meist Wirsing) mit Speck	blackpudding	Blutwurst
		chicken	Huhn

Kleines Speiselexikon 257

chicken curry	Hühnerfrikassee
chop	Kotelett
duck	Ente
escalope	Schnitzel
gammon steak	gegrillter Schinken
ham	gekochter Schinken
hare	Hase
joint	Keule
kidney pie	mit Nieren gefüllte Pastete
lamb	Lammfleisch
leg of lamb	Lammkeule
liver	Leber
loin	Lendenstück
meatballs	Fleischklößchen
minced meat	Hackfleisch
minced pies	Hackfleischpasteten
mutton	Hammelfleisch
quail	Wachtel
rabbit	Kaninchen
roast	Braten
roast beef	Rinderbraten
pheasant	Fasan
pork	Schweinefleisch
poultry	Geflügel
saddle of lamb	Lammrücken
rib	Rippe
sausage	Wurst
shepherd's pie	Rind-, Hammelfleisch mit Zwiebeln und Kartoffeln überbacken
sirloin steak	Rumpsteak
snails	Schnecken
steak and kidney pie	Fleischpastete mit Nieren
turkey	Truthahn
veal	Kalbfleisch
venison	Reh bzw. Hirsch

Gemüse (vegetables), Salate (salads), Obst (fruit)

asparagus	Spargel
baked potatoes	in Folie gebackene Kartoffeln
beetroot	rote Bete
beans	Bohnen
Brussels sprouts	Rosenkohl
cabbage	Kohl
cauliflower	Blumenkohl
carrots	Karotten
celery	Sellerie
chips	Pommes Frites
colecannon	Kartoffelbrei mit Kohl, Butter, Milch
coleslaw	Krautsalat
corn	Mais
creamed potatoes	Kartoffelbrei
cucumber	Salatgurke
date	Dattel
egg mayonnaise	russische Eier
egg plant	Aubergine
fennel	Fenchel
French beans	grüne Bohnen
fruit salad	Obstsalat
grapes	Weintrauben
jacket potato	in der Schale gebackene Kartoffel
horseradish	Meerrettich
leek	Lauch
lentils	Linsen
lettuce	Kopfsalat
mashed potatoes	Kartoffelbrei
mushrooms	Pilze (Champignons)
onions	Zwiebeln
parsley	Petersilie
pawpaw	Papaya
peach	Pfirsich
pear	Birne
peas	grüne Erbsen
peppers	Paprikaschoten
pineapple	Ananas
potato	Kartoffel
quince	Quitte
radish	Radieschen
raisin	Rosine
stewed fruit	Kompott
strawberries	Erdbeeren
spinach	Spinat
turnips	weiße Rüben
yam	Süßkartoffel

258 Kleines Speiselexikon

Sonstiges

caragreen	mit Milch gekochter Seetang	*oats*	Haferflocken
cereals	Müsli	*pancake*	Pfannkuchen
cheese	Käse	*pasta*	(italienische) Nudeln
cream	Sahne	*porridge*	Haferbrei
custard	Vanillesauce	*rice*	Reis
Danish blue	Blauschimmelkäse	*scrambled eggs*	Rührei
dumplings	Klöße	*slice*	Scheibe
egg	Ei	*sour cream*	saure Sahne
garlic	Knoblauch		
horseradish	Meerrettich	*soup*	Suppe
jam	Marmelade, Konfitüre	*sugar*	Zucker
marmalade	Bittermarmelade	*trifle*	(süßer) Auflauf
mint sauce	Pfefferminzsauce	*tartar sauce*	Remouladensauce
mustard	Senf	*vinegar*	Essig
noodles	(asiatische) Nudeln		

Brot (bread), Gebäck (pastry)

apple crumble	mit Streuseln überbackenes Apfeldessert	*Guinness cake*	mit Bier gewürztes Früchtebrot
barm bread	süßes Brot	*gateau*	Sahnetorte
biscuits	Kekse	*lemon*	Zitronencremekuchen
boxties	gefüllte Pfannkuchen	*meringue pie*	mit Baiserhaube
brown bread	Weizenvollkornbrot	*scones*	Teegebäck
cream puff	Windbeutel	*soda bread*	Sodabrot
		tart	Obsttorte

Getränke (beverages)

beer	Bier	*Irish cream*	Likör auf Whiskey-Basis mit Schokolade und Sahne
stout	dunkles Bier, Typ Guinness		
lager	helles pilsähnliches Bier	*Irish mist*	Likör auf Whiskey-Basis mit Honig und Kräutern
ale	leichtes Dunkelbier, Typ Export		
bitter	leichtes Dunkelbier, Typ Alt	*ginger ale*	Ingwerlimonade
cider	Apfelwein	*malt beer*	Malzbier
mead	Met	*red wine*	Rotwein
Irish tea	Whiskey-Grog, gewürzt mit Nelken und Zitrone	*sparkling wine*	Sekt
Irish coffee	Kaffee mit einem Schuss Whiskey, zwei Teelöffel braunem Rohrzucker und einer Sahnehaube obenauf		

Verlagsprogramm

Ägypten
- Ägypten
- Sinai & Rotes Meer

Australien
- Australien – der Osten

Baltische Länder
- Baltische Länder

Belgien
- *MM-City* Brüssel

Bulgarien
- Schwarzmeerküste

China
- *MM-City* Shanghai

Cuba
- Cuba
- *MM-City* Havanna

Dänemark
- *MM-City* Kopenhagen

Deutschland
- Allgäu
- *MM-Wandern* Allgäuer Alpen
- Altmühltal & Fränkisches Seenland
- Bayerischer Wald
- *MM-City* Berlin
- Berlin & Umgebung
- Bodensee
- *MM-City* Dresden
- Fehmarn
- Franken
- Fränkische Schweiz
- *MM-City* Hamburg
- Harz
- *MM-City* Köln
- Mainfranken
- Mecklenburgische Seenplatte
- Mecklenburg-Vorpommern
- *MM-City* München
- *MM-Wandern* Münchner Ausflugsberge
- Nürnberg, Fürth, Erlangen
- Oberbayerische Seen
- Ostfriesland und

- Ostfriesische Inseln
- Ostseeküste – von Lübeck bis Kiel
- Ostseeküste – Mecklenburg-Vorpommern
- *MM-Wandern* Östliche Allgäuer Alpen
- Pfalz
- Rügen, Stralsund, Hiddensee
- Südschwarzwald
- Schleswig-Holstein Nordseeküste
- Schwäbische Alb
- Sylt
- Usedom
- *MM-Wandern* Westallgäu und Kleinwalsertal
- *MM-Wandern* Zentrale Allgäuer Alpen

Dominikanische Republik
- Dominikanische Republik

Ecuador
- Ecuador

Frankreich
- Bretagne
- Côte d'Azur
- Elsass
- *MM-Wandern* Elsass
- Haute-Provence
- Korsika
- *MM-Wandern* Korsika
- Languedoc-Roussillon
- Normandie
- *MM-City* Paris
- Provence & Côte d'Azur
- *MM-Wandern* Provence
- Südfrankreich
- Südwestfrankreich

Griechenland
- Athen & Attika
- Chalkidiki
- Griechenland
- Griechische Inseln
- Karpathos
- Kefalonia & Ithaka
- Korfu
- Kos

- Kreta
- *MM-Wandern* Kreta
- Kykladen
- Lesbos
- Naxos
- Nord- u. Mittelgriechenland
- Nördl. Sporaden – Skiathos, Skopelos, Alonnisos, Skyros
- Peloponnes
- Rhodos
- Samos
- Santorini
- Thassos, Samothraki
- Zakynthos

Großbritannien
- Cornwall & Devon
- England
- *MM-City* London
- Schottland
- Südengland

Irland
- *MM-City* Dublin
- Irland

Island
- Island

Italien
- Abruzzen
- Apulien
- Adriaküste
- Chianti – Florenz, Siena, San Gimignano
- Cilento
- Dolomiten – Südtirol Ost
- Elba
- Friaul-Julisch Venetien
- Gardasee
- Golf von Neapel
- Italien
- Kalabrien & Basilikata
- Lago Maggiore
- Ligurien – Italienische Riviera, Genua, Cinque Terre
- *MM-Wandern* Ligurien & Cinque Terre
- Liparische Inseln
- Marken

- Mittelitalien
- Oberitalien
- Oberitalienische Seen
- Piemont & Aostatal
- *MM-Wandern* Piemont
- *MM-City* Rom
- Rom & Latium
- Sardinien
- *MM-Wandern* Sardinien
- Sizilien
- *MM-Wandern* Sizilien
- Südtirol
- Südtoscana
- Toscana
- *MM-Wandern* Toscana
- Umbrien
- *MM-City* Venedig
- Venetien

Kanada
- Kanada – der Osten
- Kanada – der Westen

Kroatien
- Istrien
- Kroatische Inseln & Küste
- Mittel- und Süddalmatien
- Nordkroatien – Kvarner Bucht

Malta
- Malta, Gozo, Comino

Marokko
- Südmarokko

Montenegro
- Montenegro

Neuseeland
- Neuseeland

Niederlande
- *MM-City* Amsterdam
- Niederlande

Norwegen
- Norwegen

- Südnorwegen

Österreich
- Salzburg & Salzkammergut
- Wachau, Wald- u. Weinviertel
- *MM-City* Wien

Polen
- *MM-City* Krakau
- Polnische Ostseeküste
- *MM-City* Warschau

Portugal
- Algarve
- Azoren
- *MM-City* Lissabon
- Lissabon & Umgebung
- Madeira
- *MM-Wandern* Madeira
- Nordportugal
- Portugal

Russland
- *MM-City* St. Petersburg

Schweden
- Südschweden

Schweiz
- Genferseeregion
- Graubünden
- Tessin

Slowakei
- Slowakei

Slowenien
- Slowenien

Spanien
- Andalusien
- *MM-Wandern* Andalusien
- *MM-City* Barcelona
- Costa Brava
- Costa de la Luz
- Gomera
- *MM-Wandern* Gomera
- Gran Canaria

- *MM-Touring* Gran Canaria
- Ibiza
- Katalonien
- Lanzarote
- La Palma
- *MM-Wandern* La Palma
- *MM-City* Madrid
- Madrid & Umgebung
- Mallorca
- *MM-Wandern* Mallorca
- Menorca
- Nordspanien
- Spanien
- Teneriffa
- *MM-Wandern* Teneriffa

Tschechien
- *MM-City* Prag
- Südböhmen
- Tschechien
- Westböhmen & Bäderdreieck

Türkei
- *MM-City* Istanbul
- Türkei
- Türkei – Lykische Küste
- Türkei – Mittelmeerküste
- Türkei – Südägäis von İzmir bis Dalyan
- Türkische Riviera – Kappadokien

Tunesien
- Tunesien

Ungarn
- *MM-City* Budapest
- Westungarn, Budapest, Pécs, Plattensee

USA
- *MM-City* New York

Zypern
- Zypern

Aktuelle Informationen zu allen Reiseführern finden Sie im Internet unter

www.michael-mueller-verlag.de

Michael Müller Verlag GmbH, Gerberei 19, 91054 Erlangen
Tel. 0 91 31 / 81 28 08-0; Fax 0 91 31 / 20 75 41; E-Mail: info@michael-mueller-verlag.de

Register

Agar, *Eileen* 181
Alderny 18
Alfred der Große 25
Altarnun 253
Angeln 62
Angelsachsen 25
Anreise 36
  Mit dem Auto oder
  Motorrad 37
  Mit dem Bus 43
  Mit dem Flugzeug 40
  Mit dem Zug 41
Antony House 146
Arlington Court 94
Armada 29
Artus, König 246
Asparagus Island 196
Attlee, Clement 32
Auslandskranken-
  versicherung 69
Autoverleih 46

Baden 64
Baggy Point 92
Bahn 47
Ballonfahrten 63
Barnstaple 92
Bed & Breakfast (B & B) 52
Bedruthan Steps 237
Beer 113
Behinderte 67
Belstone 151
Benzin 39
Bergsteigen 66
Berry Head 126
Bideford 94
Bier 61
Bigbury-on-Sea 137
Birdwatching 62, 98
Blackmore, Richard
  Doderidge 99
Blackpool Sands 133
Blair, Tony 33
Blanchard, Jean Pierre 42
Blériot, Louis 42
Bodinnick 167
Bodmin 251

Bodmin Moor 251
Bolt Head 66, 135
Bolt Tail 137
Bolventor 253
Bonifatius 118
Boscastle 249
Botallack 213
Branscombe 114
Braunton Burrows 92
Brixham 126
Brown Willy 255
Bryher 227
Buckfast Abbey 159
Buckfastleigh 159
Buckland Abbey 144
Buckland-in-the-Moor 159
Bude 250
Budleigh Salterton 117
Bull Point 88
Burgh Island 137
Bus 48
Buspauschalreisen 43

Cade, Rowena 208
Cadgwith 199
Caerhays Castle 177
Caesar, Julius 24
Camborne 228
Camel Trail 244
Camelford 255
Camping 55
Cape Cornwall 211
Carn Near 225
Castle Beach 188
Castle Drogo 155
Cawsand 148
Celtic-Cornish Society 231
Chagford 154
Chapel Point 177
Charlestown 173
Chichester, Francis 138
Chichester, Rosalie 94
Christie, Agatha 122, 127
Chysauster 214
Cider 61
Clotted Cream 58
Clovelly 95

Coach 48
Cockington Village 122
Coleridge, Samuel
  Taylor 113
Coleton Fishacre 133
Colyton 113
Combe Martin 86
Constantine Bay 237
Cook, James 138
Cornisch 180, 231
Cornish Pasties 57
Cornwall Coast Path 195
Cotehele House 144
Counties 25
Coverack 199
Crackington Haven 250
Cream Tea 58
Crediton 118
Cremyll 148
Cricket 63
Cromwell, Oliver 30
Croyde Bay 92
Crugmeer 241
Cury 196

Dampfmaschinen 132
Dartington Hall 130
Dartmoor 149
Dartmouth 130
Davies, David 157
Dawlish 120
Dennis Head 201
Diplomatische
  Vertretungen 68
Dodman Point 177
Dokumente 68
Domesday Book 26
Donkey Sanctuary 115
Doone Valley 99
Doyle, Sir Arthur
  Conan 150
Dozmary Pool 253
Drake, Sir Francis 30, 137,
  143, 156
Drewe, Julius 155
Dulverton 99
Dunkery Beacon 100

262　Register

Early Closing Day 73
East Budleigh 117
East Portlemouth 133
Eastern Isles 227
Easton 114
Eden Project 173
Eduard der Bekenner 25
Eliot, Sir John 148
Elizabeth I. 30
Elmhirst, Dorothy 130
Empacombe 146
English Breakfast 56
English Heritage (EH) 72
Erbmonarchie 20
Essen und Trinken 56
Eurotunnel 38
Excalibur 253
Exeter 103
Exeter Book 111
Exford 102
Exmoor National Park 99
Exmoor-Ponys 102
Exmouth 117

Fähre 37
Fahrenheit 16
Fahrrad 49
Falmouth 182
Fauna 17
Feiertage 68
Ferienhäuser und
　-wohnungen 53
Fernsehen 73
Feudalismus 26
Fish 'n' Chips 56
Fistral Beach 236
Flora 17
Flughäfen 41
Forst, Terry 219
Fowey 169
Fudge 58
Furry Days 193

Galmpton 127
Geevor Tin Mine 212
Geld 68
Gerran Bay 189
Geschichte 23
Gesundheit 69
Gezeiten 69

Gidleigh 151
Gittisham 113
Glendurgan Garden 192
Godrevy Point 230
Godwinson, Harold 26
Golf 63
Golfstrom 187
Goonhilly Downs 193
Goonhilly Satellite Earth
　Station Experience 199
Gorran Haven 177
Great British Heritage
　Pass 72
Great Torrington 95
Greenway 127
Grenville, Richard 94
Gugh 227
Gweek 200
Gwithian 230
Gyllyngvase Beach 188

Harrison, John 226
Hartland Abbey 96
Hartland Point 96
Hartland Quay 96
Haustiere 70
Hawker's Hut 97
Hayle 228
Heinrich VIII. 28
Heißluftballonfahrten 63
Helford 200
Hell Bay 227
Helston 193
Hemmick Beach 177
Hepworth, Barbara 220
Heron, Patrick 219
High Willhays 151
Hitchcock, Alfred 253
Hobby Horse 238
Hochseefischen 163
Holywell Bay 231
Honiton 113
Hope Cove 137
Hotels 51
Howard, Luke 15
Hugh Town 224
Hughes, Ted 151
Hundertjährige Krieg 28

Ilfracombe 88

Information 70
Internet 70
Isles of Scilly 222

Jakob I. 30
Jeffries, John 42
Johnstone, George 182
Jugendherbergen 53

Karl I. 30
Kathedralen 27
Kelten 23
Kent's Cavern 125
Killigrew, Sir John 182
Kingsand 148
Kingsbridge 133
Kingsley, Charles 94
Kingswear 133
Kipling, Rudyard 95
Klima 14
Knut der Große 25
Kokoschka, Oskar 166
Kreditkarten 69
Kynance Cove 196

Ladram Bay 117
Lamorna 208
Lamorran House
　Gardens 191
Landkarten 71
Land's End 210
Landschaft 13
Landschaftsgarten 14
Längengrad 226
Lanhydrock House 252
Lanyon, Peter 219
Launceston 255
*Lawrence, David
　Herbert* 213
Leach, Bernhard 219
Lee 88
Letterboxing 154
Liskeard 254
Literatur 33
Lizard Peninsula 192
Lizard Point 197
Loe Pool 195
Looe 163
Lorna Doone (Roman) 99
Lost Gardens of
　Heligan 175

Register 263

Lostwithiel 172
Lundy 97
Lydford 156
Lydford Gorge 156
Lynmouth 83
Lynton 83

Maenporth Beach 188
Major, John 32
Malmsmead 99
Manaccan 202
Mansfield, Katherine 213
Marazion 207
Maria Stuart 30
Marisco, Familie 98
Maße und Gewichte 72
Matrosenanzug 22
Maurier, Daphne du 170, 251
Mevagissey 176
Millbrook 148
Millendreath 163
Miller, Lee 181
Minack Theatre 208
Minehead 100
Minions 254
Mitfahrzentralen/
  Trampen 43
Mithian 231
Modern British 59
Moretonhampstead 153
Mortain, Robert de 26
Morte Bay 92
Morte Point 88
Morwenstow 96
Mosley, Sir Oswald 32
Mount Edgcumbe 148
Mousehole 207
Mullion 196
Mullion Cove 196
Museen (Vergünstigun-
  gen) 72

Nare Head 178
National Express 48
National Seal Sanctuary 200
National Trust (NT) 72
Naturschutz 17
Ness Cove 121
Newcomen, Thomas 132
Newlyn 207

Newquay 232
Newquay Bay 237
Newton Abbot 122
Nicholson, Ben 220
Normannen 27
North Bovey 153
North Devon Coast Path
  86, 95
North Hill 253
North Tawnton 151
Notruf 73

Öffnungszeiten 73
Okehampton 155
Old Town 225
Oliver, Jamie 59, 235
Ottery Saint Mary 113
Overbeck, Otto 135
Overbecks Garden 134

Padstow 237
Paignton 125
Papageientaucher 98
Parlament 21
Payne, Anthony 182
Pelistry Bay 225
Pencarrow House 252
Pendeen 212
Pendennis Castle 187
Penhale Sands 230
Penhallow 231
Peninnis Headland 225
Penrose, Roland 181
Pentreath Beach 197
Penwith Peninsula 202
Penzance 202
Perranporth 230
Pest 27
Phonecard 76
Piran, hl. 230
Plath, Sylvia 151
Ploughman's Lunch 57
Plymouth 137
Poldhu 196
Poley's Bridge 244
Politik 20
Polkerris 170
Polperro 166
Polruan 171
Polurrian 196

Polzeath 238
Pool 228
Porlock 102
Porlock Weir 103
Port Gaverne 242
Port Isaac 242
Port Quin 242
Porth Chapel Beach 209
Porth Conger 227
Porthallow 200
Porthbeor Beach 190
Porthcurno 208
Porthgwarra 209, 211
Porthleven 195
Porthluney Cove 177
Porthnava 200
Porthoustock 200
Porthtowan 230
Portloe 178
Portscatho 189
Post 73
Powderham Castle 120
Prawle Point 133
Princetown 157
Pub Grub/Food 57
Pubs 60

Radio 73
Rame Head 148
Rauchen 74
Redruth 227
Reisegepäck-
  versicherung 74
Reisezeit 14
Reiten 63
Restormel Castle 172
Reynolds, Joshua 145
Richard Löwenherz 27
Rock 238
Römer 24
Roseland Peninsula 189
Rosenkriege 28
Roskilly's Ice Cream 199
Rough Tor 255

Salcombe 134
Salcombe Regis 116
Saltram House 145
Samson 227
Sauna 63

264 Register

Schmuggler 170
Scones 58
Seaton 113
Segeln 64
Sennon Cove 211
Seymour, Lord 222
Shaldon 121
Shires 25
Shovell, Sir Cloudesley 225
Siblyback Lake 254
Sidmouth 115
Slapton Ley 133
Slapton Sands 133
Smit, Tim 173
Smith, Augustus 222
Sport 61, 62
Sprachkurse 75
St Agnes 230
St Agnes (Isles of Scilly) 227
St Anthony's Head 189
St Austell 173
St Catherine's Castle 170
St Columb Minor 237
St George's Island 164
St Germans 148
St Gorran Churchtown 177
St Ives 214
St Just-in-Penwith 211
St Just-in-Roseland 191
St Keverne 200
St Martin's 226
St Mary's 224
St Mawes 191
St Michael's Mount 206
St Nectan's Waterfall 246
St Neot 254
Stein, Rick 238
Stepper Point 241
Stithians Reservoir 230
Stoke 96
Stoke Fleming 131, 133
Strände 64
Strangles 250

Strete 133
Strom 75
Studentenausweis
  (Internationaler) 73
Summerleaze Beach 250
Surfen 64
Swanpool Beach 188

Tar Barrels of Ottery 113
Tarka Trail 94
Tarr Steps 102
Tavistock 156
Taxi 49
Tea Time 58
Tee 57
Teignmouth 120
Telefonieren 76
Tennis 65
Thatcher, Margret 32
The Cheesewring 254
The Garden House 145
The Garrison 224
The Hurlers 254
Tintagel 245
Tiverton 119
Toll's Island 225
Topsham 112
Torcross 133
Torquay 122
Torre Abbey 125
Totnes 127
Tourismus 22
Towan Beach 190
Transition Town Totnes 128
Trebah Garden 192
Tregrehan Garden 175
Trelissick Gardens 191
Trentishoe 86
Trerice Manor 237
Tresco 225
Trethevy Quoit 254
Trevarno 192
Trevaunance Cove 230

Trevithick, Richard 228
Trevone 241
Trevose Head 237
Trewellard 212
Trewithen Gardens 182
Treyarnon 237
Trinkgeld 60, 77
Truro 178

Übernachten 50
*Uffenbach, Zacharias
  von* 36
Uhrzeit 77
Unterkunft 50

Valley of Rocks 86
Vogelarten 63

Wadebridge 244
Wallis, Alfred 219
Wandern 64, 66
Watergate Bay 237
Webb, Matthew 42
Western Rocks 227
Weston Mouth 117
Westward Ho! 95
Whistler, James 219
Whitesand Bay 211
Whitsand Bay 148
Widecombe-in-the-Moor
  158
Widemouth Bay 250
Wikinger 25
Wilhelm der Eroberer 25
Williamson, Henry 94
Wirtschaft 20
Wohnungstausch 53
Woolacombe 92
Woolf, Virginia 214

Zeitungen/Zeitschriften 77
Zennor 213
Zollbestimmungen 78